水力疏浚技术概论及实践

主编 / 郑金龙 李铭志

大连海事大学出版社
DALIAN MARITIME UNIVERSITY PRESS

图书在版编目(CIP)数据

水力疏浚技术概论及实践 / 郑金龙, 李铭志主编
. — 大连 : 大连海事大学出版社, 2023. 12
ISBN 978-7-5632-4505-5
Ⅰ. ①水… Ⅱ. ①郑… ②李… Ⅲ. ①疏浚工程
Ⅳ. ①U616

中国国家版本馆 CIP 数据核字(2024)第 015144 号

大连海事大学出版社出版

地址:大连市黄浦路523号 邮编:116026 电话:0411-84729665(营销部) 84729480(总编室)
http://press. dlmu. edu. cn E-mail:dmupress@ dlmu. edu. cn

大连天骄彩色印刷有限公司印装　　大连海事大学出版社发行

2023 年 12 月第 1 版　　2023 年 12 月第 1 次印刷
幅面尺寸:184 mm×260 mm　　印张:20. 5
字数:507 千字　　印数:1~500 册

出版人:刘明凯

责任编辑:刘宝龙　　责任校对:杨玮璐
封面设计:解瑶瑶　　版式设计:解瑶瑶

ISBN 978-7-5632-4505-5　　定价:103. 00 元

前 言

疏浚是一门历史悠久的施工技术。机械疏浚始于1600年,当时在荷兰鹿特丹港施工中出现了链斗式挖泥船的雏形。随着现代离心泵技术的发展,自18世纪起,水力疏浚成为疏浚的主要方式。我国于1889年开始在黄浦江用挖泥船施工。1970年,我国自主建造了4 500 m^3耙吸挖泥船。20世纪80年代初期,我国拥有每年开挖约3亿m^3的疏浚能力。近10年来,随着一系列航道疏浚和吹填造陆工程的实施,疏浚装备与技术得到跨越式发展,成为提升我国海洋维权、港口航道建设、填海造陆工程建设能力的国之重器。疏浚技术是一门多学科交叉的综合学科,理论与实践并重。该项技术综合了地质勘查、流体力学、机械电气一体化、船舶工程、航海技术、轮机工程、自动控制技术、计算机科学、金属材料学、工程测量学、水文与工程地质等学科。近几年,随着新技术的不断涌现,疏浚技术已步入数字化、可视化、智能化时代。

由于现代疏浚技术的快速迭代升级,疏浚理论、方法也有极大的变化,为进一步提高疏浚专业技术人员及耙吸挖泥船船员的技术水平,推进疏浚行业持续发展,特编写本书。本书依托2021年国家重点研发计划项目"沿海港口桩基码头泥沙淤积机理及其防治关键技术"(课题编号:2021YFB2601105)成果及基于中港疏浚有限公司50年来积累的疏浚施工、技术管理经验和研究成果而编写。本书可供疏浚技术人员和船舶操纵人员学习,也可供高等院校师生学习参考。

本书在参考、引用一些文献资料及说明书的同时,在编写过程中得到了行业专家的鼎力指导和帮助,在此表示衷心的感谢。

本书由中港疏浚有限公司教授级高级工程师郑金龙、上海交通大学助理研究员李铭志担任主编,其中:第1章"水力疏浚概述"和第3章"耙吸挖泥船"由郑金龙、张启亮、闻长生、王玉国编写;第2章"沉积物"由陶冲林、李晟编写;第4章"输送机具"由李铭志、赵永生编写;第5章"耙吸船施工操作及施工工艺"由郑金龙、焦鹏、蔺永学、黄利峰编写;第6章"中港疏浚有限公司自主研究成果简介"由王丽华、郑金龙、刘凯锋、蔺永学、周子琛编写。中港疏浚有限公司教授级高级工程师张戟、上海交通大学特聘教授何炎平负责对本书审核。

由于编者的学识及水平有限,书中难免存在不足甚至错误之处,敬请读者批评指正。

编者

2023年12月8日

目　录

第1章 水力疏浚概述

1.1 水力疏浚的起源

疏浚由来已久,古代疏浚是靠人力使用简易的手工工具进行的,后逐步为机械所替代。现代离心泵技术的发展,使利用水力疏浚实施大规模填筑工程成为可能,现今水力疏浚通常使用挖泥船。水力疏浚的主要目的是:开挖港池、进港航道等,吹填造陆以兴建码头、港区、邻港工业区、沿海城市用地和娱乐休闲用地,岸滩养护,水利防洪和库区清淤,改善江河湖海等水环境和恢复生态,以及各类水下管线沟的施工和填埋等。水力疏浚工程对人类社会进步、环境改善及经济发展的作用非常大。图1-1为水力疏浚示意图。

图1-1 水力疏浚示意图

1.2 中国的水力疏浚历程

中国是世界上最早用人工疏浚方法开挖运河、疏浚河道、沟通水系以发展航运和进行排洪、灌溉的国家。1889年,中国开始在黄浦江用挖泥船施工。1905年10月,光绪皇帝朱批《改订修浚黄浦河道条款》奏折。同年12月,上海道台袁树勋奉命正式组建"浚浦工程总局",即上海航道局前身,该局后主管黄浦江航道疏浚。

耙吸挖泥船"建设"号由上海浚浦局于1934年引进,是当时远东最大的万吨级耙吸挖泥船，主要用来维护长江口及黄浦江航道，为我国航道疏浚产业的发展做出了杰出的贡献。1970年，我国自行设计建造了第一艘国产 4 500 m^3 耙吸挖泥船“劲松”号，实现了我国在耙吸挖泥船设计制造领域零的突破。

1975 年至 1979 年，我国陆续进口了各类舱容的耙吸挖泥船 26 艘。20 世纪 90 年代至 21 世纪初，国内掀起了港口建设的热潮。1998 年，长江口深水航道治理工程开工建设，标志着长江口黄金水道及长江干线航道开启了深水化时代。当时为缓解耙吸挖泥船数量严重不足的问题，我国采用了“短平快”的船舶改造策略，先后对“航浚 6002”号、“航浚 6001”号耙吸挖泥船进行了扩容改造，舱容由 6 000 m^3 增至 9 000 m^3，之后又相继完成了将“新海象”号、“新海鲸”号等 3 艘舱容为 12 000 m^3 的货船改为耙吸挖泥船的工作。

“十五”初期，总体上，我国大型的耙吸挖泥船仍需进口，旧船改造升级是主流。2002 年，上海航道局进口了 12 888 m^3 的耙吸挖泥船“新海龙”号，该船由荷兰 IHC 公司设计制造，成为当时中国疏浚的旗舰。2006 年，上海航道局联合中国船舶工业集团公司第七〇八研究所、广州文冲船厂有限责任公司自主设计建造了舱容 13 500 m^3 大型耙吸挖泥船“新海虎”号，标志着我国大型耙吸挖泥船设计制造全面进入了自主研制的崭新阶段，引领了中国疏浚装备发展的新进程。有了这些国之重器的加盟，我国跨世纪水运工程历史上最大工程也是世界级的大型河口治理工程——长江口深水航道治理工程顺利完成，实现了在长江口深水航道第四代集装箱船的全天候进港和 10 万吨级货船及第五、六代集装箱船的乘潮进港，创造了巨大的社会、经济和生态环境效益，对建设长江经济带综合交通立体走廊、打造长江黄金水道、助力内河水运高质量发展和交通强国建设起到巨大的支撑作用。

近年来，我国相继建成了天津港 30 万吨级复式航道、连云港港 30 万吨级深水航道，完成了大小嶝造地工程等重大工程项目，为国家经济发展及交通强国建设发挥了重要作用。

1.3 水力疏浚技术

水力疏浚技术是一门基于多学科、多专业的复杂技术。该门技术综合了地质勘查、流体力学、机械电气一体化、船舶工程、航海技术、轮机工程、自动控制技术、计算机科学、金属材料学、工程测量学、水文与工程地质等多门学科。目前，国外已经形成了比较成熟的水力疏浚理论体系，而国内对水力疏浚理论研究甚少，水力疏浚理论体系及培训体系还未建立。考虑到水力疏浚采用的工具为各种不同类型的挖泥船，范围较广，为突出针对性，本书仅讨论常用的水力式挖泥船——耙吸挖泥船。

第2章 沉积物

水力疏浚的对象是水下沉积物，故需了解水下沉积物的成因及特性，为耙吸挖泥船高效挖掘、输送、装载提供设计和使用依据。

沉积物是地质学专业术语，为任何由流体流动所移动的微粒，最终成为在水或其他液体底层的固体微粒。沉积物亦可由风及冰川搬运。它是一种松散的矿物质颗粒、生物碎屑或有机物质。不同类型的沉积物有不同的沉降速度，依据其颗粒大小、容量、密度及形状而定。江河、海洋及湖泊均会累积产生沉积物。沉积物是沉积岩的原料，沉积岩可以包含水栖生物的化石。这些水栖生物在死后被累积的沉积物所覆盖。碎屑沉积物有粗碎屑（粒径>2 mm，砾石）、中碎屑（0.075 mm≤粒径≤2 mm，中粗沙）和细碎屑（粒径<0.075 mm，粉沙和黏土）之分。它们主要来自陆地，或由火山喷发产生。化学和生物化学沉积物，主要有碳酸盐沉积物、硅质沉积物、铁锰质沉积物和磷酸盐沉积物等。碳质沉积物是由纯粹或掺杂若干碎屑物质的动、植物有机碎屑堆积而成的，例如泥炭和煤。

水力疏浚施工的对象是水下泥沙、岩石等沉积物。施工前第一步是进行地勘，以充分了解疏浚施工区的土壤，具体包括各种疏浚土的分布情况、影响疏浚和输送的岩土的自然物性，同时应分析设计和施工所需的分类岩土的工程特性。当将疏浚土作为吹填土使用时，施工人员应判别其适用性，为科学制定施工方案及优选疏浚船舶装备提供有力的依据。

2.1 疏浚岩土的分类

根据疏浚业的特点，按物理力学指标可将疏浚岩土分为疏浚岩石类和疏浚土类。

疏浚岩石为颗粒间牢固联结呈整体或具有节理裂隙的岩体。疏浚岩石按强度进行分类，并考虑其风化程度、成因、软化系数等因数。其根据坚固性分为硬质岩石和软质岩石。此外，尚可按风化程度将其分为新鲜、微风化、中等风化和强风化四个等级。

疏浚土根据颗粒组成、特征、天然含水率、塑性指数、有机物含量，分为有机质土及泥炭类、淤泥土类、黏性土类、粉土类、沙土类和碎石土类。其中，淤泥土类又分为淤泥类和淤泥质土类。

2.1.1 疏浚岩土的分类标准

1. 疏浚岩石类

在疏浚岩石类中,新鲜岩石的单轴饱和极限抗压强度大于或等于 30 MPa 者列为硬质岩石,小于 30 MPa 者列为软质岩石。

2. 疏浚土类

(1)有机质土及泥炭类是指含有有机质含量大于或等于 5%以上的腐殖质及纤维呈黑色或褐色并有臭味的土的总称。

(2)淤泥土类是指在静水或缓慢的流水环境中沉积或在生物化学作用下形成的黏性土。其天然含水率大于液限,天然孔隙比大于或等于 1.0。

淤泥土类根据孔隙比(按 1.0、1.5、2.4)或天然含水率(按 150%、85%、55%、36%)分为淤泥类和淤泥质土类。

淤泥类分为浮泥、流泥和淤泥。淤泥质土类根据塑性指数 $I_p>17$ 或 $10<I_p\leq17$ 可再分为淤泥质黏土和淤泥质粉质黏土。

(3)黏性土类是指塑性指数大于 10 的土,按塑性指数大小分为黏土、粉质黏土。

(4)粉土类是指粒径大于 0.075 mm 的颗粒含量小于总质量的 50%,且塑性指数小于或等于 10,黏粒含量大于或等于 3%并小于 15%的土。根据黏粒含量不同,其又可分为黏质粉土和沙质粉土。

(5)沙土类按粒径大于 0.075 mm、0.25 mm、0.5 mm、2 mm 的颗粒含量大于总质量或占总质量的百分比分别定名为粉沙、细沙、中沙、粗沙、砾沙。

(6)碎石土类按粒级大于 2 mm、20 mm、200 mm 的颗粒含量大于总质量的 50%的颗粒级配及颗粒形状分别定名为角砾、圆砾、碎砾、卵石、块石、漂石。

疏浚岩土的分类标准见表 2-1[来源于《疏浚与吹填工程设计规范》(JTS 181—5—2012)]。

表 2-1 疏浚岩土的分类标准

岩土类别	岩土名称	分类标准
有机质土及泥炭类	有机质土及泥炭	$Q\geq5\%$
淤泥类	浮泥	$W>150\%$
	流泥	$85\%<W\leq150\%$
	淤泥	$55\%<W\leq85\%$, $1.5<e\leq2.4$
淤泥质土类	淤泥质黏土	$36\%<W\leq55\%$, $1.0<e\leq1.5$, $I_p>17$
	淤泥质粉质黏土	$36\%<W\leq55\%$, $1.0<e\leq1.5$, $10<I_p\leq17$
黏性土类	黏土	$I_p>17$
	粉质黏土	$10<I_p\leq17$

（续表）

岩土类别	岩土名称		分类标准
粉土类	黏质粉土		$d>0.075$ mm 的颗粒含量小于总质量的 50% $I_p \leq 10, 10\% \leq Mc < 15\%$
	沙质粉土		$d>0.075$ mm 的颗粒含量小于总质量的 50% $I_p \leq 10, 3\% \leq Mc < 10\%$
沙土类	粉沙		$d>0.075$ mm 的颗粒含量大于总质量的 50%
	细沙		$d>0.075$ mm 的颗粒含量大于总质量的 80%
	中沙		$d>0.25$ mm 的颗粒含量大于总质量的 50%
	粗沙		$d>0.5$ mm 的颗粒含量大于总质量的 50%
	砾沙		$d>2$ mm 的颗粒含量占总质量的 25%~50%
碎石土类	角砾、圆砾		$d>2$ mm 的颗粒含量大于总质量的 50%
	碎石、卵石		$d>20$ mm 的颗粒含量大于总质量的 50%
	块石、漂石		$d>200$ mm 的颗粒含量大于总质量的 50%
岩石类	软质岩石	极软岩石	$Rc \leq 5$
		软岩石	$5 < Rc \leq 15$
		较软岩石	$15 < Rc \leq 30$
	硬质岩石	较坚硬岩石	$30 < Rc \leq 60$
		坚硬岩石	$Rc > 60$

注：Q——有机质含量（%）；W——天然含水率（%）；e——孔隙比；I_p——塑性指数；d——粒径（mm）；Mc——黏粒含量（$d<0.005$ mm）；Rc——单轴饱和抗压强度（MPa）。

2.1.2　混合土、层状土、残积土

混合土、层状土、残积土分类应符合现行行业标准《港口岩土工程勘察规范》（JTS 133—1—2010）的有关规定。

混合土是指粗细两类颗粒同时存在并呈现混杂状态的土，具有颗粒级配不连续、级配曲线两端较陡等特征。定名时将主要土类列在名称前部，次要土类列在名称后部，中间以混字连接。

混合土应按其成因和不同土类的含量分为淤泥混沙、沙混淤泥、黏性土混沙或碎石，并符合下列规定：

（1）淤泥和沙的混合土属于海陆交互相沉积的一种特殊土，其中：对于淤泥混沙，其淤泥含量大于总质量的 30%；对于沙混淤泥，其淤泥含量大于总质量的 10%，且小于或等于总质量的 30%。

（2）黏性土和沙或碎石的混合土，属于坡积、洪积等原因形成的土。其中：对于黏性土混沙或碎石，其黏性土含量大于总质量的 40%；对于沙或碎石混黏性土，其黏性土含量大于总质量的 10%，且小于或等于总质量的 40%。

(3)确定混合土时,还可结合土的颜色、密实度、强度等加以描述,如松散卵石混砾沙、坚硬白色粉质黏土混砾沙、硬胶结黏土混砾沙。

层状土是两类不同的土层相间成韵律沉积,具有明显层状构造特征的土。定名时将厚层土列在名称前部,薄层土列在名称后部。其根据成因及两类土层的厚度比可分为互层土、夹层土和间层土。各层土应符合下列规定:

(1)互层土:具有交错互层构造,两类土层厚度相差不大,厚度比大于1/3,例如黏土与粉沙互层。

(2)夹层土:具有夹层构造,两类土层厚度相差较大,厚度比为1/3~1/10,例如黏土夹粉沙层。

(3)间层土:常呈很厚的黏性土间极薄层粉沙土的状态,厚度比小于1/10,例如黏土间薄层粉沙。

(4)在确定层状土时,对具有互层、夹层、间层的土层,除分层的层理外,尚应综合土的层理特征做出评价。

残积土是指硬质岩石、软质岩石完全风化后,未经搬运而残留在原地的碎屑土。按粒径大于2 mm颗粒含量百分比,残积土可分为:(1)砾质黏性土:粒径大于2 mm颗粒含量大于总质量的20%;(2)沙质黏性土:粒径大于2 mm颗粒含量小于或等于总质量的20%;(3)黏性土:不含粒径大于2 mm的颗粒。

2.2 疏浚岩土的工程特性指标和分级规定

疏浚岩土的工程特性指标包括判别指标和辅助指标,其根据岩土的分类、性质、状态及对疏浚工程耙吸挖泥船、机具影响的重要程度确定。疏浚岩土以判别指标为主、辅助指标为辅进行分级。其中,判别指标着重考虑挖掘岩土的难易程度,并以此为主分析岩土的性质和状态,确定岩土的分类级别。

2.2.1 疏浚岩石类的分级规定

(1)疏浚岩石类的工程特性应根据岩石的强度与结构对疏浚设备的可挖性予以确定。

(2)疏浚岩石类的工程特性指标以岩石的单轴饱和抗压强度为判别指标。部分软质岩石、全风化和强风化岩石及珊瑚礁等相对较松软的岩石,可采用标准贯入击数为判别指标。

(3)单轴饱和抗压强度小于或等于30 MPa的岩石分为弱、中等和稍强3级。当单轴饱和抗压强度大于30 MPa的岩石必须挖除时,应先进行爆破、击碎等预处理。

2.2.2 疏浚淤泥类的分级规定

疏浚淤泥类的工程特性应根据土的流变性、稠度对疏浚管道输送能力的影响予以确定。有机质土及泥炭类与淤泥类应划分为同一级土。

2.2.3　疏浚淤泥质土类的分级规定

(1)疏浚淤泥质土类的工程特性应根据土的流变性、稠度对疏浚管道输送能力的影响予以确定。

(2)疏浚淤泥质土类以天然重度和液性指数为判别指标，以标准贯入击数、抗剪强度为辅助指标。

2.2.4　疏浚黏性土类的分级规定

(1)疏浚黏性土类的工程特性应根据土的抗剪强度对疏浚设备挖掘与输送能力的影响予以确定，并应考虑土的稠度、塑性、附着力等。

(2)疏浚黏性土类按其工程特性分为中等、硬、坚硬 3 级，级别以抗剪强度和天然重度为判别指标，以贯入击数、液性指数和附着力为辅助指标。

2.2.5　疏浚沙土类的分级规定

(1)疏浚沙土类的工程特性应根据土的密实程度、颗粒组成对疏浚设备挖掘与输送能力的影响予以确定。

(2)疏浚沙土类按其工程特性分为松散、中密、密实 3 级，级别划分以标准贯入击数和天然重度为判别指标，以相对密度为辅助指标。沙土的颗粒级配状态应以沙土的不均匀系数及曲率系数进行评价。

沙土的不均匀系数 Cu：反映土的粒径大小不同粒组的分布情况，是判断沙土的颗粒级配是否良好的指标之一，其表达式为 $Cu = d_{60}/d_{10}$。

沙土的曲率系数 Cc：反映土的颗粒级配累积曲线的斜率是否连续的指标系数，其表达式为 $Cc=(d_{80}\times d_{80})/(d_{60}\times d_{10})$

(3)疏浚粉土类中的黏质粉土应归入黏性土类，沙质粉土应归入沙土类。

2.2.6　疏浚碎石土类的分级规定

(1)疏浚碎石土类的工程特性应根据土的密实程度、颗粒组成对疏浚设备挖掘与输送能力的影响予以确定。

(2)疏浚碎石土类应以重型动力触探击数 $N_{63.5}$ 和密实判数 DG 为判别指标。

2.2.7　疏浚岩土的工程特性指标和分级表

表 2-2 为疏浚土类的工程特性指标和分级表，表 2-3 为疏浚岩石类的工程特性指标和分级表[均来源于《疏浚与吹填工程设计规范》(JTS 181—5—2012)]。

表 2-2　疏浚土类的工程特性指标和分级表

<table>
<tr><th rowspan="2">岩土类型</th><th rowspan="2">级别</th><th rowspan="2">状态</th><th rowspan="2">强度及结构特征</th><th colspan="4">判别指标</th><th colspan="6">辅助指标</th></tr>
<tr><th>标贯击数 N</th><th>抗剪强度 τ (kPa)</th><th>天然重度 γ (kN/m^3)</th><th>液性指数 I_L</th><th>标贯击数 N</th><th>液性指数 I_L</th><th>抗剪强度 τ (kPa)</th><th>附着力 F(g/cm^2)</th><th>相对密度 D_r</th><th>灼烧减量 Q_1</th></tr>
<tr><td>有机质土及泥炭、淤泥类</td><td>1</td><td>流动~极软</td><td>可能是密实的或松软的，强度和结构在水平或垂直方向上可能相差很大，并存在气体</td><td>—</td><td>—</td><td><16.6</td><td>>1</td><td>—</td><td>—</td><td>—</td><td rowspan="5">弱：50~150；中等：150~250；强：>250。附着力越大，越难开挖</td><td rowspan="5">—</td><td>≥5</td></tr>
<tr><td>淤泥质土类</td><td>2</td><td>软</td><td>极易用手捏成形</td><td>—</td><td>—</td><td>≤17.6</td><td>>0.75</td><td>≤4</td><td>—</td><td>≤25</td><td rowspan="4">—</td></tr>
<tr><td rowspan="3">黏性土类</td><td>3</td><td>中等</td><td>稍用力可捏成形</td><td>—</td><td>≤50</td><td>≤18.7</td><td>—</td><td>≤8</td><td>≤0.75</td><td>—</td></tr>
<tr><td>4</td><td>硬</td><td>手指用力捏才成形</td><td>—</td><td>50<τ≤100</td><td>≤19.5</td><td>—</td><td>≤15</td><td>≤0.50</td><td>—</td></tr>
<tr><td>5</td><td>坚硬</td><td>不能用手指捏成形，可用大拇指压出凹痕</td><td>—</td><td>>100</td><td>>19.5</td><td>—</td><td>>15</td><td><0.25</td><td>—</td></tr>
<tr><td rowspan="3">沙土类</td><td>6</td><td>松散</td><td>较容易将直径为 12 mm 的钢筋插入土中</td><td>≤10</td><td>—</td><td>≤18.6</td><td>—</td><td colspan="4" rowspan="3">满足 $Cu \geq 5, Cc = 1 \sim 3$ 为良好级配的沙(SW)；
不能满足以上条件的为不良级配的沙(SP)；
在相同条件下，级配越好越密实</td><td>≤0.33</td><td>—</td></tr>
<tr><td>7</td><td>中密</td><td>用 2~3 kg 重锤很容易将直径为 12 mm 的钢筋插入土中</td><td>≤30</td><td>—</td><td>≤19.6</td><td>—</td><td>≤0.67</td><td>—</td></tr>
<tr><td>8</td><td>密实</td><td>用 2~3 kg 的重锤可将直径为 12 mm 的钢筋插入土中</td><td>>30</td><td>—</td><td>>19.6</td><td>—</td><td>>0.67</td><td>—</td></tr>
</table>

表 2-3　疏浚岩石类的工程特性指标和分级表

<table>
<tr><th rowspan="2">岩土类型</th><th rowspan="2">级别</th><th rowspan="2">状态</th><th rowspan="2">强度及结构特征</th><th colspan="4">判别指标</th><th>辅助指标</th></tr>
<tr><th>重触击数 $N_{63.5}$</th><th>密实判数 DG</th><th>标贯击数 N</th><th>抗压强度 Rc(MPa)</th><th>颗粒级配</th></tr>
<tr><td rowspan="2">碎石土类</td><td>9</td><td>松散~中密</td><td>骨架颗粒含量小于总质量的 70%，呈错乱或交错排列,大部分不接触或部分连续接触,充填物包裹大部分骨架颗粒,且呈疏松或中密度状态</td><td>≤20</td><td>70</td><td>—</td><td>—</td><td rowspan="2">满足 $Cu\geqslant5$，$Cc=1\sim3$ 为良好级配的砾石(GW)；不能满足以上条件的为不良级配的砾石(GP)。在相同条件下，级配越好越密实</td></tr>
<tr><td>10</td><td>密实</td><td>骨架颗粒含量大于总质量的 70%，呈交错排列,连续接触,或只有部分骨架颗粒连续接触,但填充物呈紧密状态</td><td>>20</td><td>>70</td><td>—</td><td>—</td></tr>
<tr><td rowspan="3">岩石类</td><td>11</td><td>弱</td><td>锤击声哑,无回弹,有较深凹痕,手可捏碎,锹镐可挖掘,浸水后可捏成团</td><td>—</td><td>—</td><td><50</td><td>≤5</td><td>—</td></tr>
<tr><td>12</td><td>中等</td><td>锤击声哑,无回弹,有凹痕,锤击易碎,浸水后可掰开</td><td>—</td><td>—</td><td>—</td><td>≤15</td><td>—</td></tr>
<tr><td>13</td><td>精强</td><td>锤击声不清脆,无回弹,有凹痕,锤击较易碎,浸水后指甲可刻出印痕</td><td>—</td><td>—</td><td>—</td><td>≤30</td><td>—</td></tr>
</table>

2.2.8　疏浚岩土性质对疏浚施工的影响

疏浚岩土性质对疏浚施工的影响见表 2-4[来源于《疏浚与吹填工程设计规范》(JTS 181—5—2012)]。

表 2-4　疏浚岩土性质对疏浚施工的影响

岩土类别	疏浚岩土性质指标	挖掘方法	输送方法	磨蚀作用	吹填物	疏浚边坡的稳定性
黏性土类	粒径分布	√	—	√	—	—
	强度	√	√	—	—	√
	塑性/天然含水率	√	√	—	—	—
	天然重度	√	—	—	—	√
	矿物成分	—	—	√	—	—
	颗粒比重	—	√	—	—	—
	气体含量	√	√	—	—	—
	流变性质	√	√	—	—	—
	有机质含量	√	√	—	—	—

（续表）

岩土类别	疏浚岩土性质指标	挖掘方法	输送方法	磨蚀作用	吹填物	疏浚边坡的稳定性
非黏性土类	粒径分布	√	√	√	√	—
	相对密度	√	—	—	—	—
	压缩特性	—	—	—	√	—
	天然重度	√	√	—	—	—
	矿物成分	—	√	√	—	—
	颗粒比重	—	√	√	—	—
	磨圆度	—	—	√	—	—
	渗透性	√	—	—	—	—
	有机质含量	√	—	—	√	—
岩石类	岩石强度	√	—	—	—	√
	弹性	√	—	—	—	—
	矿物成分	√	√	√	—	—
	结构、构造	√	√	√	—	√
	密度	√	√	√	—	—

注：表中“√”表示有影响；“—”表示无影响。

2.3 疏浚岩土的管道输送和用作填土的适宜性

当采用管道输送疏浚岩土时，对于容易堵塞管道和泥泵的大块石、胶结黏土，必须经破碎或排除后方可进行输送。

当采用疏浚岩土进行吹填造地时，应对填土的固结、沉降、压缩、湿陷、渗透、密实及承载力等因素给予定性评价。

各类疏浚岩土的管道输送和用作填土的适宜性分为很好、较好、尚可、较差、差、不适合六个等级，如表2-5[来源于《疏浚岩土分类标准》(JTJ/T 320—96)]所示。

表2-5　各类疏浚岩土的管道输送和用作填土的适宜性明细表

岩土类别	岩土名称	分类特征	管道输送的适宜性	用作填土的适宜性
有机质土及泥炭类	有机质土及泥炭	$Q \geqslant 5\%$	很好	不适合
淤泥类	浮泥	$W>150\%$	很好	不适合
	流泥	$85\%<W\leqslant 150\%$	很好	不适合
	淤泥	$1.5<e<2.4$，$55\%<W\leqslant 85\%$	很好	差
淤泥质土类	淤泥质黏土	$1.0<e<1.5$，$36\%<W\leqslant 55\%$	很好	差
黏性土类	黏土	$I_p>17$	碎化后较好	差～较差
	粉质黏土	$10<I_p\leqslant 17$	碎化后较好	差～较差

（续表）

岩土类别	岩土名称	分类特征	管道输送的适宜性	用作填土的适宜性
粉土类	黏质粉土	d>0.075mm 的颗粒小于总质量的 50% $I_p \leqslant 10$ $10\% \leqslant Mc < 15\%$	很好	差
	沙质粉土	d>0.075mm 的颗粒小于总质量的 50% $I_p \leqslant 10$ $3\% \leqslant \mathrm{Mc} < 10\%$	很好	差
沙土类	粉沙	d>0.075mm 的颗粒大于总质量的 50%	很好	尚可
	细沙	d>0.075mm 的颗粒大于总质量的 85%	很好	较好
	中沙	d>0.25mm 的颗粒大于总质量的 50%	较好	很好
	粗沙	d>0.50mm 的颗粒大于总质量的 50%	较好	很好
	砾沙	d>2mm 的颗粒占总质量的 25%~50%	较好	很好
碎石土类	角砾、圆砾	d>2mm 的颗粒大于总质量的 50%	尚可~较好	较好
	碎石、卵石	d>20mm 的颗粒大于总质量的 50%	尚可~差	较好
	块石、漂石	d>200mm 的颗粒大于总质量的 50%	不适合	不适合
岩石类	软质岩石	Rc<30 MPa	不适合	不适合
	硬质岩石	$Rc \geqslant 30$ MPa	不适合	不适合

注：表中岩石类是指未风化或未经爆破的岩体。

2.4 疏浚岩土的现场鉴别与描述

2.4.1 疏浚岩石类的现场鉴别与描述

疏浚岩石类的现场鉴别可采用目测、手捏、刀刻,或用镐、锹、铁杆进行挖、钻,或用手锤进行敲击等方法。疏浚岩石类的现场描述除应包括颜色、结构完整情况、夹杂物状态、风化程度及强度外,还应包括岩石的层理、节理、裂隙及产状等情况。

2.4.2 疏浚土类的现场鉴别与描述

疏浚土类的现场鉴别可采用尺量、目测、手捏等方法,以确定土的颗粒组成及特征;也可采用观察土的干散状态、拍打湿土、搓条、摇振反应等定性方法进行初步鉴别。疏浚土类的现场描述包括土的颜色、气味、状态、颗粒形状、包含物排列状况、充填物成分及坚硬程度、风化程度、胶结现象等。

疏浚岩土的现场鉴别与描述应符合表 2-6[来源于《疏浚与吹填工程设计规范》(JTS 181—5—2012)]的规定。

表 2-6 疏浚岩土的现场鉴别与描述

岩土类别	岩土名称	鉴别与描述方法				说明
有机质土及泥炭类	有机质土及泥炭	黑色或褐色,有臭味,手摸有弹性及海绵感,泥炭结构松散、土壤极轻、暗无光泽				—
淤泥类	浮泥	似粥状或糊状、呈流动性、手感黏糊				
	流泥					
	淤泥	土壤柔软、手感细腻				
淤泥质土类	淤泥质土	土壤呈流塑至软塑状				
黏性土类		1. 刀切反应	2. 手感	3. 摇振反应	4. 韧性	粉土、黏性土须描写颜色、状态、湿度、包含物等
	黏土	刀切面细腻光滑	有细腻感、黏附性大	摇晃无水分出现	有韧性、可二次搓条	
	粉质黏土	刀切面光滑、光泽差	稍有滑腻感、黏性中等	摇晃出水、消失较慢	搓条有黏性、易捏碎	
粉土类		1. 刀切反应	2. 手感	3. 摇振反应	4. 韧性	粉土、黏性土须描写颜色、状态、湿度、包含物等
	黏质粉土	刀切面较粗糙、无光泽	较粗糙感、弱黏附性	摇晃出水、消失较快	搓条黏性差、易裂散	
	沙质粉土	刀切面粗糙、无光泽	有粗糙感、无黏滞感	摇晃出水、消失很快	搓条较难、易裂散	

(续表)

<table>
<tr><th>岩土类别</th><th>岩土名称</th><th colspan="4">鉴别与描述方法</th><th>说明</th></tr>
<tr><td rowspan="6">沙土类</td><td></td><td>1. 颗粒目测</td><td>2. 干散状态</td><td>3. 湿土拍打</td><td>4. 湿土黏性</td><td rowspan="6">沙土尚须描述颜色、湿度、密实度、包含物、颗粒形状等</td></tr>
<tr><td>粉沙</td><td>用手捻摸时,有类似玉米面或灰尘的感觉</td><td>大部结块、捻压即散</td><td>表面出水变形</td><td>有轻微黏性</td></tr>
<tr><td>细沙</td><td>其颗粒用目力仅能辨别</td><td>部分结块、稍压即散</td><td>表面水印明显</td><td>略有黏性</td></tr>
<tr><td>中沙</td><td>大部分颗粒类似沙糖或白菜籽粒</td><td>少量结块、一碰即散</td><td>表面略有水印</td><td>无黏着感觉</td></tr>
<tr><td>粗沙</td><td>绝大部分颗粒似小米粒</td><td>基本分散</td><td>表面无变化</td><td>无黏着感觉</td></tr>
<tr><td>砾沙</td><td>大部分颗粒类似高粱粒</td><td>完全分散</td><td>表面无变化</td><td>无黏着感觉</td></tr>
<tr><td rowspan="4">碎石土类</td><td></td><td>1. 颗粒组成</td><td>2. 颗粒形状</td><td>3. 结构组成</td><td></td><td rowspan="4">碎石土尚须描述颗粒的坚硬程度、风化程度、胶结现象及岩石成分等</td></tr>
<tr><td>角砾、圆砾</td><td rowspan="3">量取各石块的长径 A、宽径 B、厚度 C 的最大值,以长径为主确定土类</td><td rowspan="3">漂石、卵石、圆砾以圆形和亚圆形为主,块石、碎石、角砾以棱角形为主</td><td rowspan="3">①天然或人工爆破;
②沉积期长短;
③分层分布及骨架内充填物情况;
④级配均匀情况;
⑤表面粗糙或光滑</td><td rowspan="3"></td></tr>
<tr><td>碎石、卵石</td></tr>
<tr><td>块石、漂石</td></tr>
</table>

第 3 章 耙吸挖泥船

3.1 耙吸挖泥船简介

3.1.1 概述

耙吸挖泥船(以下简称“耙吸船”)是水力式挖泥船中的自航、自载式挖泥船。它的船体结构、功用、外形与一般自航式运输船舶相似,除了具备通常航行船舶的船舶设备和各种设施外,还有一整套用于耙吸挖泥和输送的疏浚机具、装载泥浆的泥舱及排放泥浆的装置等设备。因此,在所有不同类型的挖泥船中,耙吸船是一种比较复杂的挖泥船。耙吸船适用于水域开阔的海湾、河口、海港、河流的航道疏浚作业及深海取沙吹填作业,被世界各国在较大的疏浚工程中广泛采用。耙吸船施工流程如图 3-1 所示。

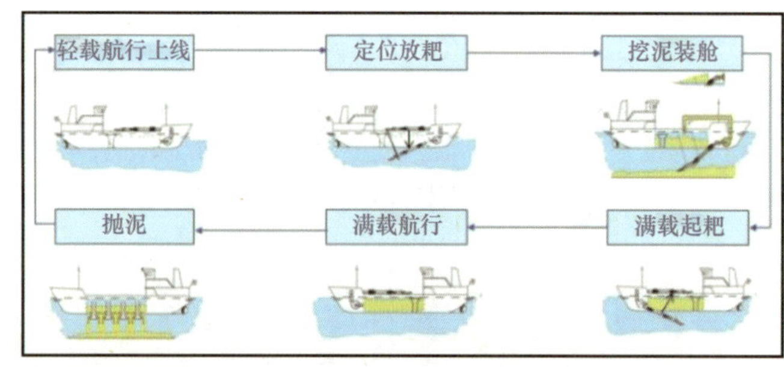

图 3-1　耙吸船施工流程

耙吸船是一种在舷旁装有耙臂管(又称吸泥管)的自载式挖泥船,在耙臂管的后端装有用于挖掘水下土层的耙头,其前端以弯管与船上的泥泵吸入管相连接。耙臂管可做上下升降运动,其后端能放入水下一定深度,使耙头与水下土层的疏浚工作面相接触。耙吸船通过船舶推进装置在航行中拖曳耙头前移,对水下土层的泥沙进行耙松和挖掘,如遇坚硬的泥沙,还可开启高压冲水装置对其进行液化。泥泵的抽吸作用使从耙头吸入的挖掘泥沙与水流的混合体经耙臂管、弯管等进入泥泵,最后经泥泵排出端装入耙吸船自身设置的泥舱中。在泥舱满载泥浆后,耙吸船停止疏浚挖泥作业,提升耙臂管和耙头出水,再航行至指定的抛泥区,通过泥舱底部所设置的泥门将舱内泥浆卸空;或通过泥舱所设置的抽舱管,用船上的泥泵将泥浆吸出,经甲板上的排泥管系和/或输泥浮管或岸管将泥浆艏喷或吹泥上岸。然后耙吸船返回原挖泥作业区,继续进行下一次挖泥作业。

3.1.2　耙吸船的功能

耙吸船是一种装有泥舱和疏浚设备、可边航行边疏浚并可在海上或内河航道自航的水力式挖泥船,具有以下特点:

(1)有自航、自挖、自载和自卸的能力,有排岸装置的还可进行吹填。

(2)有良好的航海性能,调遣方便,海况适应性强。

(3)施工作业对航行船舶和航道等妨碍干扰小。

(4)施工作业对疏浚、航行以及泥土处置区等施工水域的水深与平面尺度有较高要求。

耙吸船主要适用于以下疏浚工程:

(1)风浪较大的外海疏浚工程。

(2)港池及航道疏浚。

(3)管沟等基槽开挖、海滩养护。

(4)水域开阔的内河疏浚工程。

(5)海岸、堤坝、人工岛、人造海滩的吹填造陆工程等。

耙吸船一般具有以下功能(以“新海龙”号为例):

(1)可从事艉双耙臂管疏浚作业。

(2)可将耙吸的泥浆装舱,当泥浆浓度很低时亦可直接排出舷外。

(3)可在右舷耙臂管吸泥的同时,用左舷耙臂管将泥浆排到河床上。

(4)可通过船底两排双开门箱形泥门抛泥。

(5)可在抛泥前通过不凸出船底的预抛泥门抛泥以减少本船吃水,可在最小的船底富余水深下抛泥。

(6)疏浚挖泥前可使用右舷泥泵抽净舱内余水,直到泥泵吸气停止。

(7)可采用抽舱系统、吹泥管艏接头和右舷泥泵或两泵串联使用将舱内泥浆吹上岸。

(8)可采用抽舱系统、艏喷嘴和右舷泥泵或两泵串联将泥浆喷射到船前方。

(9)采用IHC型耙头并配有高压(12 bar或18 bar)冲水,用来疏松密实土,配有可拆卸耙齿,用来疏松淤泥、细沙、密实沙、黏土。

(10)在抛泥和抽舱时可采用两台高压冲水泵稀释和冲松泥舱内的泥沙。

(11)每对泥门由一台液压缸启闭,可在驾驶室遥控。

(12)泥舱有舱口围板,舱口顶部为敞开式。

(13)两只筒形溢流筒的连续调节范围为7 140~12 888 m^3,可在驾驶室遥控。

(14)两套可调距螺旋桨在推进导流管中旋转,各由不可逆转柴油机通过减速齿轮箱驱动。

(15)两台泥泵设于泥舱后端的泵舱内,均由主机通过双速齿轮箱驱动。

(16)每台主柴油机除了可驱动螺旋桨和泥泵外,还可驱动交流主发电机,即“一拖三”驱动。

每台交流主发电机提供电源用于:

①一台交流电动马达用于驱动高压冲水泵;

②另一台交流电动马达用于驱动艏侧推装置;

③提供本船电力需求的一半。

(17)配有两台 650 kW 的电力艏横向推进装置,以改善操作性能,可在驾驶室遥控。

(18)配有两个泥泵除气装置,分别与两个泥泵连接,用于挖掘有气体的淤泥。

(19)按照中国船级社的规范,轮机自动化标志为 CSM-MCC,并满足法国船级社自动化标志 AUT-UMS 的规范要求。

(20)可在驾驶室单人遥控:

①推进控制系统;

②耙臂管/泥泵控制系统。

(21)在主甲板以上的船首设置有空调的居住舱室,可供 50 人居住。

(22)在主甲板前端设置了艏楼。

(23)在左右舷分别配备了一艘救生艇,每艘可运载 50 人。

(24)设置有一台跨距为 25m、最大起重量为 22.5 t 的移动式液压甲板吊车,用于维修设备和起吊重物。设置有两台食品吊,一个在右舷艏楼附近,另一个在左舷艏楼附近。

(25)船体为渐开式。

(26)重油柜位于靠近泥舱的浮力舱,船用柴油储存在艉尖舱内。淡水舱位于辅设备舱。

(27)艏尖舱作为纵倾调节舱,能够迅速地充水和排水,以减小船舶在空船或轻载时的纵倾。该舱由高压冲水泵充水,排空的水由舱底排水管排到船底部。

目前,耙吸船与绞吸船相比存在的不足之处主要在于其浚后挖掘平整度较差,但尚可满足现有的规范要求:平整度不大于 30 cm。

3.1.3 耙吸船的分类

耙吸船的分类方法比较多,一般按其舱容来分类。依据《疏浚与吹填工程设计规范》(JTS 181—5—2012),其可分为小型耙吸船(舱容小于 4 000 m^3)、中型耙吸船(舱容为 4 000～9 000 m^3)、大型耙吸船(舱容为 9 000～17 000 m^3)及特大型耙吸船(舱容大于 17 000 m^3)。

耙吸船按功能分为维护性耙吸船、基建性耙吸船及多功能耙吸船等。

1. 维护性耙吸船

泥舱装载密度较低(约 1.3 t/m^3),通常采用泥门抛泥,适用于航道、港口维护。

2. 基建性耙吸船

泥舱装载密度较高(约 1.7 t/m^3),适用于吹填造陆。

3. 多功能耙吸船

泥舱装载密度介于上述二者之间(约 1.5 t/m^3),一般采用泥门抛泥和吹填方式进行抛泥,兼顾维护与吹填。

3.1.4 耙吸船的技术性能

新建一艘耙吸船的流程是先通过市场调研确定需建造船舶的每日产量,再依据每日产量确定载泥量及舱容。描述耙吸船的技术性能主要有:(1)泥舱容积、载泥量及装载密度;(2)船舶主尺度,诸如 L/B、B/H 和 B/T(L——长度,B——型宽,H——型深,T——吃水);(3)最大挖深;(4)推进功率、重载/轻载航速;(5)侧推功率;(6)疏浚装备,如耙臂管、泥门、泥泵、高压

冲水泵、波浪补偿器等。耗吸船的设计条件,主要参数和载重量如下:

1. 设计条件

最大室外温度	45 ℃
最小室外温度	20 ℃
机舱温度	55 ℃
最大海水温度	35 ℃
最小海水温度	1 ℃
相对湿度	90%
最大流速	4 kn
最大风速	20 m/s
最大波高	3 m
波周期	6 s

2. 主要参数

总长	约 147.50 m
垂线间长	140.00 m
型宽	27.00 m
型深	10.40 m
平均型吃水(夏季载重线,国际干舷)	7.58 m
平均型吃水(疏浚标志,国际半干舷)	9.00 m
载泥量(在吃水 9.00 m 时)	20 018 t
装载量(在吃水 9.00 m 时)	18 978 t
舱容(在最高溢流口)	12 888 m^3
耙臂管内径	1 200 mm
挖深[轻载水线以下(即空船 10%备品和泥舱装水至水线)耙臂管与船基线成 45°夹角]	35 m
挖深[轻载水线以下(即空船 10%备品和泥舱装水至水线)耙臂管接长并与船基线成 49°夹角]	45 m
推进柴油机两台	2×9 000 kW,510 r/min
轴带发电机两台	2×3 040 kW
辅柴油发电机组一台	924 kW
应急发电机组一台	604 kW
驱动高压冲水泵的电动机两台	电动 AC,2×1 320 kW
艏推进器两台	电动 AC,2×650 kW
航速(在标准平均型吃水 9.00 m 时)	约 16.0 kn
燃油舱容	约 1 870 m^3
柴油舱容	约 470 m^3
滑油舱容	约 30 m^3
淡水舱容	约 315 m^3

上述提及的舱容在所需最大持续功率 80%的平均功率下满足连续工作 30 天。

3. 载重量

燃油	780 t
滑油	30 t
淡水	150 t
船员和食品	16. 5 t
船东备品和备件	63. 5 t
载泥量[(1. 473 t/m^3)×(12 888 m^3)]	18 978 t
载重量	20 018 t

上述载重量是当海水比重为1. 025 t/m^3、标准平均型吃水约为9. 00 m国际半干舷(疏浚吃水)时可装载的最大重量。

3.1.5 耙吸船的主要疏浚设备

耙吸船的主要疏浚设备有船体、动力及推进设备、疏浚设备、航行设备、系泊设备、疏浚控制系统等,下面着重介绍与疏浚相关的设备。

(1)船体:根据功能划分为舵机舱、机舱、泥泵舱、泥舱、驾驶室、辅设备舱、侧推舱、艏尖舱等。

(2)推进设备:推进柴油机、变速齿轮箱、推进轴及螺旋桨、舵、侧推器、发电机等。

(3)疏浚设备

①挖掘系统:耙头、耙臂管、吊架、波浪补偿器及绞车等;

②输送系统:泥泵及所属封水系统、吸/排泥管、冲水系统、闸阀等;

③装舱、溢流及抛泥系统:泥门、消能箱、溢流筒及艏吹/艏喷装置;

④高压冲水系统:高压冲水泵及其附属设备、高压冲水管路、蝶阀;

⑤控制系统:IHDCS系统、DTPS系统等。

图3-2为耙吸船结构图。

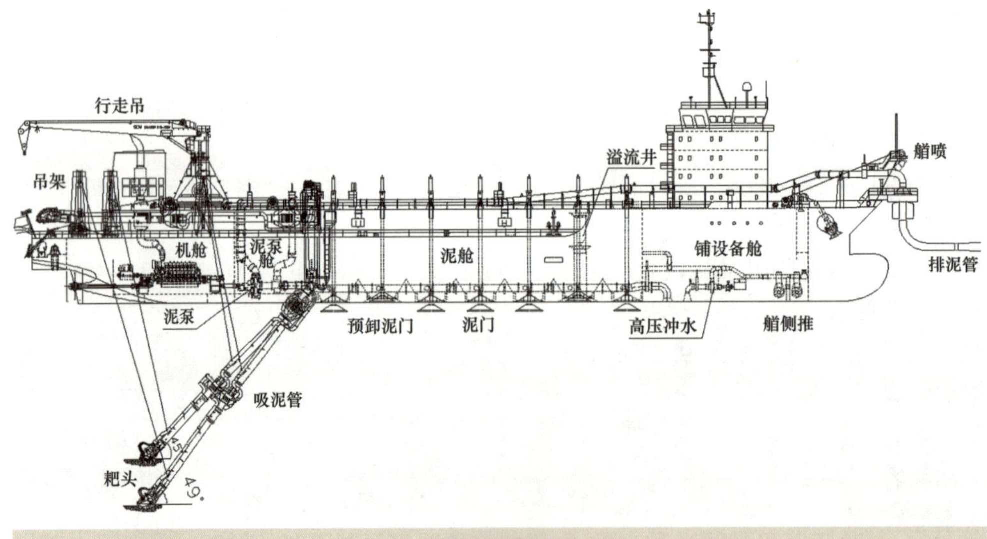

图3-2 耙吸船结构图

3.2 耙吸船的工作原理

耙吸船，是一种从海底挖泥的船，其挖泥方法与真空吸尘器类似。耙吸船上装有一台或几台离心式泥泵，用离心式泥泵从海底吸起水和泥，排入泥舱。其边航边挖，泥舱装满泥浆后驶往指定区域抛泥，或通过艏吹/艏喷装置排岸。图 3-3 为耙吸船工作原理图。

图 3-3 耙吸船工作原理图

耙吸船主要对较大范围进行增深，并在水平方向上将不同的土层予以清除，这与绞吸船和吸扬船首先进行局部增深、随后在水平方向上逐步扩展的施工方式不同。这种施工方式与待挖土壤有关。通常土壤的粒径和类型在水平方向上的变化小于在垂直方向上的变化。

耙吸船的工作原理是：(1)利用耙头挖掘待挖原状土。耙头主要有以下三方面作用。①冲刷作用：在与耙头相连的泥泵的作用下，耙头活动罩内、外产生压力差，将河床中的原状土冲刷进耙头活动罩。②切削作用：利用船舶的前进力将耙齿插入土壤，对土壤进行机械切削、撕裂等。③破土作用：利用船舶配置的高压冲水泵产生的高压冲水，使需疏浚的土壤液化、膨胀、松散。(2)利用泥泵输送泥浆，将上述切削的土壤与水混合形成的浆体输送至泥舱。通常，耙吸船可适用于各种类型的土壤，只是其效率在很大程度上取决于土壤的类型、破坏土壤凝聚力的功率和方法。

当使用耙吸船进行疏浚时，土壤的类型十分重要。施工前需提前了解土壤的特性及疏浚设备的适用性。一般疏浚施工的土壤可划分为以下三类：

(1)液态土壤(淤泥和软黏土)；

(2)黏性土壤(硬黏土和软岩石)；

(3)非黏性土壤(沙和砾石)。

3.2.1 液态土壤的挖掘

液态土壤具有较高的含水率及良好的流动性。塑性指数与液性指数是液态土壤的两项重要指标。液限(ω_L)是土壤呈可塑状态的上限含水率,塑限(ω_P)是土壤呈可塑状态的下限含水率。液限和塑限的差值称为塑性指数,即 $I_P=\omega_L-\omega_P$,它在一定程度上综合反映了影响液态土壤特征的各种重要因素。塑性指数越大,表明液态土壤的颗粒越细、比表面积越大、黏粒或亲水矿物含率越高,液态土壤处在可塑状态的含水率变化范围就越大。也就是说,塑性指数能综合地反映液态土壤的矿物成分和颗粒大小。因此,工程上常按塑性指数对液态土壤进行分类。粉土为塑性指数小于等于 10 且粒径大于 0.075 mm 的颗粒含量小于总质量的 50%的液态土壤;黏性土为塑性指数大于 10 且粒径大于 0.075 mm 的颗粒含量小于总质量的 50%的液态土壤。

土壤的天然含水率和液限之差与塑性指数之比,称为液性指数,又称为天然稠度,即 $I_L=(\omega-\omega_P)/(\omega_L-\omega_P)$。液性指数与土壤的类别及含水率有关,对于同一种土壤,含水率越高,则液性指数越大,土壤越软。(当土壤含水率小于或接近塑限时,土壤体积随含水率的减小而不变或变化,但土壤都处于固态,一般规定:$I_L\leq 0$,为坚硬土壤;$0<I_L\leq 0.25$,为硬塑土壤。当土壤含水率处于塑限和液限之间时,土壤具有可塑性,即可以塑造出各种形状,一般规定:$0.25<I_L\leq 0.75$,为可塑土壤;$0.75<I_L\leq 1$,为软塑土壤;$I_L>1$,为流塑土壤。当土壤含水率大于液限时,土壤处于流动状态,即土壤具有可流动性。)图 3-4 为土壤的三态指标图。

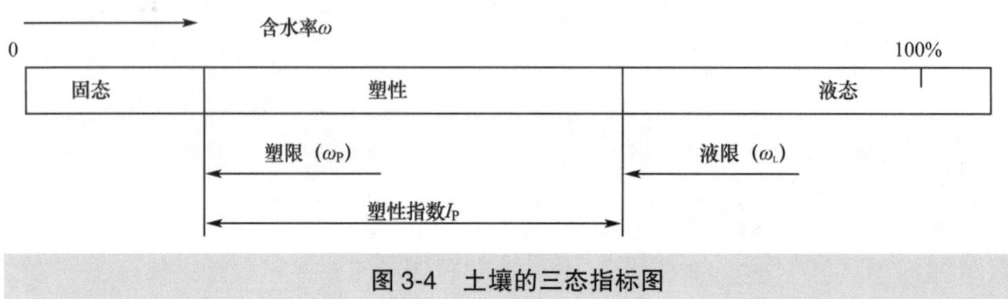

图 3-4 土壤的三态指标图

如果挖掘液态土壤,采用冲刷方式进行疏浚施工即可,同时需关注溢流对疏浚的影响。

3.2.2 黏性土壤的挖掘

黏性土壤为塑性指数大于 10 且粒径大于 0.075 mm 的颗粒含量不超过总质量的 50%的土壤,其具有土壤粒径小、含水率低、土壤凝聚力大等特点。

对软岩石、黏土或某些淤泥之类的黏性土壤来说,在挖掘过程中耙齿难贯入、切削阻力大,需使用高压冲水射流进行预切削以提高挖掘产量。

根据相关计算模型预测,挖掘产量是以下因素的函数:(1)耙头高压喷嘴的喷射压力;(2)土壤的抗剪强度;(3)挖泥航速;(4)耙头高压喷嘴的角度;(5)耙头高压喷嘴的直径。在疏浚时,通常利用高压冲水射流喷射挖掘土壤。在黏性土中,利用高压冲水射流喷射形成的空隙非常狭窄,但它是一个液化过程,射流渗透土壤颗粒,使土壤处于悬浮状态,其成效主要取决于射流所施加的压力。当射流的压力高于土壤的凝聚力时,土壤液化、膨胀,易与水混合形成泥浆以便于疏浚。

根据长期积累的施工经验,对黏性土的疏浚施工一般采用:(1)提高挖泥航速(3~3.5 kn);(2)减小切削深度。黏性土的切削阻力随挖泥航速增大的速率要远小于随切削深度增大的速率。小的切削深度可以使切削阻力控制在合理的范围内,确保耙吸船的推进功率不超负荷;高的挖泥航速可保证足够的挖掘产量。常规压力(1.2~1.8 MPa)的高压冲水对硬质黏土液化、膨胀、切削的效果并不明显。耙吸船疏浚硬质黏土是一个难题,国际疏浚公司针对硬质黏土已研制出利用高达 38 MPa 压力水射流的 Dracula 系统,可有效解决挖掘硬质黏土时耙头堵塞、破土能力弱等问题,显著提高挖掘产量。该系统设置了三排高压冲水喷嘴,分别实现以下两方面功能。其一,减小挖掘力:耙吸船的挖掘力有赖于耙头和耙臂管的重量,重量不够则耙齿不能有效贯入黏土。Dracula 系统将高压冲水喷嘴整合在耙齿内,方向垂直于河床泥面,提高了耙齿的破土能力,从而降低了对耙头重量的要求,实现了对土壤的预切割。其二,防止堵塞耙头:软而黏的土壤容易形成球形黏土团,堵塞耙头。基于上述情况,在耙头内设置另外一排高压冲水喷嘴,可将耙齿挖掘的大块黏土破碎成小块。该排高压冲水喷嘴方向朝着吸口,切割泥块,防止耙头堵塞。配置该系统的耙头在对安特卫普港的航道硬黏土进行施工时取得了很好的效果:在挖掘产量方面,提高了 15%~27%;在时间利用率方面,明显减少了堵耙停工时间;在船舶能耗方面,耗油量较原来减少了 5%。国内自主研发的超高压耙头应用在连云港港徐圩航道工程中,土壤粒径为 $d_{10}=1.24\ \mu m$, $d_{50}=6.94\ \mu m$, $d_{90}=38.6\ \mu m$,凝聚力 $C=21.58\ kPa$,内摩擦角 $\varphi=27.83°$,经两艘姊妹耙吸船施工比对,安装超高压耙头的耙吸船的平均挖掘效率提高了 12%。

3.2.3　非黏性土壤的挖掘

对于沙和砾石这类非黏性土壤,耙头的挖掘过程在物理上是很复杂的。如果不使用高压冲水挖掘土壤,则耙头的工作效率完全取决于泥泵在耙头底部边缘所产生的水流的冲刷作用。这股水流在耙头上所形成的压力差使耙头底部形成冲刷水流(如图 3-5 和图 3-6 所示)

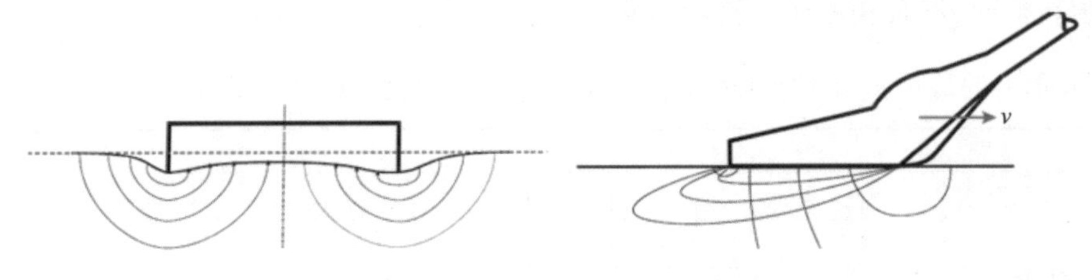

图 3-5　冲刷

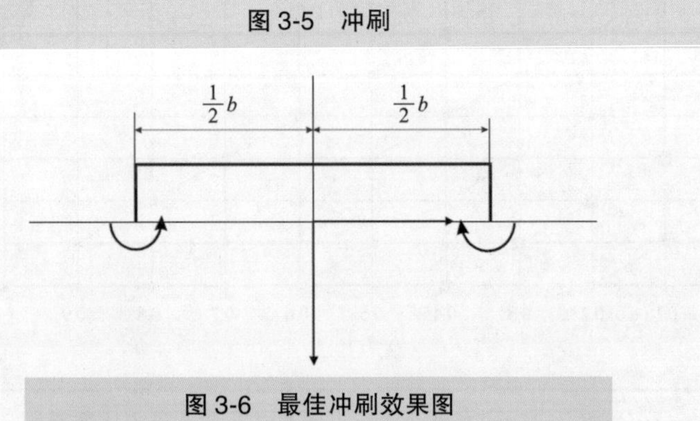

图 3-6　最佳冲刷效果图

通过相关研究与试验,从耙头周围的冲刷过程可见,平均挖掘深度将随着耙头宽度的增大而下降。遗憾的是,到目前为止还没有足够知识可以根据这个过程来确定耙头的最佳宽度。在松散的沙中,没有高压冲水的耙头所能获得的最大浓度为 15%,在多数情况下小于 10%。

如果在挖沙时使用高压冲水,这将减少冲刷水流的流量,因为冲刷必须满足流量平衡的要求:

$$Q_{mixtrue}=Q_{erosion}+Q_{jet}+Q_{sand}+Q_{pores} \quad (m^3/s)$$

$Q_{mixtrue}$ = 耙臂管内泥浆流量 (m^3/s)

$Q_{erosion}$ = 从耙头边缘下方吸入的冲刷流量 (m^3/s)

Q_{jet} = 高压冲水流量 (m^3/s)

Q_{sand} = 沙量 (m^3/s)

Q_{pores} = 沙中孔隙水的流量 (m^3/s)

此外：

$$\frac{Q_{sand}}{Q_{mixtrue}}=C_{vd}\text{（输送浓度）}$$

$$Q_{pores}=\frac{n}{1-n}Q_{sand}$$

n = 孔隙比

根据以上条件，可推导出如下结论：

$$1-\frac{C_{vd}}{1-n}=\frac{Q_{erosion}}{Q_{mixtrue}}+\frac{Q_{jet}}{Q_{mixtrue}}$$

图 3-7 为冲刷水流流量与高压冲水流量不同占比效果图，由图可知，只有在 $\frac{Q_{erosion}}{Q_{mixtrue}}$ 和 $\frac{Q_{jet}}{Q_{mixtrue}}$ 的值较低时，混合物才能获得较高的浓度。

当高压冲水的流量过高时，冲刷水流的流量就会出现负值，并在耙头后方形成泄漏。

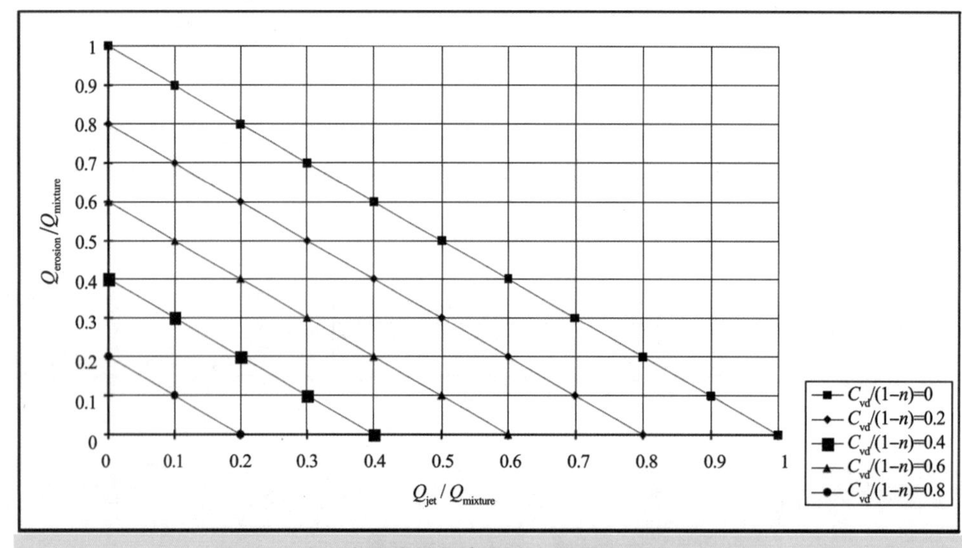

图 3-7　冲刷水流流量与高压冲水流量不同占比效果图

当高压冲水沿耙头的宽度均匀分布时，就会在耙头的整个宽度上形成等深度的冲刷断面，如图 3-8 所示。

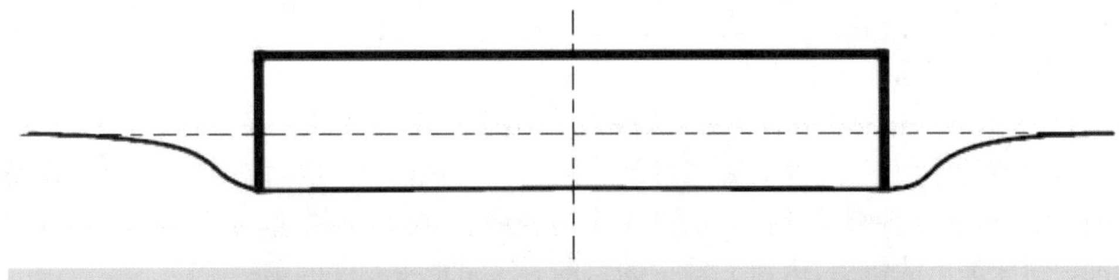

图 3-8　高压冲水系统设计良好的耙头所形成的冲刷断面

高压冲水可用于疏松耙头内非黏性的土壤，同时在抛泥和吹岸时也有利于疏浚土的输送。经物模试验，高压水泵的流量一般为泥泵流量的 20%~30%，压力一般为 0.5~1.5 MPa。

对饱和沙可采用大切削深度、低挖泥航速的疏浚方式：沙性土切削阻力随航速增长的速率比随切削深度增长的速率要高。低挖泥航速可以使切削阻力控制在较低的状态，也不容易发生耙头浮起的现象，大的切削深度可以保证有足够的切削产量。高压冲水对沙性土的切削有较好的辅助效果，除了需满足冲水压力的要求外，还要满足冲水流量的要求，两者缺一不可。较低的挖泥航速可以充分发挥高压冲水的作用。

3.2.4　耙吸船的挖掘产量模型

耙吸船的挖掘产量可以表示为吸泥管内泥浆流量与泥浆体积浓度的乘积，即

$$Q = Q_p \times C_v$$

其中，Q_p 取决于泥泵的性能曲线与管道阻力曲线的交叉工作点；C_v 取决于耙吸船的挖掘能力；Q 由原位开挖量与水下挖掘过程中的溢流率决定，即

$$Q = C_{cutter} \times (1 - n_{overflow})$$

其中，$C_{cutter} = H_{cutter} \times B_{cutter} \times v_{cutter}$，切削宽度 B_{cutter} 为耙头固有参数，耙吸船挖泥航速 v_{cutter} 为产能模型的输入参数。对挖掘产量的求解实际上是对有效切削深度 H_{cutter} 以及溢流率 $n_{overflow}$ 的求解。

切削深度 H_{cutter} 由土壤的力学性能、耙头耙臂管系的几何参数及重量分布、波浪补偿器的设定值、高压冲水的压力及流量、耙吸船挖泥航速等因素决定。

3.3　耙吸船的疏浚设备

耙吸船的疏浚设备有耙头、泥泵、高压冲水泵、泥舱、输送管路、闸阀及蝶阀、溢流筒、泥门、艏吹装置及艏喷装置等，其中，主要或者关键疏浚设备是耙头、泥泵、高压冲水泵及波浪补偿装置。耙头的主要作用是使需要挖掘的泥土松散，对于难挖的土壤需使用高压冲水液化泥土。泥泵的主要作用是将使松散的泥土吸入或输送至泥舱或吹岸。波浪补偿器的作用是使耙吸船能适应风浪或海床变化，耙头能始终紧贴泥面，提高耙头着地率。

3.3.1　耙头

耙头是耙吸船用来吸取泥浆或泥沙的管路的最前端设备，是耙吸船的破土工具，被称为“吸泥之口”，因工作原理和形状类似于钉耙而得名。

3.3.1.1 耙头的发展历程

耙头主要经历了四个发展历程：

(1)冲蚀型耙头：由泥泵运转在耙头内腔中产生真空度，使得耙头的外部与内腔形成压力差。在该压力差的作用下，外围水流通过耙头吸口底部的缝隙(控制耙头活动罩可调节缝隙大小)被压入内腔。这种缝隙处压入的高速水流，在耙头吸口面周边(亦即河床面)起着松散剥离和冲蚀河床泥土的作用，达到了“挖”的目的。这是耙头发展的第一阶段。

(2)机械挖掘型耙头：这是耙头发展的第二阶段。此类型耙头通过在耙头上加装耙齿，利用耙齿切削泥土，可消除泥土孔隙压力过低的现象，进而降低泥土的凝聚力，达到疏松泥土的目的，提高挖掘产量。挖掘泥沙所需的力不再是耙头的压力差(以消耗真空度为代价)，而是由船舶的推进装置产生的，这样如要维持耙吸船的原挖泥航速，需提供较大的拖曳力。

(3)配置高压冲水系统的挖掘型耙头：随着对射流技术的认识，人们对疏浚的认识也不断提高，耙头发展到第三阶段，如图 3-9 所示，此类型耙头在机械挖掘型耙头的基础上加装高压冲水系统，在耙头固定体吸腔后部的底板耐磨块上安装高压喷嘴(垂直冲水)，在活动罩耙齿间及活动罩顶部布置喷头。耐磨块垂直冲水的作用是对坚硬的土壤进行预切割。活动罩耙齿间出水的作用是对垂直冲水形成的膨胀区进行补水，加速土壤的液化。活动罩顶部冲水的作用是防止堵耙及补充耙头内腔水量，利用高压冲水的射流稀释、液化、膨胀作用，破坏硬土结构，使底部泥沙流体化，从而消除孔隙压力过小的现象，降低凝聚力。这样还会使泥沙颗粒分散开来，使冲刷过程变得较容易，达到疏松泥土的目的，提高挖掘产量，同时降低耙头的拖曳力。此类型耙头目前被耙吸船广泛采用。

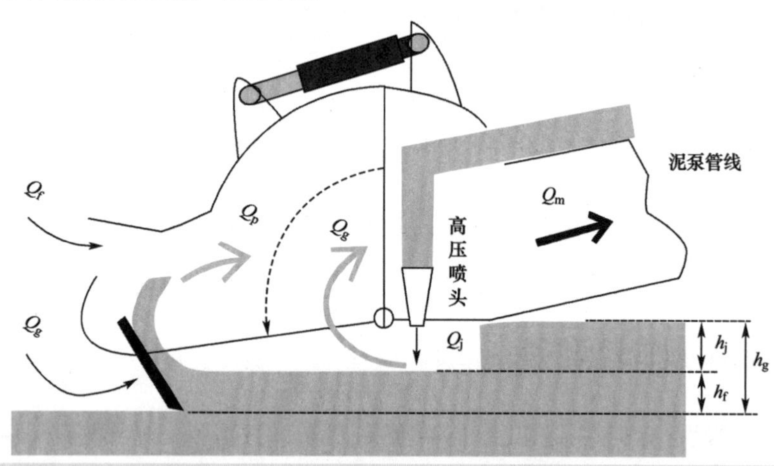

图 3-9 配置高压冲水系统的挖掘型耙头

(4)配置高压冲水系统及双耙齿的挖掘型耙头：耙吸船疏浚密实细粉沙时，存在施工效率较低等问题，制约了耙吸船挖掘密实细粉沙的施工效率，在广泛调研国内外耙头设计和施工经验的基础上，结合耙头机械切削与射流破土耦合模型、耙头与泥泵性能的匹配性、耙头腔体内及外部全流场特性研究及耙头腔体结构优化结果，为进一步提高耙吸船疏浚密实细粉沙土壤的施工效率，研制挖掘密实细粉沙专用耙头即双耙齿挖掘型耙头，经 2004 年 8 月 5 日“新海龙”号在长江口施工现场实测，产量提高 50%左右，见表 3-1。

表 3-1　单排齿与双排齿配置高压冲水系统的挖掘型耙头测试表

土壤类型	含细沙的淤泥质黏土				较硬的密实极细沙	
	第 1 次试验		第 2 次试验		第 3 次试验	
耙头类型	单排齿耙头	双排齿耙头	单排齿耙头	双排齿耙头	单排齿耙头	双排齿耙头
平均流量(m^3/s)	3.82	3.68	6.75	3.83	7.96	5.14
平均密度(t/m^3)	1.29	1.47	1.08	1.22	1.09	1.27
平均产量(t/s)	0.65	1.04	0.29	0.50	0.38	0.79
产量提高率	—	50%	—	66%	—	100%

综上所述，挖掘型耙头的能量来源可归纳为：

(1)在耙头上加装冲水装置，其能量由水泵提供，使用冲水装置可使产量大为提高，耙头切削阻力减小，无论是沙土还是黏性土，都可减小船舶拖曳力。

(2)在耙头上加装耙齿，其能量由船舶的推进装置提供，使用耙齿可使产量大为提高，无论是沙土还是塑性土，都需增大船舶拖曳力。

实践证明，目前的耙头装有耙齿及冲水装置，可适用于沙土和黏性土施工。其挖掘效果总结如下：

(1)在相同的泥泵功率下，挖掘产量随着耙吸船对地挖泥航速的增加而提高(常用对地挖泥航速在 2.8 m/s 以下)。

(2)在相同的对地挖泥航速下，耙吸船的拖曳力随土壤的密实度提高而增大。

(3)“航浚 4003”号于 1988 年在长江口北槽进行的顺水挖泥试验结果显示，在相同挖泥航速(V=1 m/s)下，顺水挖泥的挖掘产量较逆水挖泥提高 55%，同时节省了推进主机的推进功率。因此，在航行条件好(通航密度低，流速不大)的情况下，可采用顺水挖泥。

3.3.1.2　耙头的结构及功用

耙头由固定体和活动罩组成。固定体由高压水箱、耐磨块及高压喷嘴、防撞架、液压缸及支架、耳板及销轴等组成。活动罩由耙齿架、耙齿座及耙齿、挡板、格栅、耳板、引水窗及盖板等组成。耙头的外形结构如图 3-10。所示。

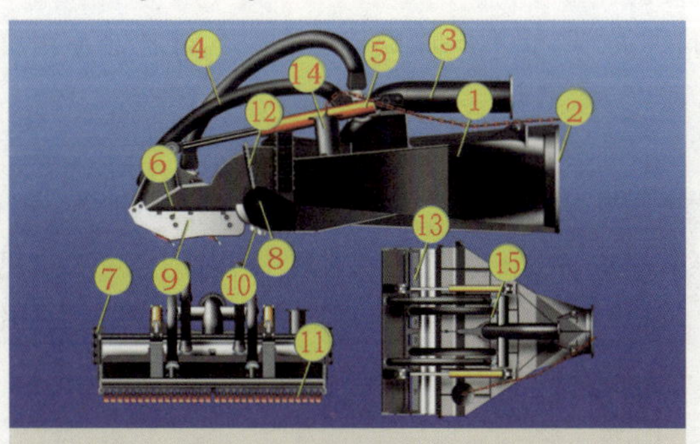

图 3-10　耙头的外形结构

1—固定体；2—耙头法兰；3—高压冲水管；4—软管；5—液压缸；6—活动罩；7—防撞罩；8—销轴；9—挡板；10—耐磨块；11—耙齿；12—压铁；13—引水窗；14—浮球及浮球箱；15—软管手动阀

耙头法兰：在耙头上有两只法兰，分别位于耙头固定体和高压冲水管上。法兰的主要作用是连接耙臂管与耙头，形成一条输送泥浆的通道。该法兰一般为整体加工的高颈法兰。日常施工作业过程中,法兰面连接处由于受到振动等原因,经常会出现法兰紧固螺栓松动,影响法兰连接处的紧固度。因此需经常检查,尤其在更换耙头或者重新紧固螺栓后,待施工一个航次后需再紧固一次,需前后反复进行三次。

高压冲水管:输送高压冲水的管道。

软管:俗称橡胶波纹管,作用是适应活动罩在一定角度内自由摆动。

液压缸:驱动活动罩上翻或下压,在疏浚作业时,根据泥浆浓度、真空度等工艺参数调节活动罩对地角度,使耙头活动罩三底面保持与河床的最佳接触。

销轴:将耙头固定体与活动罩连接成一体,活动罩可以绕销轴转动,适应河床泥面的变化,紧贴泥面。

防撞罩:装在耙头内侧靠近船舷一侧,作用是在耙头产生横向摆动时保护船体,以避免耙头与船体直接碰撞,起缓冲保护作用。

格栅:在活动罩进口处装有格栅,防止较大的杂物(如大石块、不规则金属体等)吸入泥泵导致泥泵损坏。对于不同类型的耙头,格栅的安装位置略有不同,安装时应尽量考虑其强度及取出被吸入杂物的便利性。

压铁:有些被动耙头为防止活动罩上翻被卡,故在活动罩上部装有压铁,多数为在活动罩后侧焊接两块铁块。在活动罩无法下翻的情况下,利用两块压铁的重量将活动罩下压,保持与泥面接触。

引水窗:在活动罩上部或后部装有盖板,作用是根据河床土壤,必要时打开盖板补充耙头进水量并防止挖软泥时造成高浓度泥浆"闷堵"耙头吸口。

耙齿:作用是提高破土能力。耙齿根据其用途可分为:尖形耙齿、宽形耙齿、半月形耙齿、牛角耙齿、犁形耙齿。耙齿是可拆换式,还将高压冲水出口设置在耙齿处(耙齿中心出水孔),可使高压冲水均匀作用在泥土表面,起到液化、补水的作用。

高压冲水喷嘴:作用是将高压冲水泵输出的压力能转换成速度能,利用此速度能冲刷、液化河床泥沙。

浮球及浮球箱:每个耙头配备一个,其作用是在耙头法兰损坏或耙臂管断裂时作为浮标显示耙头所处的位置,便于打捞。

耙头的部件因耙头的种类、功能不同而略有不同,不同之处不再详述。

3.3.1.3　耙头的系列化、标准化

1. 耙头的类型

耙头类型很多,按吸缝调节方式,可分为固定耙头和活动耙头;按移动方式,可分为滑动耙头和滚动耙头;按有无冲水装置,可分为纯泵吸式耙头和高压冲水式耙头;按有无耙齿,可分为一般耙头和带耙齿耙头。随着技术的发展,目前耙头按其原理分为冲蚀型耙头、挖掘型耙头及专用耙头。

(1)弗路林(Fruhling)耙头

它是由德国人奥托·费路林(Qtto Fruhling)于1898年发明的,1908年首次应用在德国威廉港的一艘艉耙式耙吸船上以挖掘淤泥和松散沙、砾状土等,目前已被淘汰。

(2)阿姆勃劳斯(Ambrose)耙头

它是在阿姆勃劳斯进港航道疏浚施工中研制出来的以航道命名的耙头,其外形侧面似鞋状,故又称为鞋形耙头。该耙头适用于挖掘淤泥、松散沙及小块砾石,对密实细沙不适用,同时

在波浪中及水深变化时不易保持平衡,目前已被淘汰。

(3)加利福尼亚(California)耙头

它是在美国加利福尼亚州太平洋沿岸挖掘拦门沙或河口航道所使用的以州命名的耙头,在 1947 年和 1949 年相继安装于“Comber”和“Essayons”耙吸船,我国从荷兰及日本引进的耙吸船也配备有这种耙头。该耙头适用于各类土壤,尤其适用于挖沙,对密实细沙也适用。它主要依靠冲刷原理进行疏浚,但产量不及挖掘型耙头。

(4)挖掘型耙头

挖掘型耙头是目前使用最多的新型主动耙头,分为两种形式,一种配单排耙齿,另一种配双排耙齿。耙头耐磨块及耙齿处配有高压冲水喷嘴,同时在两齿座之间配有冲水孔,喷嘴冲水压力可以达到 0.6~1.8 MPa。在挖掘渗透性较好的泥沙时,它依靠高压冲水疏松泥沙可加速泥浆的液化,同时发挥耙齿切削泥沙的作用,提高挖掘产量且减小船舶拖曳力,是高效经济型耙头。

(5)超高压挖掘硬质黏土专用耙头

针对中值粒径小、含水率低、土壤凝聚力大的硬质黏土,施工时存在耙齿难贯入、挖掘过程中不易坍塌、切削阻力大等难点。为此,中港疏浚有限公司联合上海交通大学、国家疏浚技术装备研究中心等单位自主研发了超高压挖掘硬质黏土专用耙头。该耙头由高压泵站(高压头、低流量,射流系统最高压力达 38 MPa,流量为 98 m^3/h)、高压管路、耙头、自动控制及辅助系统等组成。该耙头与常规耙头相比,有以下两个特点:①新耙头内设耙齿、耐磨块、防堵三路超高压冲水喷嘴。其中,耙齿高压冲水喷嘴有 25 个,喷嘴直径为 1.7 mm;耐磨块及防堵冲水喷嘴每路均为 18 个,喷嘴直径为 2 mm。三路冲水器喷嘴可通过耙头上的阀块自由组合切换。②通过在活动罩内增加圆弧板,优化了活动罩内的流场。通过数值模拟分析可知,常规耙头活动罩内易产生回流及漩涡,造成黏土聚集而堵耙,专用耙头可有效避免上述情况。专用耙头的应用,可将耙头喷嘴出口流速由 42 m/s 提升至 235 m/s,大幅度增加了耙齿的破土能力,提高了船舶施工效率。图 3-11 为超高压耙头结构图。

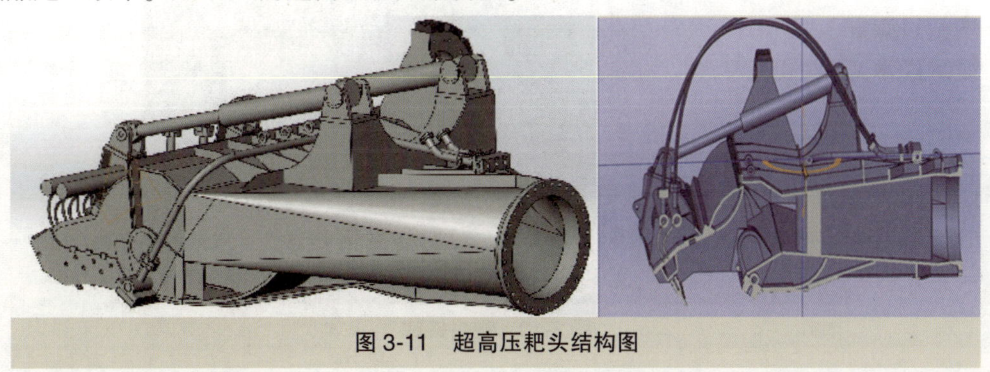

图 3-11　超高压耙头结构图

2. 系列化、标准化耙头

为了规范公司耙头的使用、制造,中港疏浚有限公司现有系列化、标准化耙头按耙臂管通径分为 3 个类型、5 种型号。“系列化耙头关键技术研究与应用”项目获中国交通建设集团有限公司 2022 年科技进步二等奖。

(1)耙头命名规则

第一列字母表示耙头类型;第二列数字表示耙头出口通径;第三列字母表示冲蚀型/挖掘型;第四列字母表示单排齿/双排齿。其具体命名格式见图 3-12。

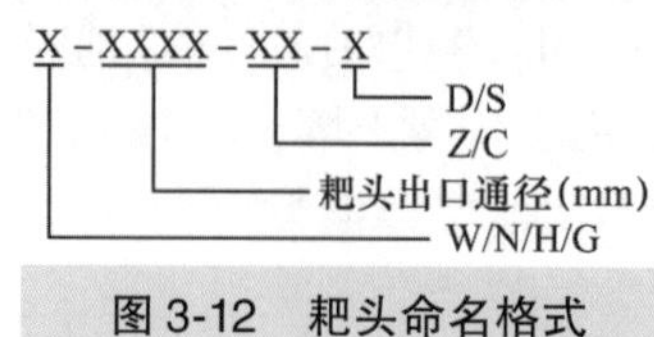

图 3-12　耙头命名格式

注:W—挖掘型;N—黏土型;H—环保型;G—滚刀型;Z—耙头主动型(主动型中 1 型为活动罩主动;2 型为引水窗主动);C—高压冲水型(冲水型中 1 型为耐磨块冲水+耙齿冲水;2 型为耐磨块冲水+混合冲水);D—单排齿;S—双排齿。

(2)耙头铭牌

耙头铭牌如图 3-13 所示,其内容包括:

①型号名称(包括耙头类型、耙头出口通径等);

②耙头长度;

③耙头宽度;

④耙头高度;

⑤设计重量;

⑥底部冲水喷嘴数量;

⑦齿座型号、齿座数量;

⑧制造商。

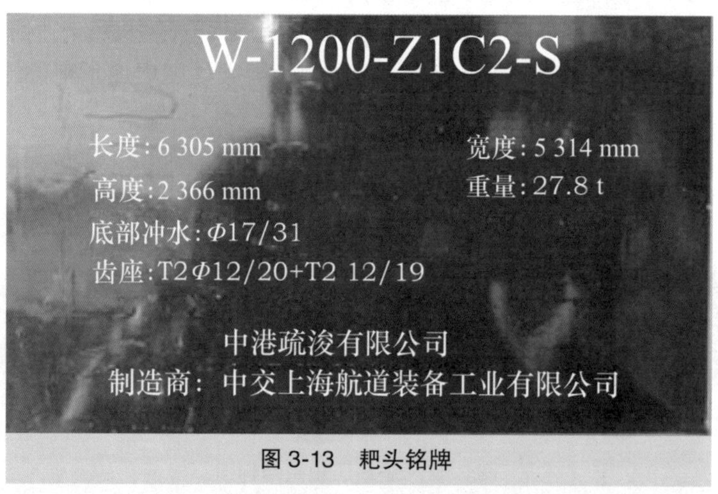

图 3-13　耙头铭牌

注:本图所示为挖掘型耙头铭牌,耙头出口通径为 1 200 mm,活动罩为主动型及耐磨块冲水+混合冲水。底部冲水:孔径 Φ17 mm,数量为 31 个。第一排齿:T2 耙齿座,孔径 Φ12 mm,数量为 20 个;第二排齿:T2 耙齿座,孔径 Φ12 mm,数量为 19 个。

(3)耙头总图

图 3-14 为"新海龙"号的耙头总图。

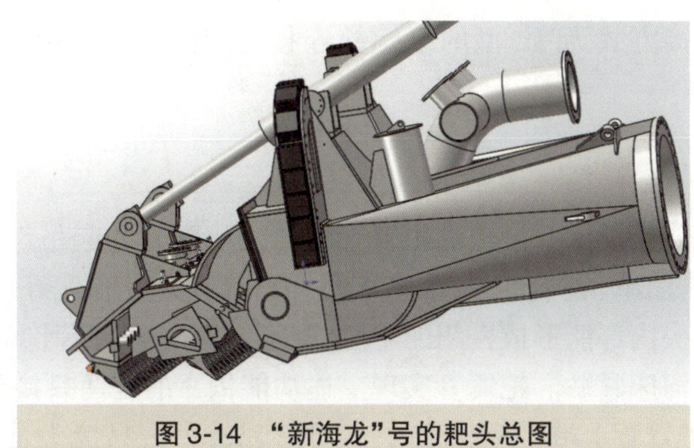

图 3-14　“新海龙”号的耙头总图

(4)耙头部件磨损更换、修理标准

①格栅:检查格栅的变形及磨损情况,当格栅损坏或丢失时,应及时更换格栅挡板,防止大的石块进入泥泵堵塞叶轮。

②侧挡板:检查防磨侧挡板的厚度,变形、磨损及裂缝情况。如侧挡板损坏或耐磨层磨损,应及时更换或修补。

③耐磨块:如耐磨块表面磨损严重,或耐磨块产生较大裂纹、缺失,应及时更换。

④喷嘴:活动罩及固定体喷嘴均采用 M48×2 标准螺纹连接,喷嘴口径为 11 mm、17 mm、21 mm。当喷嘴口径增大至约 1.3 倍时需更换,对应上述口径分别约为 14 mm、22 mm、27 mm。

⑤耙齿:窄齿、宽齿长度磨损超过 7 cm 时,耙齿露出部分的破土功能丧失,需更换。

⑥耙齿冲水套管:系列耙头的耙齿为冲水型耙齿,内装金属冲水套管,一旦损坏,应及时更换。

⑦齿座保护套:为了挖掘黏性土,降低耙齿的排列密度,间隔拆除相邻的耙齿,需装上齿座保护套保护齿座,以免齿座磨损。

(5)耙齿

根据不同的疏浚土壤,安装不同形状、不同类型的耙齿,可以提高破坏土颗粒间的凝聚力,使之易于被吸入耙臂管。耙齿根据功用分为带冲水的宽齿、窄齿和不带冲水的双犁形齿。图 3-15 为三种耙齿的结构图。

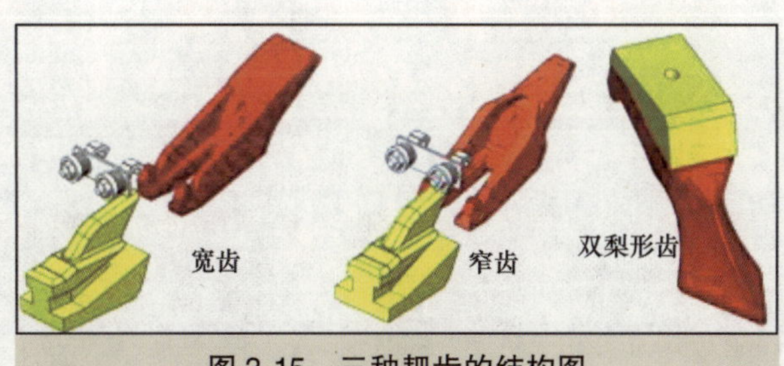

图 3-15　三种耙齿的结构图

耙齿的选用原则是根据土壤选用耙齿类型,具体如下:

宽齿:适用于有机质土、泥炭、淤泥土类、中沙类;

窄齿:适用丁粉上类、细沙类、碎石上类;

双犁形齿:适用于黏性土类。

耙齿与齿座的连接方式为T2型的双螺栓连接,其优点是连接强度大、拆装方便、掉齿率低。

3.3.2 耙臂管

自从发明了耙吸船后,设计并制造的耙臂管和与之相配套的起吊设备也历经数次升级完善,其共同特点是:结构简单、成本低廉、维修方便。耙臂管应具有良好的挠曲性能,确保耙头与河床平贴,以维持耙头内部能形成密闭的空腔,甚至当河床高低不平或耙头进入船底或处于侧转状态时,耙头仍与河床紧贴。耙臂管实现上述功能依靠的是两只接头及一根转动管:一只接头是位于弯管和上耙臂管上端带橡胶管的一字形接头;另一只接头是位于上下耙臂管之间的带橡胶管的十字形接头(水平与垂直方向);转动管可使耙头绕耙臂管中心线转动。耙臂管除了具有挠曲性能外,还具有以下两项主要作用:输送耙头挖掘的泥浆;传递耙头疏浚时的阻力到船体。图3-16所示为耙臂管总成。

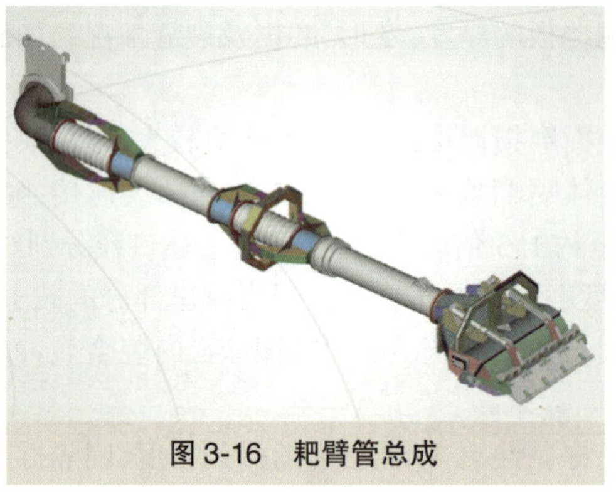

图3-16 耙臂管总成

耙吸船的耙臂管主要由以下组件组成:①耙臂管滑块及弯管;②一字形接头;③橡胶吸泥软管;④上耙臂管;⑤吊盘;⑥十字形接头;⑦转动管(旋转接头);⑧下耙臂管;⑨接头连接销;⑩高压冲水管;⑪防撞橡胶块。图3-17所示为耙臂管的结构及组成。

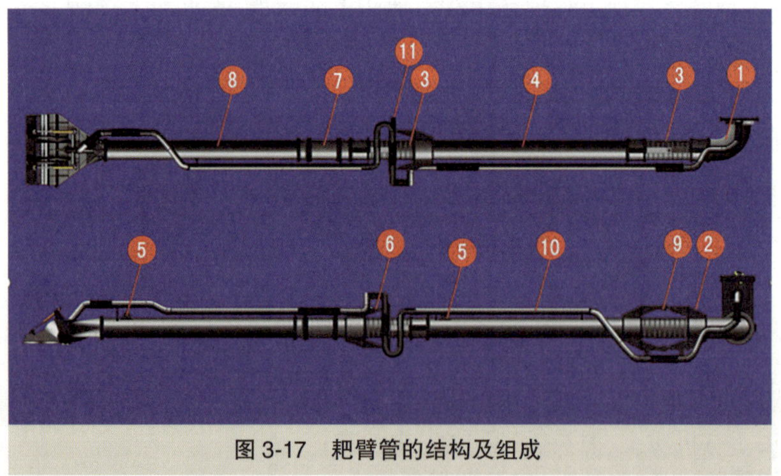

图3-17 耙臂管的结构及组成

考虑到不同挖深的需求,耙臂管可安装加长耙臂管并移动耙头吊架以增加最大挖深值。图3-18所示为常规及加长耙臂管。

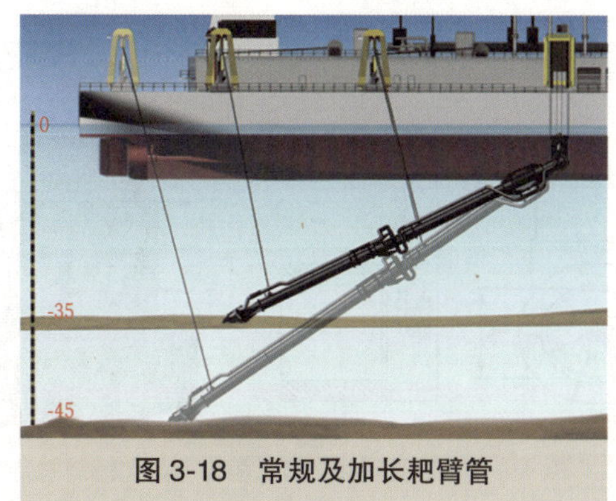

图3-18　常规及加长耙臂管

滑块是船体与耙臂管的中间连接件，与耙臂管的弯管连接，可实现耙臂管既上下移动，又以其为中心旋转。图3-19为滑块结构示意图。

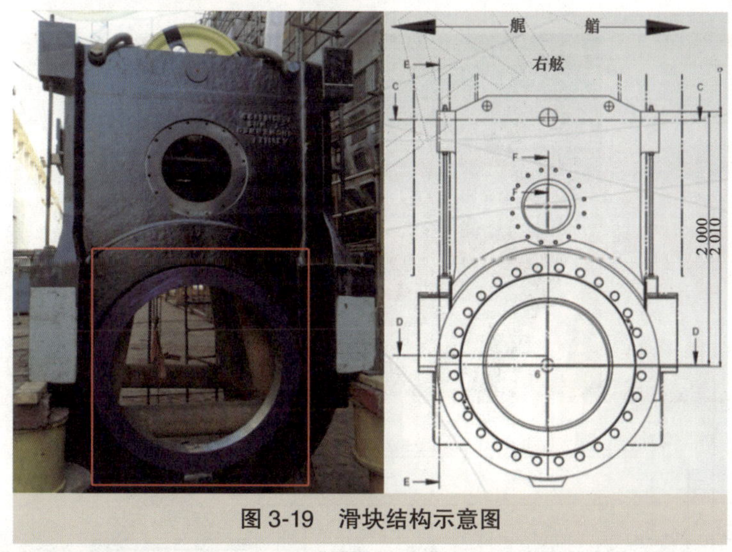

图3-19　滑块结构示意图

弯管是将耙臂管与船舷侧的滑块连接在一起的连接件。弯管的一端固定在滑块上，可与滑块一同在船舷侧的滑道内上下运动；另一端则连接着一字形接头。

一字形接头由两个外伸的金属构件组成。两个绞臂通过销连接，可以相对摆动。中间一段以吸泥软管代替金属材料的泥管。图3-20为弯管及一字形接头示意图。这样设计的原因是考虑在疏浚施工时，弯管部分需要固定于船体的吸口位置来保证输泥管路的畅通，而耙臂管的其他部分可随河床、水流的变化不断运动。耙臂管在一定角度内的摆动不会影响管路的畅通，能够保证施工的正常进行。一般弯管处绞臂可在水平方向两边40°的范围内运动。

橡胶吸泥软管是耙臂管运动时重要的连接件之一。耙臂管在水下时刻处于运动状态，不同于舱内及甲板上的固定管路，软管在其中起到缓解和消除耙臂管摆动产生的扭力的作用。在耙臂管上使用软管，在高压冲水管路上同样也使用软管。图3-21为橡胶吸泥软管结构示意图。吸泥软管由几层橡胶和合成材料组合而成，并衬有耐磨橡胶。橡胶内部还有强化钢圈，这样可以防止软管因真空度高而被抽瘪。它既可以像其他管路一样完成泥浆的输送，也可以在一定角度范围内弯曲。

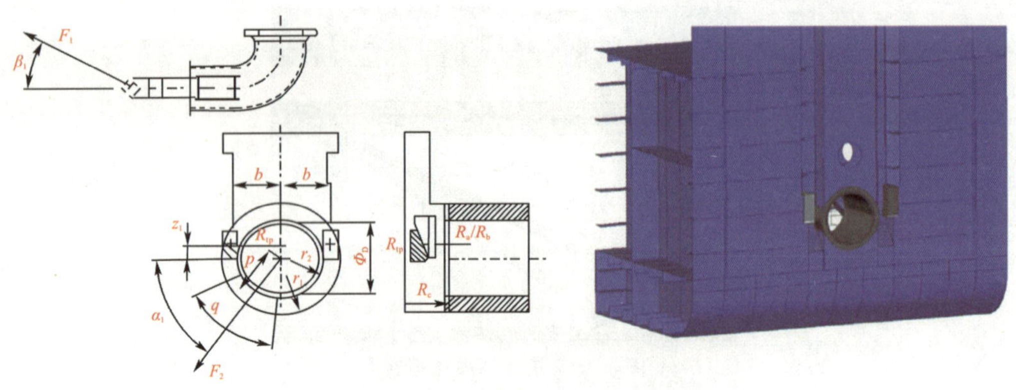

图 3-20　弯管及一字形接头示意图

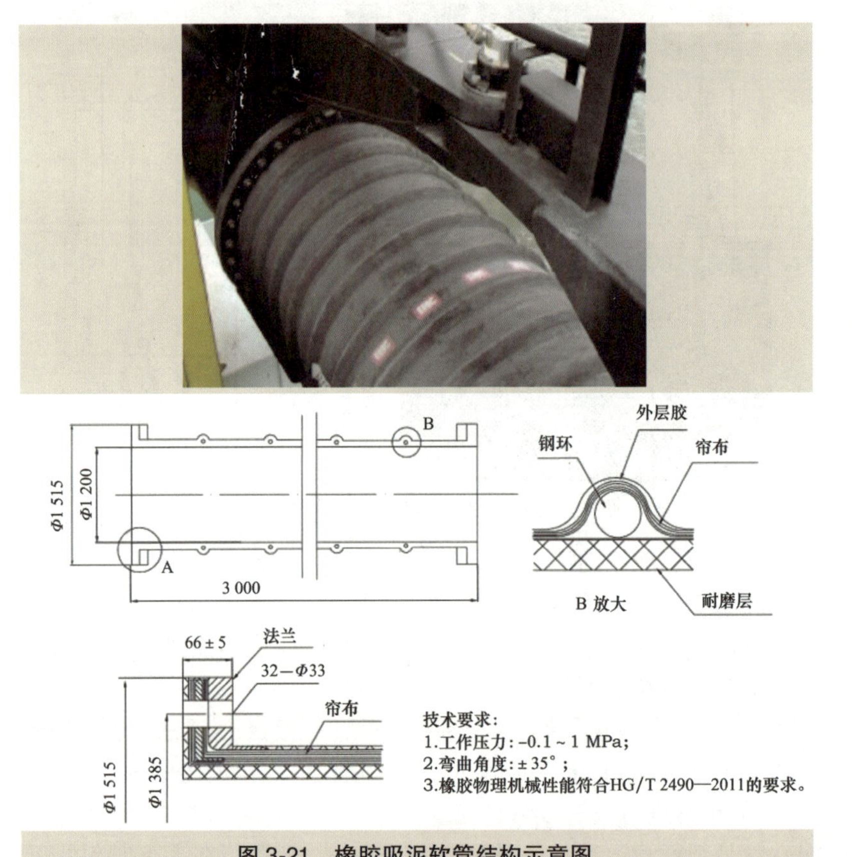

图 3-21　橡胶吸泥软管结构示意图

十字形接头又称万向接头，由绞臂和十字环组成。十字形接头不同于一字形接头，它的两部分枢轴绞臂呈垂直角度连接到中间的环形金属部件（十字环）上，使得上、下耙臂管不论是水平方向还是垂直方向均可在一定角度（此角度取决于橡胶管的弯曲角度及十字环结构的可转动范围，如图 3-22 中标红处，一般设计为左/右或上/下各 20°）范围内自由转动。同时，十字环的船内侧部分装有重型橡胶防护垫。图 3-22 为十字形接头示意图。

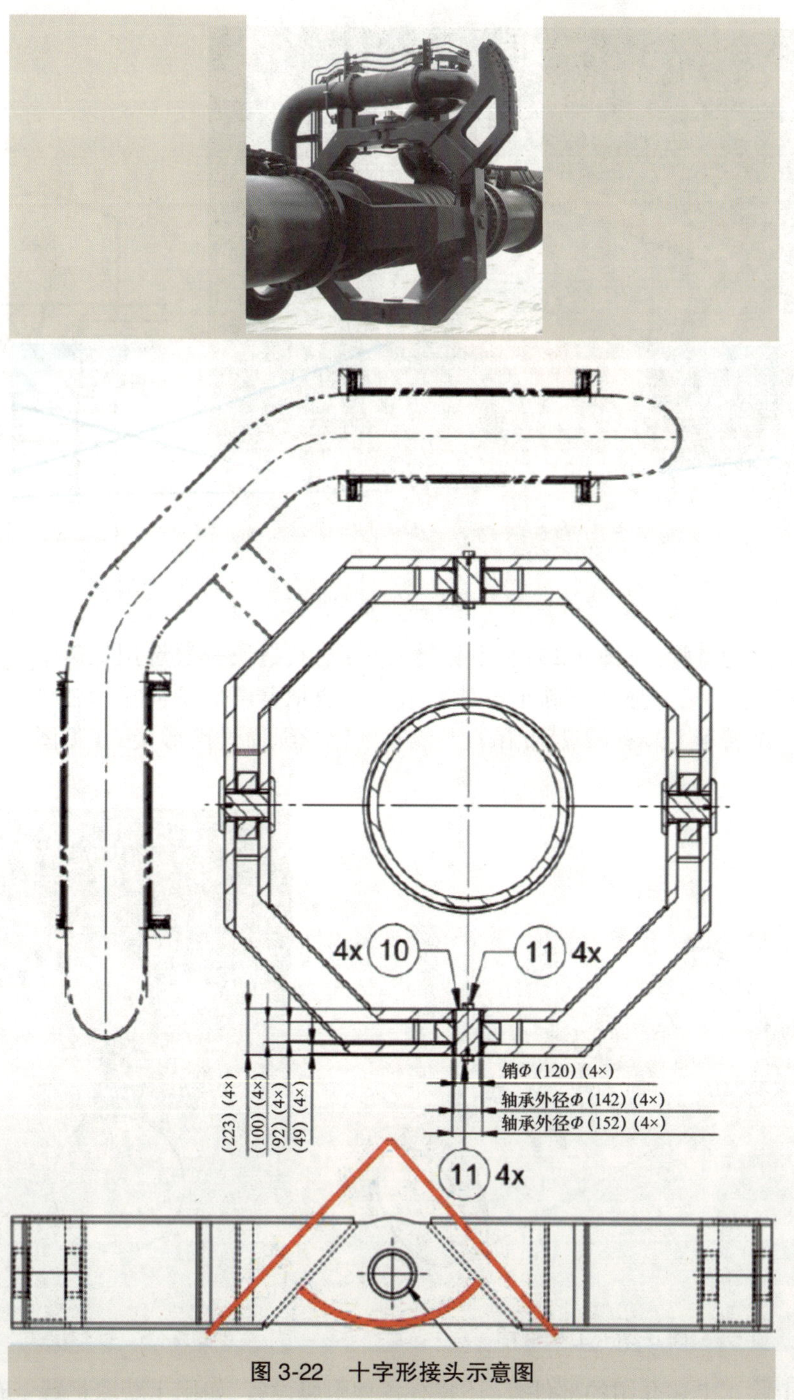

图 3-22　十字形接头示意图

转动管又称旋转接头，如图 3-23 所示。耙臂管的下耙臂管中装有一段转动管，它的作用是使下耙臂管能沿其中心线旋转，当耙吸船摇晃或海底泥面不平时，耙头仍能与海底充分接触。转动管内管可在套管内沿管路纵轴线进行旋转运动，在内部还设置了防止泥浆外泄的密封圈。对于不同的耙吸船，其转动管的安装位置也会不同，如十字形接头附近、近耙头处等，比较常见的安装位置是在近耙头处。

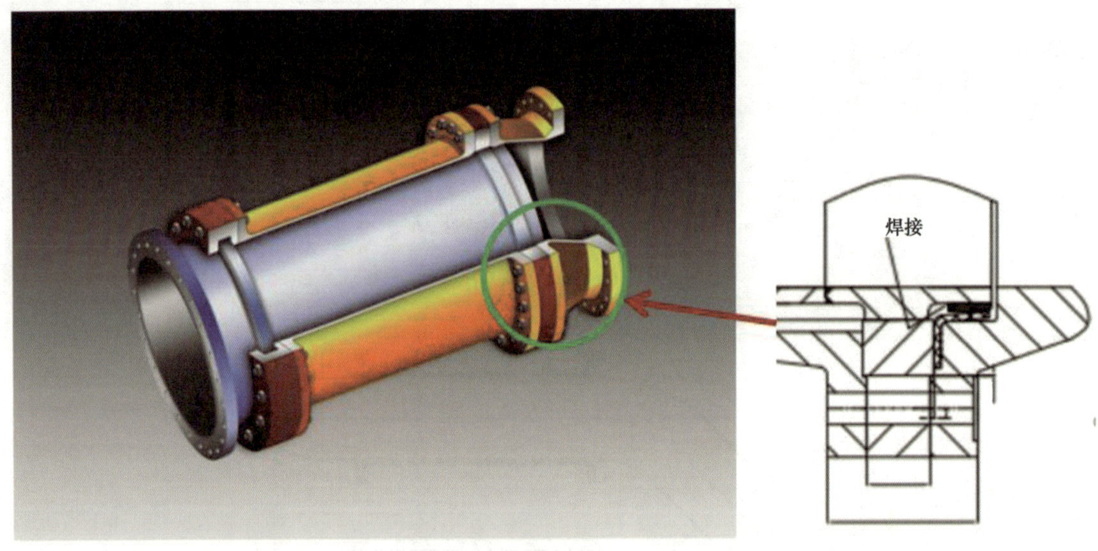

图 3-23　转动管

耙臂管由上耙臂管(见图 3-24)和下耙臂管组成,其材质一般选用低碳钢,壁厚依据耙头的拖曳力确定,轴向拉力强度应满足设计要求。一般耙臂管的轴向拉力强度为 1 440 kN,壁厚为 20 mm。耙臂管上装有吊盘,此吊盘与绞车的钢丝绳通过锲形接头(见图 3-25)及连接销连接。

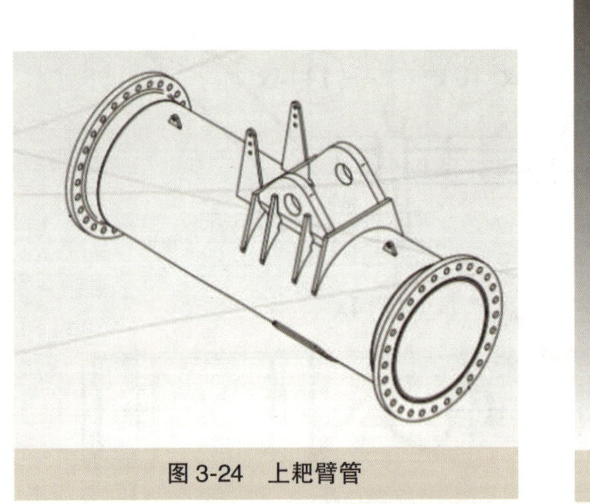

图 3-24　上耙臂管

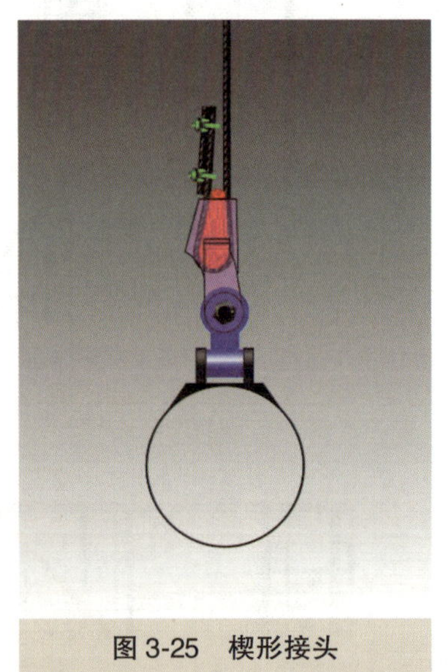

图 3-25　楔形接头

耙臂管上除了上述介绍的部件外,还装有各种附属设备,如用于获取耙臂姿态的传感器和信号电缆以及提供耙头液压缸动力的液压管等,为了使这些附属设备能随耙臂管一起上下收放,在弯管旁边安装了伺服架,用于线路和液压管系的铺设。

3.3.3　吊架、液压缸及绞车

吊架由固定体、A 字架、液压缸及耙臂管搁墩组成,用来将耙臂管平移到舷外,或从舷外平移回收到舷内，将它搁置在耙臂管的搁墩上。一根耙臂管一般有三个吊架为它服务，分别为耙头吊架、中间管吊架及弯管吊架。近年新造的耙吸船的中间管吊架和耙头吊架为经过优化设计的一体式吊架，它将A字架（因吊架形状类似英文字母A，故称为A字架）、A字架液压缸与耙臂管搁墩以及整个底座紧凑地结合在一起，耙头/中间管吊架固定体通过螺栓连接在船体甲板的底座上，弯管吊架直接与甲板通过焊接连接。A字架与固定体通过液压缸连接，能将A字架向舷外移动或由舷外回收至舷内，有效节省了甲板空间，方便了维修保养。图3-26所示为耙头/中间管吊架总成。

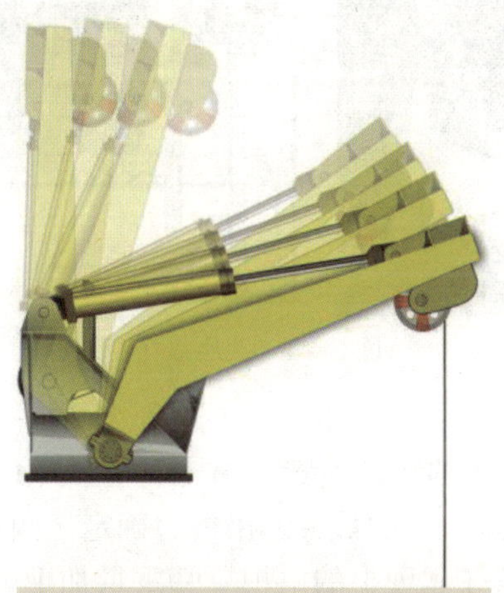

图3-26　耙头/中间管吊架总成

考虑到弯管比较重，弯管吊架一般采用门形框架结构，如图3-27所示。

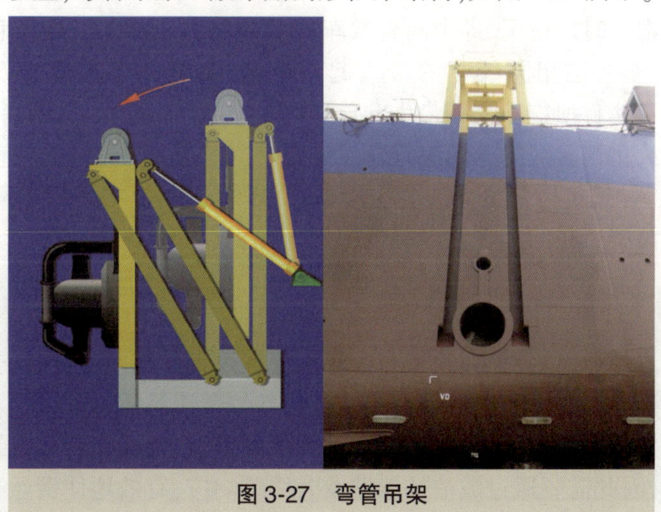

图3-27　弯管吊架

绞车可被简单地理解为一个固定在基座上的钢丝绳滚筒（弯管处绞车安装在吊架顶部）。钢丝绳一端固定在滚筒外沿，经滚筒缠绕后通过导向滑轮；另一端安装在楔形接头上，并通过连接销固定在耙臂管的吊盘上。可以通过液压、电动等方式来控制钢丝绳绞车，完成钢丝绳的收放。绞车是耙吸船进行疏浚作业时动作最频繁的设备之一，尤其是耙头绞车，为了保持耙头贴地，根据挖深需求及泥面平整情况要经常使用绞车来收放钢丝绳实时调节耙臂管在水下的姿态。目前常用的绞车为一体式紧凑型绞车，由液压马达或电机、内置齿轮箱及钢丝绳滚筒组成。图 3-28 所示为液压绞车。

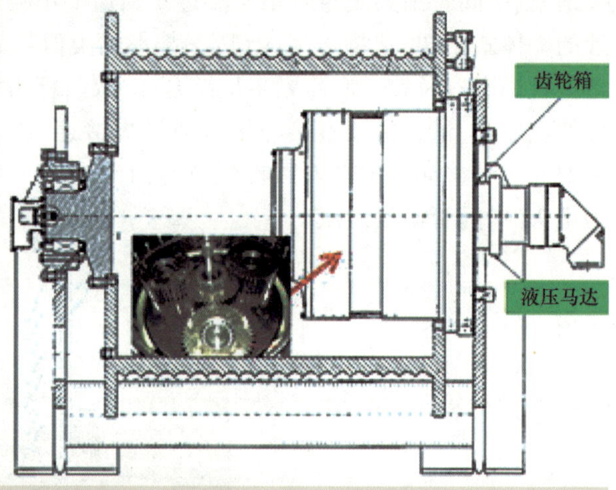

图 3-28 液压绞车

根据耙吸船的设计要求,耙头绞车的钢丝绳绳速分为两挡——常用时为 6 m/min;起耙及应急时为 12 m/min。中间管绞车的绳速为 6 m/min;弯管绞车的绳速为 12 m/min。

耙臂管绞车的起吊能力依据绞车的最大起吊能力确定。额定起吊能力是指耙臂管绞车的额定拉力,是根据耙臂管水平置于水面上的空耙臂管重量加上充满水的高压冲水管重量和耙头最大重量,以及相应起吊系统的滑轮轴承的效率计算出来的。绞车的最大起吊能力为上述额定起吊能力乘上以下系数:耙头绞车为 1.3;中间管绞车为 1.5;弯管绞车为 2.1。对中间管绞车还要考虑卸下耙头时的情况,即中间管绞车的负载将大于耙头安装于耙臂管上时。A 字架的结构强度取决于上述相关绞车的最大起吊能力,如选用低碳钢,应考虑到屈服应力 240 N/mm^2 的低碳钢构件所能承受的最大允许应力 140 N/mm^2。如选用高强度钢,则最大允许应力相应变化。绞车钢丝绳的选用应符合设计要求,如“新海龙”号的耙臂管起吊钢丝绳为 6×36 混合型,带钢芯,其抗拉强度为 1 770 N/mm^2,破断强度为相关绞车额定拉力的 4.5~5 倍。滑轮和绞车滚筒的直径约为在槽内测得的钢丝绳直径的 19~22 倍。

3.3.4 波浪补偿器

耙吸船进行疏浚作业时,耙头在水下与绞车滚筒通过钢丝绳柔性连接,会受到水下河床地形、水流以及风浪等因素影响而上下运动,连接耙头与绞车滚筒的钢丝绳在水下也经常会出现晃动甚至松动的现象。在疏浚作业过程中,此种现象频繁发生,操作者很难及时通过控制绞车来收放耙头钢丝绳,因此需要通过波浪补偿器及时跟踪响应,有效地使钢丝绳始终保持绷紧的状态,确保疏浚设备的安全。图 3-29 所示为波浪补偿器,它设置在耙头绞车和耙头吊架之间,是一个顶部装有导向滑轮的可上下自由运动的液压缸,钢丝绳经过上端导向滑轮再到吊架导向滑轮,最后连接至下耙臂管的吊盘。

波浪补偿器工作原理:波浪补偿器的活塞杆及活塞在液压油缸内运动,液压油缸内的油通过液压油管进入蓄能器,液压缸内活塞下部及其连接的液压油管、蓄油能器下部都充满液压油。储油罐的上部为压缩空气,压缩空气作用在液面上,随着钢丝绳拉力的变化,活塞杆及活塞在液压缸内运动,使钢丝绳时刻处于绷紧状态,使其应力在小范围内变化。活塞处于中间位置时，其压力应与耙头在静水中对泥面施加的压力相符合。针对不同的土壤及海浪等工况，应及时调整波浪补偿器的压力，具体要根据波浪补偿器工作使用说明书来调整各工况下的波浪补偿液压缸压力。调整波浪补偿液压缸压力可采用泵进或抽出蓄能器内油的方法来实现，通常这种操作可在驾驶室内完成，也可在设备旁完成。波浪补偿器的主要部件有：一个或几个蓄能器、液压缸、油箱、液压泵、压缩空气气源、连接管线及附件等。一般耙吸船上的主液压系统可给波浪补偿器系统供油。

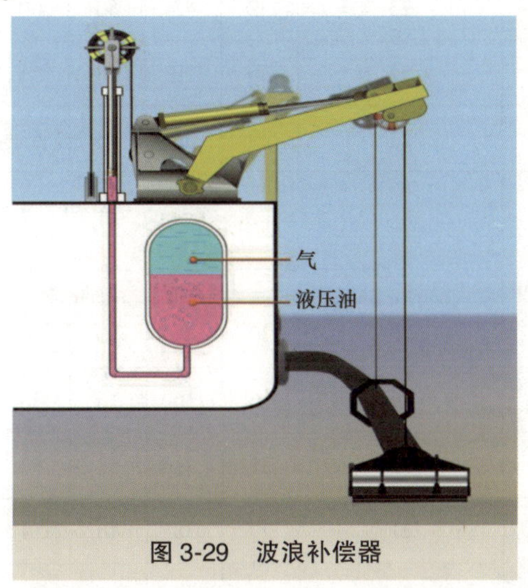

图 3-29　波浪补偿器

波浪补偿器液压缸压力设定原则：根据不同土壤的工程特性、挖深、风浪、拖曳力的大小、耙头重量及油缸的大小计算得出波浪补偿器压力值，具体可见随船说明书。表 3-2 所示为波浪补偿器液压缸压力设定原则；表 3-3 所示为某万方耙吸船波浪补偿器参考值。

表 3-2　波浪补偿器液压缸压力设定原则

序号	土壤特性及工况条件	波浪补偿器液压缸压力设定
1	密实性、硬土壤	降低补偿器液压缸压力，保证泥层切削厚度
2	松软土	提高补偿器液压缸压力，避免耙头陷泥过深
3	挖深增大	适当调低压力
4	拖曳力过大	适当调高压力
5	沙←——→淤泥	波浪补偿器补偿量 20%←——→80%

表 3-3　某万方耙吸船波浪补偿器参考值

活塞杆直径	280 mm	耙臂管内径	1 000 mm
行程	3 000 mm	设计挖深	28 m
储能气容量	2 800 L	耙头重量	16 t
挖深	10 m		

（续表）

补偿量（%）	沙←→淤泥						
	20	30	40	50	60	70	80
空气压力（bar）	16	16	16	16	30	30	30
液压缸工作压力“进”（bar）	23	32	43	53	60	70	80
液压缸平均压力（bar）	22	30	39	48	56	65	73
液压缸工作压力“出”（bar）	21	29	36	43	53	61	68
挖深	15 m						
补偿量（%）	沙←→淤泥						
	20	30	40	50	60	70	80
空气压力（bar）	16	16	16	16	30	30	30
液压缸工作压力“进”（bar）	22	31	41	51	57	67	76
液压缸平均压力（bar）	21	29	38	46	54	62	71
液压缸工作压力“出”（bar）	20	28	35	42	51	58	65
挖深	21 m						
补偿量（%）	沙←→淤泥						
	20	30	40	50	60	70	80
空气压力（bar）	16	16	16	16	30	30	30
液压缸工作压力“进”（bar）	21	29	38	47	53	62	71
液压缸平均压力（bar）	20	28	35	43	50	58	66
液压缸工作压力“出”（bar）	19	26	33	39	48	55	61
活塞杆直径	280 mm	耙臂管内径				1 000 mm	
行程	3 000 mm	设计挖深				28 m	
储能气容量	2 800 L	耙头重量				16 t	

（续表）

挖深	24 m						
补偿量(%)	沙←→淤泥						
	20	30	40	50	60	70	80
空气压力(bar)	16	16	16	16	30	30	30
液压缸工作压力“进”(bar)	20	28	36	45	51	59	67
液压缸平均压力(bar)	19	26	34	41	48	55	63
液压缸工作压力“出”(bar)	18	25	31	38	46	52	59
挖深	26 m						
补偿量(%)	沙←→淤泥						
	20	30	40	50	60	70	80
空气压力(bar)		16	16	16	30	30	30
液压缸工作压力“进”(bar)		27	34	42	48	56	64
液压缸平均压力(bar)		25	32	39	46	53	59
液压缸工作压力“出”(bar)		24	30	36	43	50	56
挖深	28 m						
补偿量(%)	沙←→淤泥						
	20	30	40	50	60	70	80
空气压力(bar)		16	16	16	30	30	30
液压缸工作压力“进”(bar)		25	32	39	45	52	59
液压缸平均压力(bar)		24	30	36	43	59	56
液压缸工作压力“出”(bar)		23	28	34	41	47	52

3.3.5　泥舱

耙吸船的一个重要特征是拥有装载疏浚土的泥舱，其功用是临时储存疏浚土。同时，耙吸船具有装载及卸载功能，安装有装泥系统、排泥系统，以及控制装排泥系统的液压系统和操作系统。现代耙吸船的泥舱大多为敞开式泥舱。泥舱两侧为浮力舱、油舱。泥舱的底部中间或两侧设置了一个或两个贯穿整个泥舱的三角舱，其除承受结构强度外，可以安置释稀泥舱的高压冲水总管、预抛泥门竖井及相关的液压设备。三角舱两侧或靠泥舱侧对称安装了抛泥大泥门及抽舱小泥门。小泥门下部为抽舱通道。泥舱上甲板装有装舱管路及液压闸阀,两侧对称安装了大、小泥门液压缸。泥舱内安装了前后数根装舱消能管,泥舱前部对称安装了两个由液压控制的溢流筒。在三角舱顶部、大/小泥门框以及预抛泥门框周围和艏/艉泥舱壁斜板处安装了很多用于稀释泥舱的高压冲水管及喷嘴。图 3-30 所示为泥舱横剖面;图 3-31 为泥舱内部图。

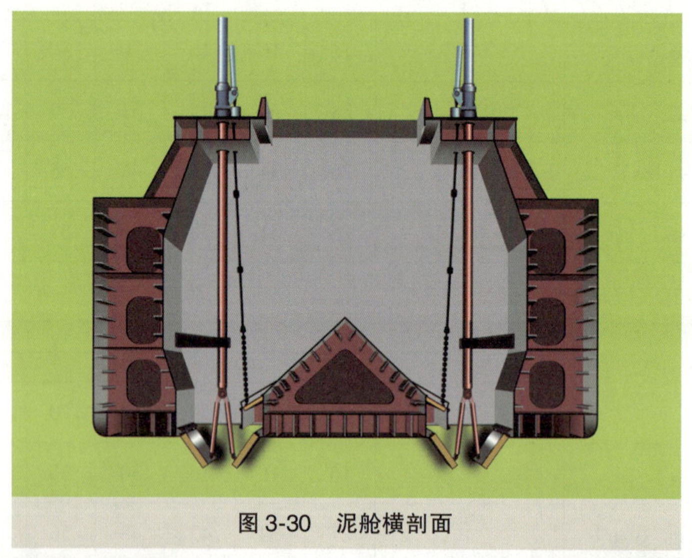
图 3-30 泥舱横剖面

图 3-31 泥舱内部图

在设计耙吸船时,泥舱的设计不仅关系到疏浚性能的优劣,而且与船舶的纵向强度、刚度、浮态、装载稳性等总体性能关系重大。在耙吸船的总体布局中,泥舱是最为突显的一块。它不仅占据了将近一半的船体长度,而且当泥舱满载时,泥沙等装载量要占据总排水量的近 2/3,故在总体布局中一直占有重要地位。

一般来讲,泥舱的平面几何形状大体为矩形,而横断面几何形状可以分为两类:具有双列泥门的 W型泥舱和具有单列泥门的 V型泥舱。早期,大多数耙吸船都采用单层甲板双列泥门的 W型泥舱,目前大中型耙吸船尤其是大型耙吸船通常采用此种泥舱。该形式泥舱的特点是泥门数量多,泥舱底部开口面积较大,便于抛泥。而小型或者超大型尤其是舱容两万方以上的耙吸船,大多以单列泥门 V型泥舱居多。泥舱的形状应符合以下要求:结构上尽量降低紊动强度,加快泥沙沉淀;侧壁尽可能直,最好有向内的倾角,利于抛泥;合理布设高压冲水管系及高压喷嘴至稀释泥舱,加快抛泥。图 3-32 为 W型(左)和 V型(右)泥舱横断面示意图。

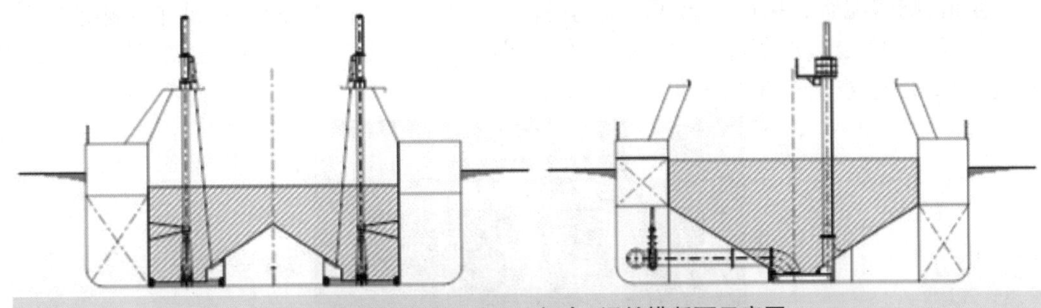
图3-32 W型(左)和V型(右)泥舱横断面示意图

图3-33所示为两种常用泥舱结构形式,其主要区别在于边舱宽度不同以及甲板形式不同。目前国内泥舱舱容在万方左右的船型大多为单甲板、高泥舱围板形式,原因有二:首先,作业环境条件大多为港内以及沿海,海况条件较好,甲板上浪情况不严重,故干舷较小;其次,挖深较小,多为“一拖三”复合驱动,耙臂管大多布置在泥舱后部,耙臂管易于布置。随着“一拖二”驱动形式的广泛应用以及超大型耙吸船的诞生,全通甲板形式的船型应运而生。该船型的优点是船体具有较大的甲板宽度(便于甲板布置)和干舷(适用于不同的作业海况),以及较高的强度和刚度。

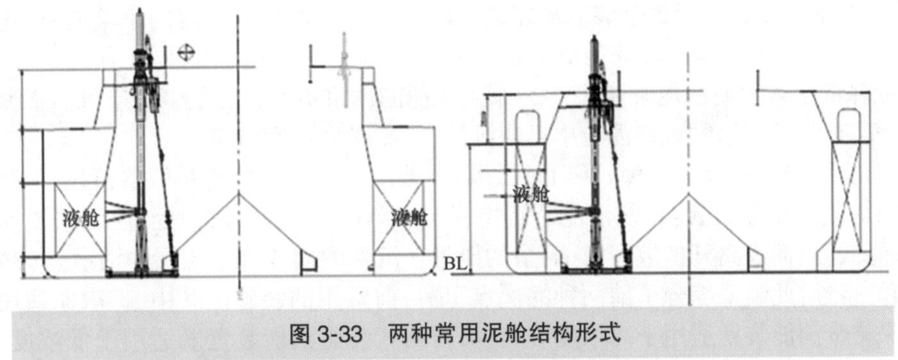

图3-33 两种常用泥舱结构形式

泥舱上部及内部布置的疏浚设备(见图3-34)包括:泥泵排出管、甲板装舱闸阀及装舱管、旁通装置、装舱消能装置、溢流筒、大/小泥门、预抛泥门等。

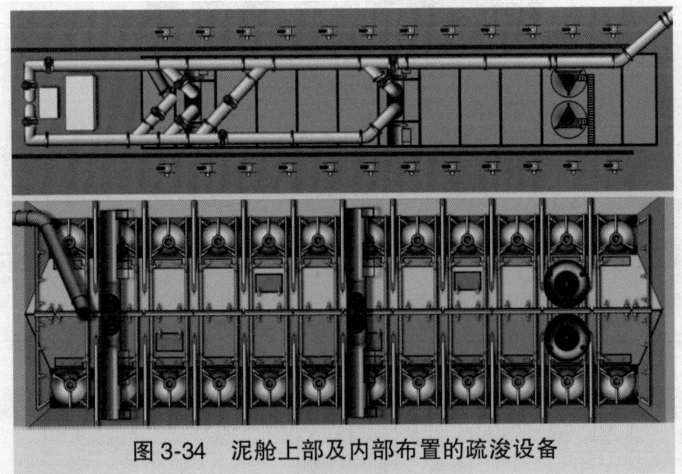
图3-34 泥舱上部及内部布置的疏浚设备

3.3.5.1 旁通装置

耙吸船为了最大限度地提高装载量,在开始挖泥及挖泥过程中会设定:如装舱泥浆密度值小于设定值,则将泥浆直接排出船底。此功能由旁通装置(见图3-35)及其低浓度排放自动控制系统实现:在泥浆密度过低时,自动打开旁通阀排放;待泥浆密度符合装舱要求时,自动打开装舱阀、关闭旁通阀,有效增加了实际装载量。

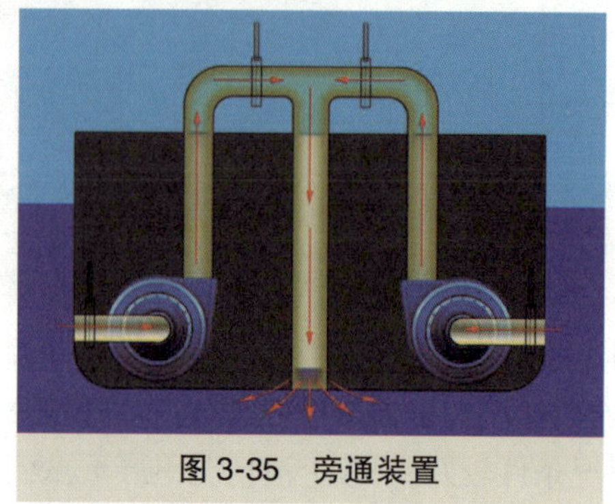

图3-35 旁通装置

3.3.5.2 装舱消能装置

耙吸船在泥舱内安装有前后两个或数个装舱消能装置,如图3-36所示。装舱消能装置位于泥舱最大装舱液面以下,能有效减少装舱时的扰动,有利于泥沙颗粒在泥舱内快速沉淀,有效提高装舱效率。设置前后数个装舱消能装置的目的是在挖掘高密度的土壤时,可进行前后装舱的调节,使装舱较为均匀,避免对船体结构的影响。对装舱消能装置有两个主要要求:(1)必须能降低泵入泥舱的泥浆流速;(2)泵入泥舱的泥浆不应含有很多的空气。泥浆流速低和不含空气,有利于泥沙颗粒在泥舱中迅速沉淀,从而减少溢流损坏。

装舱消能装置分为以下三种。(1)扩散器:在装舱管的末端装有扩散器,目的是降低泥浆流速。(2)深装舱消能装置:在该消能装置中,扩散器伸入泥舱内较深处,使泥浆流速在扩散器内大大降低,当泥浆离开扩散器时,剩余的能量在沉降的固体颗粒土层中消散。(3)沸腾箱式装舱消能装置:此装置综合了前两种的优点,是目前常用的装置。其中,扩散器适用于低浓度装舱;深装舱消能装置适用于高浓度装舱;沸腾箱式装舱消能装置既适用于低浓度装舱,又适用于高浓度装舱。

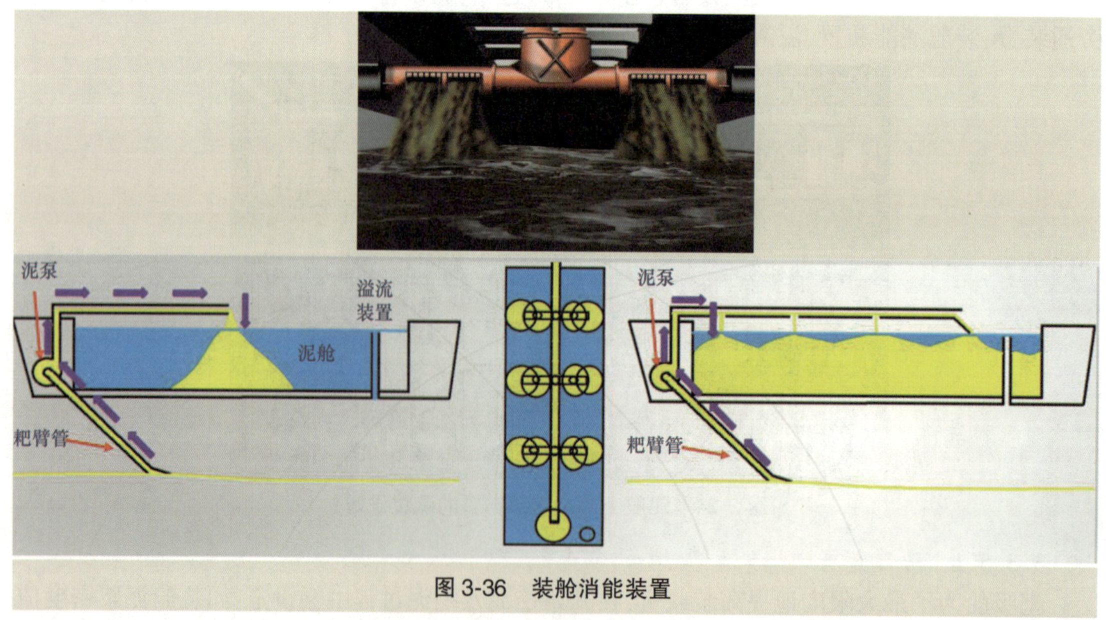

图3-36 装舱消能装置

3.3.6　排泥装置

排泥装置的作用是将泥舱的泥浆卸载至指定抛泥区或者通过艏喷/艏吹装置排岸。排泥装置由溢流装置、泥门，以及艏吹、艏喷装置等组成。

3.3.6.1　溢流装置

为了尽可能提高耙吸船装载量，减少泥舱内低浓度泥浆，耙吸船疏浚作业一般采用装舱溢流施工方法，溢出泥舱内低浓度泥浆。溢流装置，简称溢流筒，如图 3-37 所示，一般安装于泥舱艏部左/右侧或泥舱中部艏/艉端。溢流筒是一个带喇叭口的钢质内筒，在液压系统的驱动下，在一个固定的钢质外筒内做上下的垂直运动，外筒直接与船底相通，内筒和外筒之间装有密封圈。内筒的高低位置决定了泥舱内液位的高低及泥舱的装载量。内筒的高低设定由驾驶室疏浚操作台根据施工水域条件进行遥控操作。耙吸船还拥有一套自动吃水调节装置，它可根据施工水域的实际情况、耙吸船的安全富余水深、船舶的最大吃水及装载情况对溢流筒进行自动调节，使船舶不超载、船底水深不小于安全富余水深，保证耙吸船施工安全。由于泥浆是通过溢流筒向船底排放的，可有效减少泥浆颗粒在水面的悬浮，减轻对施工水域环境的影响。

环保溢流筒，简称绿色阀，是耙吸船溢流装舱时，为进一步减轻对施工水域环境的影响而发明的。其工作原理是在常规的溢流筒内加装一个可调节蝶阀，根据溢流筒的进口流量，调节蝶阀的开度大小，使溢流筒内上部始终充满泥浆，以使进入泥浆中的空气减到最少。当溢流筒内泥浆中未混入空气时，泥浆的泥沙就会迅速下沉，这样船舶周围的水体便不会因溢流而造成污染，能够保持相对清洁。疏浚产生的悬浮泥沙和在溢流泥浆过程中混入空气产生的悬浮泥沙，都会因扩散而造成对施工区域的污染，其扩散的范围取决于悬浮泥沙的颗粒组成等土壤特性及混入的空气量。为了减少污染，需防止在溢流过程中混入空气。防止空气进入泥浆最简单的方法是防止泥浆在空气中泻落，使溢流筒完全充满泥浆。

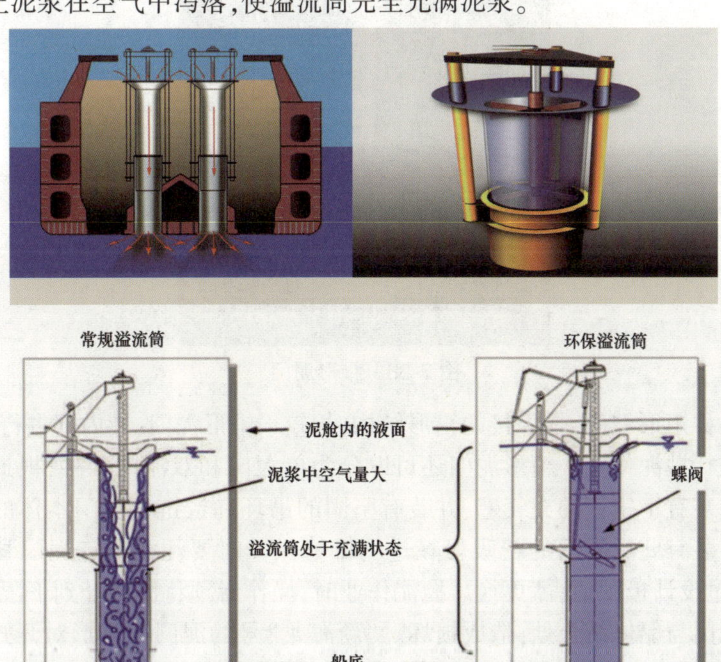

图 3-37　溢流装置

3.3.6.2　泥门

耙吸船的特点是船舶能依靠自身设备进行抛泥。耙吸船泥门由大泥门、预抛泥门以及抽舱小泥门组成。大泥门、预抛泥门能将泥舱的泥浆倾倒至指定区域，而小泥门能通过特定的输泥管路及泥泵将泥舱内的泥浆吹至指定地方。由于受工况等因素的限制，新型耙吸船采用了两种抛泥模式：正常抛泥模式和浅水抛泥模式。两种抛泥模式可以根据施工区域以及工况进行实时调节，满足船舶的正常施工。两种抛泥模式的区别是：浅水抛泥模式能在富余水深为0 m的情况下实施抛泥；而正常抛泥模式需要一定的富余水深（泥门最大行程加0.5 m）。

大泥门设置在泥舱底部，在泥舱两侧等距排列或在泥舱中部相隔排列，左、右相对应的为一组。耙吸船根据船体舱容和泥舱结构安装不同数量的泥门，一般万方耙吸船都装有7组（14个）以上数量的泥门。目前最常见的大泥门形式有锥形泥门和箱形泥门。

锥形泥门按制造工艺分为整体浇铸或焊接成形两种。船体泥门框中装有密封橡胶圈。锥形泥门可以将泥舱内的泥浆迅速排出，并保证泥舱完全封闭，它在水线以下设有铰链等易损坏的部件。锥形泥门排泥口处不易堆积链条、钢丝等杂物，可减少挖上来的链条、钢丝等在抛泥时阻塞排泥口和关闭泥门时损坏泥门或密封橡胶圈。锥形泥门利用液压缸上下移动，每个泥门有3个翼板引导阀杆和泥门做整体运动，防止泥门转动。泥门的开启行程根据船舶设计要求而定。中港疏浚有限公司建造的“新海虎”号、“新海凤”号的泥门都选用锥形泥门，其特点是结构比较坚固，不易损坏。但它与箱形泥门相比，抛泥不够顺畅，泥沙易黏积在泥门框周边而占用一定的泥舱容积，同时开启行程比较大而需要更多的富裕水深。图3-38所示为锥形泥门。

图3-38　锥形泥门

箱形泥门又称矩形泥门，是焊接的箱形结构，相较于锥形泥门，其内部进行了加强，可提供宽敞的排泥口进行抛泥作业。箱形泥门还可以分为单泥门和双泥门两种，根据船舶设计要求而定。每扇泥门装有不锈钢的充气塞，并装有坚固的吊环和铰链。泥门本体的密封性需经过充气密封试验。装有此类泥门的耙吸船在进坞维修保养时要注意检查泥门耳板与销轴的间隙，如果间隙超过设计极限值，需更换。抛泥作业时，操作者须将泥门开到下限位后再关闭，防止有杂物卡在泥门与船体结合处，造成损坏。“新海龙”号的泥门为箱形对开式泥门。此种泥门具有抛泥顺畅、迅速、干净，不易粘连泥沙、不占用泥舱容积的优点。但箱形泥门结构比较脆弱，易变形，如维修保养不及时、不到位，则易造成泥门漏泥等故障，对维修要求比较高，维修成本比锥形泥门高。图3-39所示为箱形泥门。

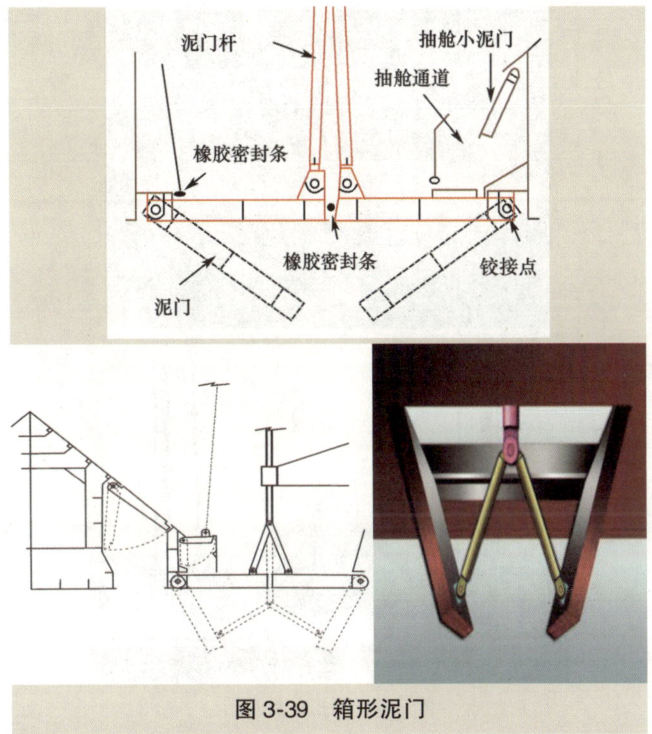

图 3-39 箱形泥门

预抛泥门与上述两种大泥门的结构差不多。其最大的区别在于安装位置、运动方向及作用。预抛泥门的安装位置在三角舱中专用的竖井内,竖井底部与船底相通,上部与泥舱相连。预抛泥门的启闭的启闭液压缸布置于三角舱内,连接机构穿过竖井板壁与预抛泥门相连。预抛泥门的启闭油缸柱塞杆在水平方向运动,而不像一般泥门的启闭油缸柱塞杆在垂直方向运动要越过船底。此种泥门的作用是即使船舶搁浅也可进行抛泥,为船舶安全作业提供了保障。目前大型及超大型耙吸船一般都装配这种泥门,当船舶遇到抛泥区域水深不够,难以满足大泥门安全开启的情况时,可先开启预抛泥门卸载泥舱内部泥沙,使船上浮,待富余水深条件满足大泥门安全开启条件时,再打开大泥门完成抛泥作业。另外,当遇到紧急情况时,预抛泥门是一种有效的减载工具。预抛泥门为新型耙吸船在抛泥作业时提供了更加安全可靠的保障。图 3-40 所示为预抛泥门。

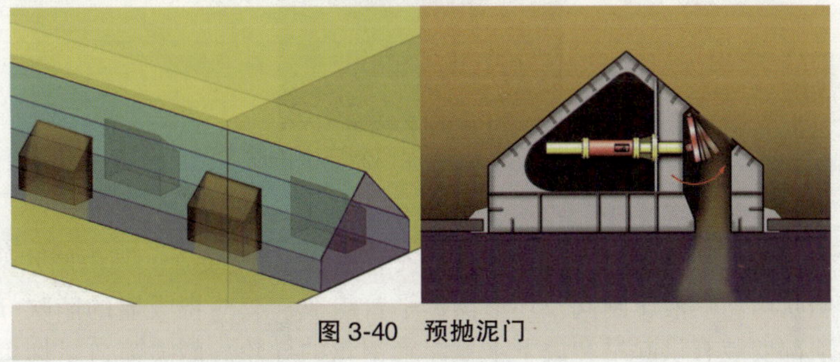

图 3-40 预抛泥门

抽舱小泥门设置在三角舱两侧,通过连杆链条与泥舱甲板上的小泥门液压缸相连。当开启抽舱小泥门时,泥舱与抽舱管路(抽舱通道)贯通,使泥舱中的泥沙进入抽舱管路,由泥泵抽出并通过排岸管路输送到指定地方。随着吹填造陆工程的增加,目前新造的耙吸船均设有抽舱小泥门,以满足工程之需要,扩展原有耙吸船的功能。图 3-41 所示为抽舱小泥门。

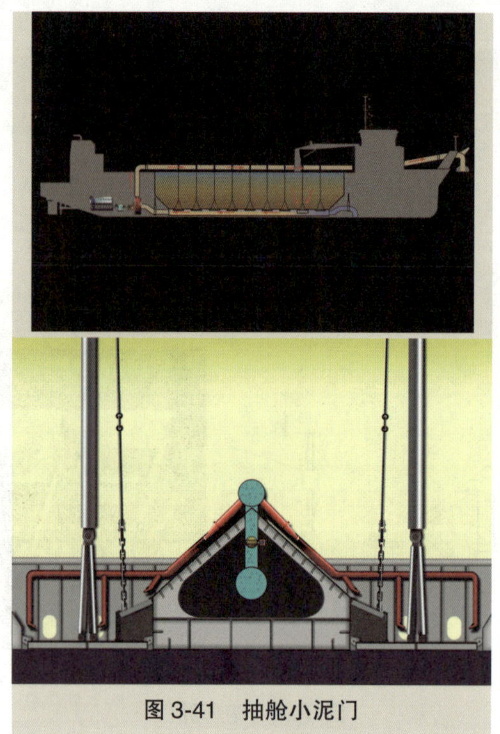
图 3-41 抽舱小泥门

大、小泥门液压缸布置在泥舱甲板上,呈左右对称设置。其结构形式与传统泥门液压缸大致相同,只是经过结构优化设计,大、小泥门液压缸紧凑设计在一起,减小了占据甲板的空间,并加装了新型的感应式限位传感器。图 3-42 所示为大、小泥门液压缸总成。

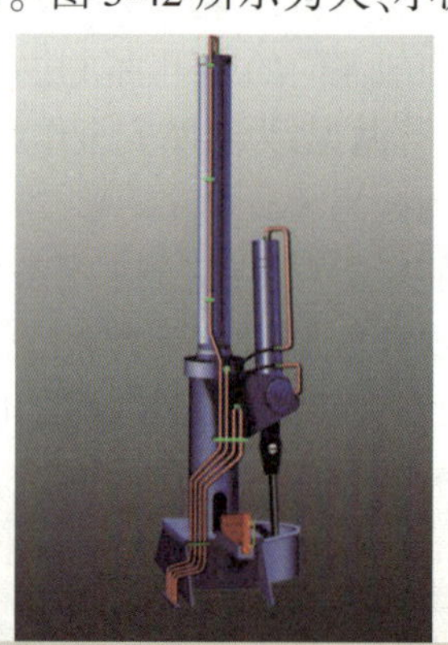
图 3-42 大、小泥门液压缸总成

3.3.6.3 艏吹、艏喷装置

耙吸船大多具备艏吹、艏喷功能,在船首处安装艏吹、艏喷装置。其由艏吹架、艏吹连接装置、艏喷喷口、艏吹与艏喷液压闸阀及环形操作平台组成。有些耙吸船的艏吹、艏喷装置合二为一。艏吹架顶部安装有供起吊和放下水上浮管钢丝的导轮。艏喷喷口呈仰角布置,末端为一个艏喷喷嘴,可在艏喷作业时加大泥浆喷出速度及压力,使泥浆喷射得更远。艏吹装置的作用是快速连接排泥管和自浮管,并通过艏吹架弯管上的外球形接头(俗称雌头)与自浮管上的内球形接头(俗称雄头)进行对准连接,贯通耙吸船的排泥管与自浮管,实现艏吹排岸作业。图 3-43 所示为艏吹、艏喷装置。

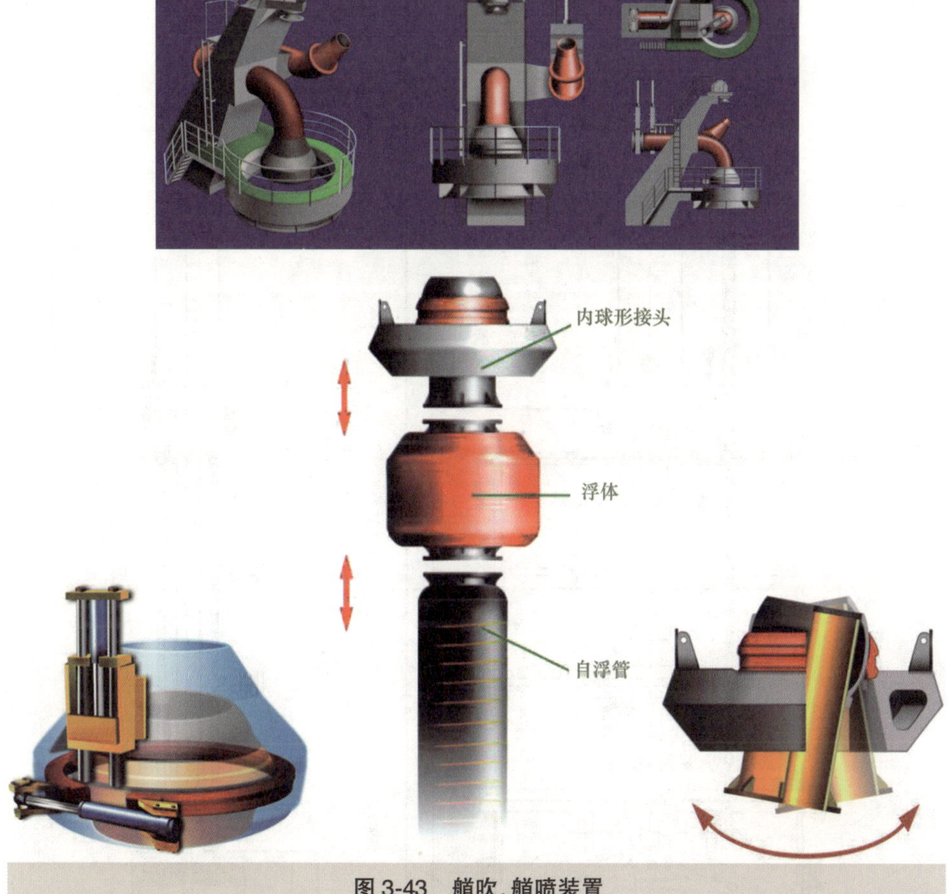

图 3-43　艏吹、艏喷装置

3.3.7　闸阀

耙吸船闸阀的功用是贯通和切断管路,为了能显示闸阀的开度和开/关到位情况,安装了闸阀开度传感器及限位开关。图 3-44 所示为闸阀。

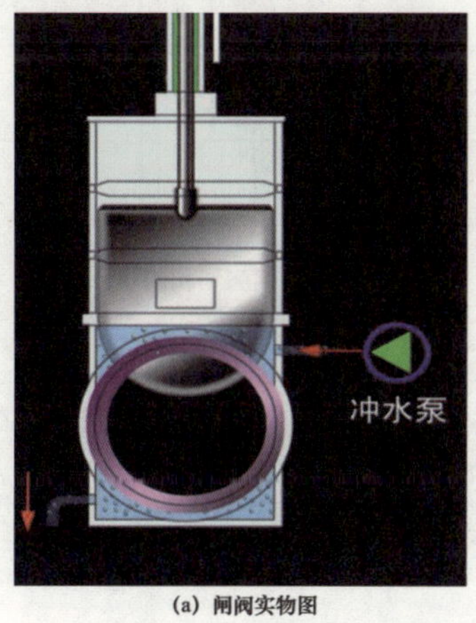

(a) 闸阀实物图

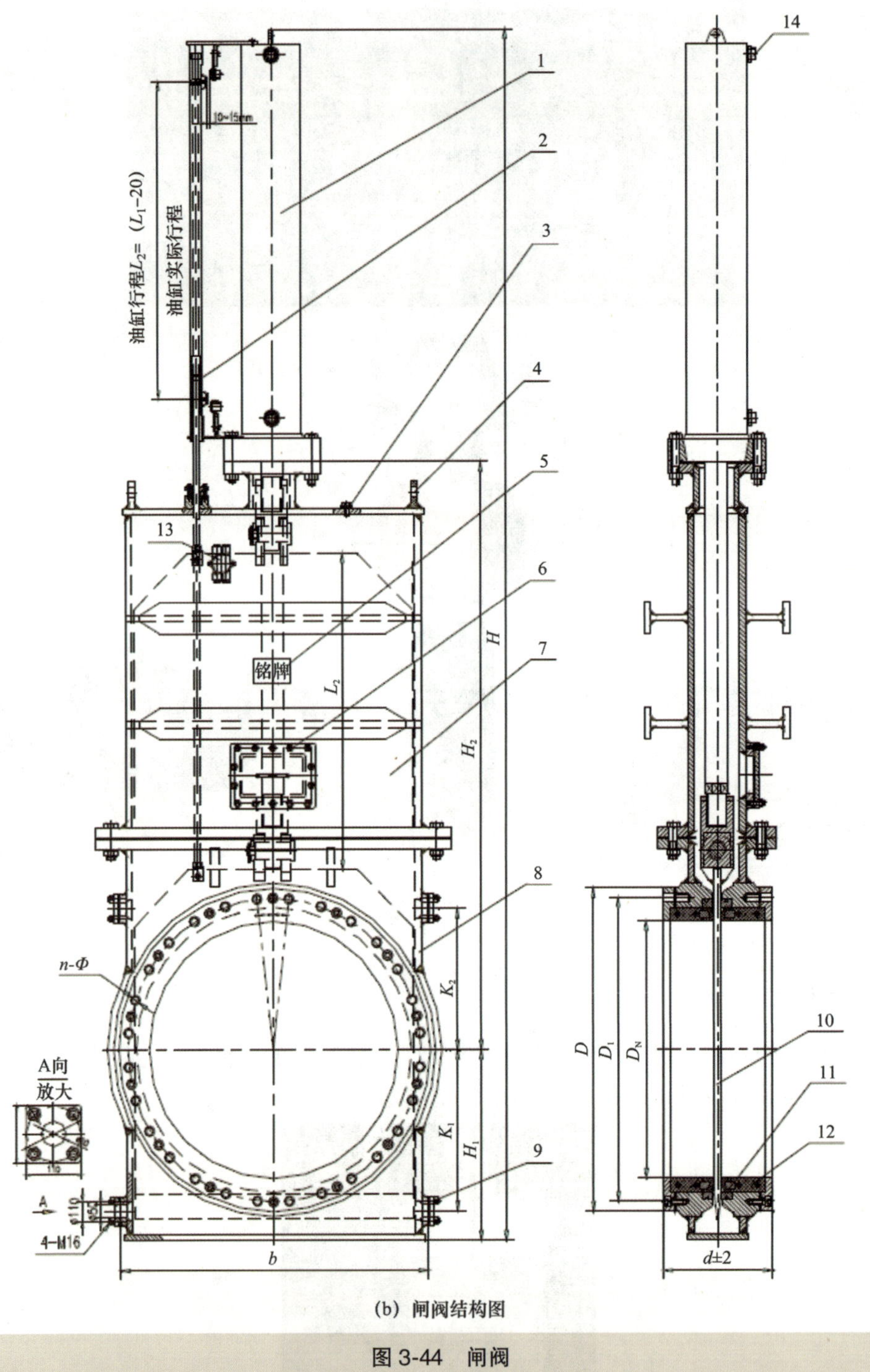

(b) 闸阀结构图

图 3-44 闸阀

1—液压油缸；2—闸阀开度传感器及限位开关；3—放气孔；4—起吊孔；5—铭牌；6—观察检修孔；7—阀盖；8—阀体；9—冲洗管法兰；10—闸板；11—橡胶圈；12—尼龙导向环；13—接线盒位置；14—油管接口

3.3.8　输送管路

耙吸船上装有输送泥浆的管路，称之为输送管路，俗称疏浚管系，如图 3-45 所示。耙吸船疏浚作业时，泥浆由耙头处吸入后就一直在输送管路中流动，而泥泵一般处于整个输送管路的中部，为泥浆的运动提供强大的动力。闸阀被设置在输送管路的特定位置，通过闸阀的开和关来达到控制泥浆流向的目的。输送管路按其位置可以分为水线以上和水线以下两大部分。水线的划定以泥泵吸口为基准点。在图 3-45(a)中，以红线标注的是水线以下的输送管路，而以绿色标注的则是水线以上的输送管路。水线上下两大部分的输送管路可实现各种施工工艺，满足不同工程的需要。从图中可知，输送管路初看错综复杂，其实有其一定的规律：以泥泵为中心，寻出一条进路和一条出路，就能组成一条完整的输送管路。进路泥浆被输送到泥泵的管路；出路泥浆被输送到泥舱或舷外的管路。

输送管路连通后，方可通过泥泵的增压作用来实现管内泥浆按指定路径流动。在疏浚作业前，操作者可以通过控制闸阀的开、关来控制管内泥浆的走向，进而完成装舱、旁通、艏吹、艏喷等施工工艺。

不同舱容的耙吸船，其输送管路的直径也有所差别：小型耙吸船的输送管路直径一般为 750~800 mm；中型和大型耙吸船的输送管路直径一般为 900~1 100 mm；特大型耙吸船的输送管路直径达到 1 200 mm，其耙臂管直径为 1 400 mm。依据耙吸船的设计要求，闸阀需满足额定工作压力要求。

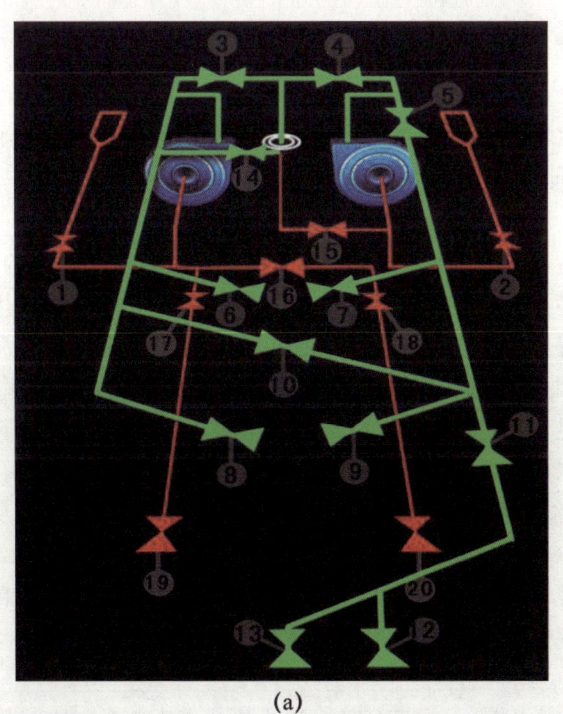

(a)

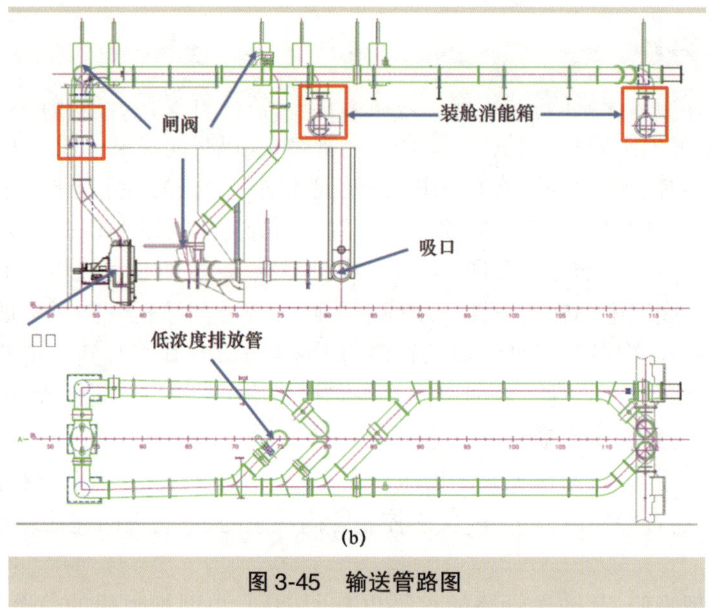

图 3-45 输送管路图

1、2—左、右吸口闸阀;3、4—左、右旁通闸阀;5—左泥泵排出闸阀;6、7—左、右后装舱闸阀;8、9—左、右前装舱闸阀;10—甲板贯通闸阀;11—排岸总管闸阀;12—艏喷闸阀;13—艏吹闸阀;14—甲板串联闸阀;15—舱内串联闸阀;16—中间抽舱闸阀;17、18—左、右抽舱闸阀;19、20—左、右引水闸阀

3.3.9 高压冲水管路及蝶阀

3.3.9.1 高压冲水管路

耙吸船的高压冲水管路有两个功用:一是泥舱冲水,稀释泥舱内的泥浆,利于抽舱;二是耙头冲水,冲刷、液化、膨胀待挖掘泥土,利于疏浚。

1. 泥舱冲水

利用高压冲水进行冲舱作业时首先将高压冲水输送至三角舱内的高压冲水总管,在高压冲水总管上安装有许多冲舱用的稀释蝶阀,每个蝶阀负责开关左右一组大、小泥门的冲舱管路及喷嘴。另设置四个蝶阀负责四扇预抛泥门,以及两个蝶阀负责前后泥舱板壁的冲舱管路和喷嘴。这样设置的原因是泥舱内设置了许多冲水管路及喷嘴,如果这些喷嘴一起喷水,势必造成冲水压力及流量不足,难以满足冲舱的要求。在使用时应有选择地开启部分蝶阀以保证泥舱局部区域足够的冲水压力及流量,冲舱时依次交替进行。耙吸船拥有完备的高压冲水冲舱管路,为了吹填及抛泥作业能顺畅持续进行,在泥舱内每扇大、小泥门及预抛泥门的四周及三角舱上部和前后泥舱舱壁处均安装了冲水管及高压冲水喷嘴。其目的一是在抽舱和抛泥作业时可稀释泥舱内的泥浆,增加其流动性;二是冲净泥舱,使粘连在板壁和泥门上的泥浆顺利地从泥舱抽出和卸出。泥舱冲水一般由两台高压冲水泵并联工作供水。

2. 耙头冲水

耙头冲水一般由两台高压冲水泵串联向耙头供水,根据土壤情况设定高压冲水泵的排出压力及流量。图 3-46 为高压冲水管路图;图 3-47 为舱内高压冲水管及高压喷嘴布置图。

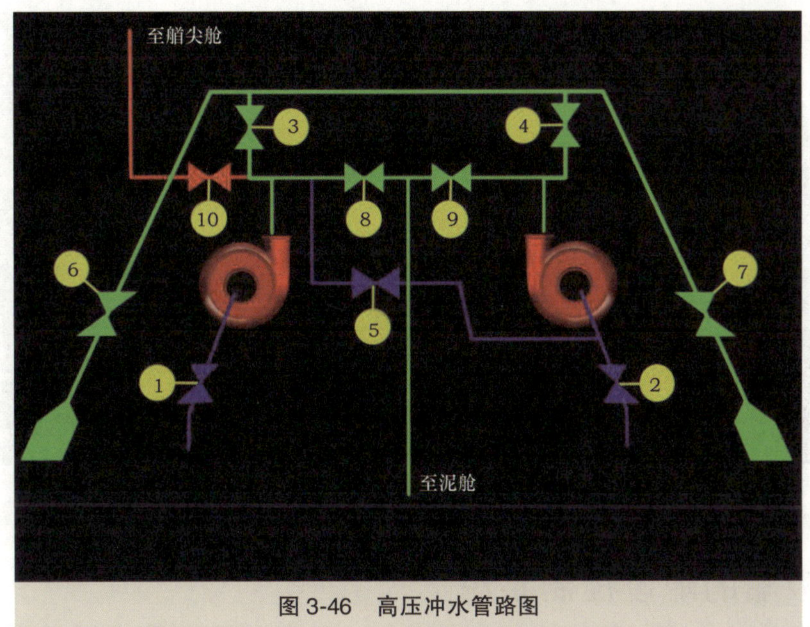

图 3-46　高压冲水管路图

1、2—左、右高压冲水吸口阀(闸阀);3、4—左、右高压冲水至耙头排出蝶阀;5—串联蝶阀;
6、7—左、右耙头冲水蝶阀;8、9—左、右高压冲水至泥舱排出蝶阀;10—高压冲水至艏尖舱排出蝶阀

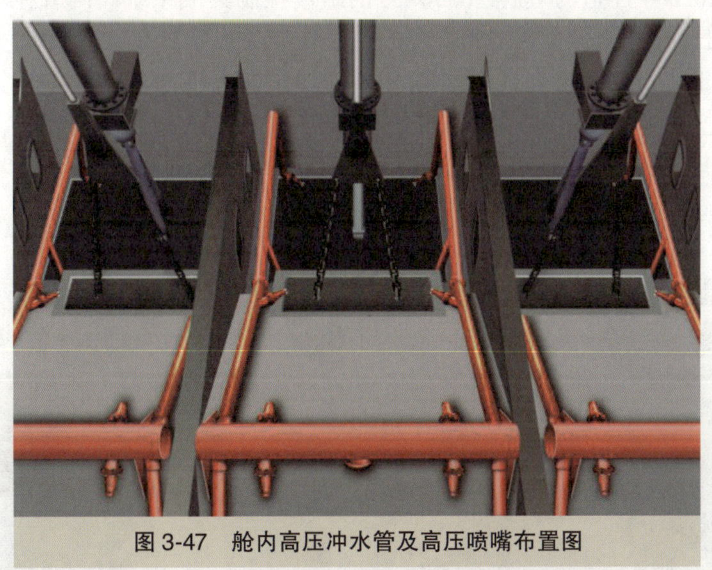

图 3-47　舱内高压冲水管及高压喷嘴布置图

3.3.9.2　蝶阀

蝶阀一般设置在甲板以下高压冲水管路上,如泥舱高压冲水阀、高压冲水泵并联阀或串联阀等选用的都是蝶阀。蝶阀相对于闸阀的优点是:体积小,不需要用水冲洗。它的工作原理略不同于闸阀,是依据碟阀阀板的转动来实现开关功能的。图 3-48 所示为蝶阀。

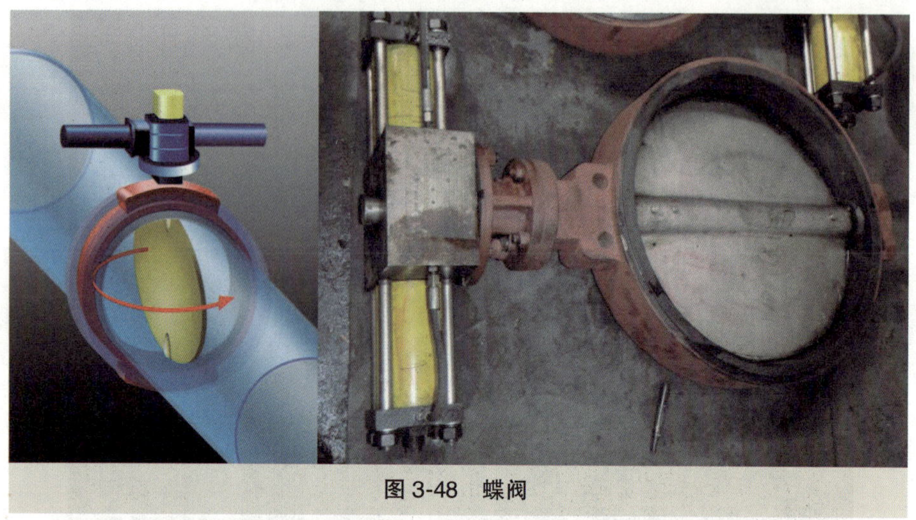

图 3-48　蝶阀

3.4　耙吸船的疏浚控制系统

耙吸船的疏浚控制系统目前有两种:一种是 2002 年建造的“新海龙”号的疏浚控制集成系统;另一种是 2020 年建造的“航浚 6008”号的疏浚控制集成系统。两者在功能上有相同之处,也有不同之处。总体上,“航浚 6008”号的疏浚控制集成系统是在“新海龙”号的疏浚控制集成系统的基础上进行的完善与升级,增加了一键收放耙及部分智能功能。第 3.4.2 节将以“新海龙”号的疏浚控制集成系统的组成和结构为例,介绍疏浚过程中常用疏浚控制系统及检测仪器的控制原理。图 3-49 为耙吸船疏浚控制系统及检测仪器布置图。

图 3-49　耙吸船疏浚控制系统及检测仪器布置图

3.4.1　疏浚自动监控系统的原理与组成

3.4.1.1　疏浚自动监控系统的原理

疏浚自动监控技术是一门综合技术。它是计算机技术(包括软件技术、输入/输出接口技术、通信技术、网络技术、显示技术)、自动控制技术和传感器监测技术的综合应用。

疏浚自动监控能力包括以下几个方面:

(1)实现施工状态监测自动化:以疏浚设备和疏浚过程为监控对象,利用传感器将被监控对象的物理量(如泥浆流量/流速/浓度、泥泵真空度/排出压力、船舶吃水/纵横倾、耙头深度等)转换为电信号(如电压、电流),再将这些电信号送入计算机输入输出接口,经过 A/D 转换后为计算机提供可识别的数字量,并且在计算机显示装置中以数字、文本、图形的方式显示出来,从而使疏浚操作人员能够直观而迅速地了解疏浚作业状态,完成施工操作。

(2)实现施工过程控制自动化:一是实现启停保护、多个工序联动互锁、过程衔接等自动化;二是根据控制目标的要求,以及当前采集到的物理量的大小,结合历史变化情况,实现速度、位置、压力等物理量的自动跟踪保持,经过 D/A 转换后输出相应的电信号,推动执行装置动作,实现自动控制。

(3)通过最优化算法、人工智能、数据挖掘等方法,解算最优控制参数,实现产量、效率、能耗等的最优化。

(4)实现施工统计分析自动化:计算机可以将采集到的数据存储起来,制作各种报表,随时进行分析、统计和显示,同时为数字孪生、数据挖掘、深度学习等提供数据来源。

由此可知,所谓现代疏浚监控实质上是以计算机的运用为显著标志,充分利用了现代计算机的计算能力,实现了各类逻辑运算和自动控制算法,使受控对象的动态过程按预定方式、技术要求和期望值进行,精确稳定地完成各种控制、操作、分析任务,实现疏浚生产过程自动化和关键目标全局的最优化。

为了简单和形象地说明疏浚自动监控系统的工作原理,下面给出典型的现代疏浚自动监控系统工作原理图,如图 3-50 所示。

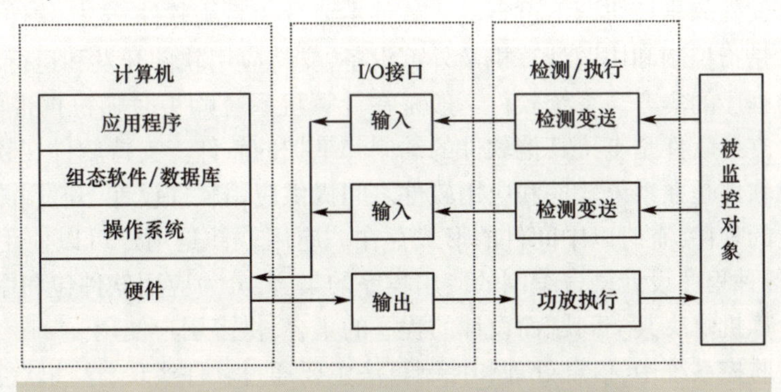

图 3-50　现代疏浚自动监控系统工作原理图

现代疏浚自动监控系统中,由于计算机的输入和输出是数字信号,而变送器输出的以及大多数执行机构所能接收的都是模拟信号,因此需要有将模拟信号转换为数字信号的 A/D 转换器和将数字信号转换为模拟信号的 D/A 转换器。从总体组成结构上看,现代疏浚自动监控系统可分为实时数据采集单元、实时控制决策单元和实时输出执行单元三大部分。

(1)实时数据采集单元:对来自测量传感器或变送器的被控量的瞬时值进行检测和输入。

(2)实时控制决策单元:对采集到的被控量进行分析和处理,并按预定的控制规律,决定将要采取的控制策略。

(3)实时输出执行单元:根据控制决策,实时地对执行机构发出控制信号,完成控制任务。

上述单元连为一体,信号流动,使整个系统按照一定的程序和疏浚作业要求进行工作,并对被控量和设备本身的异常现象及时做出处理。

由此可见,"实时"在现代疏浚自动监控过程中是一个重要的概念。实时性是衡量现代疏浚自动监控系统性能的一个重要指标,是现代疏浚自动监控系统应该具有的能够在限定时间内对外来事件做出反应的特性。随着技术的迭代升级,系统处理及响应时间越来越短,但对计算机的性能和体系结构提出了更高的要求,不过现代计算机一般都能满足普通的控制要求。

实时的概念不能脱离具体过程,一个在线的系统不一定是一个实时系统,但一个实时疏浚自动监控系统必定是在线系统。

疏浚自动监控在于疏浚过程控制,而疏浚过程控制最根本的目的在于抑制外界扰动的影响,确保疏浚生产过程的稳定性,并实现疏浚生产过程状态的最优化。具体来说,通过对疏浚生产过程的自动监控,可以实现保证工程质量、提高施工效率、节能降耗、安全运行、改善或降低劳动条件或强度、保护环境和提高管理水平等多种目的。

疏浚自动监控是保证现代化疏浚企业高质量发展的重要技术手段。

3.4.1.2 疏浚自动监控系统的组成

疏浚自动监控系统的组成可以有多种划分方法,最简单的是将其分为监测控制计算机(包括硬件和软件,如图 3-51 所示)和控制对象两个部分。硬件是指计算机本身及外部设备实体;软件是指管理计算机的系统程序和实施控制的应用程序。控制对象包括被监控对象、测量变送器、执行机构和电气开关等装置。

硬件主要由计算机及计算机控制网络、过程输入/输出(I/O)接口、人机交互设备和接口、外部存储器、通信控制器、测量变送器(传感器)和执行机构等部件组成。

软件是指能完成各种功能的计算机程序的总和。软件是计算机控制系统的大脑,整个系统的工作都是在软件的指挥协调下进行的。软件主要分为系统软件、支持软件、应用软件三大部分。系统软件是指控制和协调计算机及外部设备,支持应用软件开发和运行的系统,是无须用户干预的各种程序的集合。系统软件一般是在计算机系统购买时随机携带的,也可以根据需要另行安装。支持软件是支持其他软件的编制和维护的软件。支持软件在软件开发中占有重要地位。支持软件是在系统软件和应用软件之间提供应用软件设计、开发、测试、评估、运行检测等辅助功能的软件,有时以中间件的形式存在。应用软件是用户可以使用的各种程序设计语言,以及用各种程序设计语言编制的应用程序的集合,分为应用软件包和用户程序。应用软件包是利用计算机解决某类问题而设计的程序的集合,供多用户使用。

在疏浚自动监控系统中,信息处理和控制算法主要通过软件实现,这些软件的开发除了要求与采用的操作系统、软件开发工具有关外,还要求与硬件(特别是接口部件)以及耙吸船的功能和疏浚工艺密切相关。因此,现代疏浚自动监控系统的软件开发难度较高,它要求软件开发设计人员具有更全面、广泛的知识。

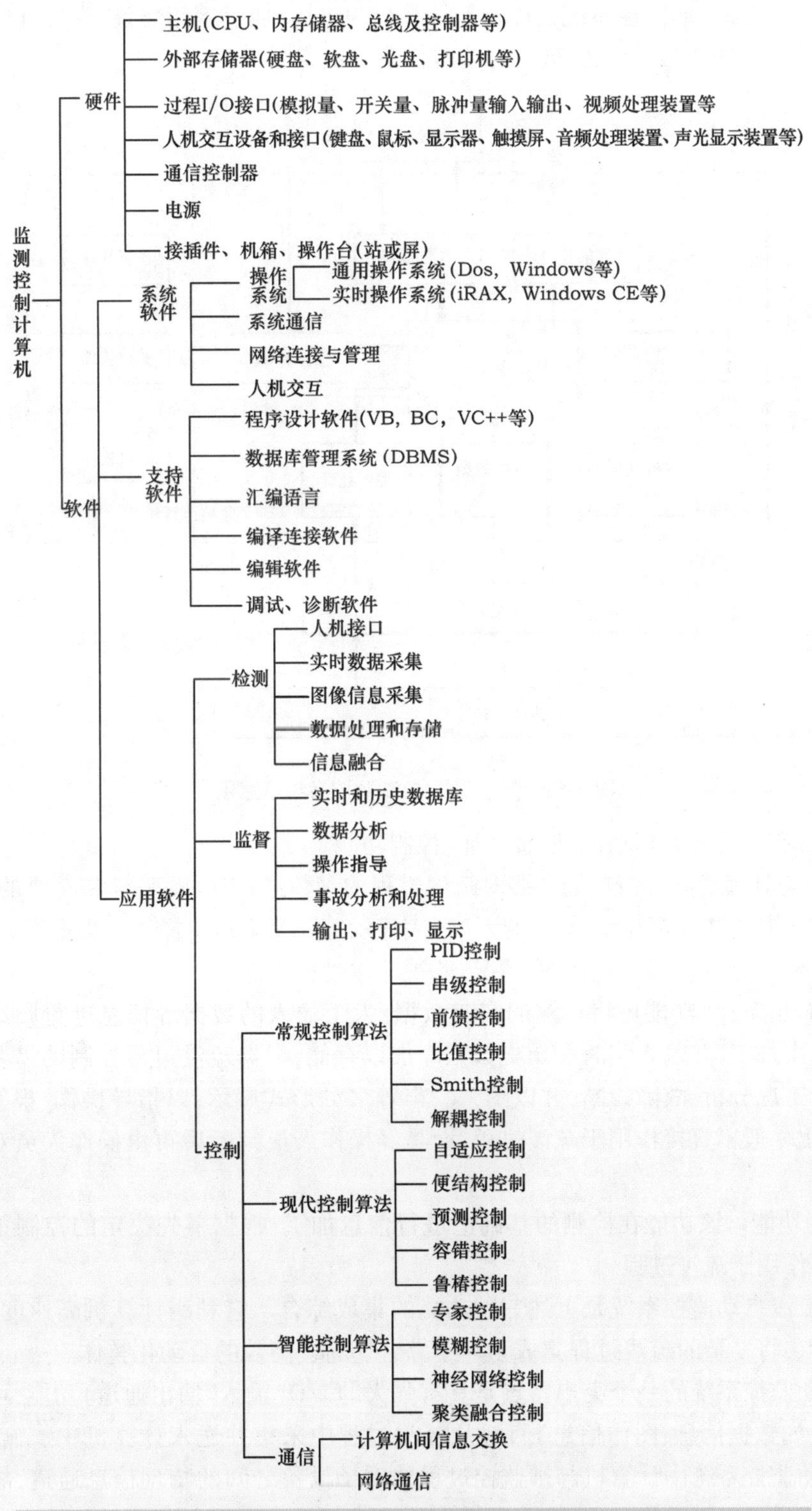

图 3-51　监测控制计算机的组成图

一般来说,疏浚自动监控系统是以监控计算机为主体,加上检测装置、执行机构、疏浚过程共同构成的整体。图 3-52 为现代疏浚自动监控系统示意图。

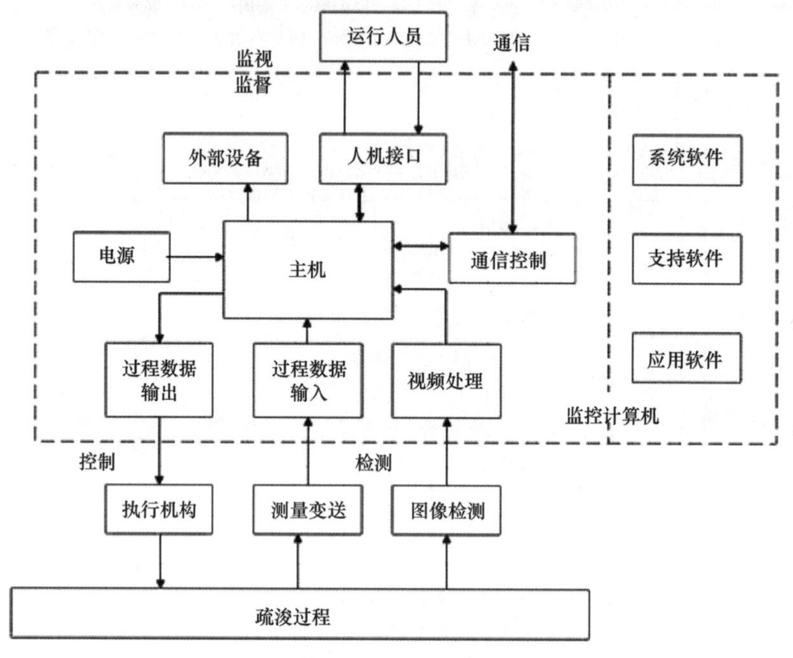

图 3-52　现代疏浚自动监控系统示意图

该系统具有采集与处理功能、监督功能、控制功能。

(1)采集与处理功能。该功能主要对疏浚过程的参数进行检测、采样和必要的预处理,并以一定的形式输出,如屏幕显示、灯光显示、仪表显示等。其为疏浚操作人员提供详细、实时的数据,以便于他们分析、了解疏浚作业情况,监视疏浚过程的进行。

(2)监督功能。该功能可将检测的实时数据、人工输入的数据等信息进行归纳、整理、计算、分析等二次加工,并输入实时和历史数据库加以存储;根据疏浚过程控制的需要及疏浚过程状态,进行工况分析、故障诊断,并以图、文、声等多种形式展示,以指导操作、报警提醒。监督功能的输出一般不直接作用于疏浚过程,而是经操作人员判断后再由操作人员对疏浚过程进行干预。

(3)控制功能。该功能在检测的基础上进行信息加工,根据事先决定的控制策略形成控制输出,直接作用于疏浚过程。

完整的疏浚自动监控系统是上述三种功能的集成综合。它利用计算机高速度、大容量和可计算的特点,将复杂的疏浚过程集成为一个综合、完整、高效的自动化整体。

疏浚自动监控系统的一个突出特点是具有强大的 I/O(输入/输出通道)功能,可以将大量的现场信息(如数据信息、图像信息)直接从疏浚过程中采集并送入计算机中。输入/输出通道是疏浚自动监控系统中计算机与被监控过程的现场设备之间的物理信息通道,故又称为过程通道。计算机接口可看作输入/输出通道中的组成部件。对于一些简单的输入/输出通道,接口就是过程通道;而对于一些复杂的输入/输出通道,除了有接口外,还需要有一些其他的电路部件,例如:信号处理装置、多路转换开关、放大器、采样保持器、大功率输出接口电路等,才能构成完整的过程通道。

3.4.2　耙吸船控制系统

近二十年来，中港疏浚有限公司引进、自主设计建造的大型耙吸船上都安装了疏浚自动监控系统，其中较为典型的是耙吸船“新海龙”号的 IHDCS（Integrated Hopped Dredger Control System），即耙吸船控制系统。下面对“新海龙”号的控制系统进行介绍。

3.4.2.1　集成驾驶室

在 IHDCS 中，疏浚设备和航行设备采用了自动控制技术。所谓自动控制，就是在没有人直接参与的情况下，控制器自动地按照预定的程序运行。计算机系统是 IHDCS 的核心部分。IHDCS 集耙吸船的船舶航行控制系统、轮机自动化控制系统和自动疏浚过程控制系统等三大控制系统于一身，从而形成一个集成驾驶室。操作人员可以在任意时刻从各种显示仪表和显示屏幕上观察到全船各设备的运行状态、挖泥过程、船舶航行或船舶运动的实际状况，实施对耙吸船的全面控制管理与操作。IHDCS 的主要特征可以归纳如下：

（1）集成信息管理。这是 IHDCS 的基本思想，即将全船监视、高层控制和信息管理功能完全集中到驾驶室，将所有的仪器设备通过网络集成管理。

（2）模块化设计。这是该设计的主要优点，各种功能部件经模块化设计集成，独立工作性强且易于组合集成，可以根据需要进入集成工作状态或独立工作状态，当某一功能部件发生故障时，不影响系统中任何其他部件的操作和运行。

（3）屏幕显示。IHDCS 采用屏幕显示能够直观地提供耙吸船挖泥航行中各种相关的组态信息，适宜操作人员观察、判断和操作。屏幕显示已成为 IHDCS 的主要人机界面。

（4）集成驾驶台布局。为了便于监控、操纵和适应一人操作，IHDCS 采用工作台式的集成驾驶台布局。

3.4.2.2　IHDCS 的组成

上文已提及 IHDCS 包括三大控制系统，但对于 IHDCS 的组成，下面仅从疏浚层面来叙述一些主要的疏浚设备或组件。

IHDCS 的组成最简单地可以分为硬件和软件两个部分。硬件包括计算机、输入/输出（I/O）装置、检测机构、变送机构、执行机构、可编程序控制器、传感器等。特别强调的是计算机部分中的可视化人机界面，它不仅是疏浚自动化控制与操作中至关重要的部分，而且也是 IHDCS 区别于一般计算机控制系统之所在。软件主要为操作系统软件，如 Windows NT、开发软件和应用软件。开发软件包括高级语言软件、组态软件和实时数据库，其中组态软件也是至关重要的。应用软件往往有输入/输出（I/O）模块、控制算法模块、逻辑模块、通信模块、报警处理模块、数据处理模块或数据库、显示模块、打印模块等。

1. 疏浚硬件设备

（1）耙臂管位置测量设备

它由压力传感器、垂直角度传感器、水平角度传感器、（电感式）接近开关传感器、放出钢缆长度传感器等组成。图 3-53 所示为耙吸船耙臂管上布设的传感器。

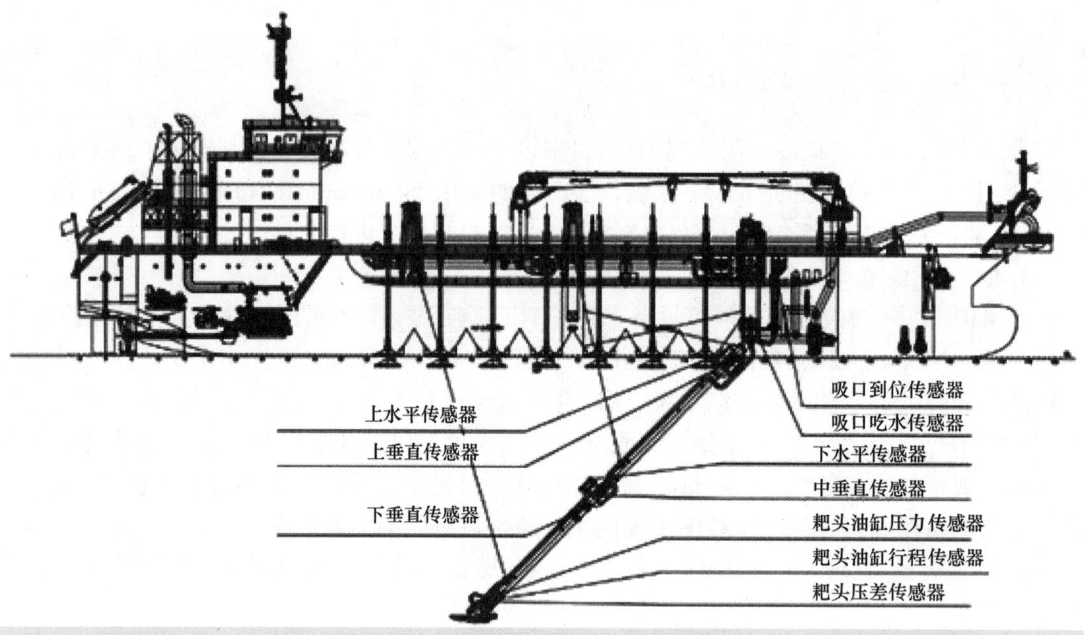

图 3-53　耙吸船耙臂管上布设的传感器

(2)真空度、压力、压差测量设备

它包括真空度传感器、压力传感器及安装在耙头上的压差传感器。

(3)吃水、装载测量设备

它包括吃水传感器、超声波液位传感器等。

(4)产量测量设备

它由泥浆流量传感器、密度传感器等组成。

(5)溢流筒位置和波浪补偿器油缸柱塞杆行程测量设备

它用于溢流筒位置测量和波浪补偿器油缸柱塞杆行程测量。

2. 可编程序控制器系统(PLCs)

可编程序控制器在 IHDCS 中是一个重要的组件,由于使用多个 PLC,便构成了一个网络系统。在“新海龙”号的 IHDCS 中,PLC 上配备了计算机接口,通过现场总线将 8 台 PLC 相连接,使 PLC 的高性能与个人计算机的友好人机界面相结合。因此 IHDCS 具有 PLC 的特点,计算机作为上位机,可以提供良好的人机界面,进行全系统的监控和管理;而 PLC 作为下位机,执行可靠有效的集散控制。PLC-5 采用了具有以太网接口的 PLC-5/40 E 产品,所以能与工业以太网连接。

PLC-5 分别与以下设备连接:

(1)人机界面(MMI 或 HMI)。

(2)疏浚控制台设备。

(3)驾驶台设备。

(4)左/右主机。

(5)配电控制系统。

(6)报警系统。

(7)液压控制界面(硬件 I/O)。

(8)泥泵和高压冲水泵控制。

(9)疏浚设备。

(10)疏浚轨迹显示系统(DTPS)和动力定位/动态轨迹跟踪系统。

3. 人机界面(MMI 或 HMI)

(1)组成

在 IHDCS 中,人机界面是指人与机器之间进行交互和通信的界面,是一个关键的系统,它包括:

①6 台 20.1 英寸触摸屏(TS)TFT 监视器,即疏浚台 1、疏浚台 2、疏浚台 3、NAV 浏览器、ECR 浏览器及 PCR 浏览器。

②4 套专用操作键盘,即疏浚台 1、疏浚台 2、疏浚台 3 及 NAV 浏览器。

③24 件 MOXA 开关。

④1 套 HMI(SCADA)“Cimplicity”应用软件。

⑤1 套 HMI(SCADA)主程序和诊断及校准程序。

(2)PLCs 与 MMI 的功能

PLCs 与 MMI(人机界面接口)组合,在 IHDCS 中有以下功能:

①显示、遥控全部液压设备以及挖泥设备,如高压冲水泵、泥泵闸阀、泥门、波浪补偿器、绞车、耙臂管吊架液压缸等。

②监视主机运行情况。

③与可调螺距推进装置的控制系统相连,从而对可调螺距推进装置的运行实施监视和遥控。

④在线显示主配电板状况。

⑤采集上述功能的信号。

⑥为 DP/DT 系统提供所需数据。

⑦为 DTPS 提供所需数据。

⑧具有处理仪器信号和自动控制功能,如耙臂管位置监控及控制、吃水装载以及产量计算、挖泥过程显示、溢流筒位置和波浪补偿器油缸柱塞杆行程监视及自动控制、泥泵和封水泵自动控制等。

4. PLC/HMI 网络

在 IHDCS 中,把计算机连入 PLC 网络,是为了向操作人员提供诸如挖泥过程图形显示、动态数据画面显示、报表编制、趋势图生成、窗口技术和疏浚信息管理等多种功能,为 PLC 网络提供良好的人机界面。这个人机界面采用了工作站及计算机的方式。工作站系统很受用户欢迎,它功能全面,使用简单,但需要配置高级组态软件。

(1)计算机在 PLC 网络中的作用

将计算机联入 PLC 网络可以在下面四个方面发挥作用:

①构成以计算机为上位机、数台 PLC 为下位机的集散系统,用计算机实现操作工作站功能。

②在 PLC 网络中,把计算机开发成工作站,实现集中显示、集中报警功能。

③将计算机开发成 PLC 编程终端,通过编程器接入 PLC 网络,进行编程、调试及监控。

④将计算机开发成网络连接器进行协议转换,实现 PLC 网络与其他计算机网络互联。

(2)联网通信的条件

PLC/HMI(SCADA)网络包括光纤电缆、所有 PLC 位置及 HMI(SCADA)服务器之间的 MOXA 开关,一般选用 1 Gbit 网速及 MOXA 开关。网络由交换机、光纤、网线组成。

3.4.3 疏浚自动监控系统中常用的传感器

3.4.3.1 传感器的概念

传感器是能感受到被测量的信息,并能将感受到的信息按照一定规律转换成可用输出信号,以满足信息的传输、处理、存储、显示、记录和控制等要求的器件或装置。

在耙吸船上安装的传感器称为测量传感器(Measuring Transducer),它的原理主要包括感知、转换和输出三个基本过程。首先,传感器通过感知模块获取被测量的信息;然后,传感器将感知到的信息转换为可用的信号,这一过程通常通过传感器内部的电路和芯片来实现;最后,传感器通过输出模块将转换后的信号输出到外部设备。输出模块通常包括信号放大、滤波、数字转换等功能,以确保输出信号的稳定性和准确性。

传感器输出信号通常是电量,它便于传输、转换、处理、显示等。电量有很多形式,如电压、电流、电容、电阻等,输出信号形式由传感器的原理确定。

耙吸船疏浚自动监控系统传感器的结构由感知元件、转换元件、输出元件等三部分组成。图 3-54 为传感器结构组成方框图。

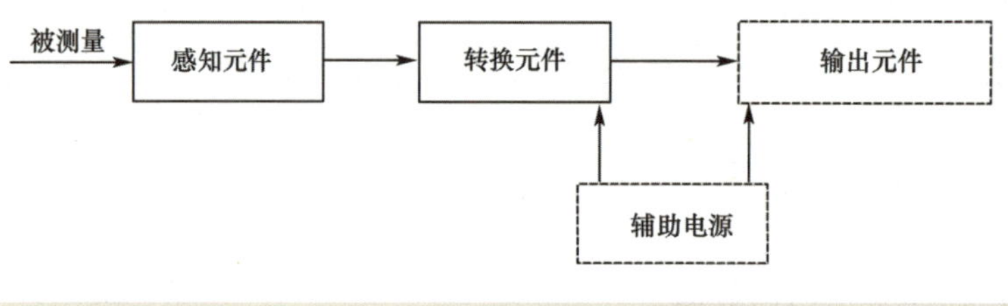

图 3-54 传感器结构组成方框图

3.4.3.2 常用传感器

疏浚自动监控系统的运行需要及时正确地获取各种信息,解决遇到的各种疏浚过程参数测量问题,即数据采集与处理的问题,因此必须合理选择用于疏浚作业、适应海上高温高盐高湿环境的传感器。下面根据疏浚作业过程及耙吸船的特点,介绍有关传感器的功用及运维知识。图 3-55 为耙吸船疏浚系统传感器汇总图。

1. 压力传感器

压力是疏浚过程中的重要参数之一,正确测量和控制压力对保证疏浚过程的安全性、疏浚工程的经济性有着重要意义。压力、真空度及压差的测量技术已应用在疏浚自动监控中。在疏浚过程中的压力测量,因被测对象不同、目的不同,压力测量的工作原理也有差异,而且需要使用不同的测量压力范围和各种不同等级精度的压力传感器。在疏浚监控系统中,压力的测量方法有很多,往往将几种方法组合起来组成压力传感器。耙吸船上常用的压力传感器按用途分为吃水传感器、泥泵吸入端的真空度传感器及排出端的排出压力传感器和耙头的压差传感器。

吃水传感器:一种压力传感器,安装在船首和船尾,用于耙吸船的吃水测量。它的主要功能是测量传感器和水面之间垂直液柱的静压力。压差传感器:另一种压力传感器,安装在耙头上,用于耙头腔体内外压力差的测量。图 3-56 所示为吃水传感器及压差传感器。

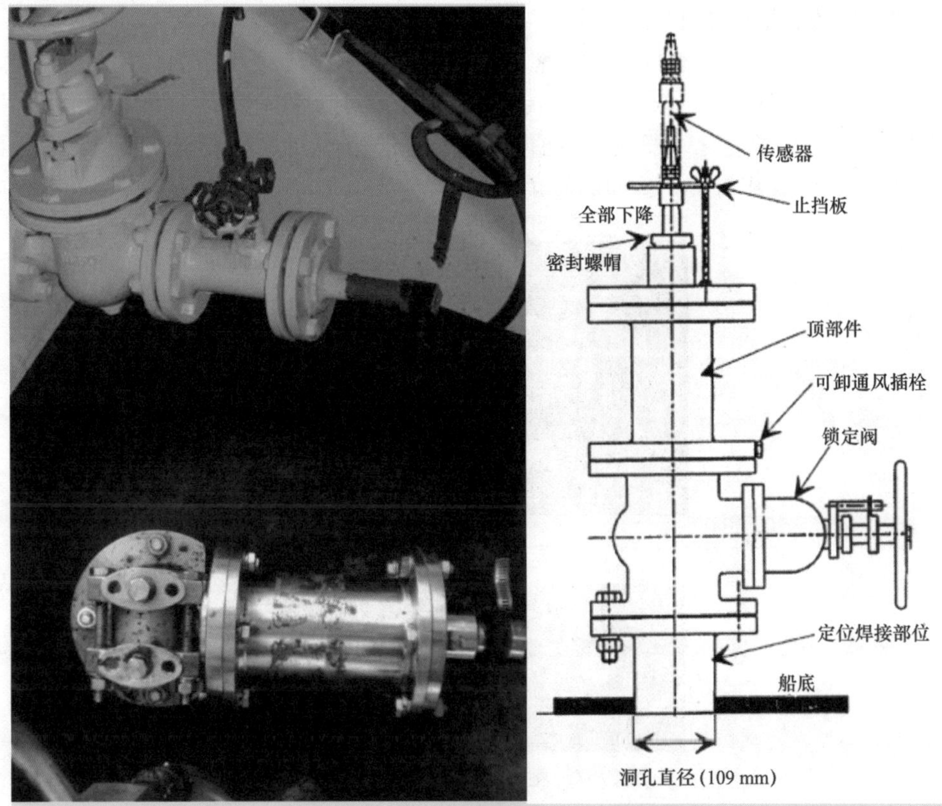

图 3-56　吃水传感器及压差传感器

压力传感器的校验:压力传感器的准确度可用专用压力校验仪进行校验。校验方法是将压力传感器的进口通过一专用过渡法兰接到压力校验仪,利用加压或减压对比读数,两者误差小于 10 kPa 则符合标准要求。

2. 角度传感器

在耙臂管监控系统中,角度传感器是另一个重要传感器。在耙臂管上安装有高精度的角度传感器,如图 3-57 所示,用以在耙臂管监控系统操作显示屏上显示耙臂管的姿态,为施工的安全和精度提供保障。此外,在耙臂管监控系统中设置各种安全条件可实现操耙的自动化。

角度是指传感器相对于地球重心方向的偏角或相对于地球水平面的倾角。前者对应垂直角度传感器,后者对应水平角度传感器。

(1) 垂直角度传感器的组成及工作原理

①垂直角度传感器的组成

垂直角度传感器可分为两个部分:一部分是安装在轴上的摆锤,并有摆锤摆动的空间,而且轴与传感器外壳相连;另一部分是作为测角单元的旋转感应同步器。两者采用柔性耦合方法连接在一起。传感器外壳的转动产生了同步器的旋转角度。

垂直角度传感器具体由摆锤体、旋转感应同步器、电缆连接盒、接线终端等组成。为了防止摆锤体快速摆动,可向摆锤体摆动空间注入硅油以起阻尼作用。图 3-58 为垂直角度传感器结构示意图。

②垂直角度传感器的工作原理

垂直角度的测量采用摆锤的工作原理。具体来说，摆锤由于受到重力作用，始终保持铅垂方向，当传感器壳体随被测物体倾斜或旋转时，摆锤将相对于壳体摆动一个角度，即产生相对于垂线（铅垂面）的位置变化。摆锤的转轴与旋转感应同步器的转轴相连接，从而反映了被测物体的角度，即耙臂管相对于铅垂面的倾角。

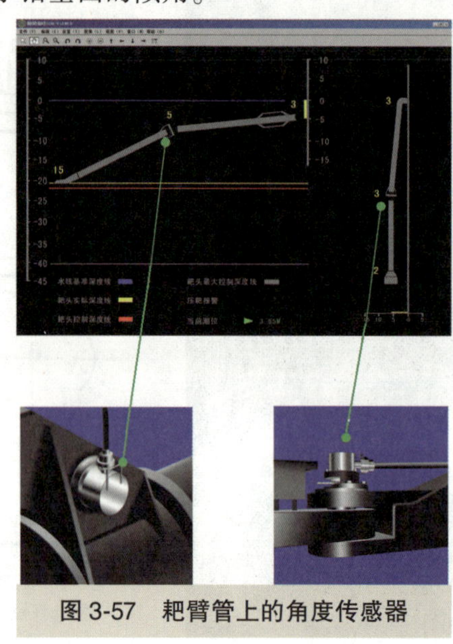

图 3-57　耙臂管上的角度传感器

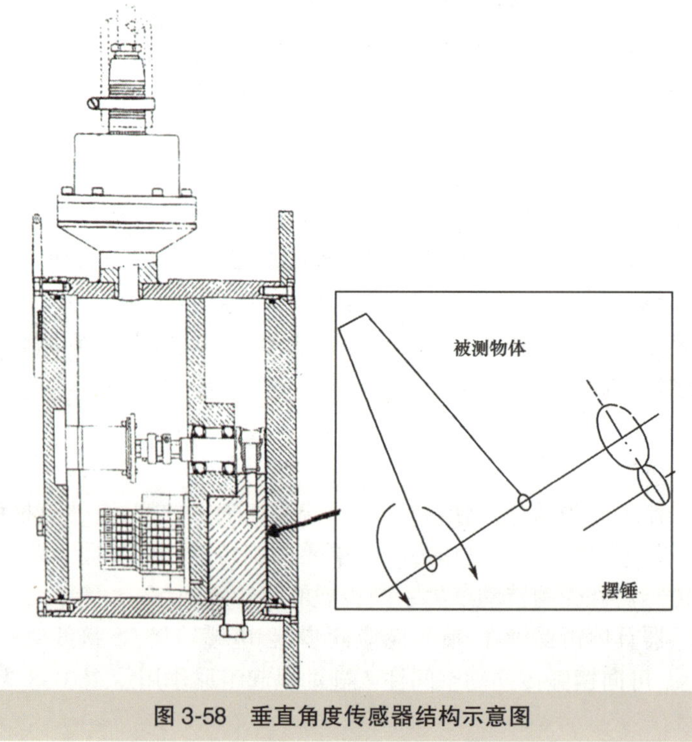

图 3-58　垂直角度传感器结构示意图

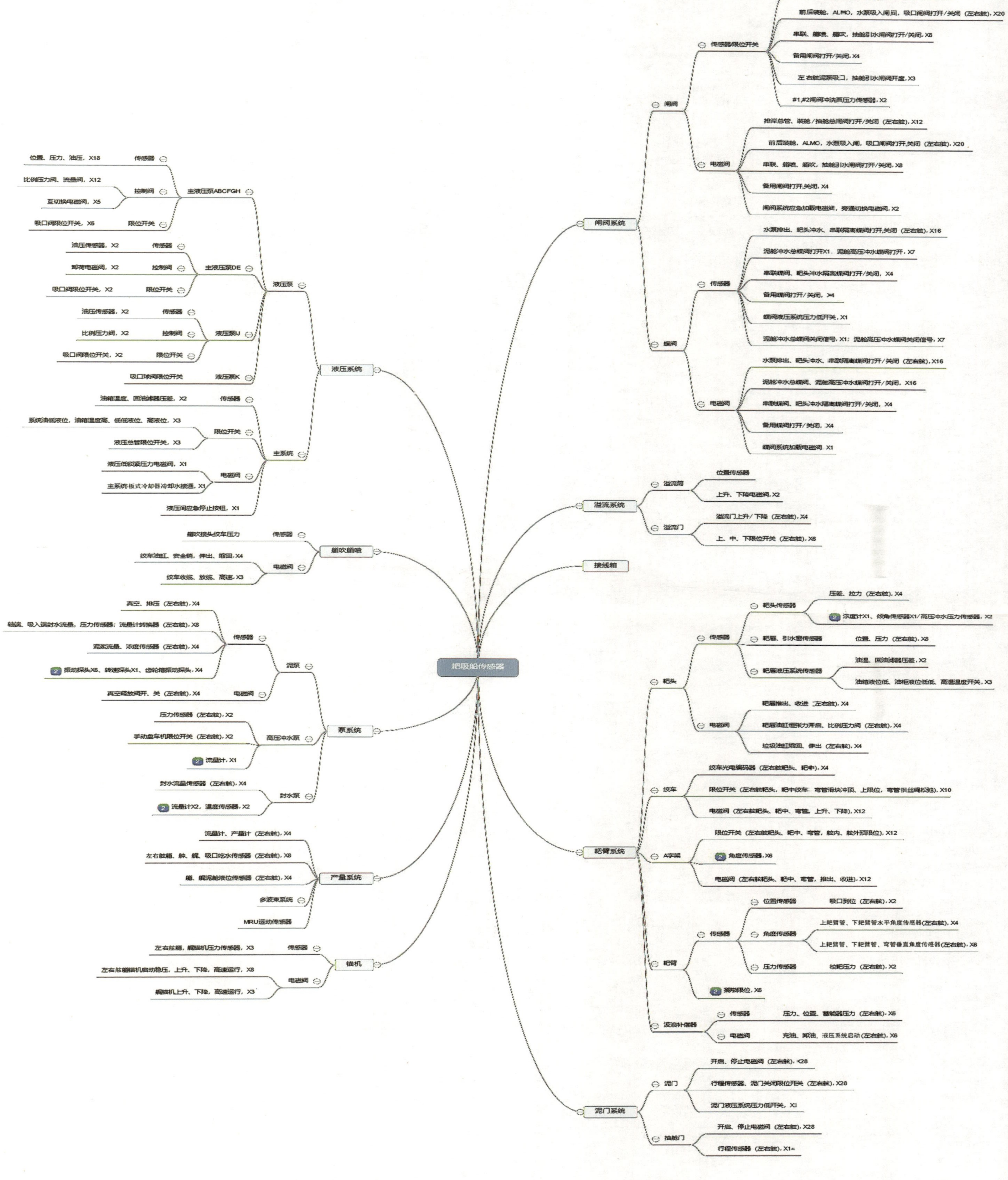

图3-55　耙吸船疏浚系统传感器汇总图

(2)水平角度传感器的组成及工作原理

①水平角度传感器的组成

水平角度传感器可分为两大部分:一部分是带有旋转轴的传感器外壳(体),该外壳的两侧等距装配磁钢体;另一部分是安装在外壳(体)内部的旋转感应同步器。旋转感应同步器的转轴与另一组装配磁钢体的转轴相连接,这样与外壳的磁钢体的极性相反,磁场强度相同的两组磁钢体构成能一起转动的组合体。图 3-59 为水平角度传感器结构图。

②水平角度传感器的工作原理

连接杆的一端与水平角传感器的外壳相连,另一端与耙臂管的活动件固定连接。当耙臂管做水平移动时,连接杆带动外壳转动,外壳内侧的磁钢体也随外壳一起转动,通过磁场异性相吸、同性相斥的原理,内部的磁钢体也随之转动,旋转感应同步器也跟随转动,旋转感应同步器的转动即反映出耙臂管水平转动的角度。

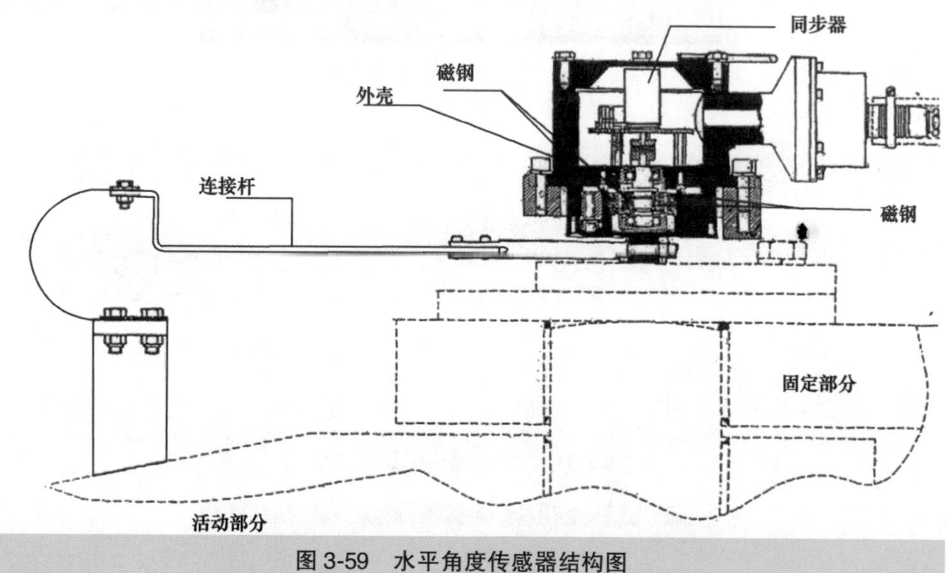

图 3-59　水平角度传感器结构图

耙臂管上安装角度传感器的目的是自动检测耙臂管的姿态及耙头的深度。需定期进行耙头深度校验,尤其是在更换传感器时或施工前。耙头深度校验:为了校验耙头深度的精确性,利用校耙仪对耙头深度进行校准。耙头深度传感器校验主要是校验吸口吃水传感器和耙臂垂直角度传感器。吸口吃水传感器用于校验耙吸船吸口处吃水深度,此吃水深度是计算耙头深度的起算点,吸口吃水深度若不准确,将直接影响到耙头深度的计算和显示。

耙头深度校验的步骤:

(1)在 SCADA(疏浚监控和数据采集)系统的校耙参数中将潮位接收方式设置为手动输入,手动输入潮位数值为 0,耙头补偿深度设置为 0,如图 3-60 所示。

(2)将校耙仪传感器固定在耙臂吸口校验位置,分别在船舶轻载和重载时下放弯管至吸口位置,保持三管水平,同时记录校耙仪读数和 SCADA 系统显示的吸口吃水深度。图 3-61 所示为耙中、耙头的校耙点位置。

(3)校验耙臂管上的垂直角度传感器,将校耙仪传感器固定在耙臂中间管的校耙位置,待弯管至吸口位置后继续下放中间管至两个不同的深度(要求第二点深度尽可能大,下同),同时记录校耙仪读数和 SCADA 系统中间管深度值,如图 3-62 所示。

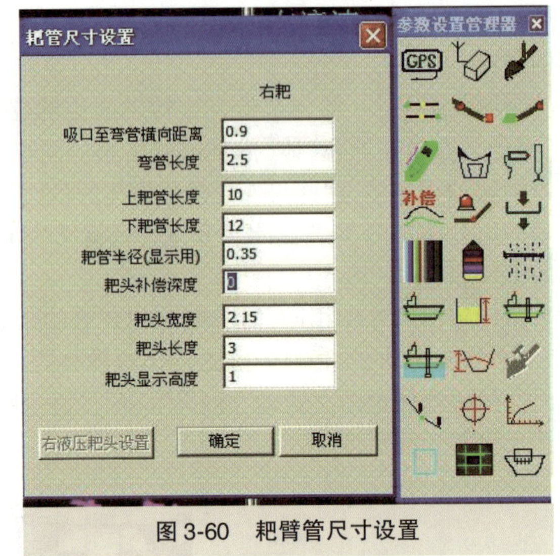

图 3-60 耙臂管尺寸设置

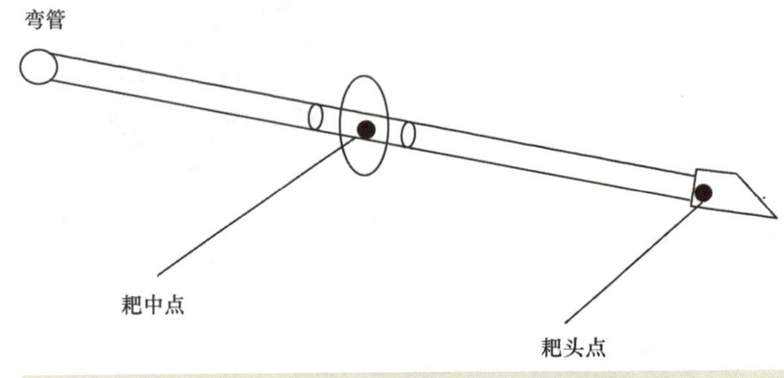

图 3-61 耙中、耙头的校耙点位置

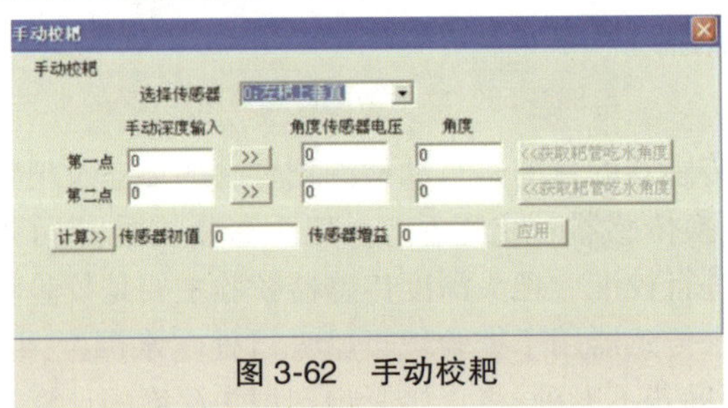

图 3-62 手动校耙

(4)将校耙仪吃水传感器固定在耙头校耙点,待弯管至吸口位置后继续下放耙头至两个不同的深度(要求同上),同时记录校耙仪读数和 SCADA 系统中耙头深度读数。

(5)校验完毕后将潮位接收方式设置为初始接收方式,将耙头补偿深度设置为初始数值。吸口吃水深度差值超过±10 cm 为不合格,耙中、耙头深度超过±15 cm 为不合格。

(6)如校验不合格,分析原因,排除故障。

注:耙头深度传感器校验之前应先对校耙仪进行校准。

3.(超声波及微波)液位传感器

超声波液位传感器是利用超声波在两种介质的分界面上的反射特性而制成的。从发射超声脉冲开始,到接收换能器接收到反射波为止的这个时间间隔为已知,就可以求出分界面的位置，利用这种方法可以测量液位。微波液位传感器是继超声波液位传感器之后的一种新型的非接触式传感器。它具有测量范围广和性能稳定等优点，可用于测量有旋涡的液体或有腐蚀性的介质的液位，已广泛应用于耙吸船的泥舱液位测量。图3-63为泥舱液位检测传感器及其原理图。

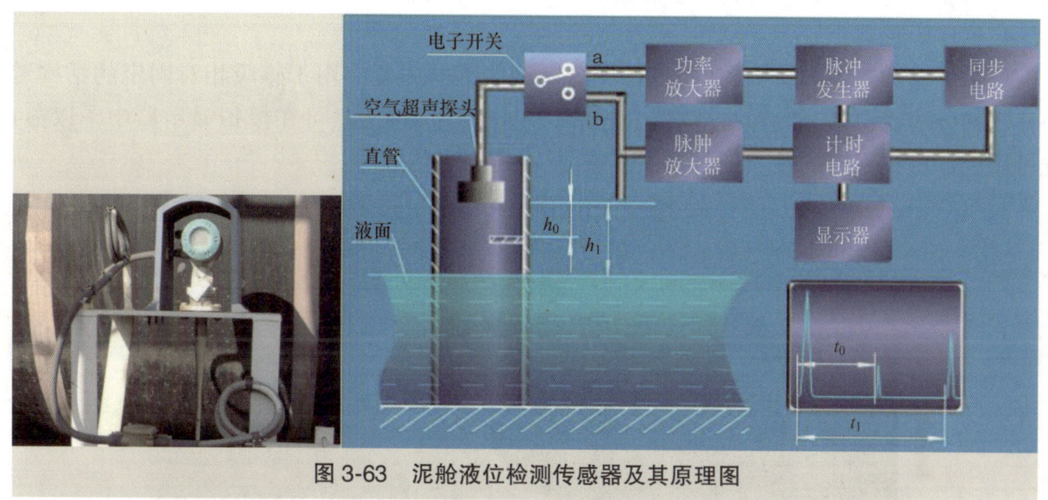

图3-63 泥舱液位检测传感器及其原理图

液位传感器校验步骤：

（1）校验之前先打开“参数设置中心”查看各个液位传感器至舱底的高度 h_0 并记录，同时确认传感器参数设置正确，如图3-64所示。

操作

序号	传感器名称	初值	增益	位置X:	位置Y:	位置Z:	备注
0	吸口吃水	1.0000	2.5000	67.35	11.87	1.35	
1	耙管上垂直角度	2.1742	40.8350	0.00	0.00	0.00	
2	耙管下垂直角度	3.5636	38.6749	0.00	0.00	0.00	
3	耙管上水平角度	2.8417	-10....	0.00	0.00	0.00	
4	耙管下水平角度	3.2075	10.0000	0.00	0.00	0.00	
5	备用耙管上吃水		1.0000	0.00	0.00	0.00	
6	备用耙管下吃水	1.0000	1.0000	0.00	0.00	0.00	
7	艏左吃水	1.0000	2.5000	75.90	3.25	1.40	
8	艏右吃水	1.0000	2.5000	73.67	11.80	1.40	
9	艉左吃水	1.0000	2.5000	10.70	3.06	2.10	
10	艉右吃水	1.0000	2.5000	10.65	9.70	2.00	
11	前舱液位	1.0000	3.0000	58.70	8.10	8.20	
12	后舱液位	1.0000	3.0000	38.08	5.30	8.00	
13	舱内泵吸入端...	1.0000	0.1500	0.00	0.00	0.00	
14	舱内泵轴端封...	1.0000	0.1500	0.00	0.00	0.00	
15	密度	1.0000	0.1500	0.00	0.00	0.00	

图3-64 参数设置中心

（2）在施工过程中，随着舱内液面的不断升高，分别在不同舱高的位置，用钢卷尺测量液位传感器信号发射点到舱内液面的距离 h 并记录，同时记录相应液位传感器的舱高。

注：超声波液位传感器的发射点在天线的底部凸出部分，由于凸出部分很小，因此在测量时可从天线底部起算，传感器发射点到舱内液面的距离 $h=h_1$；雷达液位传感器的发射点位于

天线底部向传感器基座方向 40 cm 的位置，则传感器天线发射点到舱内液面的距离 $h=h_1+0.4$ m。

(3)计算舱高：舱高 $=h_0-h$。

电脑显示舱高与计算舱高差值超过±5 cm 即为不合格。

4. 位移传感器

位移传感器又称弹簧-负荷位置传感器。该传感器主要应用于感应相对固定的结构装置的移动部分的线位移，如波浪补偿器、溢流筒等。这些位移信息可在模拟显示器中予以显示，也可用于计算机系统的输入信号。图 3-65 所示为位移传感器。

图 3-65　位移传感器

位移传感器的检验方法如下：

(1)使被测对象与传感器之间处于最大距离，但不要超过传感器的机械量程，至少在滚筒上保留一圈钢缆，这是测量的零点，它表示传感器输出的信号为 4 mA。

(2)使被测对象与传感器之间处于最小距离，在滚筒上的钢缆有足够的张力，卷的钢缆互相整齐并排，测量的信号输出的最大量程为 20 mA。图 3-66 为被测对象与输出信号的关系图。

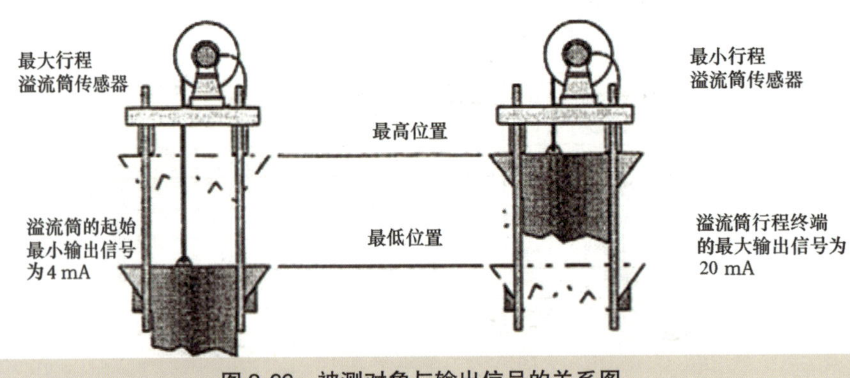

图 3-66　被测对象与输出信号的关系图

5. 绝对编码器

每个绞车都配有绝对编码器，其安装在绞车滚筒轴上，如图 3-67 所示。其作用是：(1)能测量耙吸船耙臂管绞车放出缆绳的长度，计算耙臂管下放的位置；(2)能计算绞车放出缆绳的速度。绝对编码器的准确度比感应编码器高，能准确显示绞车滚筒的当前位置，具有较高的分辨力，并且不需要校正。它具有较好的抗干扰能力，使用专用电缆。它有4个数字输出，能够指示出4个位置：最高位置、预警最高位置、预警最低位置和最低位置。

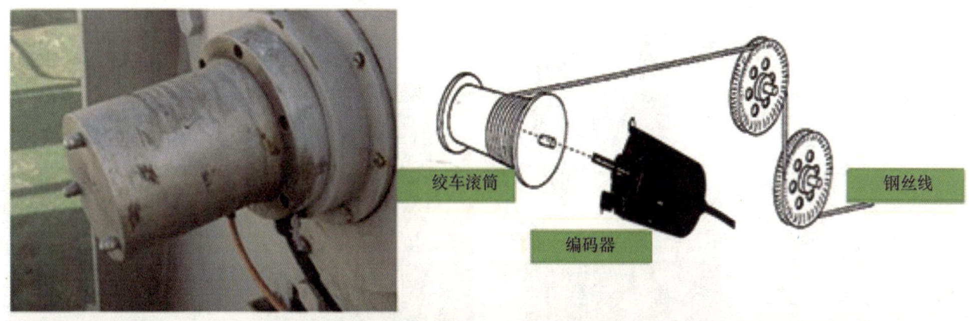

图 3-67 绞车编码器

6. 行程传感器

行程传感器应用于泥门及耙头液压缸，如图 7-68 所示。它的工作原理是处理两个磁场相互感应的反馈信号。第一磁场是利用一个永久磁铁在传感器外壳上运行产生的；第二磁场是由脉冲产生器产生的。当两个磁场互相感应时，一个绝对值的位置信号即以超声波速度反馈。精密电路系统便会对超声波的波形进行分析，继而输出一个精确且高分辨率的位置信号。

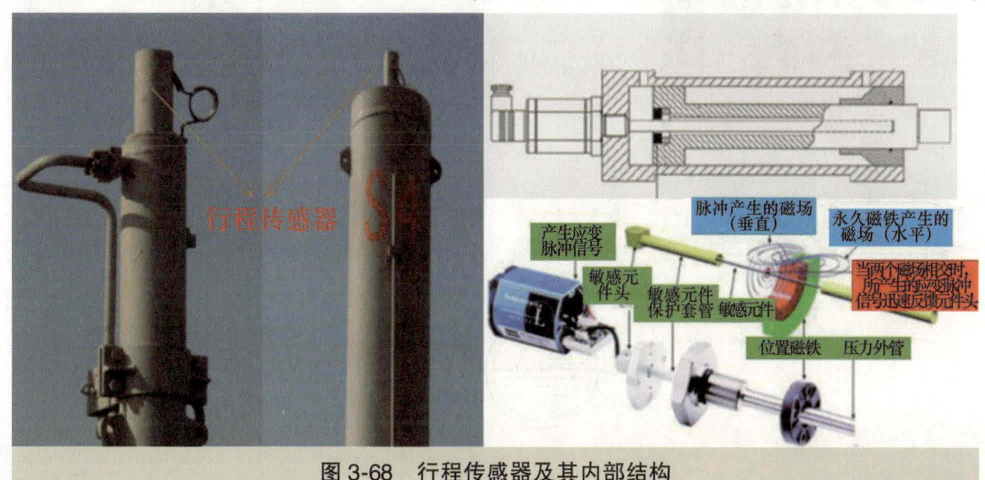

图 3-68 行程传感器及其内部结构

7. 限位传感器（限位开关）

限位传感器在耙吸船上主要用于大泥门到位指示、A 字架到位指示、弯管冲顶到位指示等。其工作原理即磁性开关工作原理。磁性开关的“磁”指的是磁铁，开关就是干簧管。平时，玻璃管中的两个由特殊材料制成的簧片是分开的。当有磁性物质靠近玻璃管时，在磁场的作用下，管内的两个簧片被磁化而互相吸引接触，簧片就会吸合在一起，电路接通；磁性物质远离玻璃管后，两个簧片由于本身的弹性而分开，电路切断。图 3-69 所示为限位传感器。

8. 密度计

耙吸船目前使用的密度计都是放射性密度计，它利用能量衰减法对密度进行检测。放射性密度计的放射源为 Co-60（钴）、Cs-137（铯）。放射性密度计被置入一个铅罐内，安装在被测管道的一侧；其探测器安装在被测管道的另一对称侧。放射性密度计的工作原理是放射源发出的 γ 射线穿过被测管道的管壁及泥浆到达探测器，当管内泥浆的密度发生变化时，密度计探测器接收的γ射线电量发生变化，密度计将检测到的γ射线的变化电量转换成用户需要获知的密度值。利用这种技术，放射性密度计能够进行高精度的密度检测并快速响应被测泥浆密度的变化。图 3-70 所示为密度计的外形及工作原理。

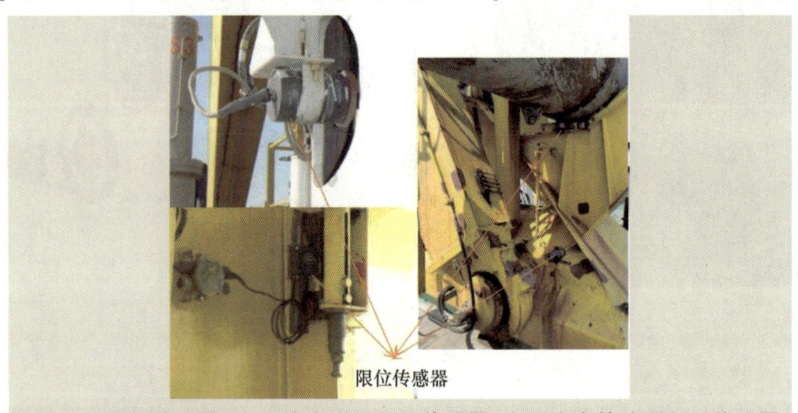

图 3-69　限位传感器(左上为大泥门限位传感器，左下为弯管冲顶限位传感器；右为 A 字架及耙臂管限位传感器)

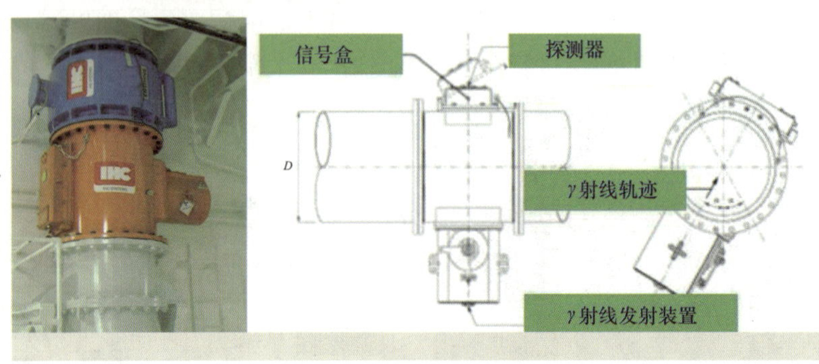

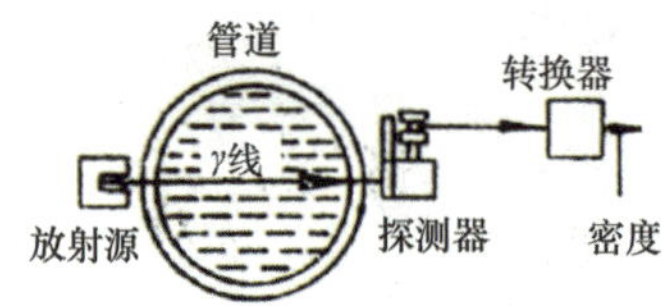

图 3-70　密度计的外形及工作原理

泥泵密度计可按以下规程检定。

准备好便携式泥浆密度计、泥浆取样桶和对讲机。

(1)清水标定：确认泥泵输送清水时，显示的密度是否为 1 t/m^3。

(2)取样比对：

①驾驶室人员记录电脑显示的密度值，利用对讲机通知现场人员用取样桶取样；

②将取样桶内的取样泥浆搅拌均匀，用密度计检测；

③多次重复取样，并计入表格；

④比对误差。

平均误差超过±0.025 t/m^3 即为不合格。

9. 流量计

耙吸船目前检测被测管道液体流量的仪器多选用电磁流量计。它是基于法拉第电磁感应定律工作的仪器，用于测量导电液体的流量。其核心部件包括一个管道以及围绕管道设置的励磁线圈和检测线圈。励磁线圈负责产生强磁场，该磁场垂直于导电液体的流动方向并穿过管道。检测线圈位于励磁线圈的上游和下游，沿着管道轴线。当导电液体流经管道时，由于法拉第电磁定律的作用，检测线圈中会产生感应电动势，该感应电动势的大小与导电液体的流速成正比。电磁流量计通过测量感应电动势并将其转换为导电液体的流速，进而计算出导电液体的流量。图 3-71 所示为流量计的外形图及工作原理。

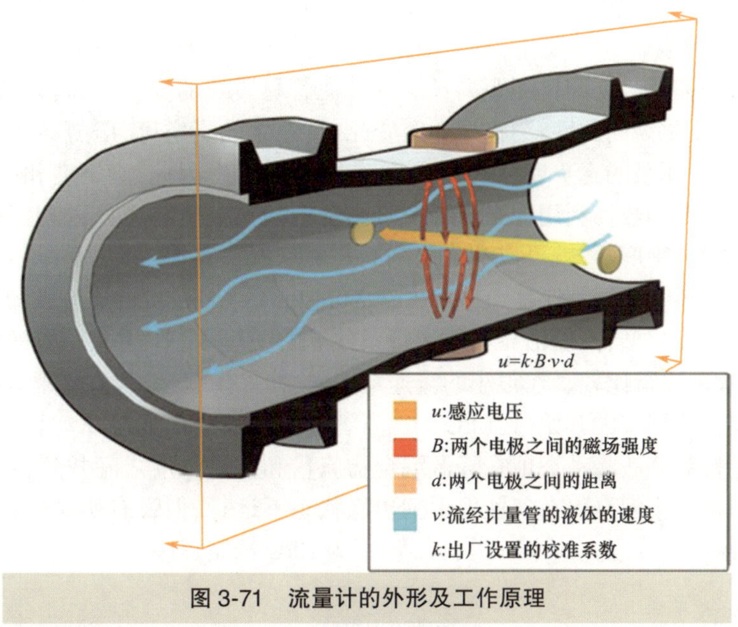

图 3-71　流量计的外形及工作原理

流量计的校验步骤：

(1)在平静水域停泊时或在低速工况下进行。

(2)调节船舶吃水以消除船舶横倾。

(3)关密泥门。

(4)装舱期间保持泥泵处于稳定工作状态，泥泵工作稳定后再通过调整闸阀进行装舱，停止装舱也可通过调整闸阀来实现。测定流量时保持泥浆浓度稳定。

(5)人工测定泥舱液面高度时至少测左右舷前中后 6 个点，通过测定船舶吃水来计算装载量。吃水观测在船外进行，取左右舷前中后 6 个点的平均值。

(6)利用自动记录仪器仪表进行装舱体积或装载量测定时，提前对液位传感器、吃水传感器等相关仪器进行校验。

(7)利用溢流口高度推算舱容。在溢流开始时，观测记录船舶左右舷前中后的吃水。

(8)无论是人工还是自动记录，都需校核计时装置并人工进行时间记录。

(9)一旦开始溢流，立刻停止读数。计算出流量计平均读数、装舱时间和装载量，由后两者计算出流量，将其与流量计平均读数比较，得到的误差即为流量计误差。一般规定除合同约定外，流量计误差超过 5%即为不合格。

3.4.4　疏浚控制器

在耙吸船的整个疏浚自动监控过程中，需为自动化疏浚系统中的各个独立系统即疏浚控制器优化操作环境。疏浚控制器包括泥泵控制器(EPC)、耙臂管位置监视器(STPM)、低浓度自动排出控制器(ALMO)、吃水和装载监视仪(DLM)、耙臂管绞车控制器(STWC)、产量计等。

3.4.4.1 泥泵控制器(EPC)

1. 泥泵控制器的工作原理与组成

(1)泥泵控制器的工作原理

泥泵是耙吸船的主要疏浚设备,是耙吸船的心脏。

根据泥泵的工作原理以及泥泵特性曲线,泥泵的工作参数发生变化的因素有三个。第一个是动力因素,即泥泵转速的变化;第二个是输送介质因素,即泥浆改变,进而出现浓度的变化;第三个是输送管阻因素,即排泥距离长短及排泥管材质等的变化。当动力变化时,泥泵的真空度、压力参数变化为同向性;当输送介质变化时,泥泵的真空度、压力参数变化为同向性;当输送管阻变化时,泥泵的真空度、压力参数变化为反向性。因此,真空度和压力是反映泥泵及其管系状态的重要参数。利用泥泵吸口及吸排管中的真空度和压力,加上泥泵的转速和功率,以及泥浆的流量、密度等,就可以准确地判断挖泥状况。其中,真空度、压力变化规律构成的逻辑判断尤为重要。泥泵控制器(EPC, Economic Pump Controller)通过已知的泥泵特性、实际测量值和几种估算模型,准确估算当前运行条件下的扬程、效率,并将估算的扬程、效率与实际测量的扬程、效率进行比较。在很小的流速范围内,如果扬程、效率值急剧下降,则表明出现了气蚀现象。在检测到气蚀开始时,EPC 的内置智能控制器会向泥泵驱动装置发送一个计算出的减速信号。控制算法将动态地在降低混合物流量和提高浓度之间找到最佳平衡,以保持可实现的最高产量。当泥泵仅在气蚀发生的边缘状态下运行,但没有明显超过泥泵的气蚀极限时,可达到泥泵的最优吸入效率。图 3-72 所示为 EPC 控制程序。

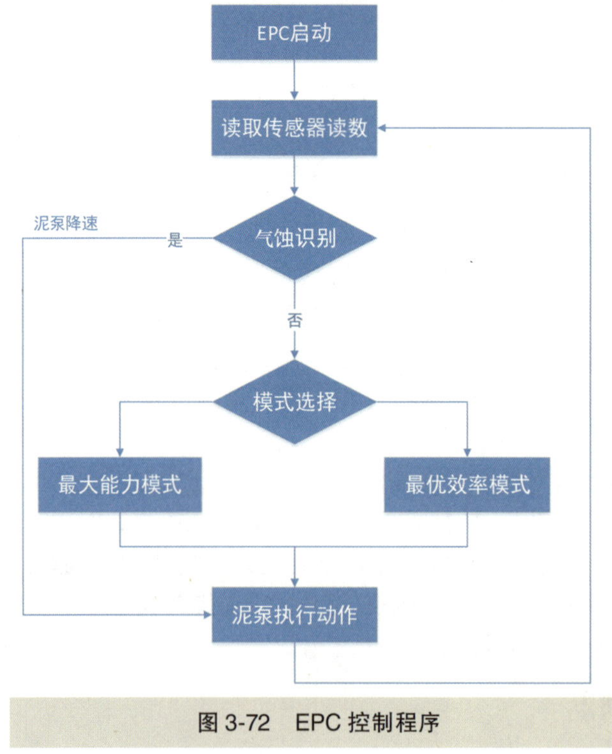

图 3-72 EPC 控制程序

(2)EPC 的组成

EPC 包括信号采集单元、效能控制单元、流速控制单元、最大密度控制单元、最大排压控制单元及估算模型等。图 3-73 所示为 EPC 的组成。

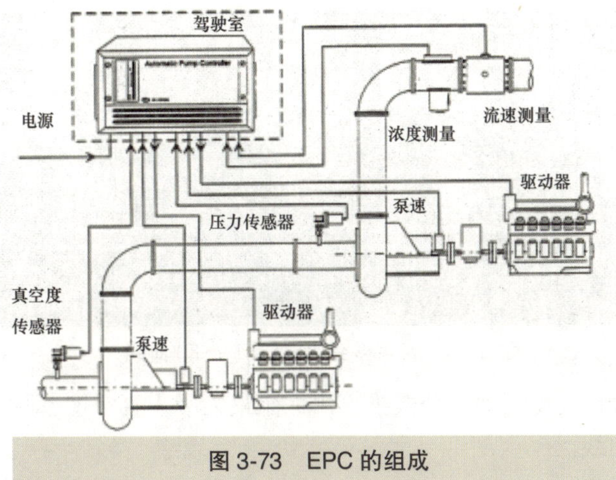

图 3-73　EPC 的组成

(3)EPC 的过程参数量

EPC 的控制过程需要输入以下过程参数量:气蚀余量、临界流速、挖掘量、泥泵起始转速。图 3-74 所示为泥泵流量-产量(F-P)曲线,图 3-75 所示为泥泵真空度-效率(V-E)曲线。

泥泵流量-产量曲线图中,横轴为泥泵流量,纵轴为泥泵产量。该曲线包含两个内容:泥泵理论流量-产量(F-P)曲线和实际流量-产量轨迹。实际流量-产量轨迹通过系统流量计和产量计获取。F-P 曲线的绘制原理如下:

F-P 曲线是由特定输送介质条件下泥泵流量-扬程特性(Q-H)曲线与管路流量-压头特性(Q-H)曲线的交点绘制而成的。该曲线与土壤粒径、耙头深度、泥泵转速、管路特性、泥浆浓度相关,概化五个参数中的任何四个,遍历第五个参数会得到不同的 F-P 曲线。F-P 曲线为 EPC 提供控制目标和控制策略的依据。为找到泥泵最大效能点,假设输送泥浆浓度不受限,概化泥浆浓度外的其他四个参数,依次绘出泥浆浓度从 1.0 遍历到 1.6 时泥泵和管路的 Q-H 曲线,求其交点获得泥泵工况点,将所有工况点连接可得 F-P 曲线。

由于泥泵输送受气蚀和最低流速的限制,所有上述工况点只有满足泥泵不气蚀并且流速大于临界流速时方有效。在实际施工过程中,该曲线随着耙头深度、泥泵转速的变化而变化。当泥泵趋于最佳工况点附近时,泥泵的流量-产量轨迹应当无限趋近于抛物线的最高点位置。

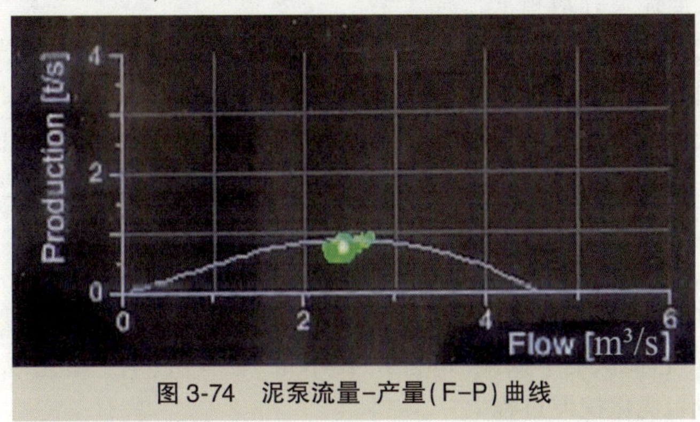

图 3-74　泥泵流量-产量(F-P)曲线

在泥泵真空度-效率(V-E)曲线图中,横轴为泥泵真空度,通过泥泵真空度传感器实时获取;纵轴为泥泵效率,通过变频驱动特性实时计算获取。根据实际运行参数绘制泥泵真空度与效率的运行轨迹。当泥泵趋于最佳工况点附近时,泥泵的真空度/效率轨迹应当无限趋于右上角位置。

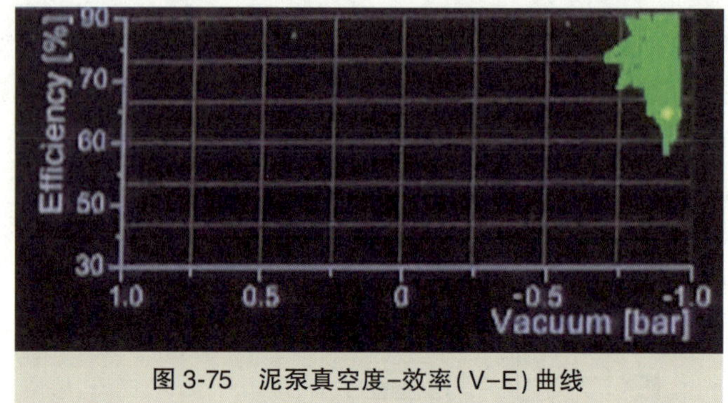

图 3-75 泥泵真空度-效率(V-E)曲线

根据泥泵的气蚀余量,可用如下公式推算出泥泵最大吸入真空度,即可得到在不同泵速下的流速-最大真空度曲线。

$$Hs_{\max} = 10.33 + \frac{v^2}{2g} - \text{NPSHr} - 0.24$$

式中:$Hs_{\max}$——最大吸口真空度;

v——吸口泥浆流速;

NPSHr——泥泵必需气蚀余量;

10.33——大气压水柱高度;

0.24——常温汽化压力。

管路的流速-吸口真空度曲线与推算的泥泵理论流速-最大真空度曲线的交点即为泥泵的气蚀点。在该理论点上加上一定的折算系数后作为工作区域,即泥泵靠近该临界区域工作,可获得泵的最大吸入能力。泥泵气蚀的真实发生一般采用泵的扬程骤降进行判断,也可用振动监测系统辅助判断是否真正达到气蚀点。

(4)EPC 的用途

EPC 在挖泥时或吹岸排泥时使用。它的用途是调节排泥管中泥浆最大平均浓度时的泥浆流速,采用这种方法,可使排放泥浆有足够的流速。它在挖泥时能调节相对于最小要求的泥泵真空度和泥浆流速。

3.4.4.2 低浓度泥浆自动排出

为了有效提高装舱效率,在挖泥开始时阻止低浓度泥浆进入泥舱,可预先设定进舱泥浆浓度值,采用低浓度泥浆自动排出控制器 ALMO(Automatic Light Mixture Overboard)将有关闸阀予以自动控制,则低浓度泥浆自动排出而不进入泥舱,只有达到预定浓度值的泥浆才允许进入泥舱。该控制器的工作原理是将采集的进舱浓度值实时传送给控制器,由控制器发出控制信号,自动控制闸阀的开闭。图 3-76 为 ALMO 工作原理图及功能原理图。

3.4.4.3 吃水和装载监视仪(DLM)

吃水和装载监视仪(DLM,Draught and Loading Monitor)是实时计算和显示耙吸船的吃水、装载量的监视系统。它提供基本数据,如吃水、排水量、装载量、干土重量或体积等,并以曲线的形式周期性地显示,优化挖泥过程。

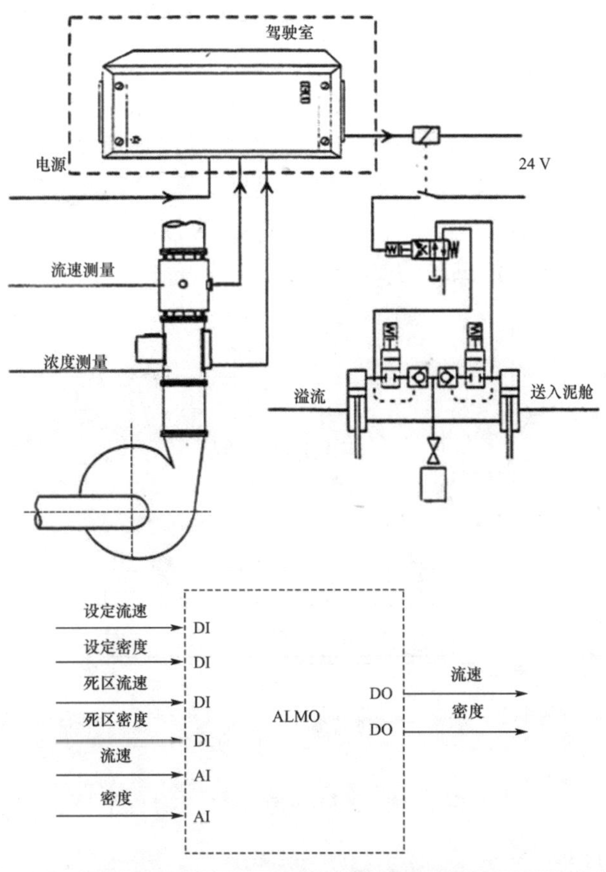

图 3-76 ALMO 工作原理图及功能原理图

1. DLM 的组成

DLM 的组成如图 3-77 所示。由图可知吃水和装载监视仪有许多组件，但从产生信号的硬件来说，主要有 4 种传感器：吃水传感器、超声波液位传感器（或雷达液位传感器）、纵倾和横倾集成传感器以及耙头吸口的压力传感器。

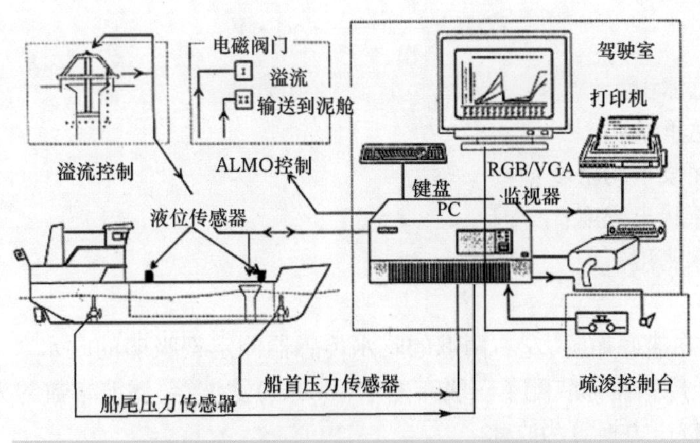

图 3-77 吃水和装载监视仪组成图

吃水传感器的测量精度涉及许多因素和条件，如它的安装位置、安装方法以及它的外围设备。因此,需要为它提供最佳的安装条件和工作条件。为了能准确连续地进行吃水与装载量的测量,吃水传感器应安装在船底不受摩擦阻力影响,又不受溢流时产生气泡影响的艏艉两个部位。吃水传感器测量的是传感器和水面之间的垂直水体的静压力。

超声波液位传感器安装在泥舱上部的固定架上,其工作原理是利用超声波在两种介质界面上的反射特性,即如果从发射超声脉冲开始,到接收换能器接收到反射波为止的这个时间间隔为已知,就可以求出分界面与传感器之间的距离或高度。

图 3-78 所示为 DLM 各传感器的安装位置。

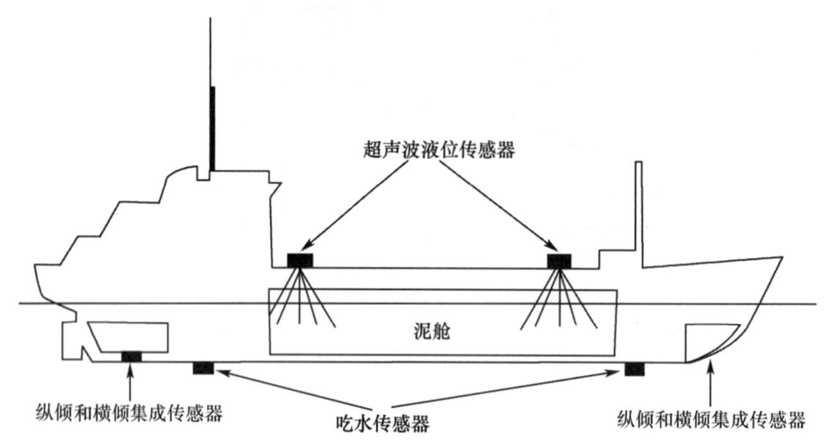

图 3-78　DLM 各传感器的安装位置

2. DLM 的工作原理

(1)干吨土方量计算

干吨土方量(*TDM*,Tones of Dry Material)计算公式:

$$TDM=\frac{\gamma_n-\gamma_w}{\gamma_0-\gamma_w}\cdot\gamma_0\cdot V_t$$

或

$$TDM=\frac{\frac{G_t}{V_t}-\gamma_w}{\gamma_0-\gamma_w}\cdot\gamma_0\cdot V_t$$

式中:V_t—— 装舱总体积;

G_t—— 装舱总重量;

γ_n—— 舱内泥浆平均密度;

γ_0—— 现场原状土密度;

γ_w—— 现场水密度。

(2)吃水计算

DLM 通过安装在船底艏艉、左右两舷的吃水传感器测定耙吸船的吃水。为了确保吃水值的稳定和精确,每个传感器都装配了三级布塞尔(Bessel)滤波器,滤波常数约为 20 s。

可用下列公式将压力换算为吃水:

$$D=\frac{P}{\gamma_w g}$$

式中：D—— 吃水（m）；

P—— 静压力（kPa）；

γ_w—— 水的密度（t/m^3）；

g—— 重力加速度，9.8 m/s^2。

根据上述公式可计算出艏艉吃水，船中吃水按下式计算：

$$D_c = \frac{C_a}{L}D_a + \frac{C_f}{L}D_f$$

式中：C_a—— 船中吃水传感器和艉吃水传感器之间的距离；

C_f—— 船中吃水传感器和艏吃水传感器之间的距离；

L—— 艏艉两吃水传感器之间的距离；

D_a—— 艉吃水传感器的吃水值；

D_f—— 艏吃水传感器的吃水值。

通过艏吃水、舯吃水和艉吃水 3 个值，便可求得艉倾；然后再参照船厂提供的艉倾修正参数表，取得修正值，对艏艉吃水进行修正。利用艏艉实际吃水 D_a、D_f，算出平均吃水，即 $(D_a + D_f)/2$；根据平均吃水，从静力曲线表上查得（或计算）排水量。再根据实际艉倾［即 $(D_a - D_f)$］、两柱间船长（L_{pp}）和艏垂线与艏吃水传感器之间的距离对排水量进行艉倾和船体变形修正，以及水密度修正，从而得到实际排水量。

耙吸船结束循环挖泥装舱后，DLM 就会自动计算土方量。装载开始或结束时，传感器提供信号给 DLM，指示装载开始或结束。

3. 装载曲线

根据耙吸船的吃水测量值，虽可计算出泥舱装舱容积及装载土方量，但是否能够获得最佳装舱量，是否还需继续装舱，应参考 DLM 监视屏幕显示的装载曲线，如图 3-79 所示。根据装载曲线，疏浚操作人员就能判断是否继续装载、是否达到了最佳装载状况，判断停止装载的最佳时刻。

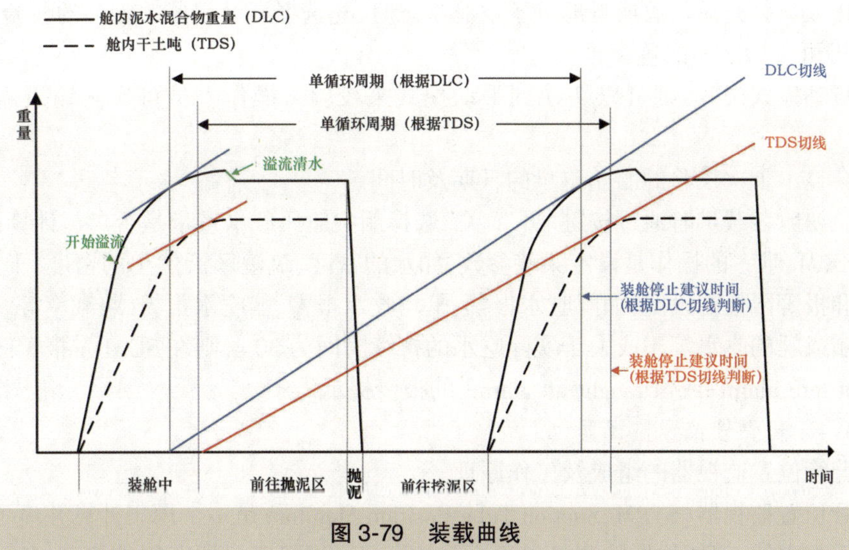

图 3-79　装载曲线

耙吸船的疏浚周期包括四个阶段：装舱阶段—重载航行阶段（至抛泥区）—抛泥阶段—空

载航行阶段(至挖泥区)。

装载曲线即装载量或干土重量随时间变化的曲线。在初始阶段,即开始装舱至泥舱最大舱容阶段,曲线呈线性上升。然后开始溢流,有效载荷干土逐渐增多并替代低浓度的泥浆,溢流损失逐渐增大。泥舱装泥的溢流损失到达一个临界点时将不再变化,在这个临界点,装舱的泥浆量等于溢流的泥浆量。当装载曲线偏移到水平阶段时,溢流损失达到最大。

不考虑泥浆总的装载量,在停止装舱后泥舱里泥浆的沉淀过程仍然在继续,这样会在沉淀一段时间后的混合物上面产生多余的清水。

装舱结束重载航行时,通常会减小溢流筒的高度,排除泥舱上部的清水。这样会减小最大排水量,使得满载航行时更加节能,降低油耗。

曲线的最后一段代表抛泥阶段。这一阶段曲线的陡峭程度取决于抛泥的方法,可以通过打开泥门、艏喷、艏吹等方法抛泥。

由于装载的泥浆是浑浊的,因此操作人员只能看到泥舱内混合泥浆的液位,看不到固体沉淀泥的高度,所以确定装泥是否停止是比较困难的。装载曲线从理论上为确定最佳装舱时间提供了帮助。在装载时间 t 内,装载量为 d_{payload},其周期产量为:

$$D_{\text{cycle production}}=\frac{d_{\text{payload}}}{t}$$

从图 3-79 中可知:最大的倾角代表着最大的装载效率,随着装舱时间的增加,装舱量也逐步增大;到曲线切点后装舱量转为逐步缓慢增大,但装舱量随时间的增大率不及切点前,可认为此切点为最佳装舱时间,装舱后结束此周期的施工,起耙满载航行至抛泥区,此时的周期产量最高。

校验空船重量可以准确计算出泥舱装载量。由于耙吸船的自重不断地变化,如燃油、淡水的消耗与补充。因此,在每个疏浚周期要给予校验与确认。DLM 提供了两种校验方式:

(1)泥门打开时校验船舶的重量,结合泥舱内外的水位。

(2)空舱并且泥门关闭时校验船舶的重量。

在操作人员打开泥门后或者船处于空舱状态时,先选择开泥门或关泥门的校验方式,再按下“确定”键可校验空船的重量。

如果自动模式失效,则可以切换到手动模式来校验。操作人员可实际输入需要的空船重量。

界面会显示上次校验的船舶重量的日期及时间。

在校验泥舱装载量时通过按键“开”“关”选择艏尖舱压载水重量是否参与计算。

对于 DLM,唯一的操作是设定某些参数,如水的密度、疏浚区天然土的密度、干土的密度,以及校验和报警限值的设定,如艉吃水报警、平均吃水报警、艏吃水报警、装载率等。

如果艏或艉的吃水等于或大于实际吃水的持续时间为 30 s,则在 SCADA 报警图形页上产生“Draught fore alarm”或“Draught aft alarm”的报警提示。

3.4.4.4 耙臂管位置监视器

1. 耙臂管位置监视器的组成及工作原理

耙臂管位置监视器(STPM,Suction Tube Position Monitor)是一个用于计算并显示耙吸船耙臂管相对于吃水线、船体位置的测量和显示系统。显示屏幕显示所获得的信息,各种工作界面可供选择,可输入或调整有关参数。显示屏幕还显示泥管侧视图、俯视图、平面图、后视图等,以及与吃水线和船体有关的耙臂管位置的信息。图 3-80 为 STPM 俯视图；图 3-81 为 STPM 侧视图。

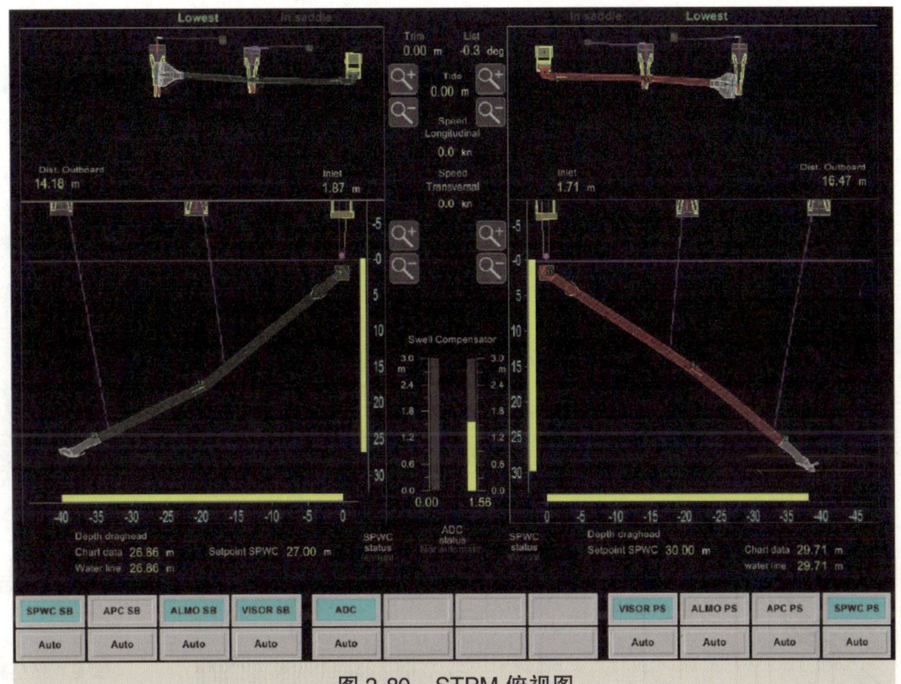

图 3-80　STPM 俯视图

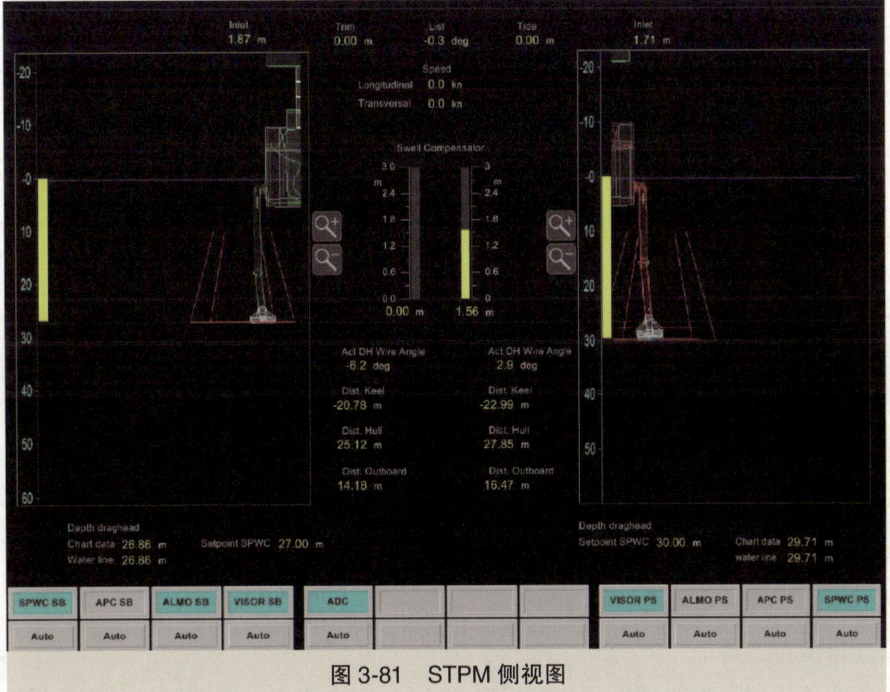

图 3-81　STPM 侧视图

2. STPM 的组成与功用

(1)STPM 的组成

STPM 的组成如图 3-82 所示。除了在驾驶室内的计算机、显示器、打印机、键盘等外,STPM 主要由耙臂管、传感器等组件组成。传感器有垂直角度传感器、水平角度传感器、限位传感器、吸口吃水传感器等。

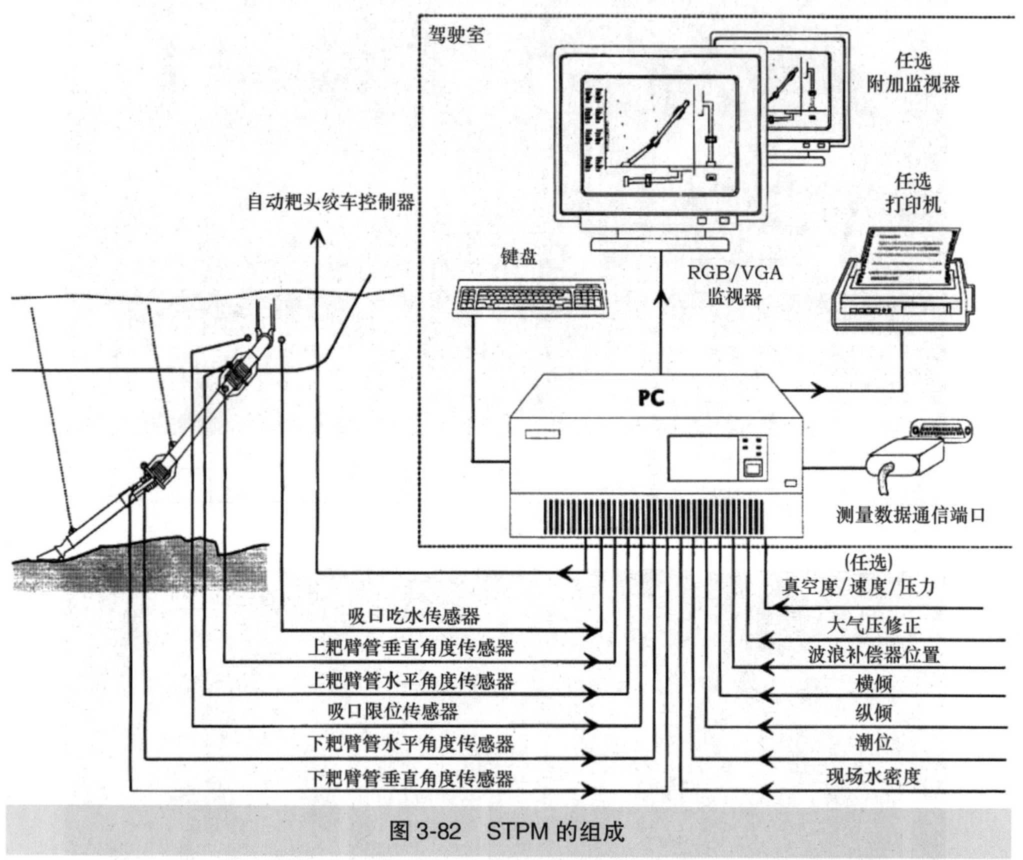

图 3-82　STPM 的组成

4 个配置同步器的垂直角度传感器,其测量耙臂管组件相对于垂直面的角度。

4 个配置同步器的水平角度传感器,其测量耙臂管组件互相之间的水平角度。它们安装在耙臂管的万向接头联轴节处,所有传感器对这些联轴节的联结采用磁耦合。

1 个压力传感器,安装在耙头上部,在耙头入水后,用于利用其测量值计算管系的受力。

2 个弯管吸口限位传感器,其指示弯管是否调节到正确位置上。

在吸口处安装 2 个吃水传感器。

传感器用氯丁橡胶电缆连接到 PLC。

①垂直角度传感器

垂直角度传感器是配置同步器的摆锤型传感器,用来测定吊索钢缆的长度,计算出上耙管和下耙管的下放深度,即垂直位置。如图 3-83 所示为耙臂管垂直角度的测定。

垂直角度传感器可输出模拟信号(4~20 mA)和同步数字信号(-90~+90)。

②水平角度传感器

由机械驱动的水平角度传感器的作用是测定上耙臂管十字接头和下耙臂管十字接头之间的水平角度。图 3-84 所示为耙臂管水平角度的测定。

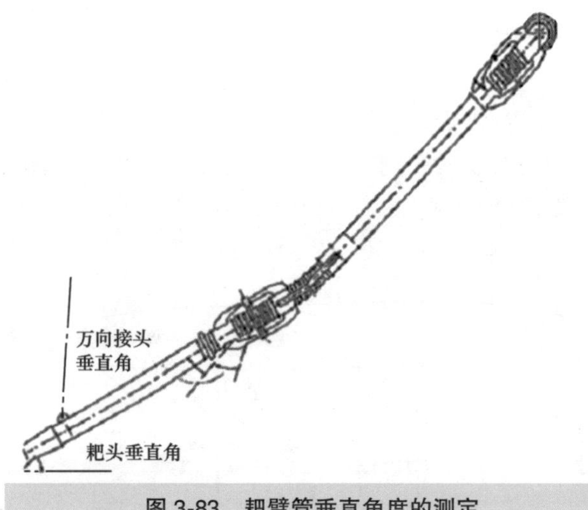

图 3-83　耙臂管垂直角度的测定

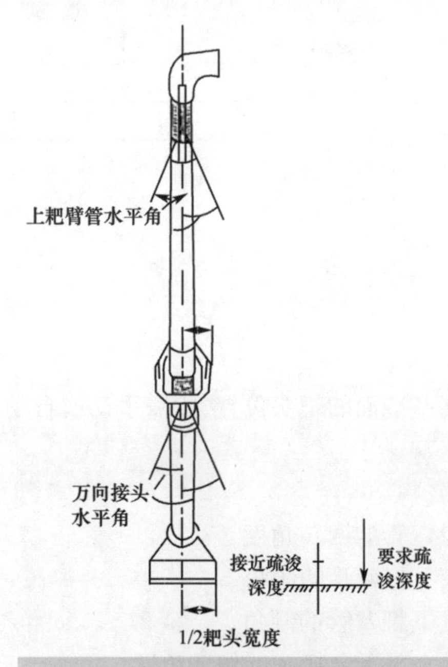

图 3-84　耙臂管水平角度的测定

水平角度传感器可输出模拟信号(4~20 mA)和同步数字信号(-90~+90)。

③限位传感器

该传感器用于指示弯管是否在吸口处的适当位置。

(2)STMP 的功用

STMP 的功用包括:耙头三维位置计算、耙头/中间管吊架相对于船舶位置的计算、弯管相对于船舶位置的计算、耙臂管的姿态计算和显示。此外,还有结合潮位、船舶 DTPS、纵/横倾等信息显示,记录已测得的耙头在施工区的信息。

3. STPM 的算法

(1)STPM 的算法建立步骤

①建立船体坐标

计算耙臂管和耙头的位置,需设置船体坐标。

面向耙吸船,挖泥方向在中心线右侧的一舷为右舷。在右舷方向的 Y 轴为正(+),在水线之上的 Z 轴为正(+),如图 3-85 所示。

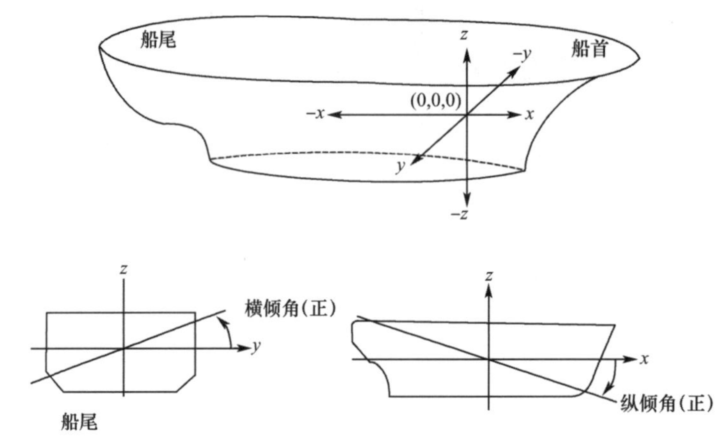

图 3-85 船体坐标

②耙头位置的计算

为了准确计算相对于深度基准面的耙头位置,除需手动或自动地设定潮位数据外,还需以下数据和变量:

a. 吸口和水线之间的距离。

b. 由水平角度传感器测量弯管的回转角度。

c. 由垂直角度传感器测量上耙臂管的倾角。

d. 由垂直角度传感器测量下耙臂管的倾角。

e. 由水平角度传感器测量水平万向接头的偏转角度。

f. 手动或自动地输入船舶纵、横倾变化量。

g. 手动或自动地输入水(海水)密度的变化值。

(2)设定参数

①动态变化的参数:自动潮位校正、手动潮位校正、自动横倾校正、自动纵倾校正、水密度手动校正。

②设定参数:疏浚深度、耙臂管总长度、上耙臂管长度、下耙臂管长度、接近疏浚深度、最大弯管垂直角度、弯管水平角度、万向接头垂直角度、万向接头水平角度、耙头垂直角度、耙头至船体的距离、耙头至船底的距离。

(3)STPM 功能的校准

系统还要进行校准(初步),STPM 校准程序为:

①耙臂管在搁墩时,垂直/水平校准。

②耙臂管平行于船舶中心线时,垂直/水平校准。

③耙臂管在水线上,垂直/水平校准。

④垂直校准线校准。

3.4.4.5　耙臂管绞车自动控制器

1. 耙臂管绞车自动控制器的结构

耙臂管绞车自动控制器(ADWC,Automic Draghead Winch Controller)具有安全操作耙臂管的功能,能自动控制挖泥过程,在疏浚作业时准确地控制挖深。ADWC 主要控制耙头绞车和中间耙臂管绞车。耙头绞车将耙头保持在所要求的疏浚深度。中间耙臂管绞车将下耙臂管与海底泥面保持在固定的夹角,这个角度是疏浚作业的一个关键工艺参数。

ADWC 是一个复杂的系统,它涉及耙臂管、耙头、吊架、绞车、波浪补偿器等部件。图 3-86 为 ADWC 结构框图。

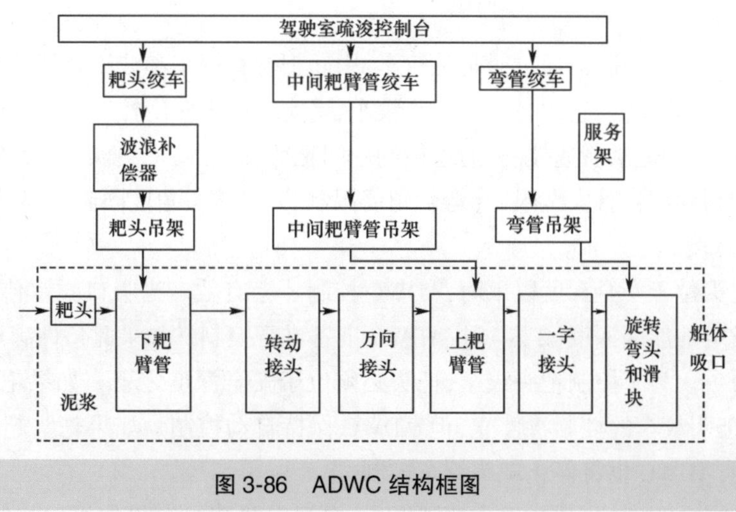

图 3-86　ADWC 结构框图

2. 耙臂管绞车自动控制器的输入输出信号

耙臂管绞车自动控制器的输入输出信号如图 3-87 所示。

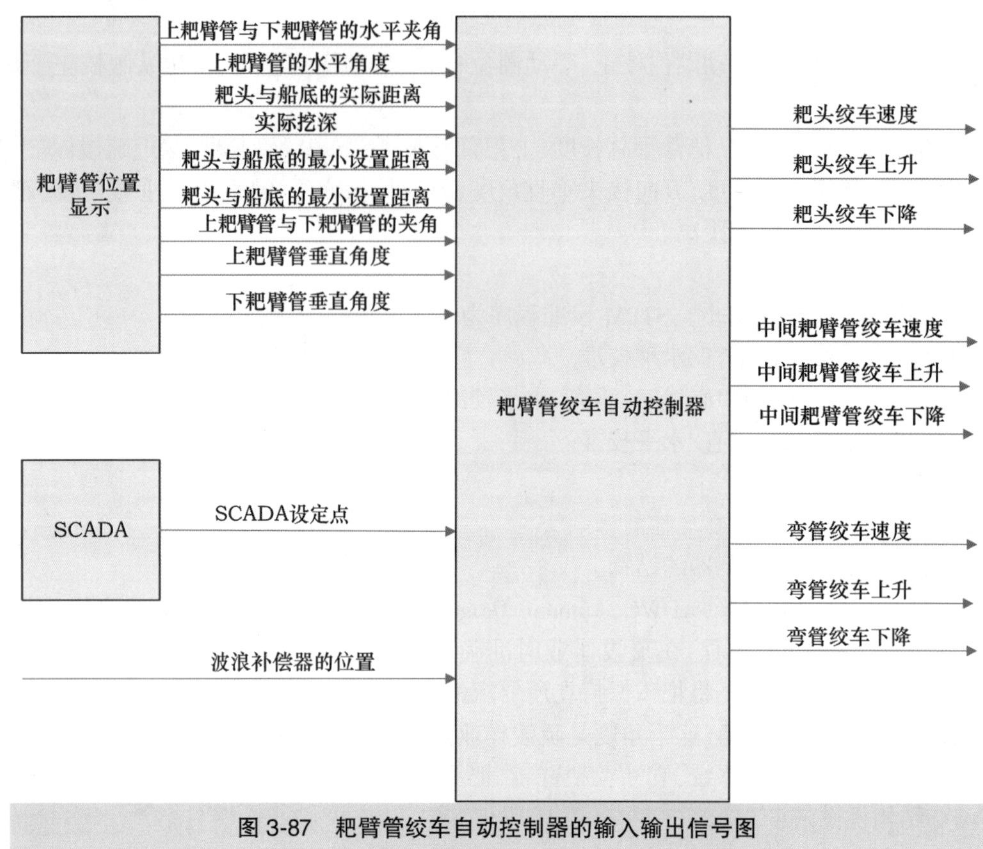

图 3-87　耙臂管绞车自动控制器的输入输出信号图

耙臂管绞车自动控制器通过对耙头绞车、中间耙臂管绞车和波浪补偿器的控制，使耙臂管的操作更加安全和及时。它通过控制耙头绞车，来实现耙头深度控制、波浪补偿器中间位置控制、耙头横向控制和泥浆流速控制；通过控制中间耙臂管绞车，来实现下耙臂管角度控制、上下耙臂管角度控制和耙臂管安全限制（弯管角度限制、万向接头角度限制、下耙臂管角度限制）。

（1）安全深度

只有当耙头位于安全深度以下时，ADWC 控制才会有效。当吸口吃水传感器被激活且耙头深度小于设定的船底深度（2 区）时，ADWC 准备进行控制。如果此条件满足，ADWC 将接受给定的自动命令。为了控制耙头绞车，耙头必须位于安全深度之下。如果耙头的挖泥点高于此限制深度，耙头绞车的控制将停止，但 ADWC 保持自动控制。如果耙头超过设定的横向钢丝绳角度限制，ADWC 也将停止耙头绞车控制。

即使由于安全深度的限制，耙头控制停止，中间耙臂管绞车仍然可以控制万向接头，达到给定的万向接头角度或下耙臂管角度。图 3-88 所示为 ADWC 安全深度。

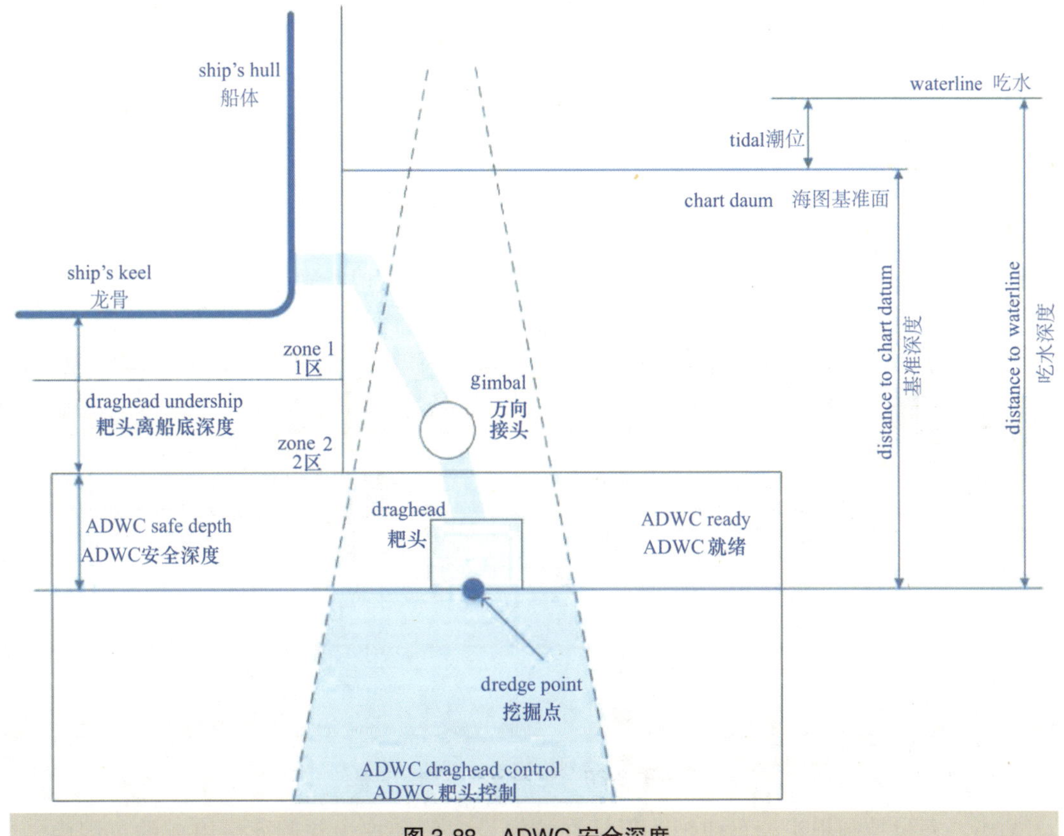

图 3-88　ADWC 安全深度

(2)耙头绞车自动控制

耙头绞车自动控制有四种控制模式:耙头深度控制、波浪补偿器中间位置控制、耙头横向控制和泥浆流速控制。

其中,耙头深度控制主要用于接近设计挖深时的耙头深度控制,确保不超深。波浪补偿器中间位置控制主要用于挖泥施工。耙头横向控制和泥浆流速控制用于耙头绞车安全控制。泥浆流速控制又叫泥浆最小流速控制,系统根据实时泥浆流速,通过控制耙头深度,避免耙头泥浆淤积进而导致泥浆流速过低。

①耙头深度控制

采用耙头深度控制可以自动保持耙头的挖掘深度恒定。挖深设定值可以是设置页面中手动设定的值(着地手动设定点),也可以是 DTPS 水深测量系统发送的值。耙头深度控制使用时需输入以下变量:最大深度、挖深设定值、挖深控制死区、深度控制系数。自动控制器将控制耙头不超过最大深度。图 3-89 所示为耙头深度控制。

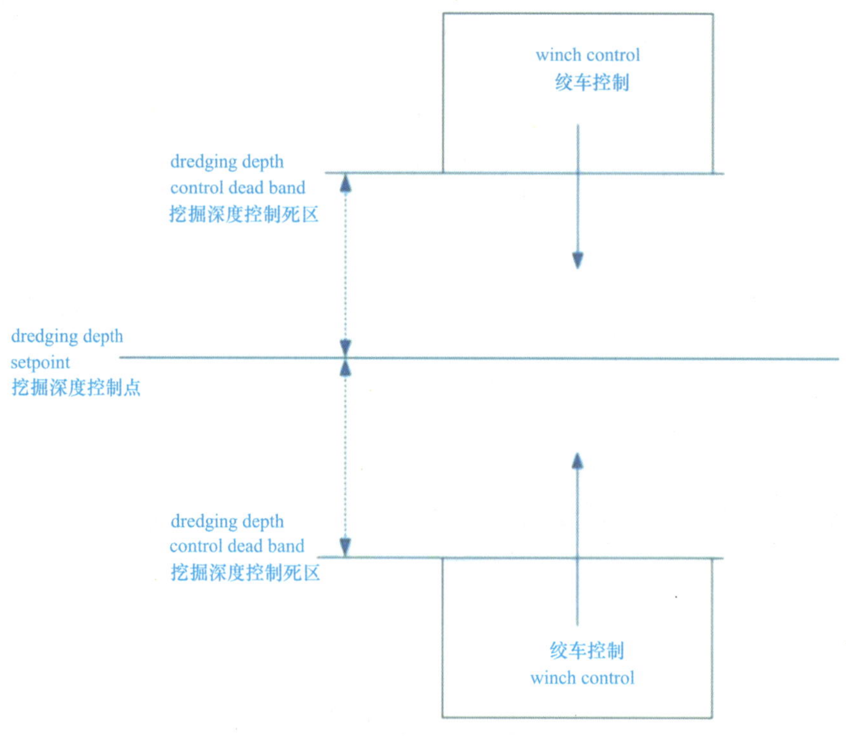

图 3-89 耙头深度控制

ADWC 通过控制耙头绞车使耙头保持在挖深设定值和挖深控制死区组成的范围内。当耙头深度超过挖深设定值和挖深控制死区组成的范围时，ADWC 控制耙头绞车上升或下降，使耙头在挖深设定值区间施工。

示例：

如果挖深设定值为 7 m，挖深控制死区为 0.4 m，波浪补偿器钢丝绳通过滑轮组连接耙头。

ADWC 控制耙头深度保持在 6.6~7.4 m 即(7±0.4 m)。当耙头深度超出此范围时，耙头绞车需要动作。

a. 当耙头深度小于 6.6 m 时：

如果耙头没有着地，ADWC 将控制耙头绞车下降，下放耙头，直至耙头深度大于 7 m；

如果耙头着地，ADWC 将执行逻辑并按照波浪补偿器中间位置控制，将波浪补偿器控制在波浪补偿器设置的中间位置。

b. 当耙头深度大于 6.6 m，小于 7.4 m 时：

如果耙头没有着地，ADWC 将不动作，保持耙头位置；

如果耙头着地，ADWC 将执行逻辑并按照波浪补偿器中间位置控制，将波浪补偿器控制在波浪补偿器设置的中间位置。

c. 当耙头深度大于 7.4 m 时：

ADWC 将硬锁波浪补偿器，控制耙头绞车上升，提升耙头，直至耙头深度小于 7 m 后停止绞车动作；待波浪补偿器设定压力大于油缸压力时，解锁波浪补偿器。

②波浪补偿器中间位置控制

波浪补偿器中间位置控制可以监视并控制波浪补偿器保持在中间位置，该中间位置由波浪补偿器设置中的最高和最低位置计算得出。通过将波浪补偿器控制在计算得出的中间位置，可以确保耙头在海底遇到深凹时能够紧贴泥面，保持施工效率；同时，在遇到海底凸起处时，可以将耙头钢丝绳收紧，避免耙头左右摆动，造成重大安全事故。这是ADWC的主要控制功能。

波浪补偿器中间位置需要根据工程情况设置。在正常情况下，当波浪补偿器位置高于设定的最高位置时，ADWC将控制耙头绞车上升，直到波浪补偿器回到中间位置；当波浪补偿器位置低于设定的最低位置时，ADWC将控制耙头绞车下降，直到波浪补偿器回到中间位置。图3-90所示为波浪补偿器中间位置控制。

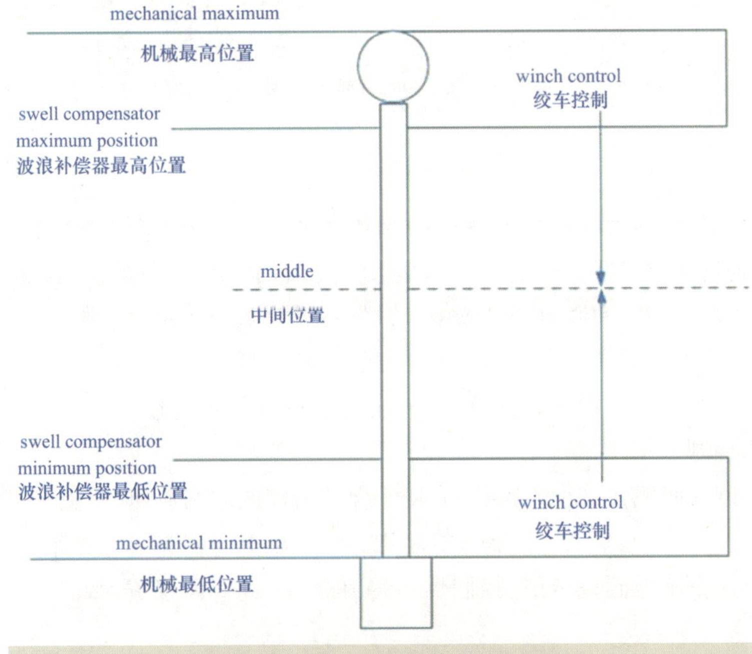

图3-90 波浪补偿器中间位置控制

然而，仍存在许多波浪补偿器中间位置设定得不理想的情况。例如，波浪补偿器中间位置设定得过于接近机械最高位置，当达到所需的疏浚深度时，耙头陷入波谷，可能导致波浪补偿装置油缸快速下降引起振动。出现这种情况时，ADWC将检测到波浪补偿器行程的快速变化，硬锁波浪补偿器，快速提升耙头至安全深度，再下放耙头；待波浪补偿器设定压力大于油缸压力时，解锁波浪补偿器，继续按照ADWC设置和控制逻辑进行动作。

③耙头横向控制

耙头横向控制主要是控制钢丝绳角度，将耙头横向位置保持在最大限定值范围内，确保耙头不超过预先设定的横向限制。当耙头横向位置有可能超过设定时，ADWC锁定波浪补偿器，控制耙头绞车上升，直到耙头离开地面，并回到限制设定范围内的位置。图3-91所示为耙头横向控制。

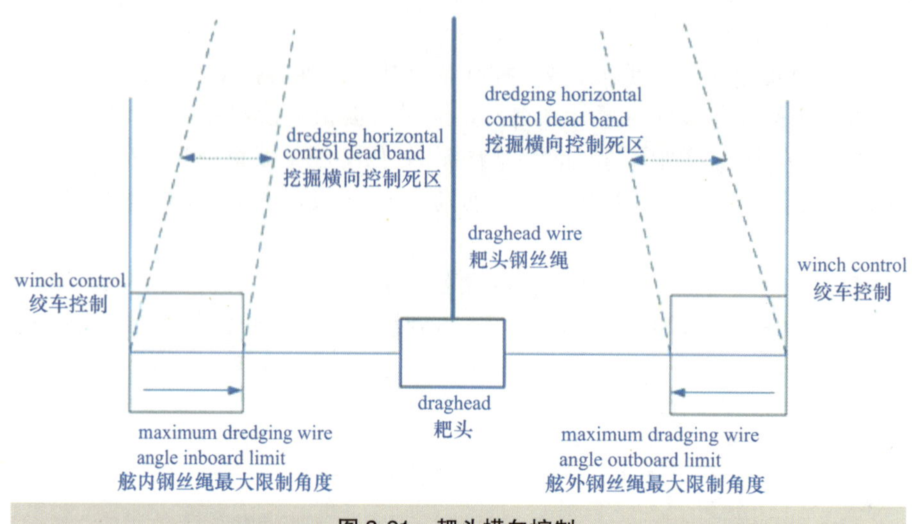

图 3-91 耙头横向控制

ADWC 通过水平角度传感器实时检测耙头横向移动速度。当耙头的边沿横向位置超过设定的挖泥舷内钢丝绳最大角度值与横向控制死区值时，ADWC 将硬锁波浪补偿器，控制耙头绞车上升，直到耙头位置回到舷内钢丝绳最大角度值内；接着 ADWC 根据耙头自动控制模式选择，使用耙头深度控制和波浪补偿器中间位置控制模式来控制耙头绞车。

在深度控制中，输入以下变量：舷内钢丝绳最大角度限制、舷外钢丝绳最大角度限制、上耙臂管角度或下耙臂管角度模式、横向控制死区、最小或最大横向速度。

④泥浆流速控制

泥浆流速控制又叫泥浆最小流速控制，用于保持所需的泥浆流速，避免耙臂管堵塞。考虑到波浪补偿位置，可采用泥浆流速控制来控制耙头绞车以保持耙头所需的深度。

如果泥浆流速小于最低设定值，控制器将提升耙头，直到泥浆流速高于泥浆流速最低设定值。

泥浆流速控制适用条件：只有当耙头深度小于设定的耙头离船底深度（即图 3-89 中的 2 区）时，泥浆流速控制才有效。

3. 耙臂管角度自动控制

耙臂管角度自动控制有三种控制模式：万向接头角度控制、下耙臂管角度控制和安全限制。

万向接头角度控制和下耙臂管角度控制使耙臂管在挖泥过程中保持正确的姿态，在挖泥过程中可以选择其中一种自动控制模式。安全限制是防止万向接头受损。为了平稳地控制耙臂管，需要对耙头绞车和耙中绞车协同控制。图 3-92 为耙臂角度控制示意图。

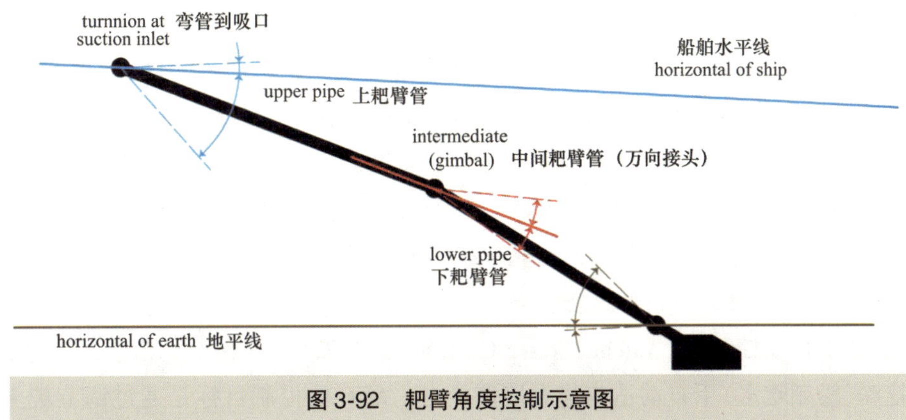

图 3-92　耙臂角度控制示意图

(1)万向接头角度控制

万向接头角度控制可确保下耙臂管相对于上耙臂管的角度保持在设定范围内。

当上耙臂管与下耙臂管的垂直角度差大于万向接头手动设定值与耙臂管角度控制死区的总和时(即耙臂管处于中垂状态时),ADWC 将控制中间耙臂管绞车上升,直到上耙臂管与下耙臂管的垂直角度差小于万向接头手动设定值。此时耙头深度将发生改变,耙头绞车将根据自动控制功能动作。

当下耙臂管与上耙臂管的垂直角度差大于万向接头手动设定值与耙臂管角度控制死区的总和时(即耙臂管处于中拱状态时),ADWC 将控制耙中绞车下降,直到下耙臂管与上耙臂管垂直角度差小于万向接头手动设定值。此时耙头深度将发生改变,耙头绞车将根据自动控制功能动作。

(2)下耙臂管角度控制

下耙臂管角度控制可确保下耙臂管与泥面的角度保持在海底泥面的限定范围内,此角度一般根据耙头的设计角度设定。

当下耙臂管对地角度大于下耙臂管角度手动设定值与下耙臂管角度控制死区的总和时,ADWC 将被激活,控制中间耙臂管绞车下降,直到下耙臂管对地角度小于下耙臂管手动设定值。此时耙头深度将发生改变,耙头绞车将根据自动控制功能动作。

当下耙臂管对地角度小于下耙臂管角度手动设定值与下耙臂管角度控制死区的总和时,ADWC 将被激活,控制中间耙臂管绞车上升,直到下耙臂管对地角度大于下耙臂管角度手动设定值。此时耙头深度将发生改变,耙头绞车将根据自动控制功能动作。

(3)安全限制

为了保护耙臂管的结构,ADWC 需要对上耙臂管、万向接头和下耙臂管进行安全角度限制。

当上耙臂管、万向接头、下耙臂管的垂直角度超过限定范围时,ADWC 将停止所有耙臂管绞车的自动动作,并发出报警,所有耙臂管绞车转为手动控制。

4. 耙臂管自动适应

为了实现耙臂管自动适应不同工况的高效施工，建立上耙臂对地角度、下耙臂对地角度、活动罩对地角度、耙头固定体耐磨块对地角度等参数随挖深、船舶吃水（吸口吃水）、潮位等动态变化的数学计算模型，实时计算并显示出最佳耙臂姿态。

根据相关约束条件，系统自动控制耙头、耙中绞车，将耙臂管姿态调整至最佳状态，即在挖深安全范围内下耙臂对地角度将始终保持在 25°～35°（范围可调）。

3.4.4.6 耙头活动罩自动控制器

耙头活动罩自动控制器（Automic Visor Controller, AVC）可以在不同疏浚工况条件（如土壤粒径、挖深、船舶吃水）下自动适应最大挖掘能力。AVC 的控制目标是通过调节耙头活动罩的位置和恒张力，间接控制泥泵吸入真空度，使输送流速逼近最佳流速点，进而最大限度地提高挖掘产量。最佳流速点即是流量-产量（F-P）曲线最高点对应的输送流速。AVC 通过调节耙头活动罩的油缸行程，使活动罩底部保持贴地，或增大耙齿的破土深度，最大限度地减小海床底部不规则的影响，使疏浚过程更稳定。

1. 耙头活动罩自动控制

耙头活动罩自动控制有三种控制模式：位置控制模式、恒张力控制模式和 AVC 控制模式。

（1）位置控制模式

在位置控制模式下，AVC 通过不断调节耙头活动罩角度，使耙齿对地切削角度保持在设定值，进而影响拟挖切削层和耙头活动罩底部的间隙。

（2）恒张力控制模式

恒张力控制模式是通过活动罩液压系统在活动罩液压缸的底部按比例加压，以获得所需的恒张力，使活动罩贴近泥面。如果耙臂管未到吸口位置，恒张力控制将被禁用。

（3）AVC 控制模式

AVC 的设计目的是，随着不同疏浚工况（如土壤、挖掘深度和船舶吃水）的变化，根据设定的流速和真空度最大值来控制活动罩液压缸动作，稳定最高产量。限制产量有两种情况：泥泵真空度和耙头挖掘过程。

当泥泵真空度是挖掘产量的限制因素时，存在一个最佳的泥浆流速，使挖掘产量最高。该流速由 AVC 计算并显示在挖泥页面的图表中。AVC 使用流量-产量模型计算出的最佳流速来控制耙头中的沙量，使其与泥泵极限输沙量相匹配。

如果耙头挖掘过程是挖掘产量的限制因素，则泥泵极限真空度的最佳设定值仍可计算，但不在控制器可达到的范围内。AVC 仍然可以最大限度地松动耙头中的泥沙，以获得最高挖掘产量。

2. AVC 与 EPC 协动使用

在疏浚过程中，建议 AVC 与 EPC 两个控制器同时协动使用。

挖泥模式下的 EPC 可避免泥泵气蚀的发生，尤其是当 AVC 工作在高流速区域（在产量计算曲线顶部的右侧）时。因为当实际混合物流速高于（最佳）设定值时，AVC 会将活动罩压入更深的地面，以试图将耙头产量提高至与泥泵度极限真空度相匹配。当达到这个极限时，EPC通过降低泥泵转速来降低混合物流速，从而达到最佳混合物流速。因此，通过这种机制，AVC和EPC协调配合有助于找到最佳产量点。

3. AVC的程序及输入输出信号

AVC的程序及输入输出信号图如图3-93所示。

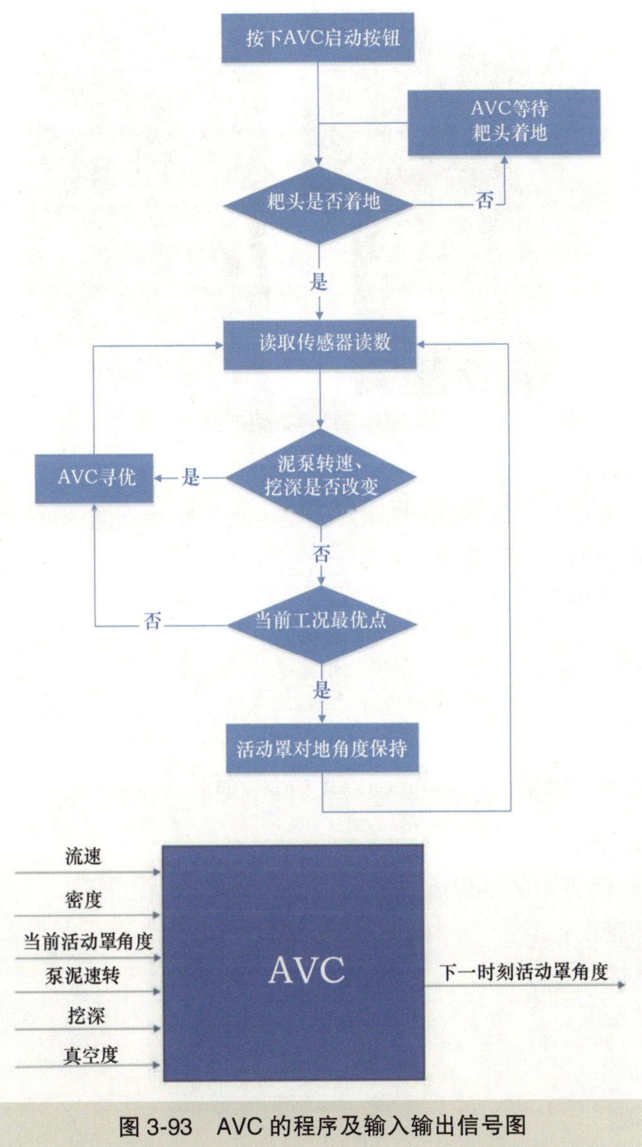

图3-93 AVC的程序及输入输出信号图

3.4.4.7 产量计

在实际的疏浚施工中，挖掘产量是耙吸船疏浚施工中最需要的数据之一。获取这个数据，不仅能够精确地确定挖泥过程中的许多其他参数，而且能够使其他控制系统正确、有效地运行。

1. 产量计的组成

耙吸船的产量测量系统（俗称产量计）能够实时地向操作人员提供产量。产量计由电磁流量计、γ射线密度计和运行信息显示器等部件组成。图3-94为产量计组成图。

在计算耙吸船挖掘产量时，需要输入以下三个参数：

(1)水下原状土的密度；

(2)泥浆的密度；

(3)泥浆的流量。

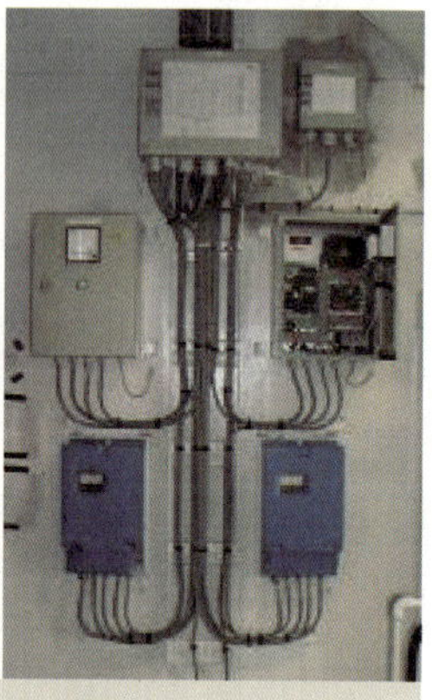

图3-94　产量计组成图

2. 产量计的计算模型

使用产量计的计算模型计算挖掘产量时，先设定水下原状土的密度，然后利用电磁流量计和在线密度计测量泥浆的密度和流量。

耙吸船的挖掘产量可按下式计算：

(1)瞬时值

$$W_{t_1} = Q_m \times \frac{\gamma_m - \gamma_w}{\gamma_s - \gamma_w} \times \gamma_s(\mathrm{t/s})$$

式中：Q_m—— 泥浆流量瞬时值，$Q_m = \frac{\pi}{4} \times D^2 \times V(\mathrm{m^3/s})$；

D—— 输泥管内径；

V—— 泥浆在输泥管中的平均流速；

γ_m—— 泥浆的密度；

γ_s—— 水下原状土的密度；

γ_w—— 海水的密度。

(2) 累积值

$$\int_{t_1}^{t_2} W_{t_1}\,\mathrm{d}t(\mathrm{t})$$

式中：t_1—— 开始计算时间；

t_2—— 终止计算时间。

耙吸船的土方量显示在SCADA系统图形页[303]、[307]内，图形页[307]如图3-95所示。

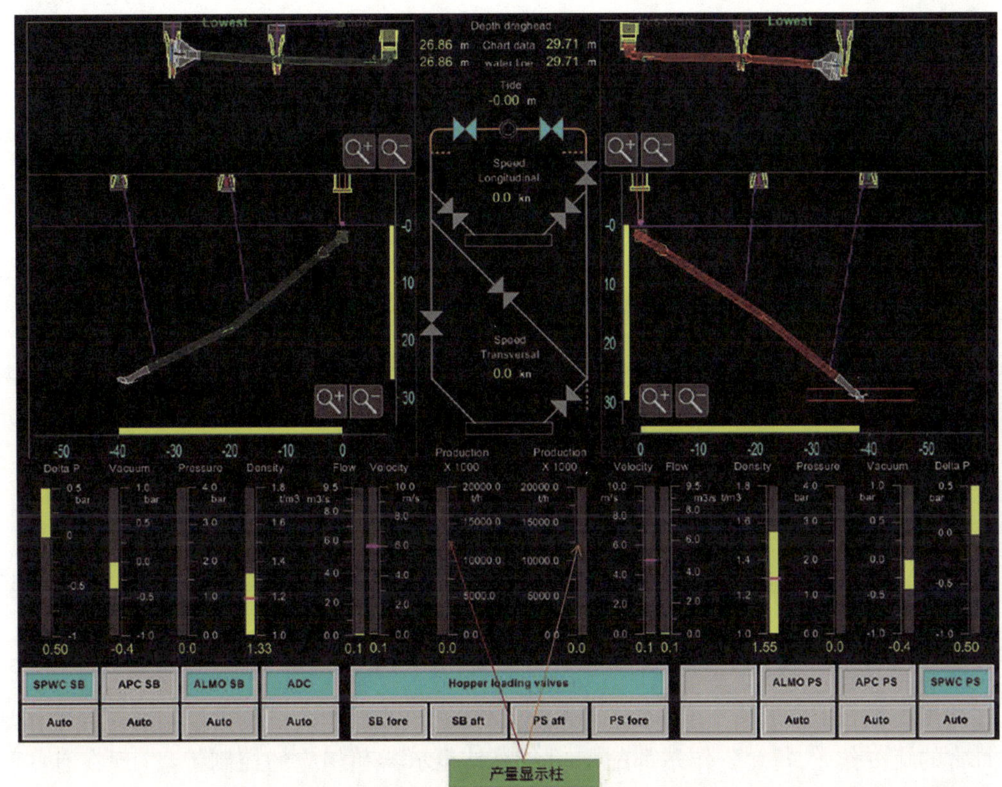

图 3-95　SCADA 系统图形页[307]

3.5 SCADA 系统

随着科技的进步,耙吸船安装了功能强大的耙吸船集成控制系统——IHDCS(Integrated Hopper Dredger Control System)。该系统自动化程度高且功能强大,操作简便,通过它可以充分发挥船舶的疏浚性能,提高疏浚质量,降低劳动强度,提高施工效率,实现耙吸船航行及疏浚施工的全面自动化。

疏浚监控和数据采集系统——SCADA 系统,为 IHDCS 的子系统。它主要针对疏浚操作人员而开发,用以在疏浚作业中对疏浚设备进行监视和控制。SCADA 系统由服务器和工作站组成。服务器通过网络与 PLC 系统进行交互以获取数据并传输给各工作站,以形成图形及数字来显示各个疏浚设备的状态,同时将操作人员在工作站上所给出的指令传送回 PLC 系统,由其传输至各疏浚设备并对其进行控制。SCADA 系统还可对推进装置、液压系统和电气设备进行监视。图 3-96 为 SCADA 系统外形图。

图 3-96 SCADA 系统外形图

1. SCADA 系统工作站

在疏浚控制台上设置有三台 SCADA 系统工作站，疏浚操作人员负责控制这三台工作站以完成日常的疏浚作业，每台工作站都配备一台液晶显示器和相应的控制键盘（现在有些将二者结合在一起，成为触摸显示器）。三台工作站的功能完全相同，设置三台工作站的目的是在疏浚作业中可同时监控多台疏浚设备的运行情况。图 3-97 所示为 SCADA 系统工作站的组成。

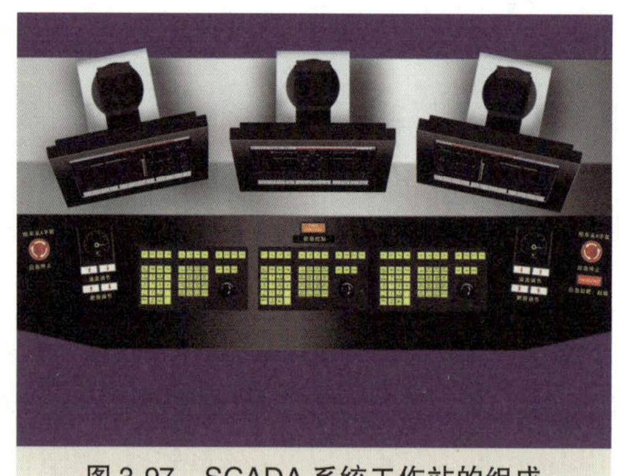

图 3-97 SCADA 系统工作站的组成

2. SCADA 系统键盘

疏浚控制台前的三台 SCADA 系统工作站通过控制面板上的三个 SCADA 系统键盘进行操控。SCADA 系统键盘分为五部分：①功能快捷键、②数字选择键、③预定义页面切换键、④轨迹球键和 ⑤轨迹球。图 3-98 所示为 SCADA 系统键盘。

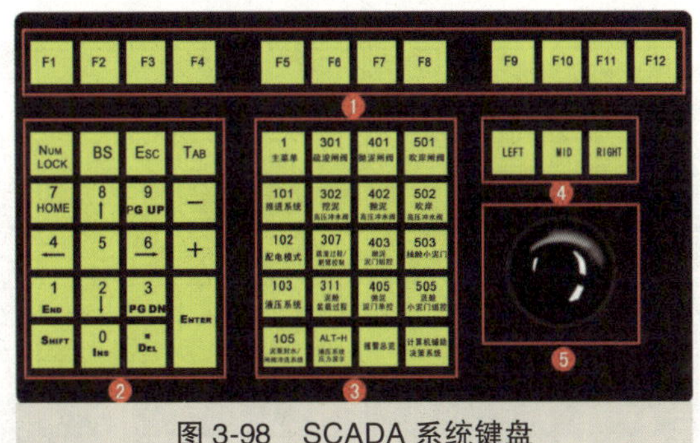

图 3-98　SCADA 系统键盘

3. SCADA 系统页面布局

SCADA 系统页面布局由 ① 窗口菜单、② 工具栏、③ 视图区、④ 功能栏和 ⑤ 状态栏五部分组成，如图 3-99 所示。

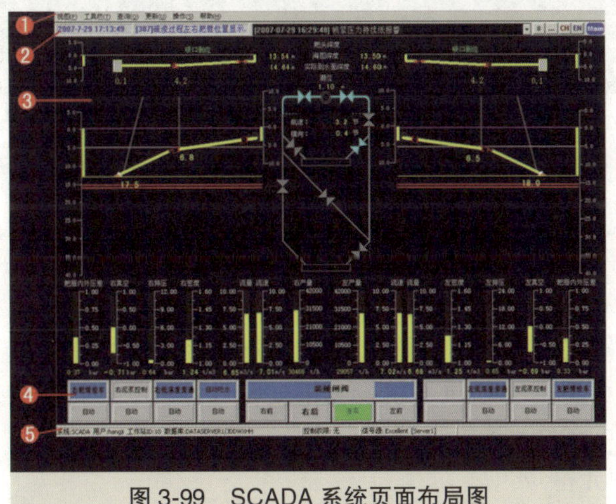
图 3-99　SCADA 系统页面布局图

4. SCADA 系统页面种类

SCADA 系统页面种类有常规、挖泥、抛泥、吹岸、控制器、校准、维护、符号等页面，每个页面都有相应的编号。其中，对于常规、挖泥、抛泥、吹岸、符号页面，疏浚操作人员应有全面的了解；对于控制器、校准、维护页面，疏浚操作人员应有一般的了解和认识。如页面内容涉及重要的施工数据，只有疏浚工程师和船长有权限变更。图 3-100 所示为 SCADA 系统页面主要结构。

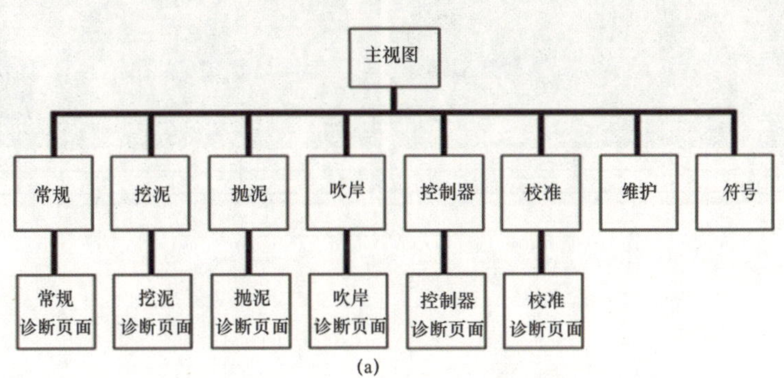

(a)

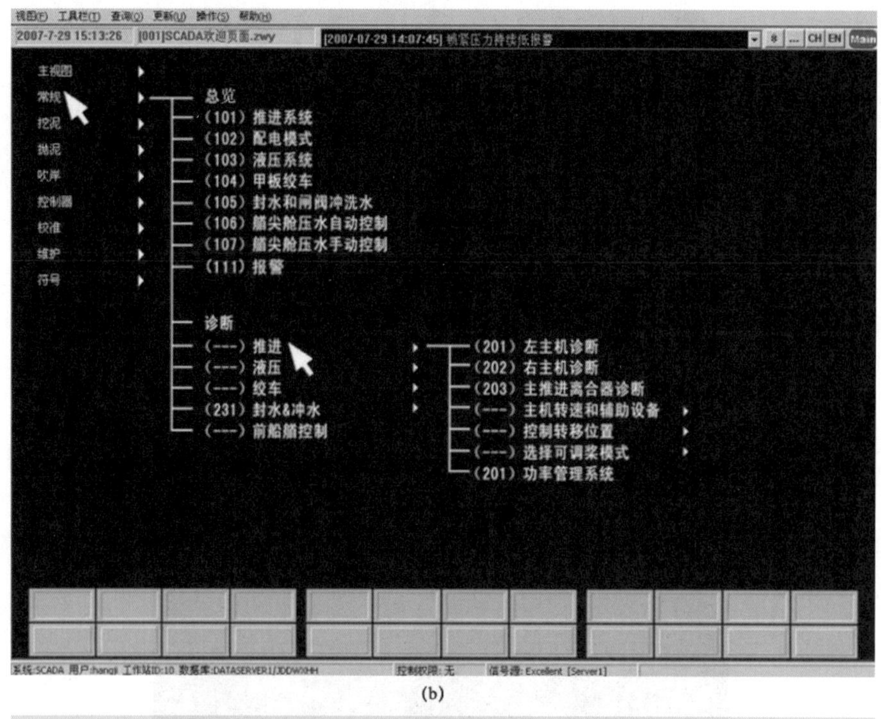

(b)

图 3-100　SCADA 系统页面主要结构

页面的打开与切换有两种方式:可通过键盘预定义页面切换键③,也可通过数字选择键②进行切换。一些常用页面在SCADA系统键盘中被设置为预定义页面,使用时只需直接点击预定义页面切换按键就可在显示器中打开相应编号的页面。

5. SCADA 系统图元符号

图 3-101 所示为各类设备在 SCADA 系统上所显示的图元符号,疏浚操作人员在操作SCADA 系统前,应对其形状和意义有全面的了解。

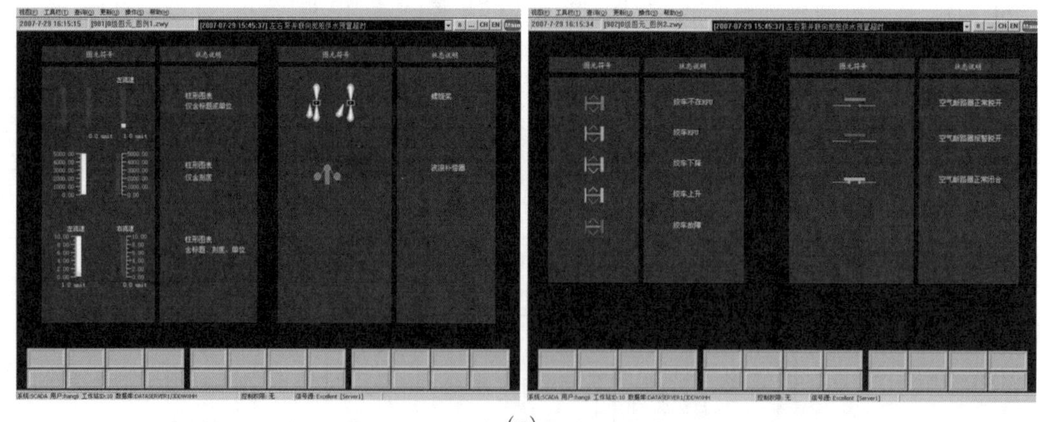
(a)

(b)

(c)

(d)

图 3-101　SCADA 系统图元符号

6. SCADA 系统的操作

SCADA 系统控制页面下部大都包含功能栏，如图 3-102 所示，疏浚设备的控制可在功能栏中进行。功能栏上方为功能说明按钮，下方为功能操作按钮。应用时，疏浚操作人员滚动轨迹球将指针移至所需功能操作按钮上，点击轨迹球确认键即可实现该功能的操作。若功能说明按钮颜色由灰色变为绿色，则说明该功能得以正常运用。当点击功能操作按钮时，其上方对应的功能说明按钮应为蓝色，否则点击该功能操作按钮无效。

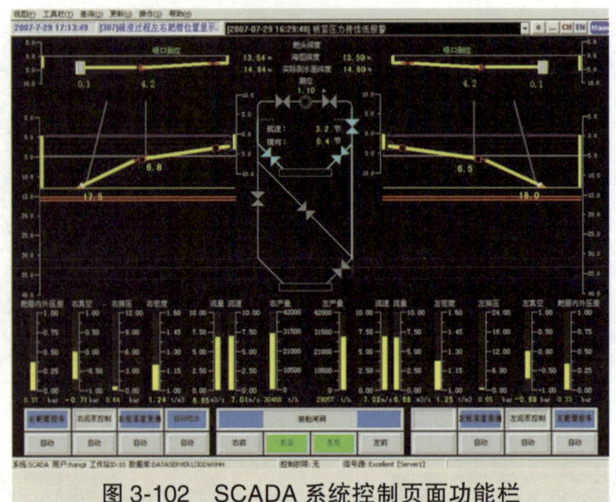

图 3-102　SCADA 系统控制页面功能栏

若点击功能操作按钮无效,可点击其上方对应的功能说明按钮,页面会自动跳转到此功能或设备的诊断页面,诊断页面会详细列出该设备的启动及停止条件。以图 3-103 所示的疏浚闸阀预置诊断页面[351]为例,该页面列出了疏浚闸阀启动和停止的条件项。若条件满足,则该项为绿色;反之,则为灰色。如果页面中疏浚闸阀预置必须在液压系统可用的情况下才可操作,而此项为灰色,说明闸阀预置不可操作,其原因出自液压系统。由此可见,SCADA 系统具有很强的智能化,使疏浚操作人员能够快捷地查找出问题所在,大大提高了操作的便捷性。

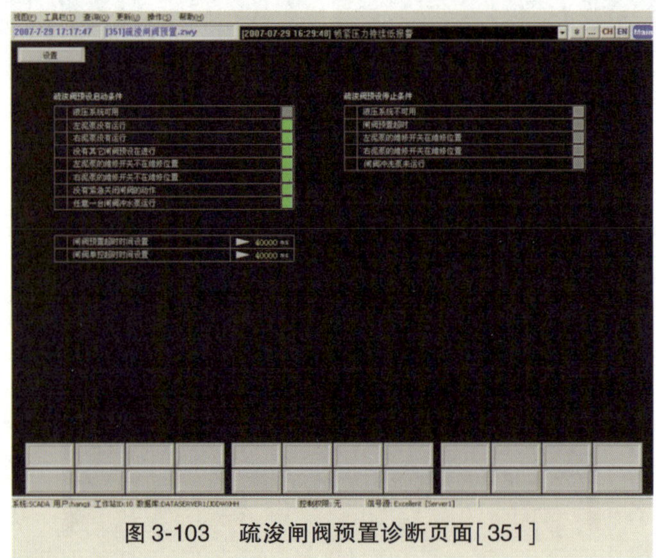

图 3-103　疏浚闸阀预置诊断页面[351]

SCADA 系统的控制功能还可以通过位于 SCADA 键盘顶端的 F1 ~ F12 快捷键实现。每一个快捷键依次与页面底部的功能按钮相对应。

例如:如图 3-104 所示为[307]页面的快捷键,快捷键的设置使操作更为迅捷。

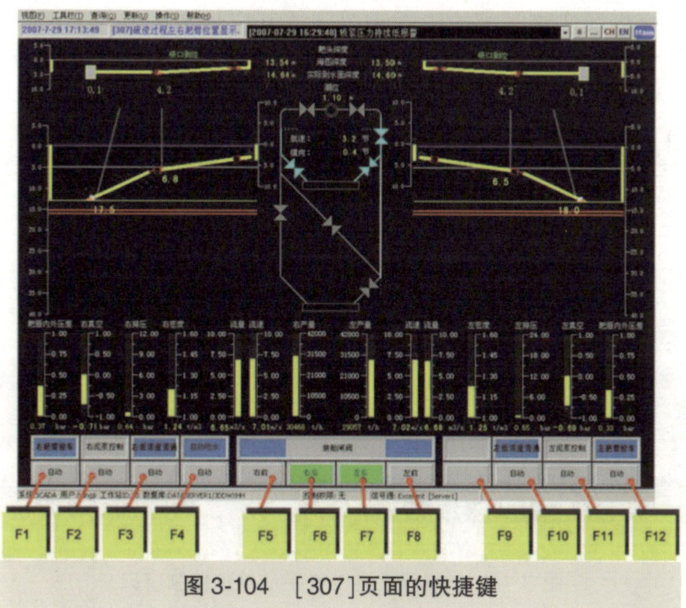

图 3-104　[307]页面的快捷键

7. SCADA 系统疏浚设备的手动单独控制

SCADA 系统除了通过上述功能键可实现对设备的控制外，还可对包括液压泵、封水泵、高压冲水泵、闸阀、蝶阀、大泥门、抽舱小泥门、预抛泥门等疏浚设备进行手动单独控制。

疏浚设备手动单独控制页面如图 3-105 所示，通过移动轨迹球选中页面中的设备图元符号，符号外呈现白色方框，单击确认键或鼠标左键，页面下部弹出该设备的手动单独控制窗口，再移动鼠标点击相应的按钮进行该设备的手动单独控制；点击窗口空白处或按下“ESC”键，则退出手动单独控制窗口。

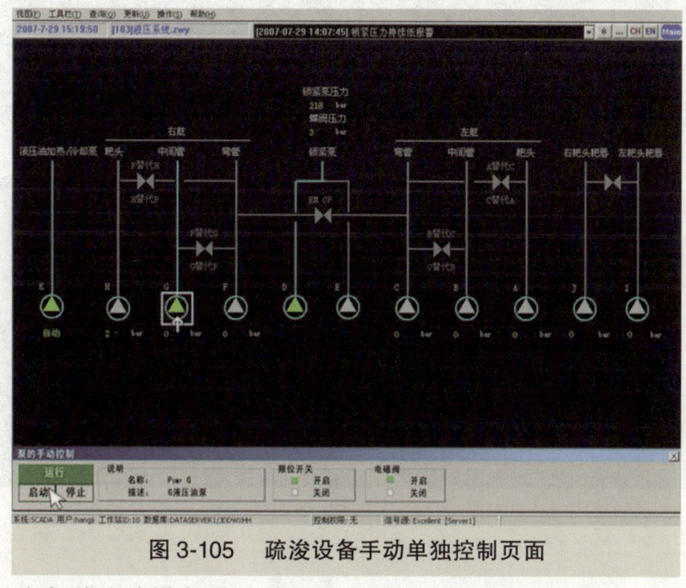

图 3-105　疏浚设备手动单独控制页面

图 3-106 所示为各种疏浚设备手动单独控制窗口。模拟量是指部分闸阀及泥门可按百分比逐步打开或关闭。屏蔽是指设备有故障时，为不影响正常施工的进行，暂时停用该设备，但不影响该组其他同类设备的正常运转。闸阀或蝶阀在开闭时不能到达限位时，可使用假定功

能，此时 SCADA 系统将默认该闸阀或蝶阀为关闭或开启状态。

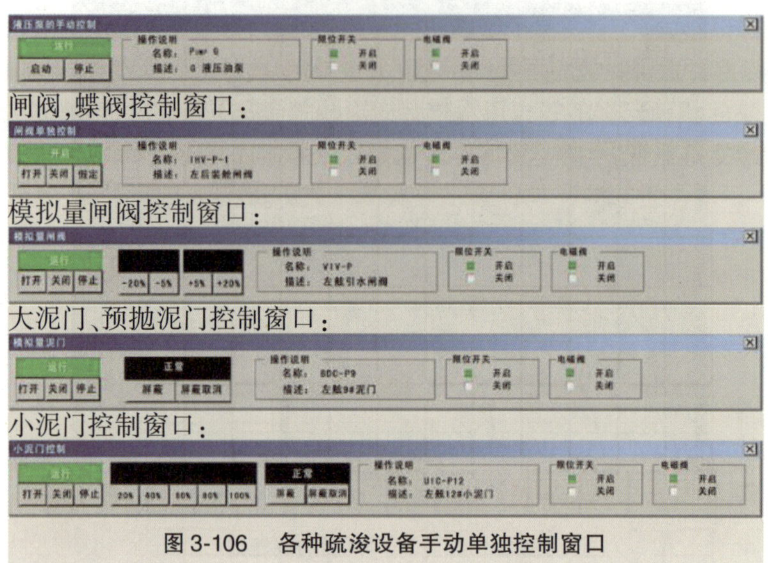

图 3-106　各种疏浚设备手动单独控制窗口

8. 疏浚设备液压泵选择说明表

耙吸船在设计时为了高效、节能，均配备疏浚设备液压泵选择说明表，如图 3-107 所示，表中详细列出了疏浚设备所用液压泵的情况。由于疏浚设备众多，一台液压泵要为多台疏浚设备提供液压动力，在操作时如多台设备同时启动，会造成液压动力供给冲突，所以应根据轻重缓急的原则，有次序地进行操作。

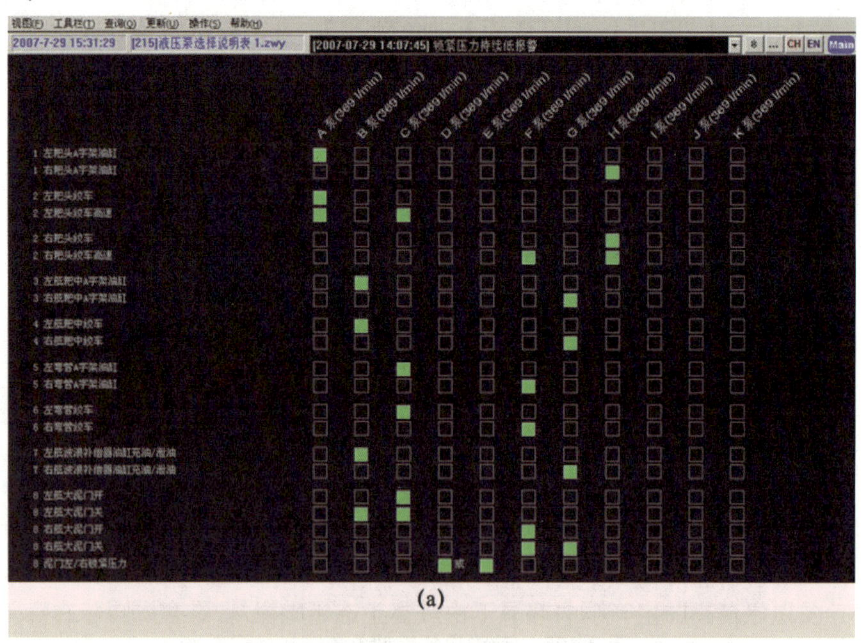

(a)

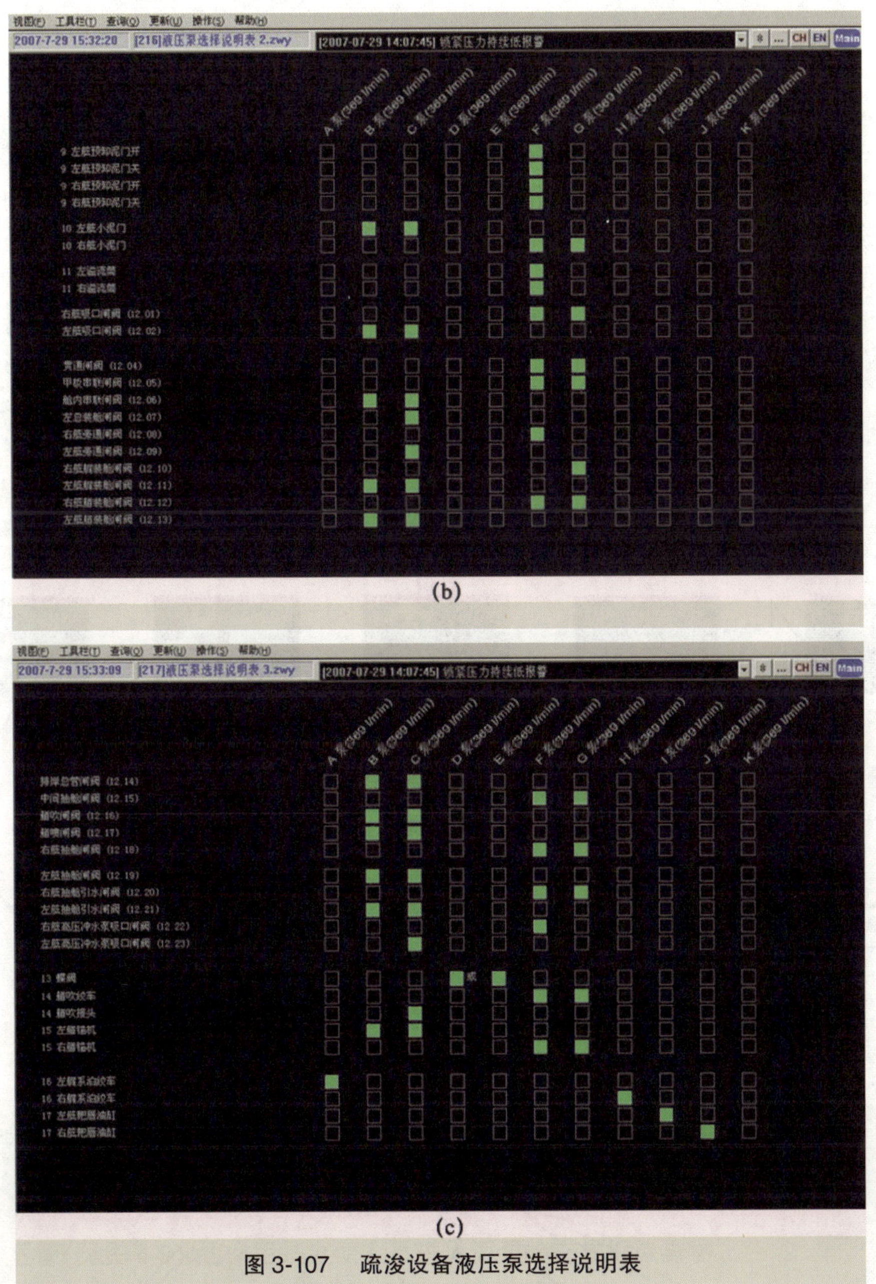

(b)

(c)

图 3-107　疏浚设备液压泵选择说明表

3.6 疏浚轨迹显示系统

随着疏浚业务的不断拓展，耙吸船的作业环境愈发复杂，除了航道基建、维护、填海造陆等传统工程，耙吸船的业务范围拓展至海底管道、电缆敷设等海洋工程中。为了提高工程质量，减少风、浪、流等的影响，提高定位定向精度，耙吸船需要配备一套疏浚轨迹显示系统（Dredge Track Presentation System, DTPS）。下面简单介绍疏浚轨迹显示系统。

3.6.1 疏浚轨迹显示系统概述

DTPS 是基于水深、水文以及疏浚数据,为耙吸船等工程船开发的软件。它采集定位仪(GPS receiver)、运动传感器(motion sensor)、陀螺罗经(gyro compass)、潮位仪(tide receiver)、测深仪(echosounder)的数据,通过对船舶位置、姿态、运动和潮汐、水深的感知,集成导航、测量、疏浚显示功能,监控疏浚作业和航行全过程。DTPS 可为耙吸船、绞吸船、铲斗船、抓斗船和链斗船(或多用途挖泥船)提供主要疏浚监控系统,如图 3-108 所示。

DTPS 最主要的功能是挖泥过程的可视化和记录,在屏幕的航道电子图上实时、动态地显示耙吸船的施工位置。它在挖泥剖面上可实时显示耙头的三维位置及水下三维地形。

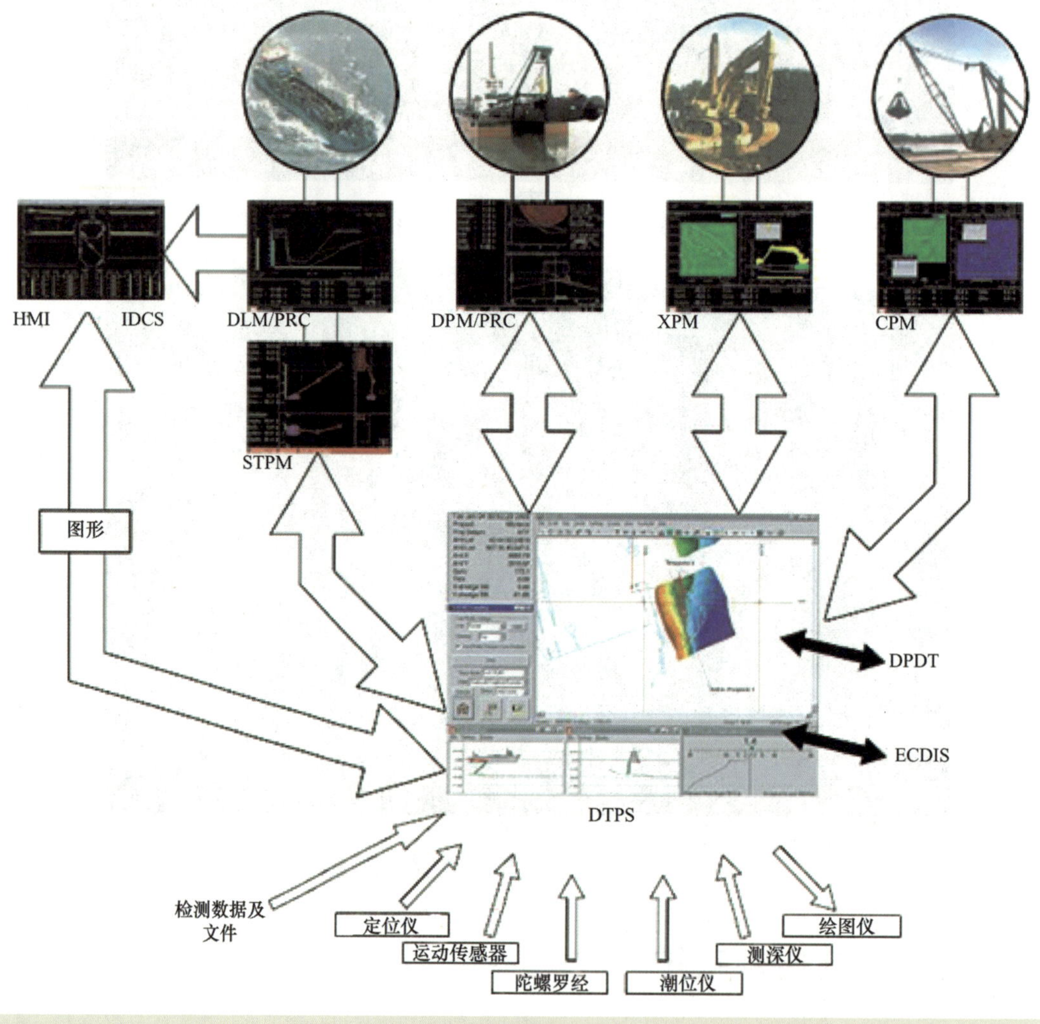

图 3-108 DTPS

DTPS 主要分为“项目向导”、“设计”和“在线”三个模块,每个模块都有其特定功能并与其他程序相互关联,其子程序又分为离线与在线两类。

离线程序主要包括:地理运算、绘图、设计、数据库向导、DTM 显示、文件格式转换、数据回放。

在线程序主要包括：控制台、导航显示器、偏航指示器、参数显示、输入／输出显示、错误提示、通信检查。

这些程序承担了DTPS的主要任务，它们与疏浚工程的计划和准备所需的许多设备共同组成系统的心脏。因此，归纳一下，DTPS有以下优点：

(1) 在挖泥过程中提供在线视图（顶视／后视／前视／左右侧视），可减少欠挖、超挖或错挖情况的发生。

(2) 采用点式查询，使DTPS和DP/DT之间能进行直接交互作用。

(3) 可使电子海图和DTM(DEM)挖泥图自动更新。

(4) 在线彩色打印水深图、DTM(DEM)挖泥图。

(5) 所用数据能存储和回放。

(6) 在交互作用中有自动报告功能，可定时打印。

(7) 易交换测量和疏浚数据。

3.6.2 疏浚轨迹显示系统的系统模型

3.6.2.1 船舶模型

DTPS的船舶模型如图3-109所示，它由包括驾驶室、桅杆等基本识别点的轮廓线模型与色彩模型组成。它通过疏浚设备的轮廓线模型，以线段绘制耙臂管，显示万向接头等的位置，并通过全球定位系统、差分CPS、运动传感器、耙头设备传感器、潮位仪、测深仪等实时更新。

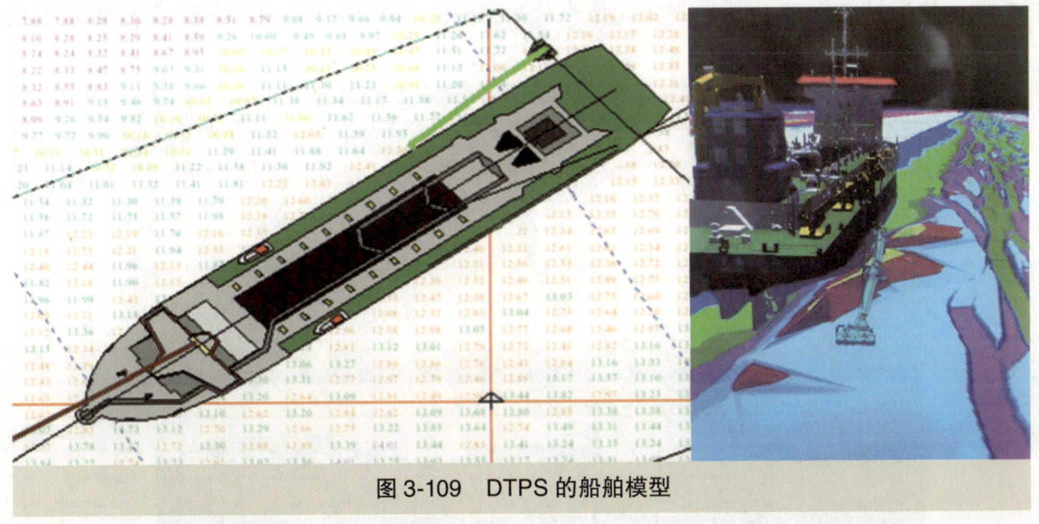

图3-109 DTPS的船舶模型

3.6.2.2 航道模型

对于DTPS航道模型的构建，以连云港港30万吨级航道二期工程徐圩航道疏浚工程施工项目LYG-302-H2.1标段为例。利用基于上述工程的航道CAD图纸，通过DTPS-design模块，设计施工项目LYG-302-H2.1标段的航道模型，如图3-110所。该航道通航宽度为380 m，通航水深为24.7 m，设计水深为25.3 m。

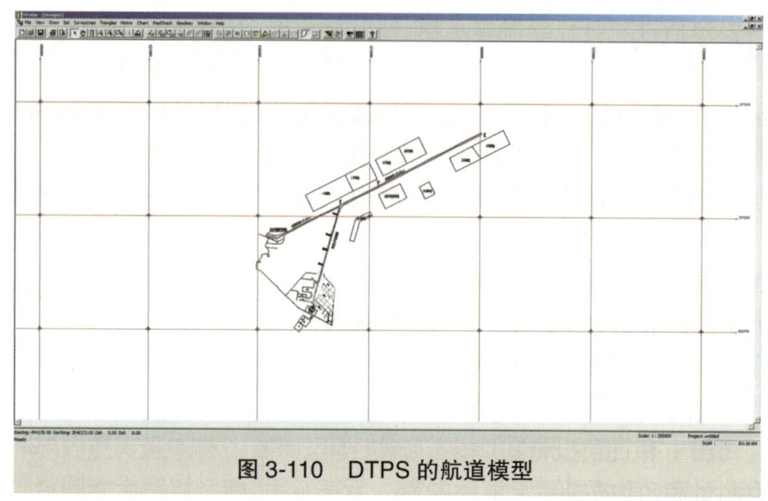

图 3-110　DTPS 的航道模型

3.6.2.3　数字地形模型(DTM)

DTM 是一个测量数据地形模型、一个矩阵文件,由数个可填充深度数据的单元格组成,该单元格的尺寸可以根据实际需求进行调整。因此,DTM 矩阵文件是数个没有水深数据的单元格矩阵,或者是数个填充了水深数据的单元格矩阵。实际施工矩阵为理论矩阵与测量矩阵之差,可以通过调色板对 DTM 填充的水深数据进行调色,准确辨识水深状况。

以上述标段的 X0+000~X3+000 区段为例,在疏浚轨迹显示系统中,通过三角形创建 DTM,单元格尺寸为0.28 m×1 m,单元格个数为65 806 105,单元格大小与耙头50%宽度相匹配,其网格模型如图 3-111 所示。

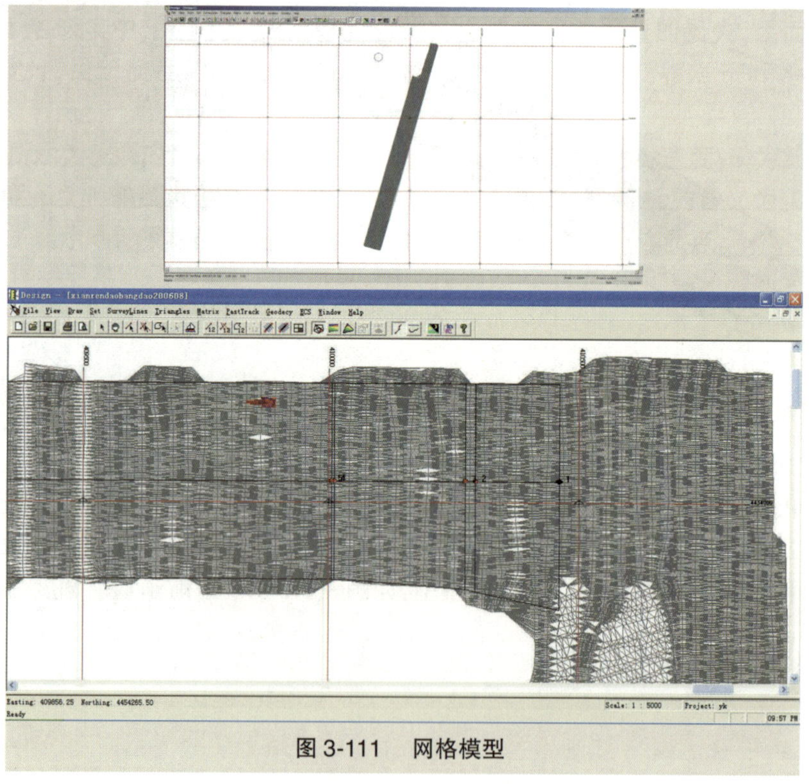

图 3-111　网格模型

基于网格模型,DTM 在施工区域地图中提供深度信息并进行调色处理,显示效果如图 3-112 所示。

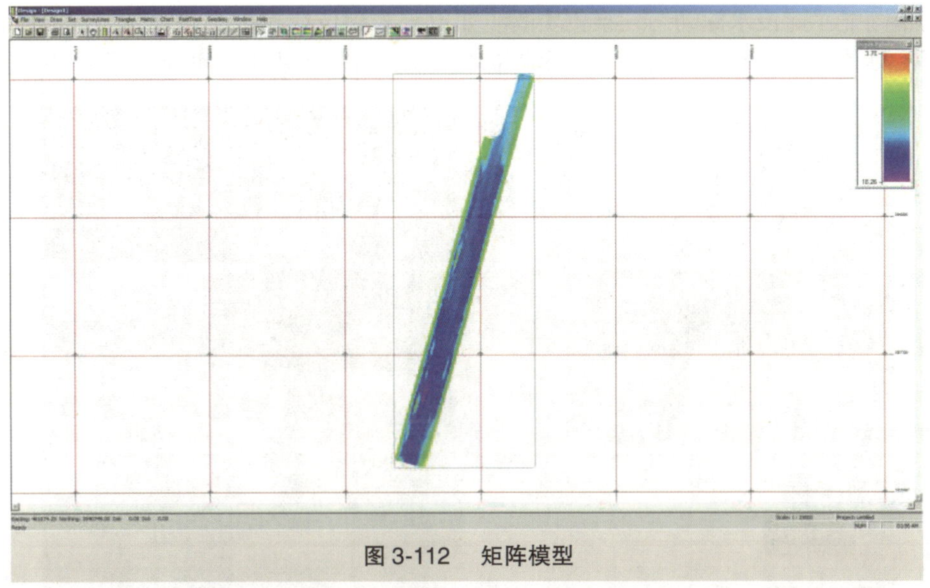

图 3-112　矩阵模型

DTPS 根据每次最新测图数据建立 DTM,实现疏浚过程中水下地形三维实时显示,并根据船舶实际疏浚深度,实时对过耙区域深度进行更新。相对于其他软件,其水深数据的处理更加平滑,窗口显示更加形象直观,能保证疏浚操作人员在施工过程中实时掌握施工区域的施工效果、工程进度和水深增大情况,提高施工区域的平整度,保证施工区域的施工质量。DTPS 的可视化功能可为航道浚深、边坡开挖、扫浅等工程提供可靠性参考。DTPS 布局如图 3-113 所示。

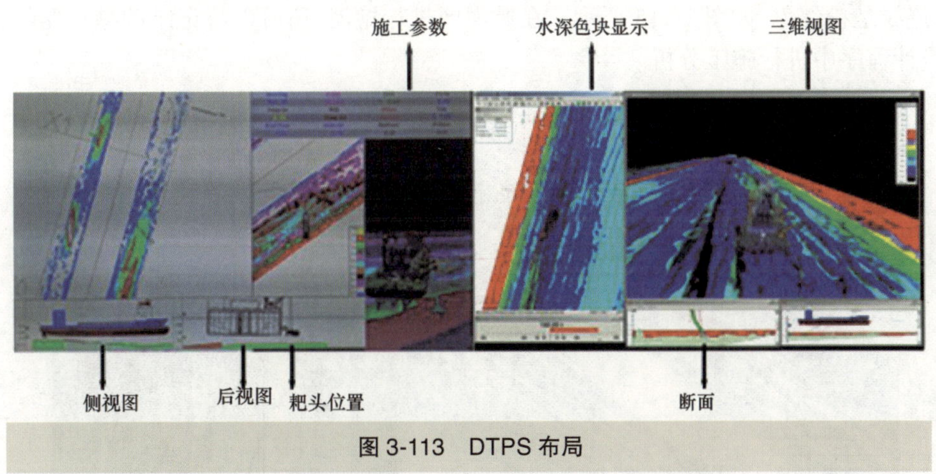

图 3-113　DTPS 布局

3.6.3　疏浚轨迹显示系统的工程应用

基于航道浚深、边坡开挖、扫浅等工程案例,针对 DTPS 三维可视化功能的工程应用效果,分析 DTPS 的断面设计、DTM 文件制作、调色板与深度直观化匹配等功能的作用。

3.6.3.1 疏浚深度实时更新

耙吸船疏浚施工时，随着疏浚轨迹的变化，DTPS 将同步更新疏浚深度，并利用调色板调色，实时清晰显示疏浚水深动态三维色块图。如耙头未到位或挖掘效果不佳，则水深无变化；如有回淤，则该区域的水深相应变小。图 3-114 所示为疏浚作业实时更新水深。

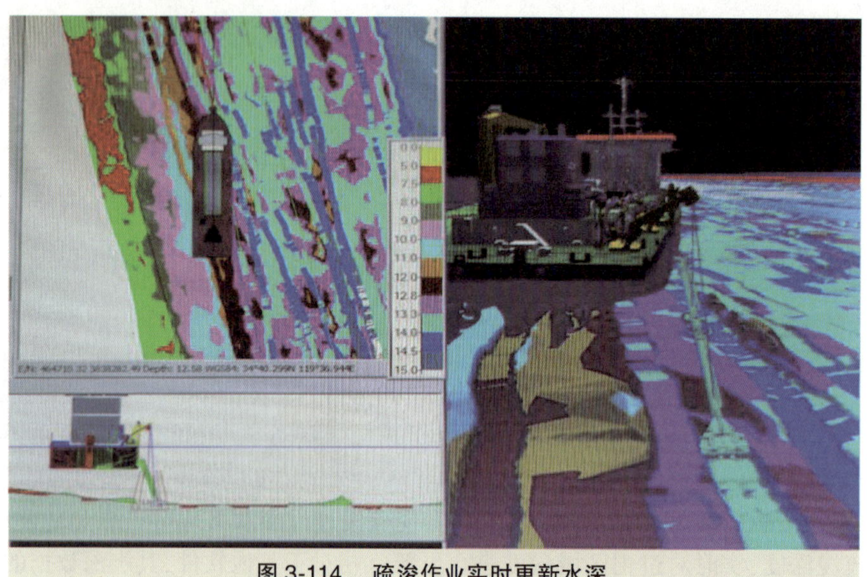

图 3-114　疏浚作业实时更新水深

3.6.3.2 轨迹记录及抛泥分析

DTPS 可根据疏浚控制系统提供的状态信息，实现在不同状态下记录的轨迹线颜色不同，例如：挖泥状态轨迹线是黑色，抛泥状态轨迹线是绿色，重载航行状态轨迹线是蓝色，轻载航行状态轨迹线是粉红色，如图 3-115 所示。在抛泥区进行抛泥，还可以将记录的抛泥路线提取出来，在设计程序中进行施工分析。

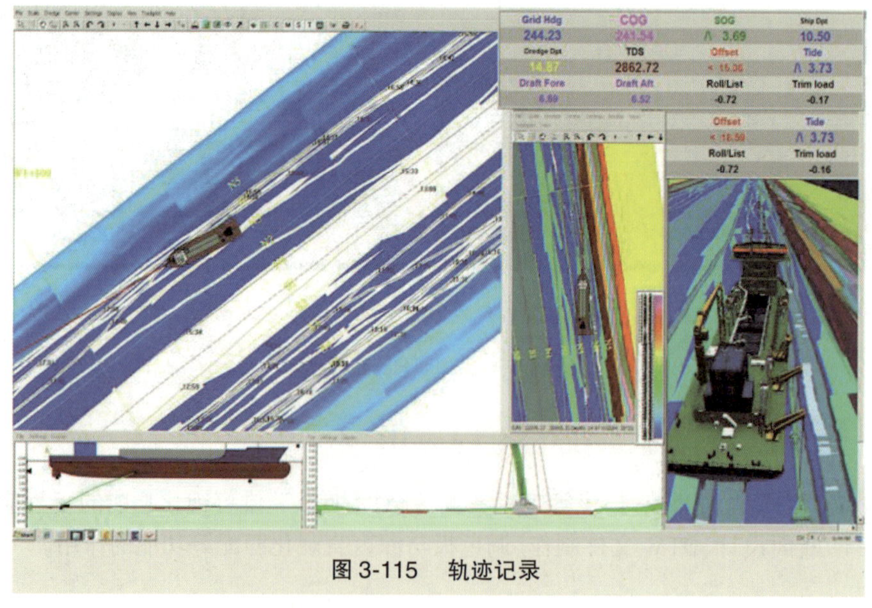

图 3-115　轨迹记录

3.6.3.3 边坡开挖一次成型

以连云港港30万吨级航道二期工程徐圩航道疏浚工程为例,拓宽区段水深平均为6~7 m,工程要求增深至22 m,航道增深幅度大。如图3-116所示,垂直方向的土壤不同:水深13.3 m以下,土壤以淤泥为主;水深13.3 m以上,土壤以黏土为主,且含钙质结核物。在淤泥土层过耙,施工效果好,增深较快;黏土层难挖,增深较慢,一旦频繁施工,将导致出现浅梗(平整度差),给后续施工增加难度。经过对施工标段(航道西侧拓宽带)原始水深的分析,区段内水深以X0+700为分界线,往出口方向水深基本7~8 m,往进口方向水深快速变小,最浅处为4.32 m的浅滩。耙吸船空载吃水4.0 m,满载吃水7.0 m。耙吸船操作人员充分利用潮位,根据水深进行分段、分层开挖,尤其是针对边坡施工时,严格定深,充分利用疏浚轨迹显示系统,实时监测边坡开挖过程及质量。DTPS侧视图和后视图以绿色显示欠挖区域,以红色显示超挖区域,如图3-117所示。自动挖泥时,DTPS会严格将疏浚深度控制在设定值,并随着边坡位置的改变而自动改变疏浚深度,严格控制定深,一次成型。

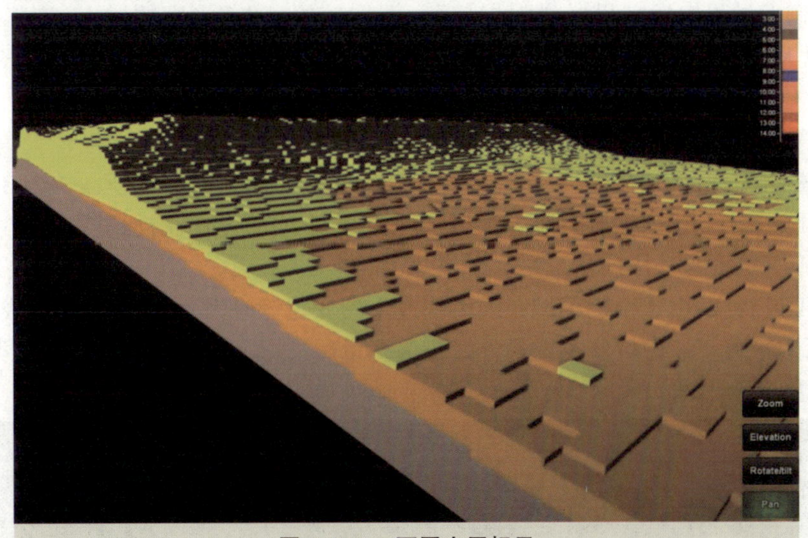

图3-116 不同土层标示

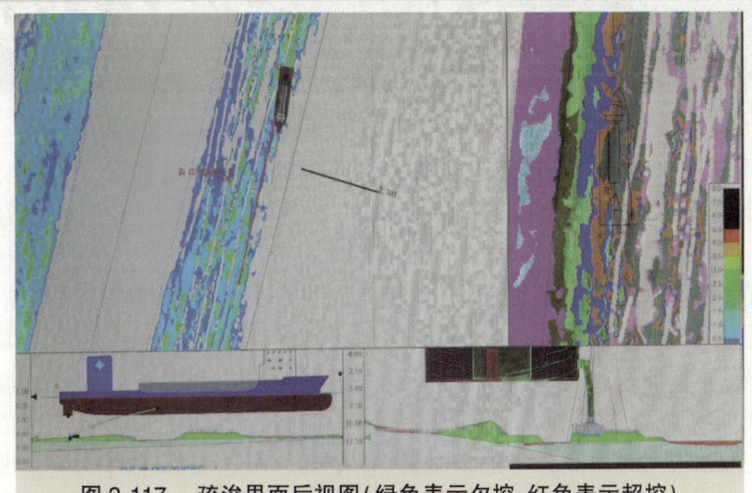

图3-117 疏浚界面后视图(绿色表示欠挖,红色表示超挖)

施工前,DTPS根据设计的航道边坡比,制作的开工前航道断面图如图3-118、图3-119

所示。

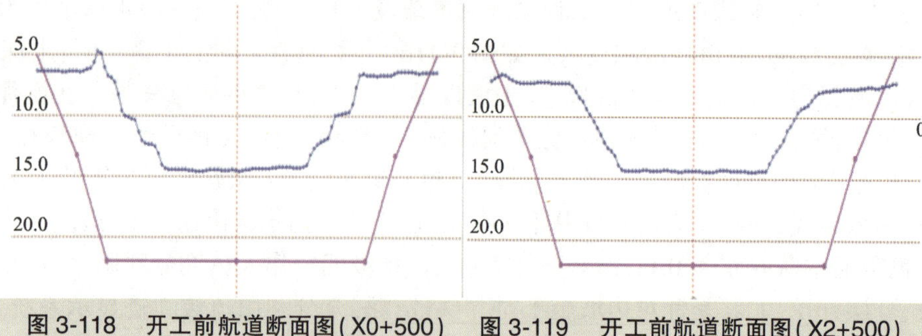

图 3-118　开工前航道断面图(X0+500)　图 3-119　开工前航道断面图(X2+500)

根据水深分布,X0+000~X0+700(里段)处平均水深比 X0+700~X3+000(外段)处平均水深小 1.5 m 左右,最浅处为 4.3 m。施工过程中,由于里段存在大量石块,施工时经常发生堵耙现象;另外,施工过程中发现里段淤泥层较薄,泥层较硬,随着深度的增大,施工效果比外段差。因此,以 X0+700 为界限实行分段施工,两个区段的定深和施工强度不同,应根据潮位安排施工区段。

里段水深较小,施工效果、增深进度比外段差,因此应重点施工。在潮位允许(潮高大于 2.5 m,最大潮高为 5 m 左右)的情况下,对里段实行正倒车施工,保证里段的施工强度;在潮位较低的情况下,采用上线前抽舱减小吃水,从里段开始上线的方式,增加里段施工过耙次数,逐步推动里段施工进度与外段同步。

边坡施工过程中,由于个别区域布线不均或土壤变化等原因,存在部分边坡成型不到位的情况,需进行边坡修正。边坡修正的最佳时机为测量后进行,力争一次到位,以此类推,每个测量周期完成边坡已增深部位一次成型,边坡修正效果如图 3-120 所示。

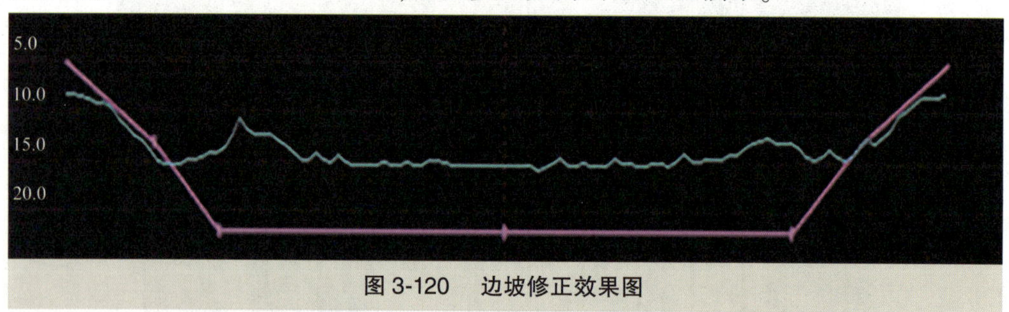

图 3-120　边坡修正效果图

随着航道不断增深、成型,航道附近会有一层松散的土壤容易回淤,特别是大风大浪对航道的回淤有一定的促进作用。回淤会对边坡造成一定影响,因此边坡一次成型应考虑一定的备淤量。

对耙吸船而言,具体的备淤量很难量化,最直观的方法是充分利用边坡横断面图进行定深控制,使耙头底边位置稍微超出边坡线,从而达到备淤的目的。对于淤泥层,土壤较黏土松软,坡度设计得较缓,容易堆积回淤,故备淤量应稍大于黏土层。备淤量控制是边坡备淤的关键:备淤量过小,则效果差;备淤量过大,则易产生废方,在施工后期备淤会降低施工效率,增加生产成本。因此,边坡施工时应充分考虑备淤量,且在第一次边坡修正时就应立即完成,从而达到边坡一次成型。图 3-121 为边坡备淤效果图。

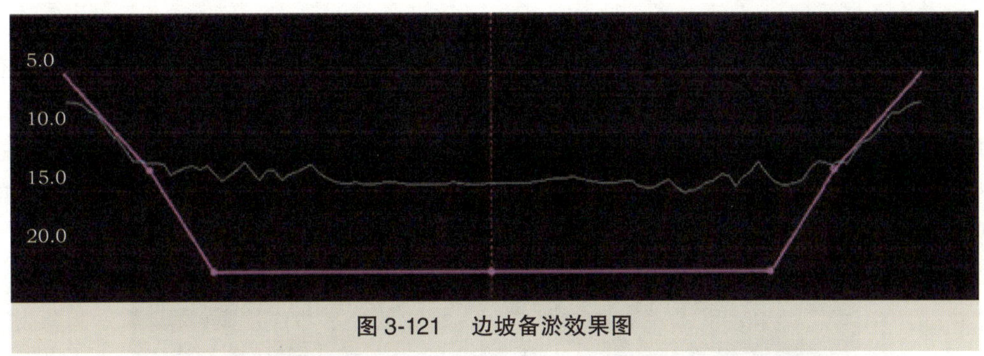

图3-121　边坡备淤效果图

3.6.3.3　差分DTM扫浅

由于工程的复杂性与土壤的多样性，在耙吸船施工过程中，难免会形成浅区、垄沟，为减少其对耙吸船施工效率及工程进度的影响，扫浅工作需贯穿整个项目进程。对于水深变化较多的区域，正向水深图已经无法满足施工要求，浚深是否达到设计深度难以把控。因此，可利用DTPS的反向差分DTM辅助扫浅，反向差分DTM显示的数值为偏离设计水深的差值，如果为0或者为负值，表明已经满足设计需求；如果为正值，表明还需继续浚深，直至设计深度。通过差分DTM可以让船舶有针对性地走线，杜绝盲目布线，减少无效施工。

以长江口南槽航道维护疏浚工程为例，由于前期在耙吸船施工过程中未严格控制施工质量，工程后期浅点分布较多，如表3-4所示，给扫浅施工带来了一定的困难。

表3-4　浅点率

长江口南槽H46+500～H47+800标段						
总测点数(个)	11.6～12.1 m浅点数(个)	11.6～12.1 m浅点率	12.1～12.6 m浅点数(个)	12.1～12.6 m浅点率	12.6～13.1 m浅点数(个)	12.6～13.1 m浅点率
13 257	98	0.74%	1 125	8.49%	6 984	52.68%
13 232	0	0.00%	138	1.04%	4 136	31.26%

在工程后期，有13 257个测点，浅点率达到52.68%，浅区分布广，浅点水深差异大，对耙吸船操纵要求高，需要及时调整挖深，防止耙头从坡顶滑落，而传统的显示页面无法直观显示耙头相对于浅点的位置及姿态，只能通过钢丝绳角度判断，控制比较困难。如图3-122所示，DTPS通过水下三维地形显示，系统调色板上色，明确浅点位置，实时更新耙头与浅区的相对位置及深度，为疏浚操作人员操作提供了预判基础，有效提高了船舶扫浅效率。通过3天的扫浅施工，浅点率降至31.26%。

图3-122　扫浅效果显示图

3.6.3.4　水下沉石区三维显示

以连云港港基建工程为例,疏浚航道内存在多处块石集中区域,对耙吸船施工时的船位控制要求高,施工效率低,影响施工进度。DTPS 通过调色板与三维可视化显示,如图 3-123 所示,将水下大面积沉石区域三维效果图直观地显示在航行页面上,为耙吸船施工提供安全边界指导。耙吸船在施工过程中,根据实时更新的水下地形图,在保证施工质量与施工效率的同时,避开块石区,保证设备安全,效果显著。

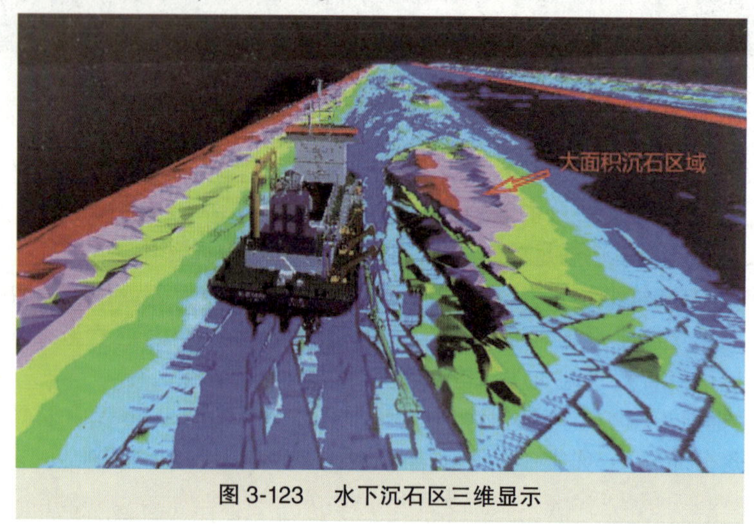

图 3-123　水下沉石区三维显示

综上,DTPS 具有三大功能:

(1)设置功能(离线中);

(2)可视化功能(在线中);

(3)记录功能(在线中)。

DTPS 功能的优点:

(1)在耙吸船挖泥过程中可提供耙头的在线视图(俯视、前视、后视、左右侧视)。

(2)DTPS、DP/DT、ECDIS 之间可集成使用。

(3)DTM 疏浚数据自动更新,测量和疏浚数据易于交换。

(4)数据可存储及回放;施工报表可自动生成;在线水深图、DTM 图可彩色打印。

针对日趋多元化的疏浚业务领域和愈发复杂的疏浚作业环境,配备疏浚航行、作业可视化辅助系统,即 DTPS,可有效保证航道浚深、边坡开挖、扫浅等各类工程的施工安全、施工质量与施工效率,控制超、欠挖方量,提高经济性、适用性,充分发挥船舶疏浚作业能力,降本增效。

第4章 输送机具

4.1 泥泵

4.1.1 泥泵概述

离心式泥泵(以下简称泥泵)是耙吸船作业的核心设备。根据船上安装位置的不同,泥浆可分为舱内泵(甲板泵)和水下泵。其中,舱内泵的工作压力为500~800 kPa,水下泵的工作压力为200~400 kPa。图4-1为泥泵外形图。

图4-1　泥泵外形图

泥泵的优点如下：

(1)可以采用柴油机或电动机直接驱动。

(2)流量连续、稳定。耙吸船所泵送土壤颗粒的成分因施工区域的不同而差异很大。在实践中，土壤颗粒的粒径、形状、密度、强度、溶解度和硬度有很大的差异。

(3)相对高效(80%～85%)。

(4)通道相对较大，以便泵送含有固体异物的泥浆。这些固体异物可能包括破布、电缆、绳索、轮胎、木头、树桩、硬土块等。泵送过程必须尽可能少地受到干扰。泥泵的球形通道很重要，当大块固体异物被吸入时，必须在不堵塞泥泵的情况下尽可能地将其泵出，否则容易发生堵塞。

(5)可采用耐磨材料制造，使用寿命长。由于坚硬土壤颗粒的存在，可能会产生高度磨损，所以对泵壳、叶轮和泵轴通道密封的设计和材料有特殊要求。

泥泵的缺点如下：

(1)没有自吸能力。泥泵的作用取决于泵内水团的离心加速度。因此，只有当泥泵本身完全注满水时，才会开始吸水。

(2)由于吸入侧衬板的磨损，叶轮周边与吸口之间可能发生泄漏损失。因此，除非采用密封，否则部分泥泵流量可能会损失。

(3)对吸入侧的气体敏感。

4.1.2 泥泵与水泵的区别

泥泵与水泵都是离心泵，但二者应用场合不同，在结构上也有所区别，具体如下。

1. 通道

泥泵的一个突出特点是其拥有较大的通道。在通道最小处通常位于叶轮的进口侧。这样设计的优点是：

(1)造成堵塞的污染物会卡在叶轮进口处，通过吸入管路的检查道门可以相对容易地进行清除。

(2)叶轮出口(尖端)与泵壳隔舌之间卡块的可能性很小。

(3)由堵塞块引起的不平衡振动是最小的，因为不平衡堵塞块的质量固定在至中心线尽可能小的距离内。

2. 叶片数量

为了使泵正常工作，多叶片是必要的。然而，在耙吸船的泥泵中，叶轮上的叶片数量有限，通常为3~5个，以便尽可能地扩大叶轮的球形通道。

3. 入口侧叶片长度

对于离心泵的吸入效果，叶片伸入吸口为最佳。但是为了获得足够大的通道，入口侧的叶片在设计时已被缩短。

在实际操作中，为防止泥泵堵塞，入口侧叶片有时会被进一步缩短以扩大通道。相应地，这将影响吸入特性，必须将其与由堵塞造成的产量损失进行权衡。

4. 螺旋间隙中的空间

螺旋间隙,即叶片和泵壳之间的周长空间,又称蜗形流道。它被设计得很宽敞,以限制流速,实现更少和更均匀的磨损。

5. 磨损件的应用

由于耙吸船泥泵有时输送的混合物很坚硬,使泥泵部件易磨损,所以应使用易更换的泥泵部件。其采用的耐磨材料一般为不同类型的耐磨碳钢、铸铁,以及橡胶。橡胶对沙有很强的耐磨性,但若沙很大、很锋利,橡胶很快就会磨损或被划坏。

综上所述,泥泵部件磨损后,其效率可能比水泵效率低。但由于先进的设计技术,现代耙吸船泥泵的效率并不比水泵低多少,有时甚至高于水泵。

4.1.3　泥泵输送的基本条件

采用泥泵进行管道输送作业需满足的首要条件是吸口处具有良好的混合形态,具体需满足以下条件:

(1)泥土被挖掘装置切削成足够小的碎片。这对挖掘方法提出了要求:在没有凝聚力的松散沙中,经过破裂过程即可,但在有凝聚力的土壤中,如黏土、岩石、铁板沙等,将不得不使用挖掘装置进行切削。

(2)土壤(黏土)不能凝聚成球。特别是在黏土中,切割的切片可能会凝结或黏在挖掘装置上,并可能堵塞挖掘装置。

(3)必须有足够的水来混合。在使用固定的吸入管道或耙头时,吸口很可能被堵住。对于前者,可能是由于吸入管道格栅堵塞;对于后者,可能是由于耙头太接近地面或垂陷到地里,造成耙头格栅堵塞。

(4)不宜吸入过大的沙石混合物。吸入的泥浆,如岩石、破布、树桩、木材、汽车轮胎等,会卡在耙头或泥泵内,从而造成堵管。

除了良好的混合形态外,需要满足的第二个条件是泥浆以适当的速度通过管道进行输送。如果泥浆容易沉降,流速必须保持在一定的最小流速(临界流速)以上,否则管道就有被堵塞的风险。这种情况对泥泵的扬程和流量提出了最低要求。

泥泵平稳运行的第三个条件是能够持续吸入泥浆。泥泵输送系统可以具有很高的扬程,但在泥泵的吸入侧永远不能达到比水蒸气压力更小的绝对压力(极限)。这意味着在吸入管上的可用压力损失是较为有限的,而在吸入管内的管阻损失必须保持尽可能小,部分原因是不应用过高的管道流速。然而,实现这一目标的可能性受到第二个条件的限制。

4.1.4　泥泵的构造

泥泵主要由泵壳(包括吸入侧和输入轴侧泵盖)、叶轮、叶轮轴、密封装置、吸入侧和输入轴侧水封装置、轴承和支座、伸缩短管(检查管)、排出短管等组成。泥泵的结构如图 4-2 所示。

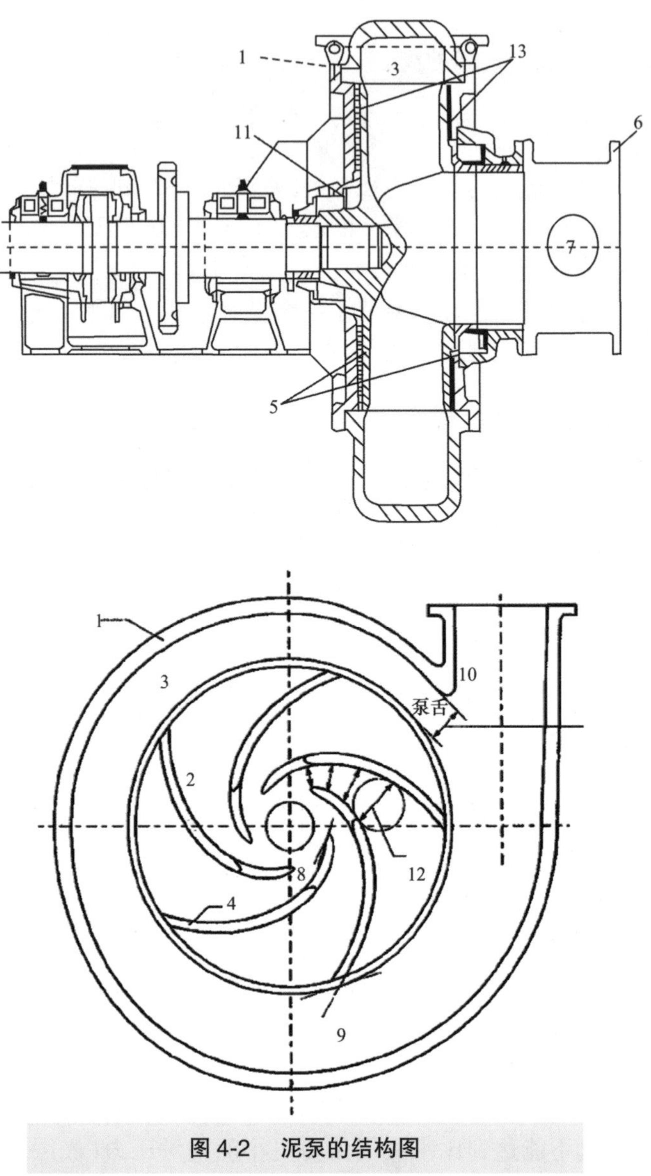

图 4-2　泥泵的结构图

1— 泵壳;2— 叶轮;3— 蜗形流道;4— 叶片;5— 叶轮前 / 后衬板;6— 膨胀管;7— 检查道门;8— 吸口进角;9— 排口出角;10— 泵舌;11— 挡沙圈;12— 球形通道直径;13— 叶轮与前/后衬板间隙

4.1.4.1　叶轮

现代泥泵的叶轮几乎都是径流、后弯叶片、闭式叶轮,叶片置于前、后衬板上,叶片与叶片之间形成叶轮流道。叶轮和叶轮轴相连接,叶轮顶部螺母(塞头)的流道应与叶轮流道一致。吸口端面一般设耐磨环,其紧固在前端盖上。

叶片数:从提高泥泵效率看,叶片数越多越好。但是为取得尽可能大的通过能力,叶轮的叶片数量应尽可能少。解决问题的办法是采取折中方案,根据叶轮大小和要求的球形面积,采用 3 ~ 5 枚叶片。

吸口叶片的长 / 短:为了取得较好的吸入特性,并具有较大的吸口,通常将泥泵吸入侧泵盖靠近叶轮吸口端的边缘做成圆角状,但需采用短叶片或加长叶片伸到入口处。采用短叶片会对泥泵的吸入特性和气蚀性能产生负面效果;而加长叶片则在改善泥泵的吸入特性和水力特性的同时,导致叶轮的通过能力变差。故设计泥泵叶轮时,应该在最好的叶片形状和最大的、有效的吸口之间采用折中方案,在实践中往往更多地考虑通过能力。可接受的最小球形通道直径为叶轮入口直径的 1/3。通常采用稍带圆弧状圆角的吸入通径的泥泵。

叶片线型:常用的叶片线型有单圆弧、双圆弧、渐开线和对数螺旋线。对数螺旋线比其他曲线更符合泥浆质点在叶轮内做径向和旋转运动时的轨迹。

对数螺旋线叶片(扭曲叶片):美国 Thomas Murner 曾于 1983 年 12 月在《世界疏浚和船舶建设》中介绍了普通四叶片叶轮和三扭曲叶片叶轮在同一泵壳中做比较试验,如图 4-3、图 4-4 所示。结果显示,三扭曲叶片叶轮与普通四叶片叶轮相比:在同一转速下,流量提高了 1% ~ 5%;在同一清水流量下,扬程提高了 2%~3%。由于扭曲叶片减少了预旋,吸入阻力下降,吸入能力上升了 40% ~ 50%,效率提高了 5% ~ 7%。同时,三片扭曲叶片提供了更大的通道。由扭曲叶片泥泵的最新成果可知,泥浆通过泥泵叶轮时阻力下降,局部旋涡少,通道面积增大,产生节能效果。

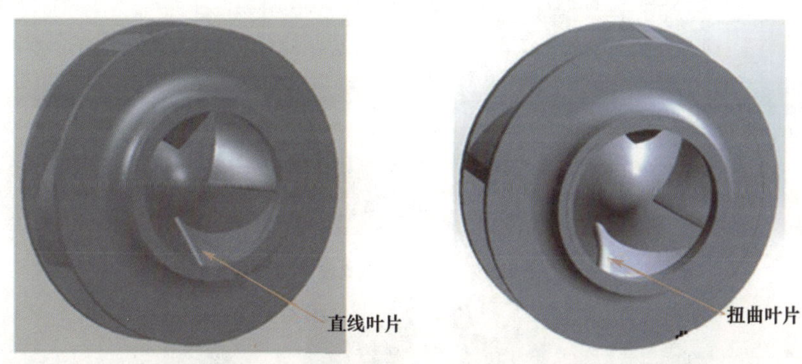

图 4-3　普通四叶片叶轮(左) 与三扭曲叶片叶轮(右) 数值模型对比

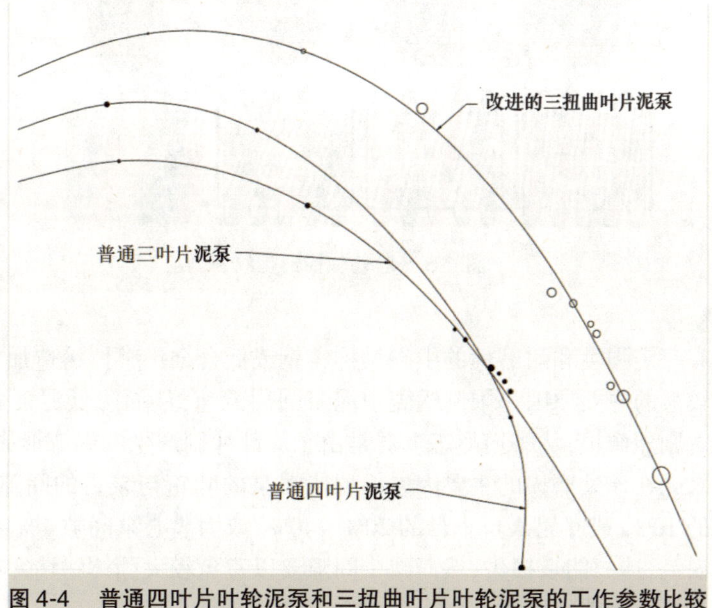

图 4-4　普通四叶片叶轮泥泵和三扭曲叶片叶轮泥泵的工作参数比较

4.1.4.2　叶轮轴、轴承、轴承座和支座

叶轮轴是传递扭矩的主要部件，如图 4-5 所示。由于泥泵具有功率大而转速低的特点，叶轮轴承受径、轴向变力和弯、扭复合力矩的作用。叶轮轴尽可能设计得短而粗以提高强度和刚度。叶轮轴为阶梯轴，轴上布置了多道轴颈以安装轴承组。叶轮轴安装叶轮处的螺纹采用四头梯形螺纹，如图 4-6 所示。泥泵的轴承分为滑动轴承和滚动轴承，采用滚动轴承的结构可以缩小叶轮轴的长度，使泥泵结构紧凑。

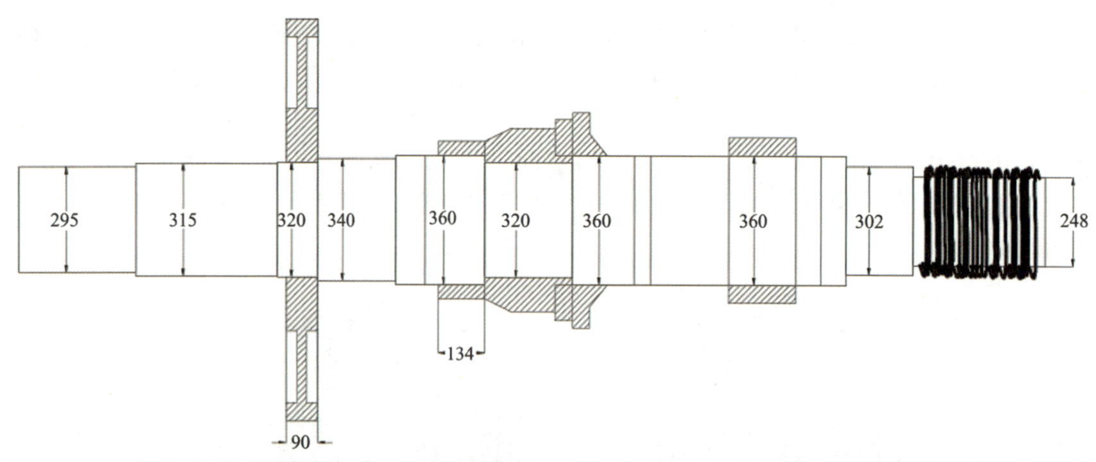

图 4-5　叶轮轴

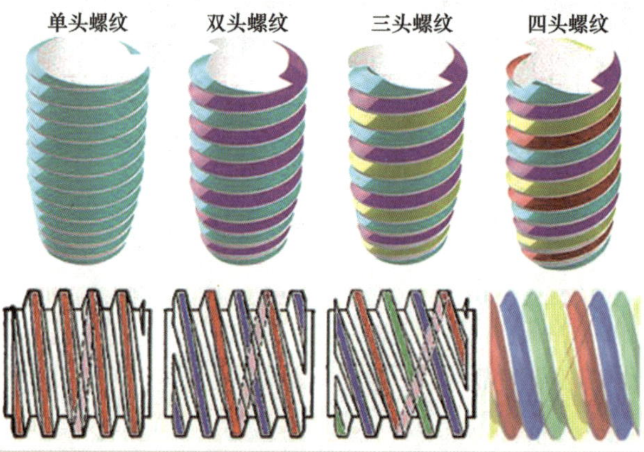

图 4-6　叶轮轴梯形螺纹

4.1.4.3　泵壳

泵壳是由具有一定强度和耐磨性的中碳结构铸钢或低合金钢整体铸造加工而成的。泥泵蜗壳形状设计得较大的主要原因是限制蜗壳中泥浆圆周流速，从而降低泥泵泵壳磨损。泵壳在泵舌后部存在着剧烈磨损，从磨损形态上看是由于局部冲刷产生的涡流形成的气蚀破坏，泵舌的形状是影响泵壳在该处磨损的主要因素。现代泥泵的叶轮与泵舌的间隙是较大的，一般不超过叶轮外径的 10%，或叶轮入口直径的 20% ~ 40%，或为离心泵间隙 4% ~ 6% 的 2 倍。过大的间隙易产生涡流，造成能量损失，然而减少间隙要以避免较大固体物堵塞在叶轮与泵舌的间隙处而引起泥泵损坏为前提。

4.1.4.4　密封装置

为减少泥泵的容积、水力损失，也防止泥浆从叶轮轴与泵壳的间隙漏出而导致泥沙对叶轮轴、泵壳等部件的磨损，泥泵都设置了轴端密封及水腔室密封装置，还设置了吸入端密封装置。图4-7所示为轴端密封及水腔室密封装置；图4-8所示为吸入端密封装置。

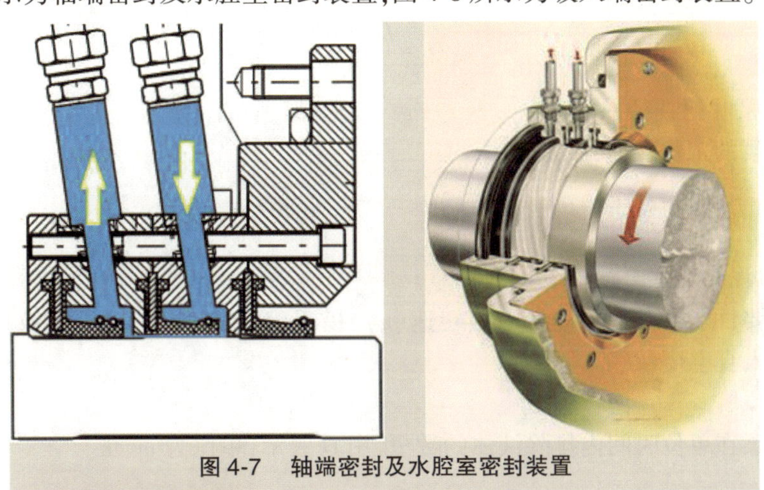

图4-7　轴端密封及水腔室密封装置

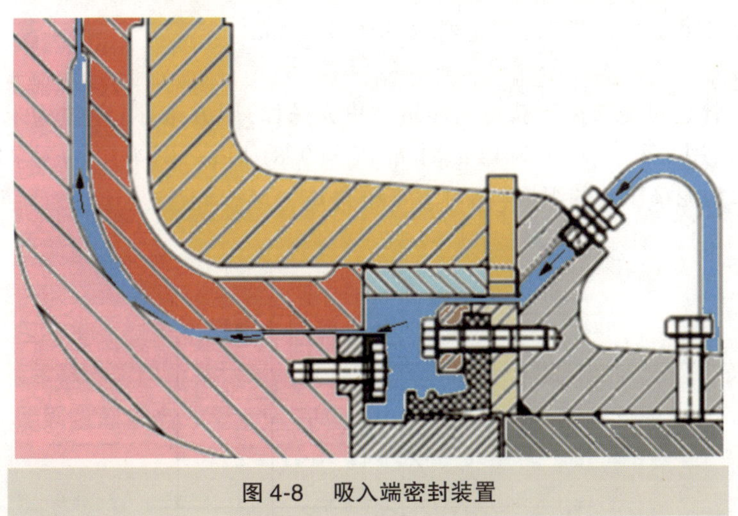

图4-8　吸入端密封装置

4.1.4.5　检查短管

检查短管(见图4-9)的作用是方便人员进入泥泵检查或拆除异物。

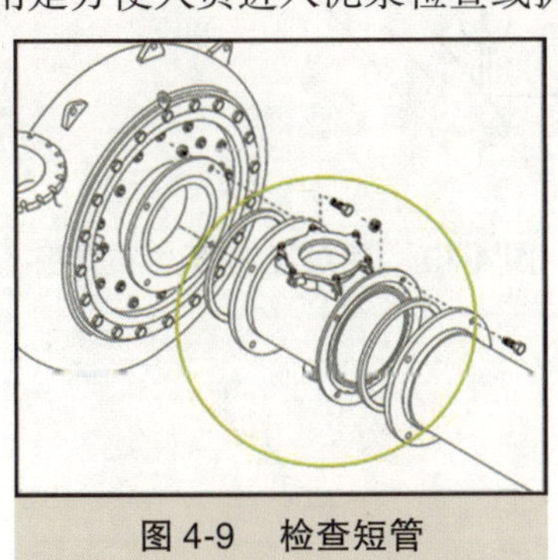

图4-9　检查短管

4.1.4.6 封水系统

封水系统的作用是建立泥泵的密封腔体，防止内部浆体溢出及外部空气进入泥泵腔体。其设计原则是：封水泵的工作压力一定要大于或等于泥泵的最大工作压力。标准型泥泵所需要的最小封水流量为

$$Q = \frac{D^2 \cdot n}{20} \tag{4-1}$$

式中：D——泥泵叶轮直径，m；

n——泥泵的工作转速，r/min。

4.1.5 泥泵的工作原理

4.1.5.1 泥泵的主要性能参数

泥泵的主要性能参数有：流量(Q)、转速(n)、扬程(H)、轴功率(P_{shaft})、效率(η)、气蚀余量(Δh)[或吸入真空度(H_s)]等。

1. 流量

流量是泥泵在单位时间内排除液体的数量，用 Q 表示，单位为 m^3/h。

2. 转速

转速是指泵轴每分钟的转数，用 n 表示，单位为 r/min。

3. 扬程

单位重量液体通过泥泵后所获得的能量被称为扬程，用 H 表示，单位为米水柱(mWC)。扬程又称为压头，用 p 表示，单位为 kPa。1 mWC = 9.81 kPa。图 4-10 为泥泵吸、排压力布置图；图 4-11 所示为泥泵压头的组成(相对大气压力)。

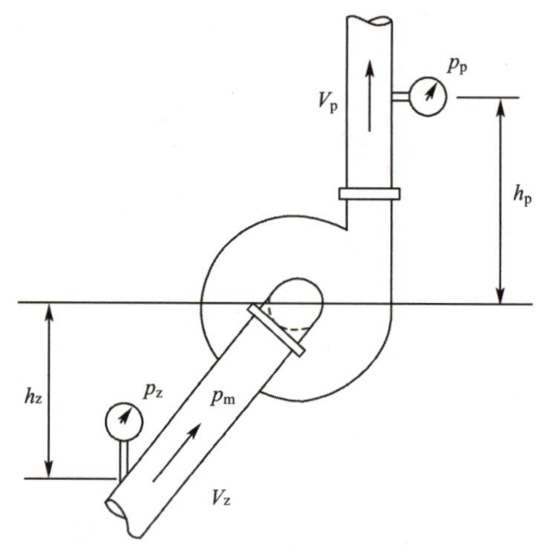

图 4-10 泥泵吸、排压力布置图

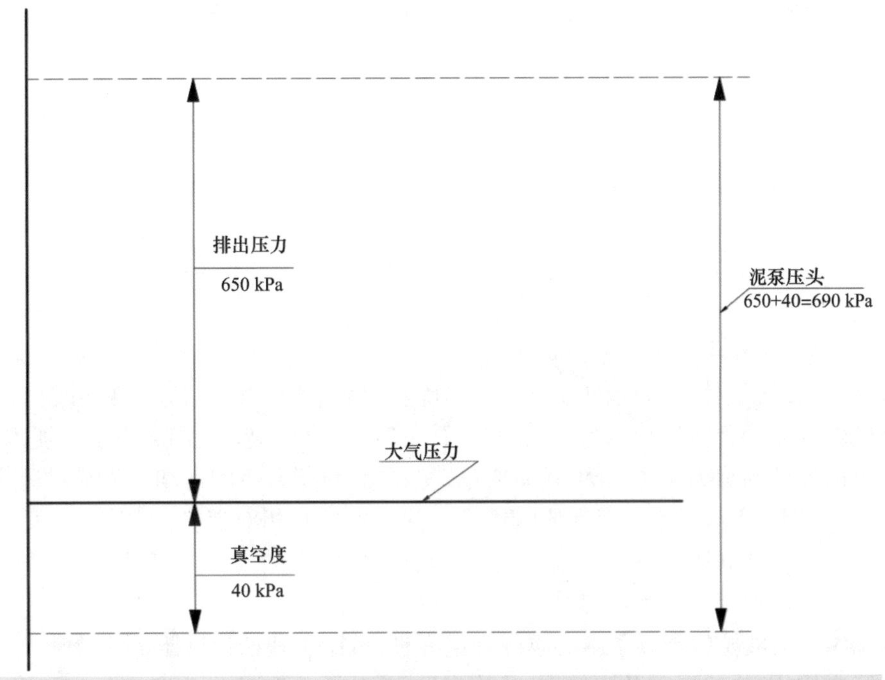

图 4-11　泥泵压头的组成(相对大气压力)

泥泵压头的计算公式为

$$p_m = p_p - p_z + \rho_m \cdot g \cdot (h_p - h_z) + \frac{1}{2} \cdot \rho_m (V_p^2 - V_z^2) \tag{4-2}$$

式中：p_p—— 排口处的压力，Pa；

p_z—— 吸口处的压力，Pa；

ρ_m—— 泥浆密度，kg/m^3；

g—— 重力加速度，m/s^2；

h_z—— 吸口距离泥泵中心的高度，m；

h_p—— 排口距离泥泵中心的高度，m；

V_z—— 吸口处泥浆速度，m/s；

V_p—— 排口处泥浆速度，m/s。

4. 轴功率

泥泵功率是指轴功率，即原动机传递给泥泵的输入功率，用 P_{shaft} 表示，指它在单位时间内所做的功。

$$P_{shaft} = T \cdot \omega \tag{4-3}$$

式中：T—— 泥泵轴扭矩，N · m；

ω—— 泥泵叶轮角速度，rad/s。

$$\omega = \frac{2 \times \pi \times n}{60} \tag{4-4}$$

在泥泵内部,泥泵所吸收的有效功率 P_{pump}(单位:kW) 进一步转化为泥泵流量 Q(单位:m^3/h) 和压头 p_{ma}(单位:kPa),即

$$P_{pump} = Q \cdot p_m \tag{4-5}$$

5. 效率

效率是指被输送的泥浆所获得的有效功率与轴功率之比,即

$$\eta = \frac{P_{pump}}{P_{shaft}} \cdot 100\% = \frac{Q \cdot p_m}{P_{shaft}} \cdot 100\% \tag{4-6}$$

4.1.5.2　欧拉公式推导与泥泵理论特性

离心泵工作时,液体一方面随着叶轮一起旋转,另一方面又从转动着的叶轮由里向外流动。液体随着叶轮的旋转运动称为圆周运动,其速度称为圆周速度,用 u 表示。液体从旋转着的叶轮由里向外流动称为相对运动,用 w 表示。液体相对于泵体的运动称为绝对运动,其速度称为绝对速度,用 c 表示。绝对速度的向量等于圆周速度和相对速度的向量和,即:液体圆周速度的方向与叶轮圆周切线方向一致,而液体相对速度的方向与叶片表面相切。液体绝对速度的方向即为圆周速度和相对速度的合成速度的方向。

早在 1850 年,欧拉就推导了离心泵的理论方程,可用于理论计算能量的增量。

在实际应用中,能够提前预测转速、叶轮直径、叶片数量和叶片角度变化的结果是很重要的。欧拉从理论上设计了一个公式来计算上述变量的影响,基于如下两个主要假设:

(1)假设泵有无穷多且无穷薄的叶片。在此假设下,假设泵内液体的流线始终与叶片平行,泵内所有液体颗粒的旋转与叶片相同。摩擦和减速损失可以忽略不计。

(2)然而,在现实中,由于泥泵内部摩擦和冲击会造成比较严重的损失,因而流线并不平行于叶片。此外,由于惯性的作用,水在两个相邻叶片之间的转动相对于叶轮的转动是滞后的。

图 4-12 所示为泥泵内部泥浆合成速度,图中:c 为流体质点绝对速度;w 为流体质点与叶轮的相对速度;u 为叶轮圆周速度。其中:$u_1<u_2$;$w_1>w_2$;$c_1>c_2$。下标的含义为:0 表示扰动处的流体质点;1 表示叶轮吸口处的流体质点;2 表示叶轮出口处的流体质点。

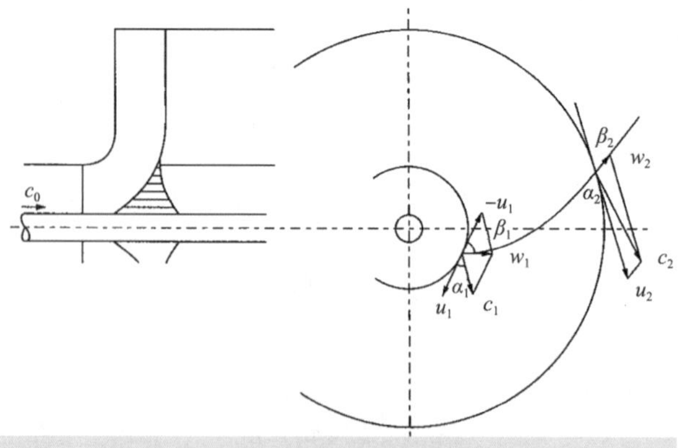

图 4-12　泥泵内部泥浆合成速度

在下面的推导中，为了清晰起见，泥泵内压力既可用米水柱（mWC）表示，也可用千帕斯卡（kPa）表示。此推导过程忽略了由高度差产生的压力差，将泵看作平躺着的垂直轴泵。造成泥泵内压力变化基于以下三个因素：

（1）由离心加速度产生的离心力；

（2）相对于叶轮的流体质点相对速度减小；

（3）由旋转速度导致的流体质点绝对速度增大。

①离心力使泵内压力增大

由于叶片的转动，泵内流体微团［高度为 1（单位高度），宽度为 dl，与轴吃水距离为 r］的圆周速度从 u_1 增大到 u_2，如图 4-13 所示。受到离心加速度 a 的作用，压力 p 以半径 r 的平方增大。图 4-13 所示为离心力的产生原理。

根据牛顿第二定律，流体微团受到的外力为

$$F = m \cdot a \tag{4-7}$$

其中，流体微团的质量为

$$m = \mathrm{d}r \cdot \mathrm{d}l \cdot \rho \tag{4-8}$$

流体微团的向心加速度为

$$a = r \cdot \omega^2 \tag{4-9}$$

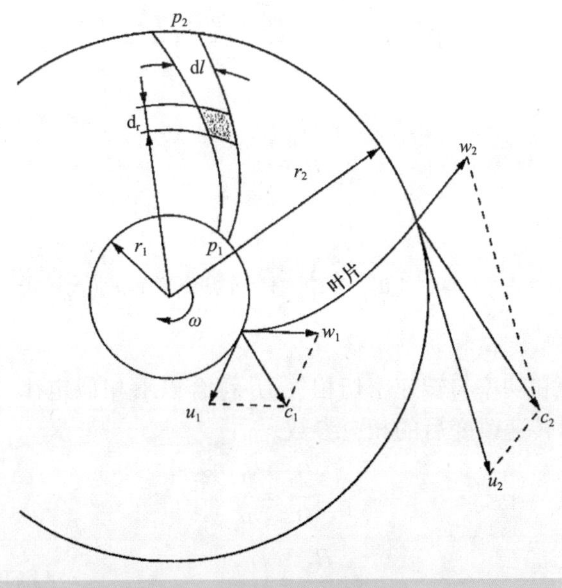

图 4-13　离心力的产生原理

相距 dr 的两处流体微团的压力差为

$$\mathrm{d}p = \rho \cdot r \cdot \omega^2 \cdot \mathrm{d}r \tag{4-10}$$

在 r_1 和 r_2 区间内,对式(4-10) 进行积分可得

$$p_2 - p_1 = \int_{r_1}^{r_2} \rho \cdot \omega^2 \cdot r \cdot \mathrm{d}r = \rho \cdot \omega^2 \cdot \frac{r_2^2 - r_1^2}{2} \tag{4-11}$$

又有,线速度 $u = \omega \cdot r$,压头 $h = \frac{p}{\rho \cdot g}$。将其代入式(4-11),可得

$$h_2 - h_1 = \frac{u_2^2 - u_1^2}{2 \cdot g} \tag{4-12}$$

②流体质点相对速度减小使泵内压力增大

流体质点在叶轮叶片之间径向流动。不考虑叶轮转动,总能量扬程 $H = h + \frac{w^2}{2 \cdot g}$ 沿流动路径(叶片) 为常数,因此

$$h_2 - h_1 = \frac{w_1^2 - w_2^2}{2 \cdot g} (\mathrm{mWC}) \tag{4-13}$$

③流体质点绝对速度增大使泵内压力增大

流体质点绝对速度 c 从 1 到 2 的速度头增量为

$$h_2 - h_1 = \frac{c_2^2 - c_1^2}{2 \cdot g} \tag{4-14}$$

因此,泥泵的总能量扬程为

$$H = \frac{u_2^2 - u_1^2}{2 \cdot g} + \frac{w_1^2 - w_2^2}{2 \cdot g} + \frac{c_2^2 - c_1^2}{2 \cdot g} \tag{4-15}$$

采用下式进行替换:

$$H = \frac{p}{\rho \cdot g} \tag{4-16}$$

可得

$$p = \frac{1}{2} \cdot \rho \cdot [(u_2^2 - u_1^2) + (w_2^2 - w_1^2) + (c_2^2 - c_1^2)] \tag{4-17}$$

4.1.5.3 泥泵相似定律和切割定律

泥泵的流量、扬程和功率与转速密切相关,并符合以下相似定律。其中,下标 1 表示泥泵原有参数,下标 2 表示转速改变后的相应参数。

$$\frac{Q_1}{Q_2} = \frac{n_1}{n_2} \quad \text{(流量与转速成正比)}$$

$$\frac{H_1}{H_2} = \left(\frac{n_1}{n_2}\right)^2 \quad \text{(扬程与转速的平方成正比)}$$

$$\frac{P_1}{P_2} = \left(\frac{n_1}{n_2}\right)^3 \quad \text{(功率与转速的立方成正比)}$$

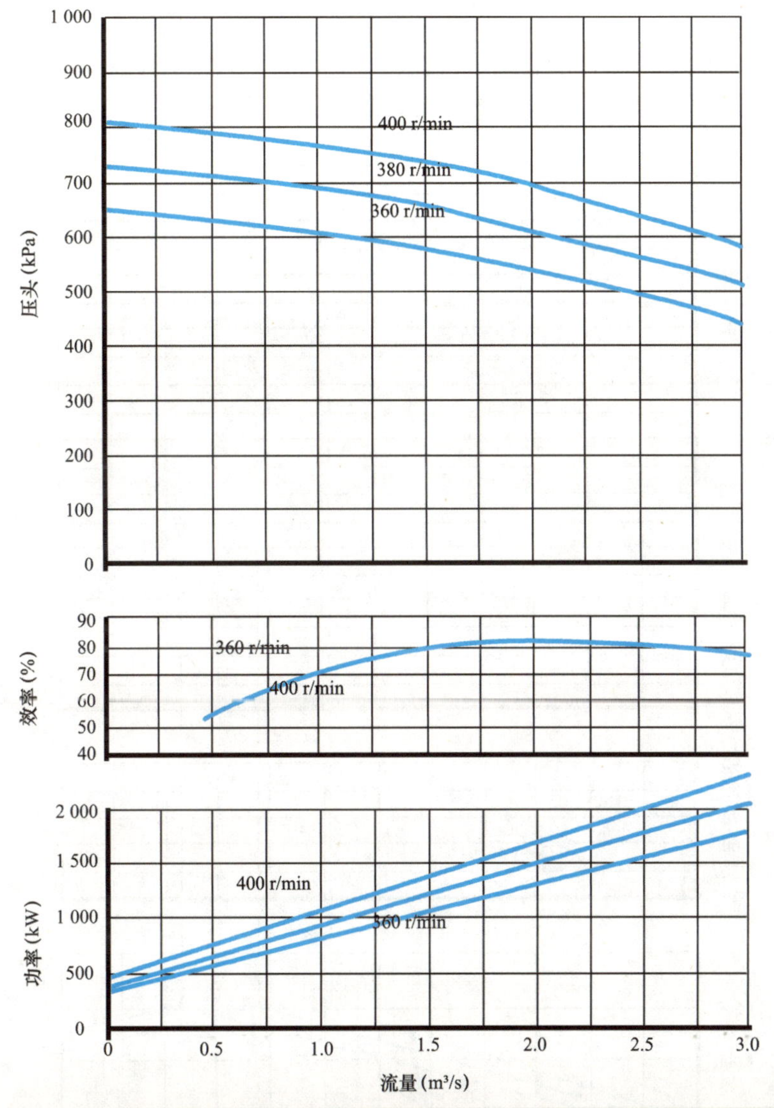

图 4-14　泥泵不同转速特性曲线

图 4-14 所示为泥泵不同转速特性曲线，从图中可以看出，效率随转速曲线向流速增大方向平移。

如果施工情况改变或者主机与泥泵匹配不理想，可切割叶轮外圆以减小叶轮外径，使主机不超负荷。在泥泵转速不变的情况下，这种方法可较好地满足施工需要。其特性的变化近似地符合下列关系，即切割定律。其中，下标 1 表示未切割的叶轮，下标 2 表示切割后的叶轮。

$$\frac{Q_1}{Q_2}=\frac{D_1}{D_2}$$ （流量与叶轮直径的成正比）

$$\frac{H_1}{H_2}=\left(\frac{D_1}{D_2}\right)^2$$ （扬程与叶轮直径的平方成正比）

$$\frac{P_1}{P_2}=\left(\frac{D_1}{D_2}\right)^3 \qquad \text{（功率与叶轮直径的立方成正比）}$$

图 4-15 所示为泥泵不同叶轮直径特性曲线。通常，对于比转速为 60~120 的泥泵而言，叶轮外径可切削到原外径的 80%，此时效率降低约 2%。

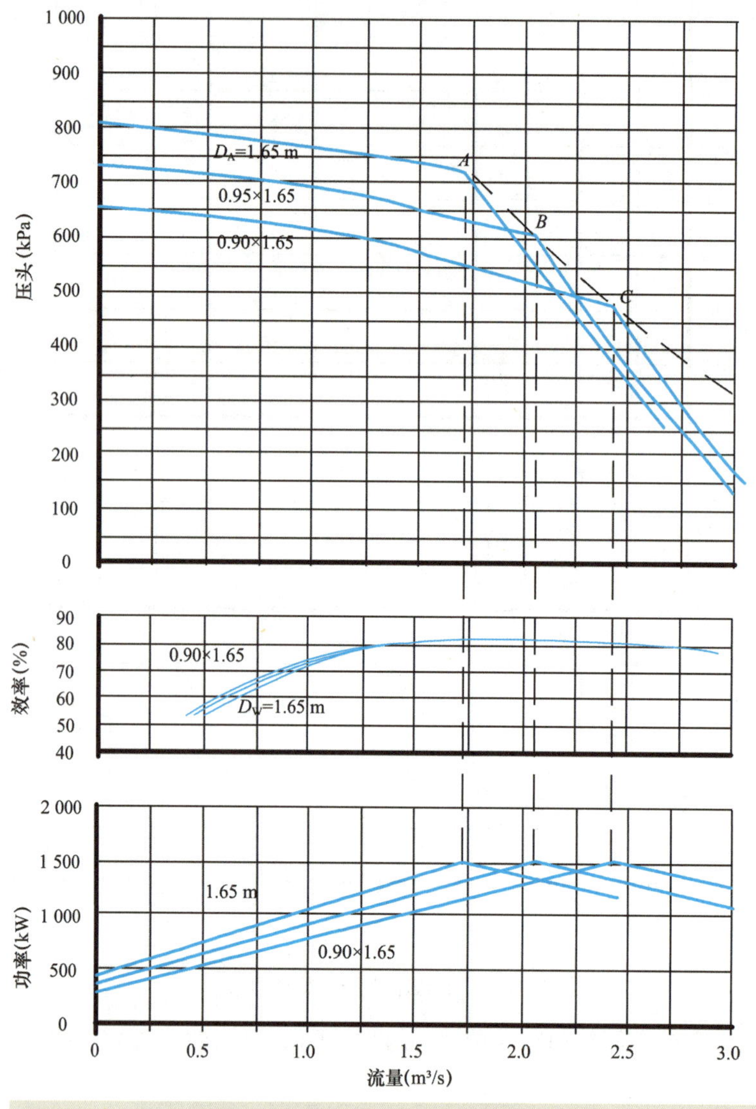

图 4-15　泥泵不同叶轮直径特性曲线

4.1.6　泥泵的工作特性

4.1.6.1　泥泵的清水特性曲线

通常，表示泥泵主要性能参数之间关系的曲线被称为泥泵性能曲线或特性曲线。实质上，泥泵的性能曲线是液体在泥泵内运动规律的外部表现形式。

泥泵的性能曲线包括流量-扬程($Q-H$)曲线、流量-功率($Q-P$)曲线和流量-效率($Q-\eta$)曲线，如图 4-16 所示。这些曲线都是在一定的转速下，以试验的方法求得的。对于不同的转速，有不同的性能曲线。

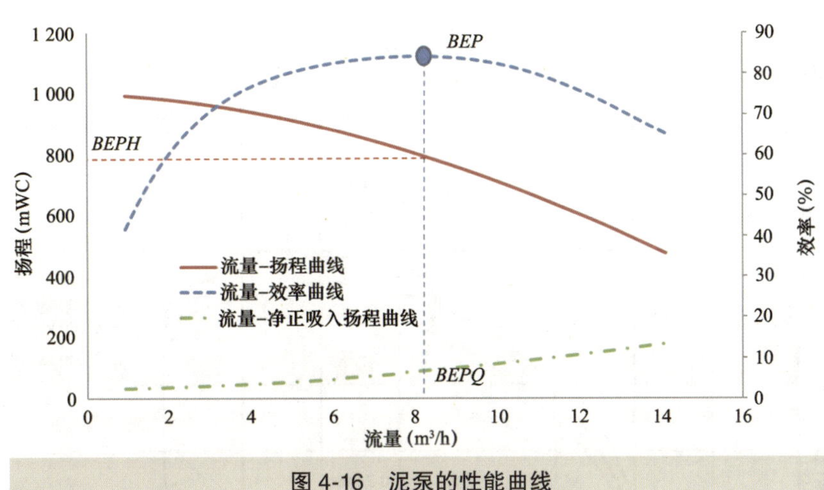

图 4-16　泥泵的性能曲线

在性能曲线上，对于任意的流量点，都可以找出一组与其相对应的扬程、功率和效率值。通常，这一组相对应的参数被称为工作状况，简称工况点。对应于泥泵最高效率点的工况被称为最佳工况点。最佳工况点一般应与设计工况点相重合。但实际上，有些泥泵的最佳工况点与设计工况点并不重合。

在工程应用中，需参照泥泵的性能曲线来选择泥泵的运行工况点，这样才能使泥泵经常保持在高效率区间内运行。也就是说，只有借助泥泵的性能曲线，才能正确掌握泥泵的运行情况，分析泥浆在泥泵内的运动状态，从而积累资料，完善设计方法。

4.1.6.2　泥泵输送泥浆时的特性曲线

泥泵输送泥浆时的特性

1. 泥泵输送泥浆时的特性变化趋势

泥泵输送泥浆时，其各工作参数之间的关系和泥泵输送清水时相比有一些变化。其变化的趋势是：

(1) 输送细颗粒泥沙浆体时泥泵压头将升高，并且随着泥沙颗粒粒径的减小，压头升高很多，输送粗颗粒泥沙浆体时压头只略有升高，而且随着沙石粒径的增大，压头升高量减小，甚至会减小到清水压头的下方。

(2) 在同一土壤的情况下，泥浆浓度增大，则压头的升高量也增大；反之亦然。

(3) 在同一泥泵转速和流量下，输送泥浆时，效率略有下降，下降量与土壤、泥浆浓度有关。

(4) 泥泵输送泥浆时，允许吸入真空度将降低。

因此，当输送泥浆时，在泥泵转速和流量不变的情况下，需要较大功率。

图 4-17 所示为沙与水混合物的泥泵特性曲线；图 4-18 所示为黏质土与水混合物的泥泵特性曲线。

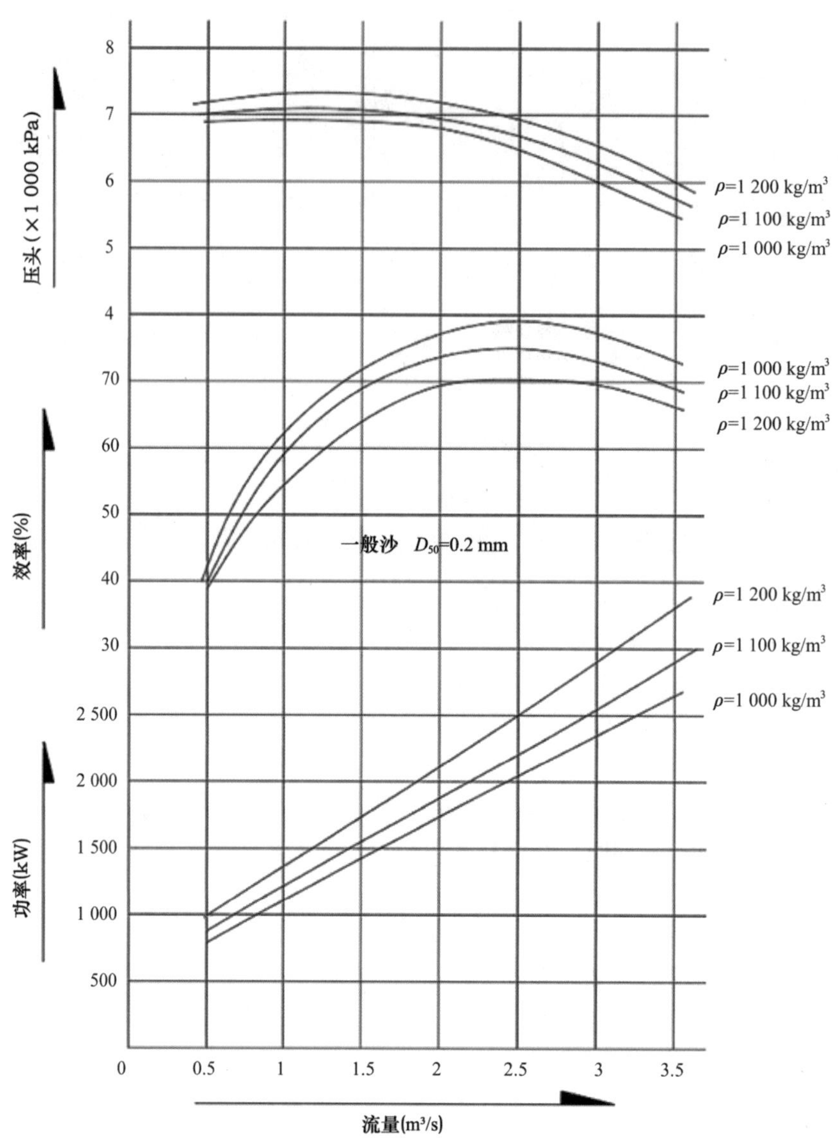

图 4-17　沙与水混合物的泥泵特性曲线

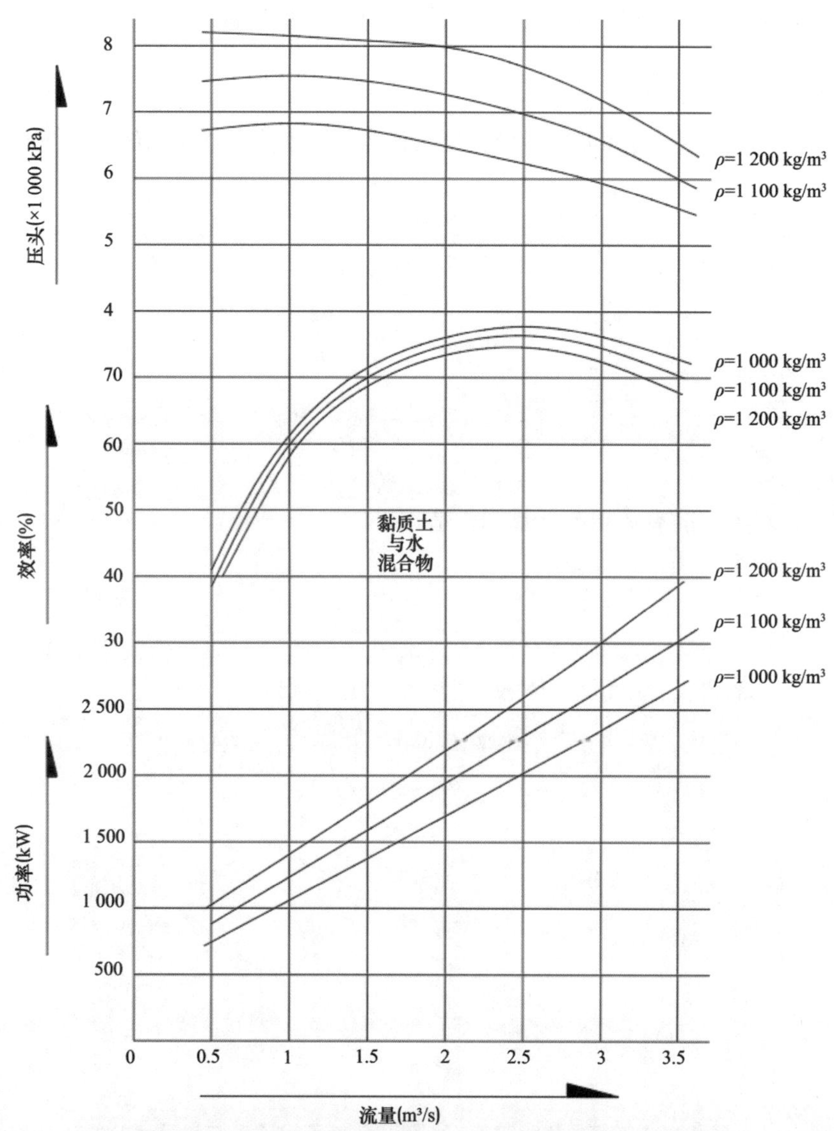

图 4-18　黏质土与水混合物的泥泵特性曲线

2. 输送泥浆时的压头和输送清水时的压头的关系

流体颗粒加速所需能量来自流体自身的动能。颗粒减速时能量会返还给流体，但绝大部分能量将转换为湍动能。当颗粒粒径增大时，颗粒与颗粒或颗粒与泥泵之间的摩擦碰撞效应会增强，进而导致伴随能量转换的能量损失增加。

对于泥泵内的均匀流体，测量压力 p 与流体密度有关，流量与流体密度无关，均匀流体的泥泵效率不取决于流体密度。因此，泥泵的有效功率 $P_{pump} = Q \cdot p$ 和轴功率 $P_{shaft} = Q \cdot p/\eta$ 同样与流体密度有关。

对于由泥泵运输的流固混合物，由于流体与颗粒间能量转换的损失，其压头将低于同密度的均匀流体。

输送砾石时，颗粒不返还或几乎不返还能量，碰撞和摩擦造成的能量损失主要发生在叶轮和泵壳处。在极端条件下，这可能会导致压头比水压更低，且粒径和体积浓度越大，压头损失也越大。

基于 A. J. Stepanoff 的理论，假设浆体的颗粒密度为 2 650 kg/m^3，图 4-19 给出了在不同体积浓度 C_v 下，泥泵压头修正因子 f_c 与粒径 d 的关系。

$$p_m = f_c \cdot p_w \cdot \frac{\rho_m}{\rho_w} \tag{4-18}$$

$$C_v = \frac{\rho_m - \rho_w}{\rho_s - \rho_w} \tag{4-19}$$

$$P_{pump\ m} = Q \cdot p_m \tag{4-20}$$

式(4-20)对泥泵的有效功率计算同样适用。

泥泵的轴功率可按下式计算：

$$P_{shaft} = \frac{P_{pump\ m}}{\eta_m} = \frac{Q \cdot p_m}{\eta_m} \tag{4-21}$$

上式中下标的含义：m 代表浆体；w 代表水；s 代表颗粒 。

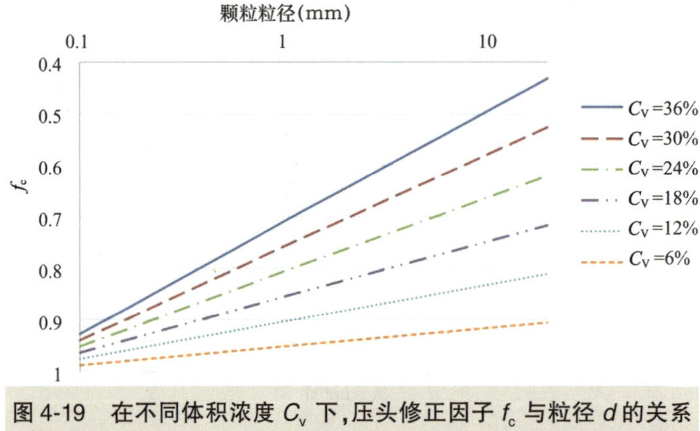

图 4-19　在不同体积浓度 C_v 下，压头修正因子 f_c 与粒径 d 的关系

图 4-19 说明，细沙的压头损失在 5%以内，而粒径 10 mm 沙砾的压头损失可以达到两位数。上图可用以下公式描述：

$$f_c = 1 - (0.8 + 0.6\ \lg d_m) \cdot C \tag{4-22}$$

式中：d_m—— 沙砾粒径，mm。

综上，与具有相同密度的均匀流体相比，泥泵输送流固混合物的压头较小，且随着体积浓度的升高和粒径的增大，压差增大。

A. J. Stepanoff 从他的测量结果中发现，所需的泥泵轴功率随着混合物密度的增加而增大。显然，泥泵效率降低趋势与压头降低趋势相同。这适用于体积浓度小于 25% 的流固混合物。但在较高的体积浓度下，泥泵效率下降幅度将大于压头下降幅度。在此条件下，需要更大的泥泵功率。对于任意体积浓度高于 25% 的情况，可以参考《泥浆泵手册》，其中同样讨论了粒径与泥泵叶轮直径的比值对泥泵效率的影响。

对于体积浓度小于 25% 的情况，压头修正因子 f_c 实际上代表了在同转速、同流量的条件下，输送混合物与输送清水的泵效率比值。

$$\eta_m = f_c \cdot \eta_w \tag{4-23}$$

根据式 4-18 和式 4-20，轴功率计算如下：

$$P_{\text{shaft m}} = \frac{P_{\text{pump m}}}{\eta_m} = \frac{Q \cdot p_m}{\eta_m} = P_{\text{shaft w}} \cdot \frac{\rho_m}{\rho_w} \tag{4-24}$$

式中：$P_{\text{shaft m}}$—— 输送浆体时泵消耗的轴功率；

$P_{\text{shaft w}}$—— 输送清水时泵消耗的轴功率。

根据式(4-23) 和式(4-24)，可以进行流固混合物输送特性计算。

例如：

已知：泥泵的特性如图 4-20 蓝线所示。该实例只讨论恒定转速条件，沙砾粒径为200 μm。

求：流固混合物密度为1 250 kg/m^3 时泥泵的特性曲线。

解：

体积浓度为：

$$C_v = \frac{\rho_m - \rho_w}{\rho_s - \rho_w} = 0.15 \tag{4-25}$$

由图 4-19 可知，在粒径为 200 μm、体积浓度为 15% 的条件下，压头修正因子 $f_c = 0.94$。因此，输送流固混合物时泥泵的压力为

$$p_m = f_c \cdot p_w \cdot \frac{\rho_m}{\rho_w} = 0.18 p_w \tag{4-26}$$

其所需泥泵轴功率为

$$P_{\text{shaft m}} = P_{\text{shaft w}} \cdot \frac{\rho_m}{\rho_w} = 1.25 P_{\text{shaft w}} \tag{4-27}$$

将输送清水时的 Q-P 曲线乘以因数 1.18 可计算出恒定转速下输送流固混合物时泥泵的 Q-P 曲线。将该曲线再乘以因数 1.25 即可得到功率曲线，如图 4-20 中红线所示。

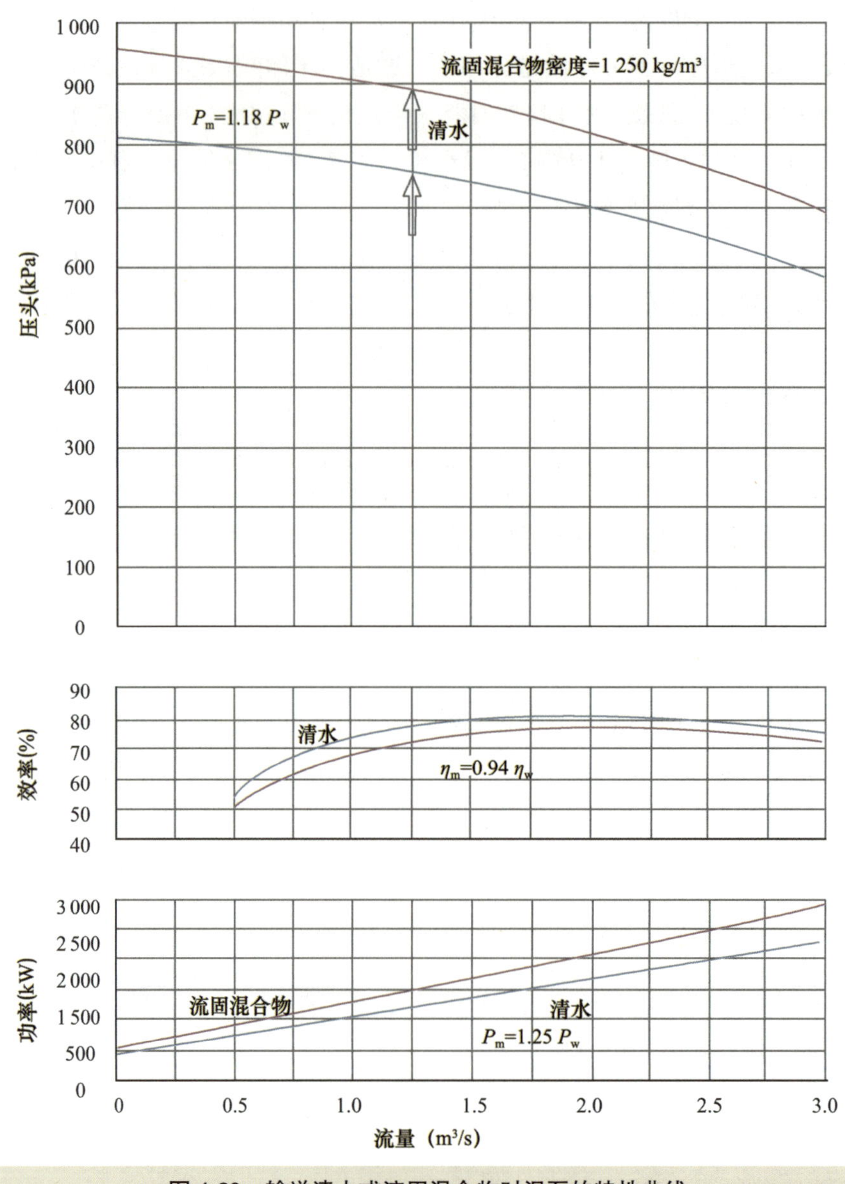

图 4-20　输送清水或流固混合物时泥泵的特性曲线

图 4-21 所示为输送清水或沙砾混合物时泥泵的特性曲线。沙砾混合物的密度为 1 100 kg/m³，粒径为 20 mm，体积浓度为 6%，压头修正因子取 0.91。在此条件下，输送清水和输送沙砾混合物时泥泵的特性几乎相同。输送沙砾混合物时泥泵的特性曲线如图中红线所示。

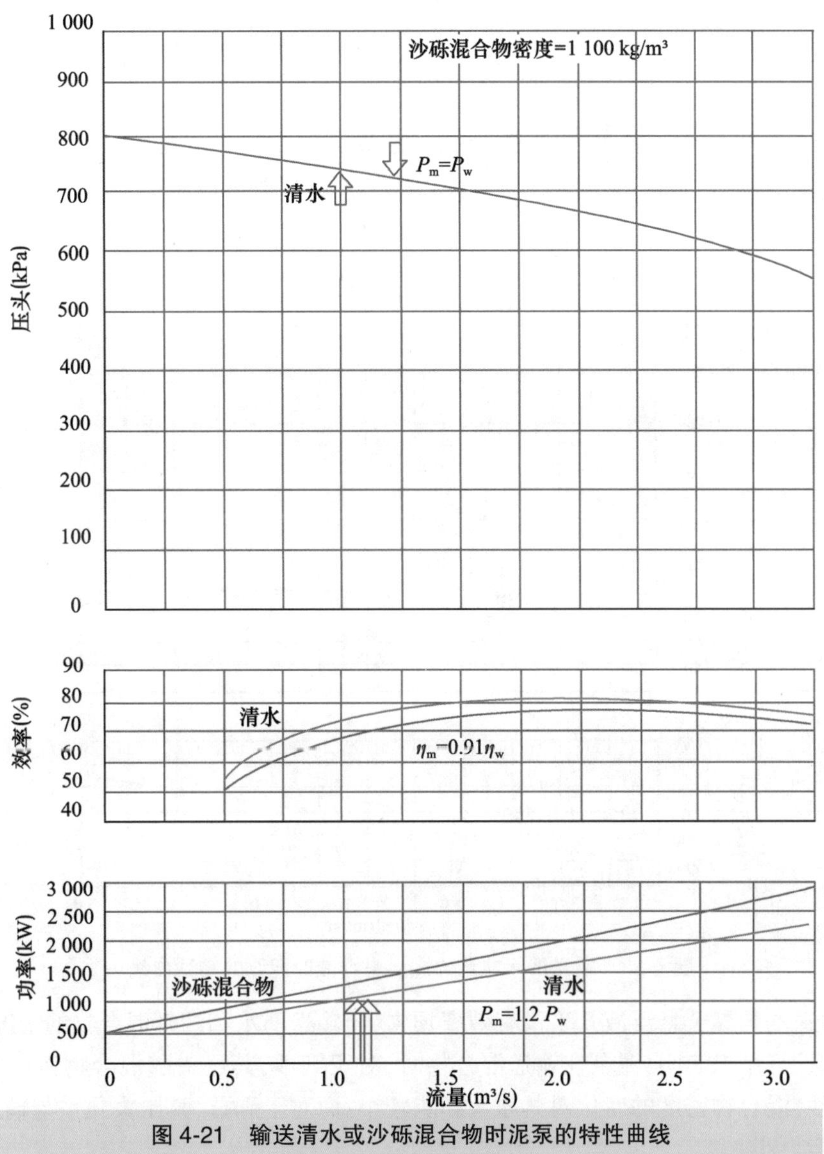

图 4-21　输送清水或沙砾混合物时泥泵的特性曲线

图 4-22 所示为输送清水或均匀黏土悬浮液时泥泵的特性曲线，其中红线为均匀黏土悬浮液，密度为 1 250 kg/m^3 时泥泵的特性曲线。由图可知，对于均匀黏土悬浮液，如果不考虑黏度的影响，即使体积浓度增大，泥泵的效率也几乎不变。

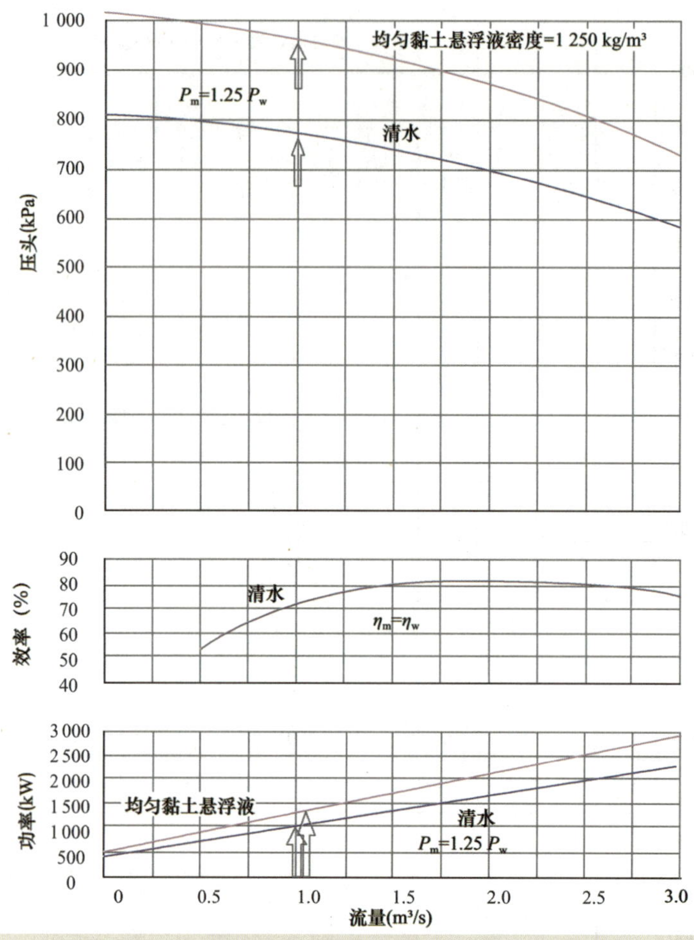

图 4-22 输送清水或均匀黏土悬浮液时泥泵的特性曲线

泥泵输送均匀黏土悬浮液几乎没有效率损失，与输送清水和沙砾混合物的情况不同。

数值和计算结果表明，泥泵在输送混合物时，对于细沙，其压头随混合物密度的增大而增大；对于粗沙，混合物密度的变化对其压头影响较小；而对于砾石，其压头几乎与输送清水时相同，甚至可能更小。

4.1.7 泥泵气蚀

4.1.7.1 泥泵气蚀现象的产生过程及危害

如果泥泵在运行过程中产生了噪声和振动，并伴随着流量、扬程和效率的降低，有时甚至不能工作，则当检修泥泵时，就会发现在叶片入口边靠近前盖板处或叶片入口边附近有麻点或蜂窝状破坏。严重时，整个叶片和前、后盖板都有这种现象，甚至叶片盖板被穿透，这就是由气蚀所引起的破坏。

要认识气蚀现象，需要从日常生活中水和汽的变化谈起。

在 1 个大气压环境中，水被加热到 100 ℃就有大量气泡从水中逸出，形成所谓“沸腾”的现象。当水温为 20 ℃时，如将压力降低到 0. 023 个大气压，水也能沸腾起来。在高原地区，由于海拔高、气压低，水温不到 100 ℃时水就开始沸腾，也是这个道理。所以，水和汽可以相互转化，这是它们的固有物理特性，而温度与压力便是促使它们相互转化的条件。

在一定的温度下，液体开始汽化的临界压力，叫作汽化压力，以 p_d 表示。水在各种温度下的汽化压力如表 4-1 所示。

表 4-1　水在各种温度下的汽化压力

温度(℃)	汽化压力 p_d(kPa)
10	1.23
20	2.33
30	4.25
50	12.34
100(沸水)	101.33

泥泵通过旋转的叶轮对液体做功，使液体能量(包括动能和压能)增加，在相互转化的过程中，液体的速度和压力是变化的。通常，泥泵叶轮入口处是压力最低的地方。如果液体的压力等于或低于在该温度下液体的汽化压力 p_d，就会有蒸汽及溶解在液体中的气体从液体中大量逸出，形成许多蒸汽与气体混合的小气泡。这些小气泡随液体流到高压区时，由于气泡内是汽化压力，而气泡周围大于汽化压力，所以产生了压差，在这个压差的作用下，气泡受压破裂而重新凝结。在凝结的过程中，液体质点从四周向气泡中心加速运动，在凝结的一瞬间，质点相互撞击，产生很高的局部压力。这些气泡如果在金属表面附近破裂而凝结，则液体质点就像无数小弹头一样，连续打击金属表面。在压力很大、频率很高的连续打击下，金属表面逐渐因疲劳而破坏，这种破坏通常被称为剥蚀。在所产生的气泡中还夹有一些活泼气体(如氧气等)，其借助气泡凝结时所放出的热量，对金属起化学腐蚀作用。在化学腐蚀与机械腐蚀的共同作用下，金属表面很快被破坏成蜂窝状或海绵状。图 4-23 所示为被气蚀破坏的泥泵叶轮。泥泵开始发生气蚀时，气蚀区域比较小，对泥泵的正常工作没有明显影响，在泥泵的性能曲线上也没有明显的表现。但当气蚀发展到一定程度时，气泡大量产生，就会影响液体的正常流动，甚至造成液流间断、产生振动和噪声，同时泵的流量、扬程和效率明显下降，在泥泵的性能曲线上也会有明显的表现。图 4-24 为气蚀发生过程图。

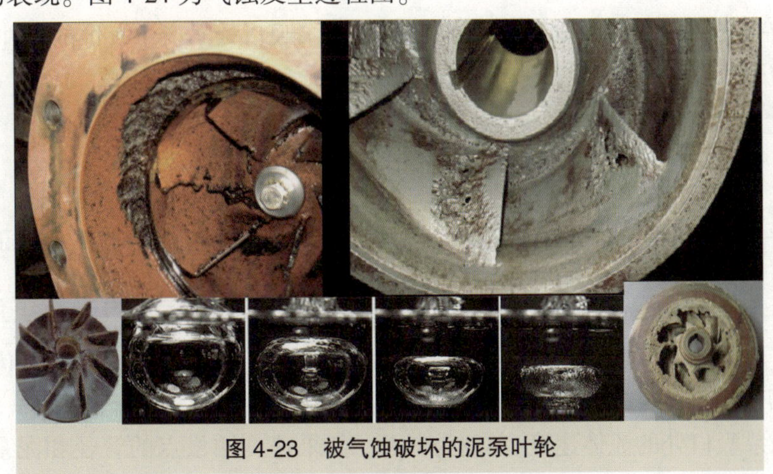

图 4-23　被气蚀破坏的泥泵叶轮

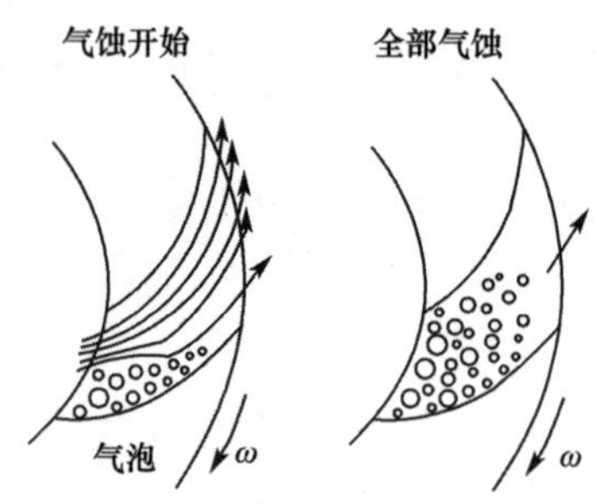

图 4-24　气蚀发生过程图

液体中气蚀产生的气泡改变了泥泵的特性。这些变化表现为压力和效率降低。这种压力和效率降低的程度取决于空化的程度,并可能因泵而异。在泥泵管路系统中,由于压降的存在,效率会降低,而当空化达到完全空化即空化临界值时,压降可能会导致整个结构被破坏。完全空化又称泵的"失速"。为了防止气泡的形成,必须降低泥泵入口处的真空度,使压力再次增加。这可以通过降低产量来实现;也可以通过降低泥泵的转速,或在泥泵的入口处打开一个阀门即所谓的真空安全阀来实现。在极端情况下,可以提升吸入管,将产量降至零。

有些泥泵具有"友好"的气蚀特性,这主要是由叶轮设计决定的。在传统叶轮设计中,空化开始得更早,并在较低的压力下逐渐扩展到整个叶片,尚有调整机会;而在现代叶轮设计中,通常采用扭曲叶片,空化开始时的压力较低,但它会立即遍及整个叶片。

气蚀不但使泥泵的性能下降,产生噪声和振动,而且使泥泵的使用寿命缩短,严重时使泥泵无法正常工作。所以,研究气蚀过程的客观规律,提高泥泵抗气蚀性能,以及研究抗气蚀破坏的材料,是泥泵技术发展的重要研究项目。

4.1.7.2　净正吸入扬程

在处理泥泵气蚀的时候有一个非常重要的参数就是净正吸入扬程(*NPSH*)。介绍 *NPSH* 是为了能够比较泥泵吸口的实际状况和泥泵需要的吸口状况,预测泥泵吸口的抗气蚀性能。*NPSH* 代表流体的特定能量或者说超过气蚀压力的总绝对压头。在疏浚工程中,需要区分以下两个量:

(1)*NPSHA*:可用的 *NPSH*,又称实际的 *NPSH*,是泵吸口处不产生气蚀的条件。

(2)*NPSHR*:需要的 *NPSH*,是保持流体为液态的泥泵所需压力。

如图 4-25 所示,*NPSHA* 计算公式如下:

$$NPSHA = p_{\text{atm}} - V_{\text{ac}} + \frac{1}{2} \cdot \rho_{\text{w}} \cdot v^2 \cdot 10^{-3} - p_{\text{vap}} \tag{4-28}$$

式中:*NPSHA*—— 可用的 *NPSH*,单位为 kPa,是吸口绝对压力与给定温度条件下的汽化压力之差;

p_{atm}—— 大气压力,单位为 kPa,取决于海拔高度和温度;

V_{ac}—— 大气压力与吸口绝对压力之差,单位为 kPa,是泥泵吸口处压力传感器显示的压力;

v—— 泥泵吸口处的流体速度,单位为 m/s。如果速度测量点的管径和泥泵吸口直径不相等,真空安全阀必须使用速度能量差修正,速度能量是各自直径的二次函数。

如图 4-25 所示,*NPSHR* 计算公式如下:

$$NPSHR = p_{\text{atm}} - V_{\text{ac dec}} + \frac{1}{2} \cdot \rho_{\text{w}} \cdot v^2 \cdot 10^{-3} - p_{\text{vap}} \tag{4-29}$$

式中：*NPSHR*—— 需要的 *NPSH*，单位为 kPa；

$V_{\text{ac dec}}$—— 决定性真空度，单位为 kPa。

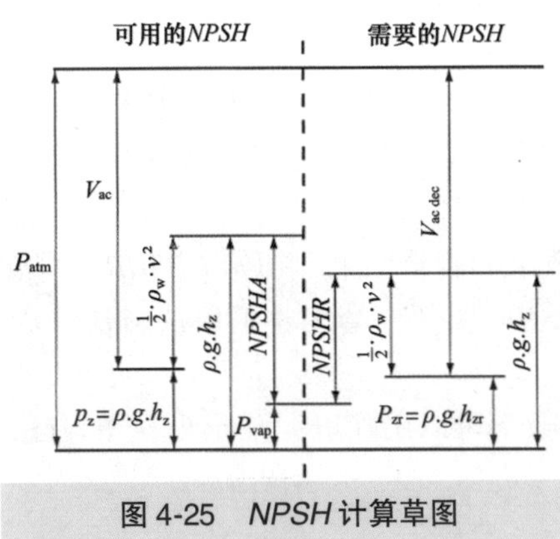

图 4-25　*NPSH* 计算草图

对于卧式安装的泥泵，所有的压力都必须用叶轮中心线修正；对于垂直安装的泥泵，压力用叶轮入口处叶片尖端修正。

如果 *NPSHA* 小于 *NPSHR*，泥泵将产生气蚀；如果 *NPSHA* 大于 *NPSHR*，气蚀将不会发生。这说明系统的 *NPSHA* 应该总是大于泥泵固有的 *NPSHR*（见图 4-26），两者之差称为 *NPSH* 盈余。泥泵在整个操作范围内必须有正盈余。作为一般规律，*NPSHA* 应超过 *NPSHR* 的 10% 以上。

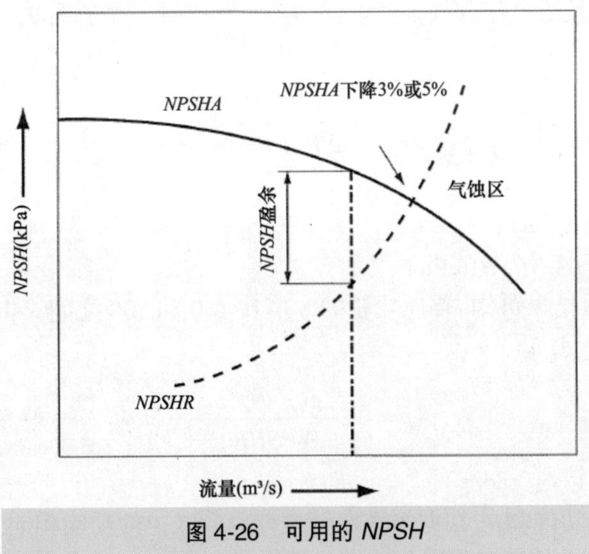

图 4-26　可用的 *NPSH*

泥泵在某特定条件下的 *NPSHR* 的定义是：当某选定现象发生时的 *NPSHA*，比如气蚀导致压头降低 3%或者 5%。允许的压头降低水平：1%、3%或者 5%，由泥泵的制造商确定。在疏浚行业，5%的压头降低值是公认的，但是气蚀变大到足够影响性能时对应的关键值很难判定。

NPSHA 在气蚀初期可能是 3%*NPSHR* 的 2～20 倍，取决于泥泵的设计和吸口能量水平。

泥泵相关文献提及 *NPSHR* 时,通常指的是最大效率点(*BEP*)。在实际工作中,尤其是在疏浚作业中,泥泵通常运行在一个流速、压头、转速、*NPSHA* 等参数取值范围很宽的区域。这强调了更好地理解整个工作范围内的 *NPSHR* 的重要性。

避免气蚀的最小值——初始 *NPSHR*,在泥泵选型和系统设计时是一个非常重要的参数,但是无法准确预测。*NPSHR* 和压头下降之间的相互关系依赖于很多参数,因此,现实中准确计算整个工作范围内的 *NPSHR* 是不可能的。

现在,有软件可以方便准确地计算初始 *NPSHR*,尤其是在 *BEP* 附近。在整个工作范围内,用3%或者 5%的压头下降来判定 *NPSHR* 是不够准确的。一点偏差就能够改变测量获得的 *NPSHR*。

最可靠的方法是应用等效泵的测量结果。初始 *NPSHR* 必须通过试验来确定,通常由泥泵制造商负责。确定泥泵的 *NPSHR*,需要一套完整的解决方法。因此,从制造商处获得 *NPSHR* 曲线无疑是最容易的。

所有 *NPSHR* 公式里的参数都可以用除以泥泵压头 p_m 的方法进行无量纲化:

$$\sigma = \frac{NPSHR}{p_m} \tag{4-30}$$

参数 σ 的计算结果被称为 Thoma 数,代表涡轮机和泥泵气蚀的相似定律,仅适用于气蚀的初始状态,即压降为零的时候。如果压头下降了 3%或者 5%,太多的气体已经掺入了流体,相似定律便不再有效。

然而,气蚀特性与流量之间的关系要比总压头更加密切,如果 σ 被应用的点与 *BEP* 稍有偏差,将会导致较大的计算误差。例如,在流速略高、压头较低的情况下,按照上式计算所得的 *NPSHR* 较小,但事实上,较大的流速对应更大的 *NPSHR*。为了避免应用 σ 因数计算引起误差,研究发现转速和流量适合作为气蚀参数的参考。该气蚀参数被称为空吸比速度(S),其计算公式为

$$S = \frac{n \cdot \sqrt{Q}}{NPSHR^{0.75}} \tag{4-31}$$

式中:n—— 泥泵转速(r/min);

Q—— 泥泵流量(m^3/s);

NPSHR—— 需要的 *NPSH*(kPa)。

从相关文献和测量结果可知,普通叶轮的 S 值在 160 和 200 之间。上式不是无量纲的,无量纲空吸比速度计算公式为

$$S_d = \frac{\omega \cdot \sqrt{Q}}{(g \cdot NPSHR)^{0.75}} \tag{4-32}$$

式中: ω—— 泥泵叶轮转速(rad/s)。

上式中,*NPSHR*的功能和p_m在泥泵额定转速计算公式中的功能相同。这说明在固定流速下,*NPSHR* 的变化幅度大约为流量变化幅度的平方,即 *NPSHR* 的变化幅度与转速比的平方近似成正比,流量的变化幅度与转速比近似成正比。但是,这两个近似正比关系在流体中持久保留大量气泡的过程中,已经不再有效或者说不再准确。

$$NPSHR_2 = NPSHR_1 \cdot \left(\frac{n_2}{n_1}\right)^2 \tag{4-33}$$

$$Q_2 = Q_1 \cdot \left(\frac{n_2}{n_1}\right) \tag{4-34}$$

图 4-27 给出了一台小泥泵($D_w = 0.62$ m, $B_w = 0.125$ m, $d_z = 0.25$ m,5 叶片叶轮)在不同转速下测得的特性曲线。图中的虚线显示了使用近似公式计算的转速变化导致泥泵特性改变,结果显示转速的减小会导致流速、压头、*NPSHR* 的减小和决定性真空度的增大。测量所得决定性真空度曲线的不规则形状和 *NPSHR* 的计算曲线说明了气蚀点的测量是非常困难的。因此,压头下降小于 5%的标准并不准确。

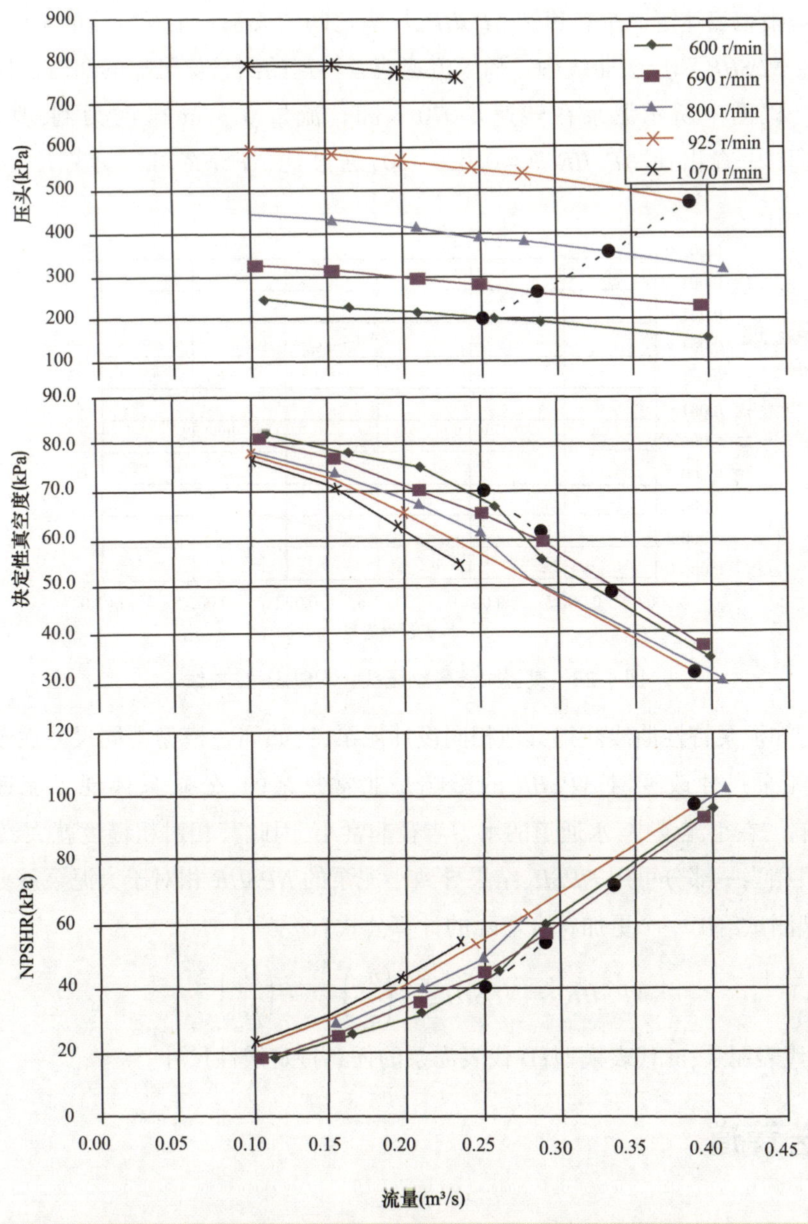

图 4-27　转速对泥泵压头、决定性真空度和 *NPSHR* 的影响

近似公式可以应用于泥泵特性的每一个点,对泥泵压头、效率、*NPSHR* 都有效。图 4-27

的结果可以用下式无量纲化：

$$比压头:\psi=\frac{\Delta p}{(n\cdot D_{w})^{2}}=\text{constant}$$

$$比\ NPSHR:\psi=\frac{NPSHR}{(n\cdot D_{w})^{2}}=\text{constant}$$

$$比流量:\theta=\frac{Q}{(n\cdot D_{w}^{3})}=\text{constant}$$

图 4-28 清晰地表达了泥泵转速和 *NPSHR*、压头之间的关系。重新计算的不同转速对应特性值都包含在 *NPSHR* 和压头曲线中。如果流速或者转速的测量值可靠的话，就可以用来直接计算 *NPSHR*。以图中所示泥泵在转速 1 070 r/min、流量 0.3 m^3/s 时为例，其比流量 $\theta=0.001\ 176$，在图中查出比 *NPSHR* $\psi=0.000\ 180$，通过比 *NPSHR* 可以计算出 *NPSHR* 约为 79.1 kPa。

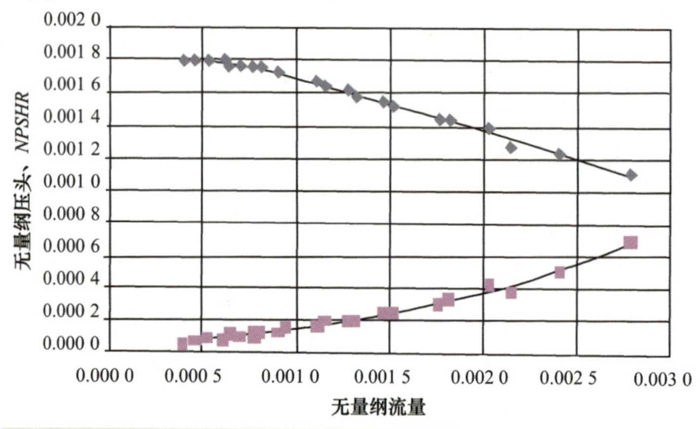

图 4-28 某泥泵无量纲压头、*NPSHR*-*Q* 曲线

可以从已知泥泵特性曲线获得其他相同设计泥泵，比如同一模型不同尺寸泥泵的 *NPSHR* 曲线。然而，泥泵尺寸改变对 *NPSHR* 的影响是非常复杂的，公式只体现了流速和转速对 *NPSHR* 的影响。在小泥泵中，水通道的水力半径非常小，因此其相对粗糙度就大，较大的相对粗糙度消耗了相当一部分可用 *NPSH*，结果导致小泥泵的 *NPSHR* 相对于大泥泵就要大。Yedidiah 基于模型测试给出一个更加符合实际的计算公式：

$$NPSHR_{p}=NPSHR_{m}\cdot\left(\frac{n_{p}}{n_{m}}\right)^{1.424}\cdot\left(\frac{D_{p}}{D_{m}}\right)^{1.272}\tag{4-35}$$

式中：下标 p 代表泥泵；m 代表模型；D 代表泥泵的任意特定线性尺寸。

4.2 输送管道

4.2.1 水平管

在输送管道的设计中，一个重要参数就是排距。可见水平方向是疏浚工程的核心，虽然输送管道中几乎不存在绝对的水平管，但是所有的管道阻力计算都以水平管为基准。水平管典型阻力计算公式如下：

1. 王绍周公式

王绍周认为，由固体颗粒产生的能耗包括悬浮能耗、旋转能耗和旋移能耗三部分。通过实测数据回归得出如下公式：

$$i_{\mathrm{m}} = \frac{\alpha\lambda}{D} \cdot \frac{v^2}{2g} \cdot S_{\mathrm{m}} + \left(1.86 - 6.85\frac{\overline{w}}{v}\right) \cdot C_{\mathrm{V}} \cdot \left(\frac{\rho_{\mathrm{s}} - \rho}{\rho_{\mathrm{w}}}\right) \cdot \frac{\overline{w}}{v} \tag{4-36}$$

式中：λ 表示达西摩阻系数；D 表示管道直径；v 表示浆体流速；g 表示重力加速度；S_{m} 表示浆体比重；$\overline{w}$ 表示颗粒平均沉降速度；C_{V} 表示浆体体积浓度；ρ 表示浆体密度；ρ_{s} 表示颗粒密度；ρ_{w} 表示水密度；α 表示减阻系数，是浆体相对黏度的函数 μ_{r}，即

$$\alpha = 1.05 - 0.42\lg\mu_{\mathrm{r}} + 0.21(\lg\mu_{\mathrm{r}})^2 \tag{4-37}$$

式(4-36)对直径为100~154 mm的管道输送平均粒径为0.175 mm、体积浓度为0.3~0.41的精铁矿和直径为100 mm的管道输送平均粒径为5.923 mm、体积浓度为0.32 ~ 0.45的煤颗粒进行了试验验证，计算结果和试验数据之间的误差均小于5%。

2. Durand 公式

R. Durand 在大量试验中发现，附加阻力与弗劳德数(Fr)之间存在良好的关系。进一步试验发现，在颗粒粒径大于 2 mm 后，附加阻力与弗劳德数之比值不再随颗粒粒径的变化而变化，因此，R. Durand 引入了用颗粒弗劳德数(Fr_{p})定义的阻力系数(C_x)，解决了不同颗粒粒径的问题。最后综合不同比重的物料试验结果，回归得出如下公式：

$$i_{\mathrm{m}} = i_{\mathrm{w}}\{1 + 176\, C_{\mathrm{V}}(Fr^2 \cdot \sqrt{C_x})^{-1.5}\} \tag{4-38}$$

其中：

$$Fr = \frac{v_{\mathrm{ls}}}{\sqrt{g \cdot D_{\mathrm{p}}}} \tag{4-39}$$

$$C_x = {Fr_{\mathrm{p}}}^2 \tag{4-40}$$

$$Fr_{\mathrm{p}} = \frac{v_{\mathrm{t}}}{\sqrt{g \cdot d_{50}}} \tag{4-41}$$

式(4-38)对在管径为 40~580 mm、平均粒径为 0.2~25 mm、颗粒比重为 1.5~3.95、固体含量为 50~600 kg/m^3 条件下的水平管阻力进行了试验验证。

3. Wasp 公式

E. J. Wasp 在 Durand 公式提出 10 年后，基于扩散理论和重力理论，将浆体中的颗粒分为两种状态：

一种是均匀地扩散在液体中的小颗粒，充当运输工具，其阻力计算公式为

$$i_{\mathrm{m}} = i_{\mathrm{w}} \cdot S_{\mathrm{m}} \tag{4-42}$$

另一种就是被运输的、在重力作用下明显不均匀分布的大颗粒，其阻力按 Durand 公式即式(4-38)计算。

这两种状态根据下式进行划分：

$$\lg \frac{C}{C_A} = -\frac{1.8w}{\beta k v^*} \tag{4-43}$$

式中：C 表示距管顶 0.08D 处的浆体体积浓度；C_A 表示管中心处的浆体体积浓度；w 表示颗粒沉降速度；k 表示卡门系数(一般取 0.36～0.4)；β 为比例常数(一般取 1～1.5)；v^* 表示摩阻流速。

4. Turian 公式

R. M. Turian 和 Tran-Fu Yuan 同样以重力理论为基础，广泛搜集了前人的试验成果，并进行了大量的补充试验，通过量纲分析，最后得出如下公式：

$$f_m - f_w = \kappa \cdot C_V^{\alpha} \cdot f_w^{\beta} \cdot C_D^{\gamma} \cdot Fr^{\tau} \tag{4-44}$$

式中：f_w、f_m 分别代表清水和浆体的范宁摩阻系数；κ、α、β、γ、τ 均为待定系数；C_D 代表颗粒阻力系数；Fr 代表弗劳德数。

式(4-44) 支持的数据范围非常广：试验管径为 12.6～699 mm；颗粒直径为 0.03～38 mm；颗粒比重为 1.16～11.3；浆体浓度为0.000 06～0.42；浆体流速为 0.009～6.7 m/s。

式(4-44)中待定系数在不同流区中的取值见表 4-2。

表 4-2　待定系数取值表

流区条件	κ	α	β	γ	τ
推移质	12.13	0.7389	0.7717	0.4054	0.096
跳跃质	107.1	1.018	1.046	0.4213	0.354
伪均质流	30.11	0.868	1.2	0.1677	0.6938
均质流	8.538	0.5024	1.428	0.1516	0.3531

5. Wilson 公式

K. C. Wilson 积累几十年研究经验，将颗粒按照粒径分为四个部分。第一部分是粒径小于 0.04 mm 的颗粒，与水均匀混合，形成均质流，即两相流的液相部分；第二部分粒径大于 0.04 mm、小于 0.15 mm，该部分由于颗粒的增大，重力逐渐起到了作用，虽然所有颗粒在高流速下仍然保持悬浮，但重力已经影响了其分布，使其成为伪均质流，他认为这部分颗粒满足扩散理论；第三部分称为复合流，其粒径在 0.15 mm 和 0.018 倍输送管道直径之间，按照重力理论计算；第四部分是粒径大于 0.018 倍输送管道直径的部分，这部分属于推移质流，也符合重力理论。K. C. Wilson 提出的管道阻力计算公式为

$$i_m = i_e + \Delta i_h + \Delta i_s \tag{4-45}$$

式中：均质流和伪均质流部分摩阻损失之和 i_e、复合流部分摩阻损失 Δi_h 和推移质部分摩阻损失 Δi_s 的计算方法分别为

$$i_e = i_w \cdot S_f \cdot S_e \tag{4-46}$$

$$\Delta i_h = 0.22C_V \cdot X_h \cdot (S - S_e) \cdot (v_{50}/v)^M \tag{4-47}$$

$$\Delta i_s = B \cdot C_V \cdot X_s \cdot (S - S_h) \cdot [v/(0.55v_{sm})]^{-0.25} \tag{4-48}$$

在式(4-46)~式(4-48)中:S_f、S_e、S_h 和 S 分别表示均质流、伪均质流、复合流及固体与水的密度比;X_h、X_s 分别表示伪复合流和推移质流部分颗粒所占的比例;v_{50} 表示能够使 50% 的颗粒悬浮时的流速;v_{sm} 表示颗粒沉降速度最大时的流速;M 取值 0.25~1.7;B 取值 0.5~1。

6. SRC 模型

加拿大萨斯喀彻温研究所(Saskatchewan Research Council,SRC)的 C. A. Shook 等人将管内浆体按照水平高度划分成两个部分,并开发了 SRC 模型,如图 4-29 所示。该模型通过定义上下两层之间的摩阻损失系数来建立上下两层直接的力学平衡方程,被认为是能够体现管道阻力机理的计算模型,其阻力计算公式如下:

$$i_m=\frac{\lambda_1}{2\cdot g\cdot D_p}\cdot\left[\frac{\rho_1+C_{vs,1}\cdot(\rho_s-\rho_1)}{\rho_1}\cdot v_1^2\cdot\frac{\pi-\beta}{\pi}+\frac{\rho_1+\dfrac{C_{vs,1}}{1-C_{vs,2}}\cdot(\rho_s-\rho_1)}{\rho_1}\cdot v_2^2\cdot\frac{\beta}{\pi}\right]$$

$$+R_{sd}\cdot C_{vs,2}\cdot\mu_{sf}\cdot\frac{2\cdot[\sin(\beta)-\beta\cdot\cos(\beta)]}{\pi}\cdot\frac{1-C_{vs,1}-C_{vs,2}}{1-C_{vs,2}}\tag{4-49}$$

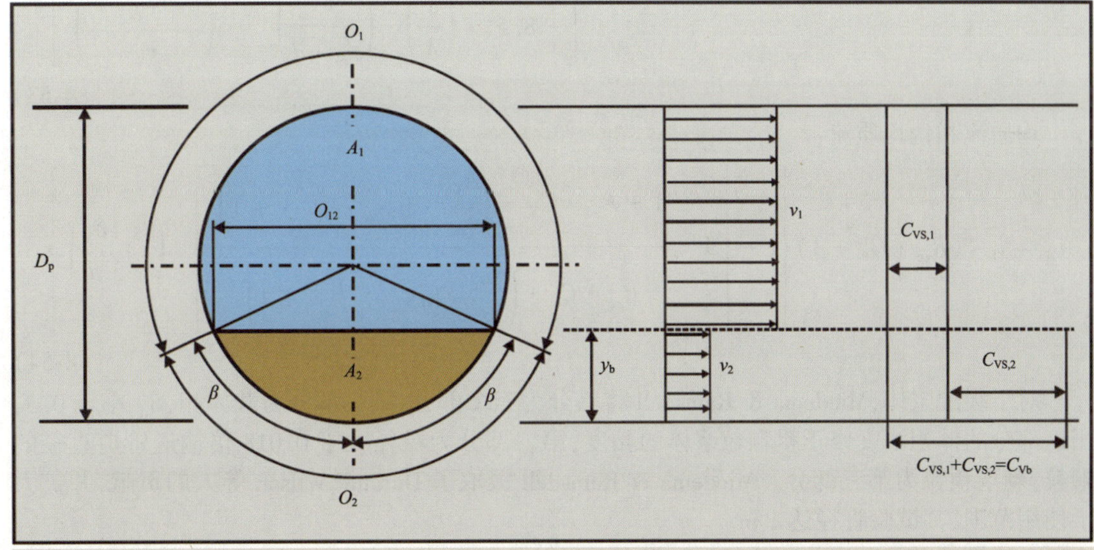

图 4-29　两层流模型

7. DHLLDV 模型

Miedema & Ramsdell 对浆体随流速的变化而变化的流态进行了详细的划分和研究,给出了 DHLLDV(The Delft Head Loss & Limit Deposit Velocity Frame Work)计算模型。对于单一粒径颗粒浆体,Miedema & Ramsdell 基于分层流理论、能量理论分别给出了浆体在固定层、推移质、非均质流、均质流和伪均质流的管道阻力计算公式。

固定层:

$$i_{FB}=i_1+\left[(\lambda_1\cdot O_1+\lambda_{12}\cdot O_{12})\cdot\left(\frac{1}{1-C_{Vr}}\right)^3-\lambda_1\cdot O_p\right]\cdot\frac{v_{1s}^2}{8\cdot g\cdot A_p}\tag{4-50}$$

推移质：

如果$\beta<\frac{\pi}{2}$，

$$i_{SB}=i_l+2\cdot R_{sd}\cdot C_{Vb}\cdot\mu_{sf}\cdot\frac{\sin(\beta)-\beta\cdot\cos(\beta)}{\pi}\tag{4-51}$$

如果$\beta>\frac{\pi}{2}$，

$$i_{SB}=i_l+2\cdot R_{sd}\cdot C_{Vb}\cdot\mu_{sf}\cdot\frac{2-\sin(\beta)-(\pi-\beta)\cdot\cos(\beta)}{\pi}\tag{4-52}$$

非均质流：

$$i_{He}=i_l\cdot\left\{1+\frac{(2\cdot g\cdot R_d\cdot D_p)}{\lambda}\cdot C_V\cdot\frac{1}{v_{ls}^2}\cdot\left[\frac{v_t\cdot\left(1-\frac{C_V}{0.175\cdot 1+\beta}\right)^{\beta}}{v_{ls}}+8.5^2\cdot\left(\frac{1}{\lambda}\right)\cdot\left(\frac{v_t}{\sqrt{g\cdot d}}\right)^{10/3}\cdot\left(\frac{(v_l\cdot g)^{1/3}}{v_{ls}}\right)^2\right]\right\}\tag{4-53}$$

均质流和伪均质流：

$$i_{Ho}=i_l\cdot(R_{sd}\cdot C_V+1)\left\{1-\left[1-\frac{1+R_{sd}\cdot C_V-\left(\frac{A_{C_V}}{\kappa}\cdot\ln S_m\cdot\sqrt{\frac{\lambda_1}{8}}+1\right)^2}{R_{sd}\cdot C_V\cdot\left(\frac{A_{C_V}}{\kappa}\cdot\ln S_m\cdot\sqrt{\frac{\lambda_1}{8}}+1\right)^2}\right]\cdot\left(1-\frac{\delta_V}{d}\right)\right\}\tag{4-54}$$

对于级配浆体，Miedema & Ramsdell 将其分为三个部分：第一部分为载体相，S_{tk} 小于 0.3，用这部分的体积浓度修正粗颗粒浆体的黏度；第二部分为粒径大于 0.018 倍输送管道直径的颗粒；剩下颗粒为第三部分。Miedema & Ramsdell 汲取了 Durand、Wilson 等人的贡献，并扩大了使用范围，其试验管径达 1 m。

上述模型都是采用单一粒径颗粒做各种试验的数据，因此无法解决自然沙、天然矿石等多粒径，尤其是宽级配颗粒的管道输送阻力计算问题。DHLLDV 模型虽然考虑了细颗粒对载体相性能的影响和不同粒径颗粒的阻力形成机理，但是对于 S_{tk} 定义的载体相，其颗粒粒径随着流速的增大而变小，意味着载体相体积浓度变小，这与实际施工情况不符。另外，该模型只考虑了细颗粒（载体相）对浆体有效黏度的影响，以及对管道阻力的影响，但是没有考虑级配土壤的不均匀系数对管道阻力的影响，尤其是高浓度阶段。

8. SJTU-HMSPD 模型

在多级配泥沙管道输送中，从时间维度上看，随着流速或者浓度的变化，某一粒径颗粒的流动状态会随之发生变化。在较小流速时，由于流速无法提供足够的剪切力而稳定沉积在管道底部，随着流速的增大，剪切力增大，颗粒随之开始滑移、跳跃、悬浮，呈现出推移质、非均质甚至伪均质状态。图 4-30 所示为浆体流动形态随流速变化的规律。

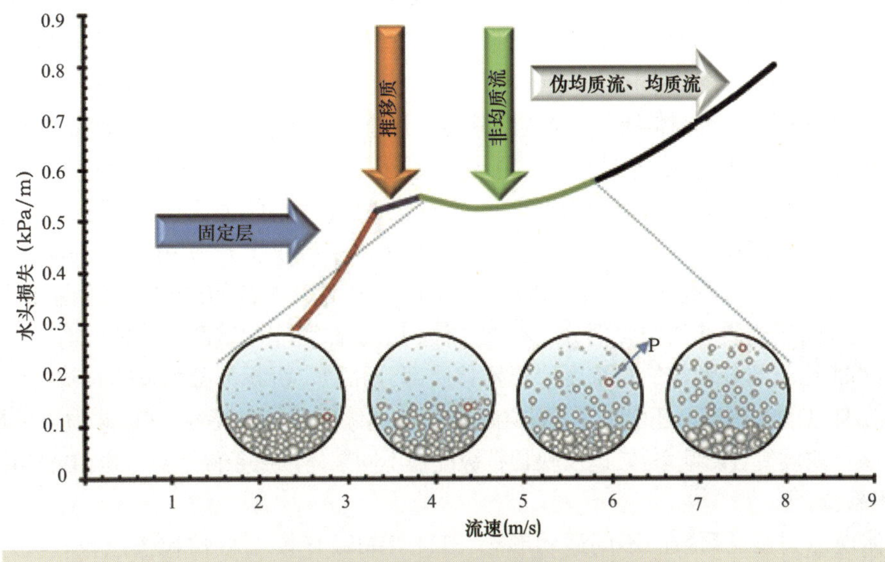

图 4-30　浆体流动形态随流速变化的规律

从空间维度上看，在一定流动条件下，不同粒径颗粒处于不同的运动状态。粒径特别细小的颗粒，均匀分布于浆体中，移动速度和液体相等，呈现均质"液体"的特征，称之为均质部分。这部分颗粒中最大的粒径称为不沉粒径。粒径略大于不沉粒径的颗粒，虽然速度和水流速度大小差不多，呈现的阻力特性也和均质部分相差无几，但是由于重力的作用，在管道垂直高度上的分布已经不是非常均匀，出现了底部浓度高于顶部浓度的情况，这部分颗粒称为伪均质部分。粒径更大一些的颗粒，虽然在水流升力的作用下处于悬浮状态，但是分布情况出现了更进一步的不均匀，颗粒移动的速度也与液体速度有比较大的差异，其阻力特性出现了变化，称之为非均质部分。粒径较大的颗粒由于其流速无法提供足够的升力，导致其集中分布在管道底部，呈现推移、跳跃等运动形态，称之为推移质部分。在流速较低的情况下，较大粒径颗粒还可能沉积在管道底部不动，稳定沉积不动的这部分颗粒称为固定层。图 4-31 为某流动条件下不同粒径颗粒的不同运动形态示意图。

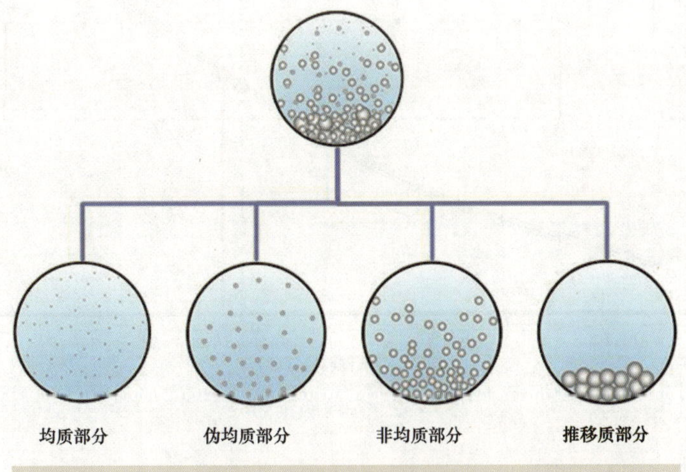

图 4-31　某流动条件下不同粒径颗粒的不同运动形态示意图

图 4-30 和图 4-31 说明颗粒的运动状态不仅随流速的变化而变化，而且随颗粒大小的不同而不同，并给出了 CFD 模拟级配浆体中不同粒径颗粒随平均流速和平均体积浓度变化的体积浓度分布情况和变化趋势，显示了各种条件下不同粒径颗粒的不同运动状态，进一步证明了该现象的普遍性。

SJTU-HMSPD 模型将浆体中的颗粒按照其运动形态分为均质 ($j = 1$)、伪均质($j = 2$)、非均质($j = 3$)、推移质($j = 4$) 和稳定沉积($j = 5$) 五个部分。SJTU-HMSPD 模型不仅考虑了不同运动形态下非均质颗粒之间的碰撞和悬移能耗，也考虑了细小颗粒对粗大颗粒运动的影响。对于粗大颗粒，细小颗粒沉降速度更小，输送速度更大，为粗大颗粒提供了升力，相当于提高了粗大颗粒所在浆体的有效黏度。因此，SJTU-HMSPD 模型采用均质部分颗粒的体积浓度修正伪均质部分浆体的有效黏度；用均质和伪均质部分颗粒的总体积浓度修正非均质部分浆体的有效黏度；用均质、伪均质和非均质部分颗粒的总浓度修正推移质部分和稳定沉积部分浆体的有效黏度。

另外，SJTU-HMSPD 模型还引进了不均匀系数来描述级配浆体的特性，并以此为自变量定义了颗粒级配、浆体浓度复合影响系数，以反映颗粒级配在不同浆体浓度条件下对管道阻力的影响。

(1) 颗粒级配

为了体现不同粒径颗粒的不同运动形态，SJTU-HMSPD 模型将颗粒按照粒径大小划分为若干组。实际计算中可按照颗粒大小取重量相等的 n 个组，满足第 i 组所有颗粒粒径 d_i 在任何 $i < j < n$ 条件下不等式 $d_i < d_j$ 都成立。这样就有：每组所含颗粒的体积 V_i 为颗粒总体积 V 的 $1/n$，每组颗粒所占的重量 W_i 是颗粒总重力 W 的 $1/n$，即

$$W_i = \frac{1}{n} \cdot W \tag{4-55}$$

第 i 组颗粒所占的体积百分数 $X_i = 100/n$，计算用特征粒径为本组颗粒的中值粒径 $d_{50,i}$。显然，组分得越多，中值粒径的代表性就越显著。图 4-32 所示为颗粒级配划分。

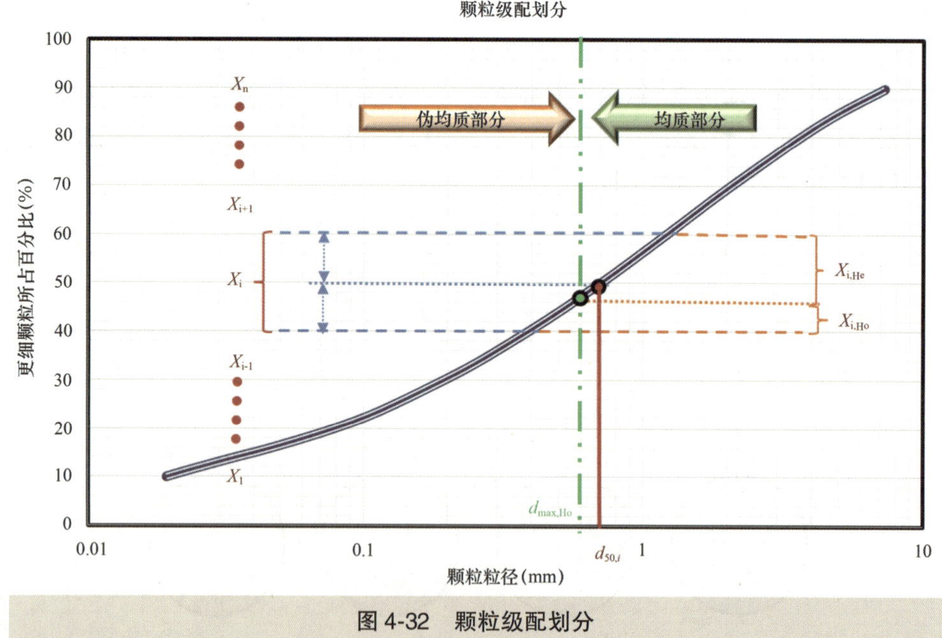

图 4-32 颗粒级配划分

(2) 参数修正

SJTU-HMSPD 模型中每一种运动形态颗粒的体积浓度为

$$C_{V,j}=\frac{\sum_{i=1}^{n}X_{i,j}\cdot C_V}{1-C_V+\sum_{i=1}^{n}X_{i,j}\cdot C_V} \tag{4-56}$$

式中：$X_{i,j}$ 代表第 i 部分中 j 运动形态颗粒含量的百分数，五种不同运动形态颗粒在整个浆体中的总含量为100%，即

$$\sum_{i=1}^{n}\sum_{j=1}^{5}X_{i,j}=100 \tag{4-57}$$

对于大粒径颗粒来说，粒径较小颗粒会导致浆体的有效黏度增大（颗粒之间的黏度不计），因此需要对运动黏度根据较小颗粒部分的含量进行修正，SJTU-HMSPD模型中修正系数采用Thomas公式：

$$\mu_{m,j}=\mu_1\cdot(1+2.5\cdot C_{Vm,j}+10.05\cdot C_{Vm,j}^2+0.00273\cdot e^{16.6\cdot C_{Vm,j}}) \tag{4-58}$$

式中：$C_{Vm,j}$ 代表粒径小于 j 运动形态颗粒粒径的这部分颗粒的体积浓度，即对所有的 $d_m<d_{min,j}$，有

$$C_{Vm,j}=\sum_{p=1}^{j-1}C_{V,p} \tag{4-59}$$

相应地，j 运动形态颗粒所处浆体的黏度系数为：

$$\nu_{m,j}=\frac{\mu_{m,j}}{\rho_{m,j}} \tag{4-60}$$

其密度为：

$$\rho_{m,j}=\rho_1+\rho_1\cdot\frac{\sum_{i=1}^{n}\sum_{p=1}^{j-1}X_{i,p}\cdot C_V\cdot R_{sd}}{1-C_V+\sum_{i=1}^{n}\sum_{p=1}^{j-1}X_{i,p}\cdot C_V} \tag{4-61}$$

其湿重为：

$$R_{sdm,j}=\frac{\rho_{m,j}-\rho_1}{\rho_{m,j}} \tag{4-62}$$

（3）减阻系数

由于细颗粒的存在，载体相的有效黏度变大，进而造成载体相的有效管阻增大，但是载体相有效黏度的增大对浆体的湍流有抑制作用，同时，对较大粒径颗粒的旋转能耗和颗粒之间的碰撞都有减小作用，对较粗颗粒的悬浮有促进作用。并且，浆体中的细颗粒会在近管壁（黏性底层）形成细颗粒层，在粗颗粒和管壁之间起到润滑作用，对较粗颗粒的管阻有减小作用。

除了细小颗粒对浆体黏性产生减阻效果以外，在浓度高于一定程度以后，颗粒级配对附加阻力的影响也变得逐渐显著。SJTU-HMSPD模型采用下式进行修正：

$$\alpha=0.69+0.99\lg\mu_r+0.075\lg C_u-1.27\lg\mu_r\cdot\lg C_u+0.165(\lg\mu_r)^2+0.082(\lg C_u)^2 \tag{4-63}$$

其中：

$$\mu_r=\frac{\mu_m}{\mu_1} \tag{4-64}$$

$$C_u = \frac{d_{60}}{d_{10}} \tag{4-65}$$

(4)阻力计算

管道总阻力为各运动形态颗粒阻力之和：

$$i_m = \alpha \cdot (i_{Ho} + i_{SHo} + i_{He} + i_{SB} + i_{FB}) \tag{4-66}$$

各运动形态颗粒阻力采用 DHLLDV 模型计算。

(5)计算步骤

SJTU-HMSPD 模型根据流速、管径等参数计算不同运动形态分界点的颗粒粒径，基于输送土壤的级配曲线，插值计算不同运动形态颗粒的百分比，进而计算不同运动形态颗粒分别对管道阻力的贡献，最后得出管线总阻力。图 4-33 为级配浆体管线阻力计算流程图。

具体步骤如下：

①确定不沉粒径。

SJTU-HMSPD 模型默认不沉粒径为 0.04 mm，也可以使用王绍周模型计算出不沉粒径。

②计算均质部分阻力。

③修正浆体参数。

④插值计算其他各运动形态颗粒的粒径和含量。

分别计算假设颗粒在固定层、推移质、非均质流、伪均质流状态下各级颗粒对应的阻力大小。

根据图 4-34，确定每一级颗粒的运动形态，并在各相异形态之间进行载体相参数的修正和插值计算，找出各运动形态之间的分界颗粒粒径及各运动形态颗粒的重量百分比。

⑤计算每组颗粒中各运动形态颗粒的阻力。

根据各级颗粒中某运动形态颗粒的比例，采用本级颗粒的中值粒径，计算在该级中某运动形态颗粒的阻力，再求和得出所有级中某运动形态颗粒产生的总阻力。

每组颗粒阻力为四部分阻力之和：

$$i_j = \sum_{i=1}^{n} i_{j,i} X_{i,j} \tag{4-67}$$

⑥计算总阻力。

将各组颗粒阻力求和，得到总阻力。

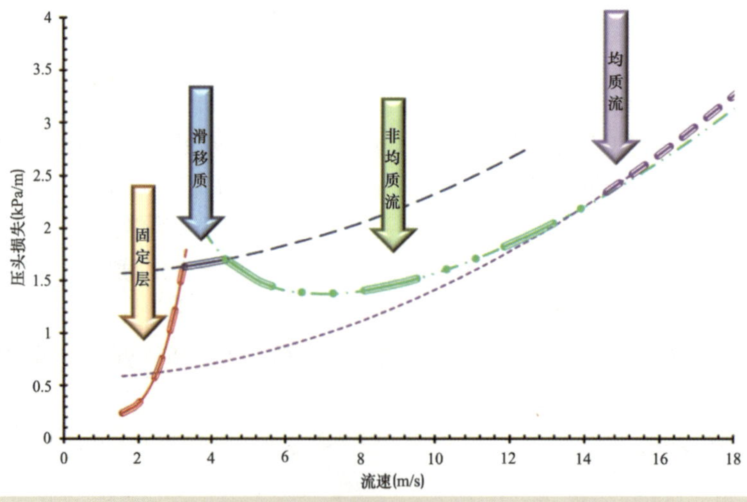

图 4-34　不同流速下的颗粒运动形态(D_p=0.9 m，d=10 mm)

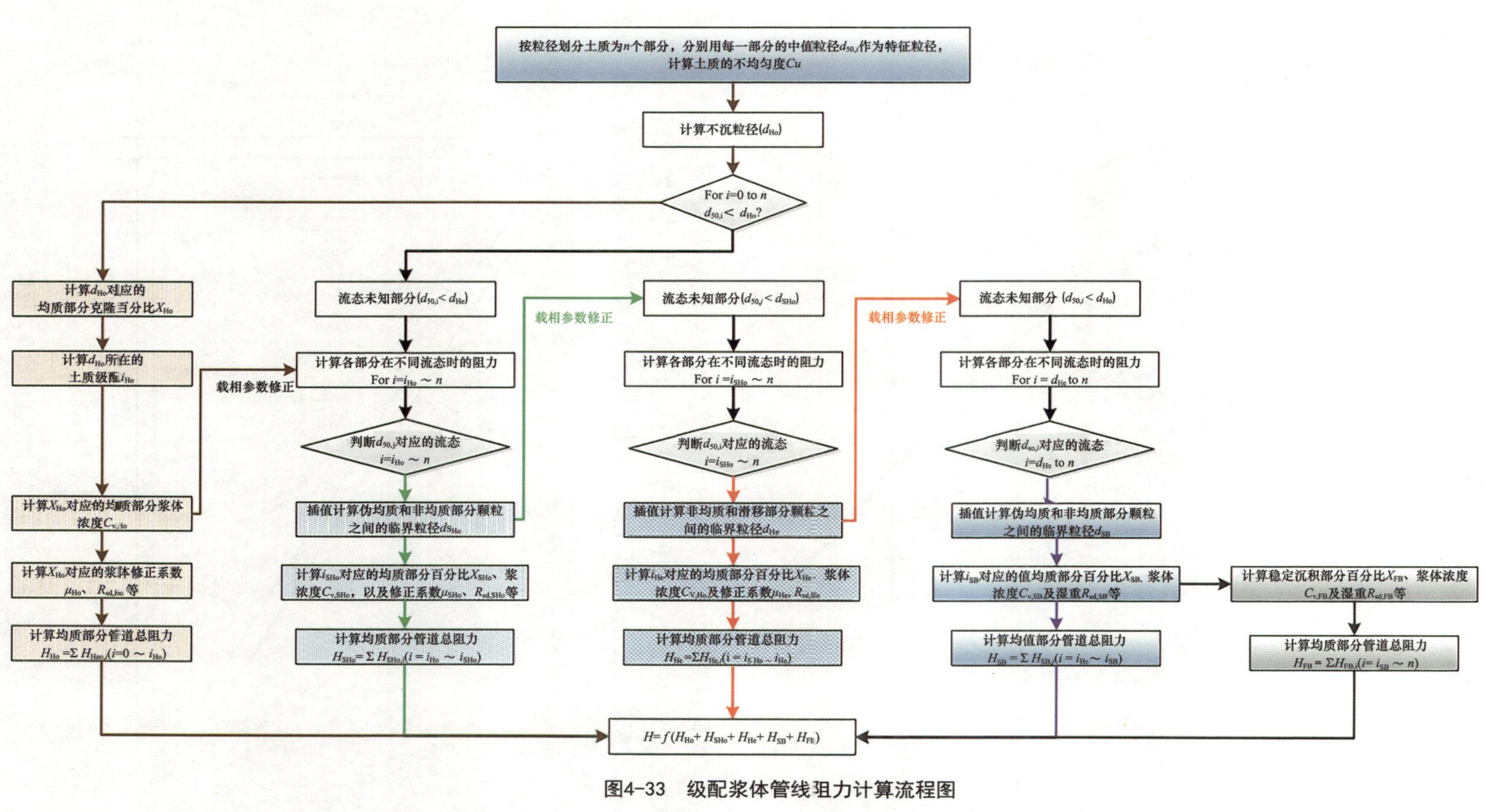

图4-33　级配浆体管线阻力计算流程图

4.2.2 倾斜管和垂直管

近年来随着疏浚作业的深度逐步加大，应用倾斜管和垂直管的场景也越来越多。

1. 倾斜管

耙吸船的耙臂管就是倾斜管，且是装舱作业中的核心部件。目前世界上最大的耙吸船作业深度可以达到 150 m。图 4-35 为耙吸船深水疏浚示意图。

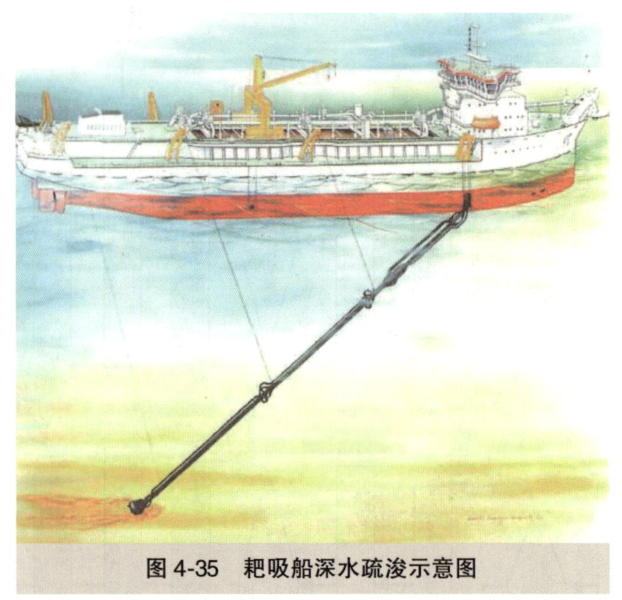

图 4-35 耙吸船深水疏浚示意图

试验已证明倾斜管中由颗粒引起的水力梯度等于颗粒在对应长度的水平管和垂直管中引起的附加水力梯度的差值或者总和，所谓对应长度就是两种方式布置在同一范围内。这就意味着，倾斜管中浆体的水力梯度等于颗粒在对应长度的水平管和垂直管道中水力梯度的代数和，如图 4-36 所示。

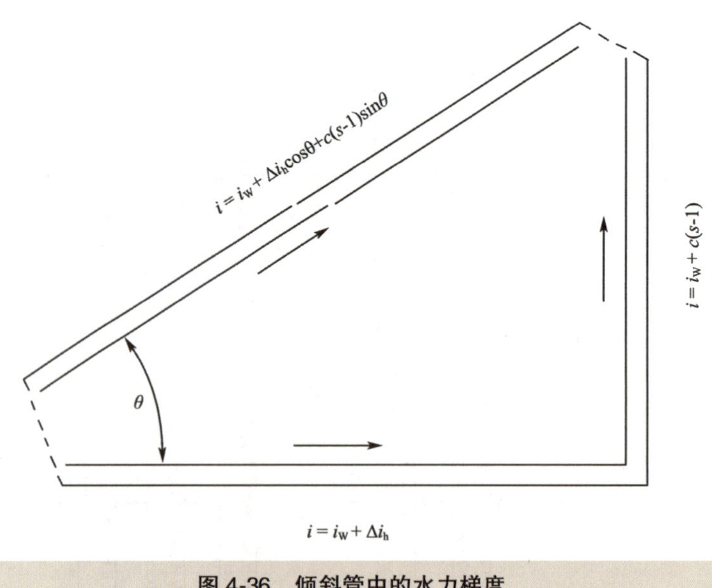

图 4-36 倾斜管中的水力梯度

Worster 和 Denny 给出了计算倾斜管输送沉降浆体时的附加水力梯度的简单公式：

$$i_{m,\theta} = i_w + (i_{m,h} - i_w) \cdot \cos\theta + C_t \cdot \left(\frac{\rho_s}{\rho_w} - 1\right) \cdot \sin\theta \tag{4-68}$$

式中：$i_{m,\theta}$—— 倾斜管输送浆体时的水力梯度(mWC/m)；

i_w—— 垂直管输送清水时的水力梯度(mWC/m)；

$i_{m,h}$—— 水平管输送体积浓度为 C_t 的浆体时的水力梯度(mWC/m)；

θ—— 管的倾斜角度，向上倾斜时为正值，向下倾斜时为负值；

C_t—— 输送浆体的体积浓度；

ρ_s—— 颗粒密度(kg/m^3)；

ρ_w—— 水密度(kg/m^3)。

式(4-68)中右侧前两项分别代表水和颗粒造成的压头损失，第三项代表倾斜管的静压头差。Durand-Condolios 给出的结果是：

$$\Delta p_m = \Delta p_m \cdot (1 + 180 \cdot C_t \cdot F_r^{-3} \cdot F_{rxd}^{1.5} \cdot \cos\theta)\ (\text{kPa}) \tag{4-69}$$

对于吸入段较短，并设有水下泥泵的耙吸船，考虑到其中的弯管和软管，浆体最大可能是复合流而非完全层流。Worster 给出了适合这种情况的修正模型，如图 4-36 所示。Wilson 认为 Worster 给出的公式适合完全层流状态，但是对于倾斜管在复合流和部分层流状态下输送浆体时的计算值是偏大的。Wilson 提出对 Worster & Denny 公式做如下修正：

$$\Delta p_{m,\theta} = \Delta p_w + (\Delta p_{m,h} - \Delta p_w)^{(1+M\cdot\gamma)} \cdot \cos\theta + C_V \cdot (S_s - 1) \cdot \sin\theta \tag{4-70}$$

式(4-70)中指数项$(1 + M \cdot \gamma)$在极细沙时取下限 0.333(d_m = 0.3 mm 时取 0.5)，当颗粒级配非常窄时 $M \approx 1.7$。

在上面的修正模型中，颗粒在倾斜管中的影响总是小于在水平管中的影响，而且对正负斜坡也没有区分。该模型假定管中所有的颗粒构成一个浆体柱并在管内造成静压头，但是事实上部分颗粒会沉积形成颗粒床。如果在管中有一个滑动的颗粒床，在倾斜管两端造成静压头的浆体成分就仅包含没有沉降到管壁上的部分颗粒。

Matousek 测试的结论表明，对于层流浆体，若在管道底部有一个颗粒床，则其在倾斜上升管和倾斜下降管中的特性是不同的。在倾斜上升管中，滑差率始终是小于 1 的，颗粒床的移动速度总是小于其上悬浮层的流速。

2. 垂直管

疏浚管线为了绕过障碍物，往往需要铺设部分垂直管。纯垂直管和倾斜管可以通过判断流型来区分：在垂直管中，管横截面内的颗粒分布是均匀的；在倾斜管中，还可能出现复合分布的情况。垂直管中均质流的估算要比水平管和倾斜管中浆体的估算容易很多。

假定，在垂直管中以高于浆体中最大颗粒沉降速度 4~5 倍的流速输送体积浓度为 15%~30%的粗颗粒浆体时，颗粒不影响摩擦阻力。

颗粒在向上流动的流体中不再朝管壁沉降。马格努斯效应驱使颗粒朝轴向的流核集中。在试验中观察到，锰结核朝管中心运动，在颗粒和管壁之间形成了环状的清水层。此时，只需要计算承载流体引起的阻力即可。

对于只包含粒径小于 0.15 mm 颗粒的无沉降悬浮流，需要使用等效模型。此时，单相流的计算公式是适用的，只要顾及悬浮流的物理特性即可。

以其中最大颗粒的 4 倍沉降速度为最小输送速度的输送管道的阻力可用下式计算：

$$\Delta p_m = \lambda_w \cdot \frac{L}{D} \cdot \frac{1}{2} \cdot \rho_m \cdot v_m^2 + \rho_m \cdot g \cdot L \tag{4-71}$$

式中：Δp_m—— 浆体产生的管道阻力（N/m^2）；

λ_w—— 莫迪摩阻系数；

L—— 输送管道长度（m）；

D—— 输送管道直径（m）；

ρ_m—— 浆体密度（kg/m^3）；

v_m—— 浆体输送流速（m/s）；

g—— 重力加速度（9.81 m/s^2）。

在纯垂直管中，提升器顶部和底部的压力差包括流体在管壁处的剪切应力和水、颗粒引起的静压头。管中的浆体密度取决于颗粒阻滞沉降速度，它在垂直管输送中有着非常重要的地位。不同部分输送流速的差异能够在高度差大的管中形成高浓度浆体波，这种现象会在长距离管道输送宽级配颗粒时出现。

浆体输送流速有多种计算方法，Wilson 建议采用最大颗粒在静水中的沉降速度来推算浆体输送流速，浆体输送流速为沉降速度的 4~5 倍。基于挖掘或者工业研磨产生不规则颗粒的形状系数，粒径为 1~30 mm 的颗粒的平均最终沉降速度要比最大值小 50%~60%。

完全混合浆体的阻滞沉降速度被认为比原颗粒沉降速度小很多，这是颗粒之间的碰撞、颗粒之间的干涉、黏度、相邻颗粒周围流场、沉降颗粒产生的回流和激荡、颗粒群、浮力等影响的结果。阻滞沉降的影响增大了浆体颗粒群的体积浓度。

Choi 试验证明，当 $D_{pipe} < 5d_{particle}$ 时，不稳定和水击现象在垂直管中出现；当 $D_{pipe} < 3d_{particle}$ 时，垂直管堵塞。

3. 算例

已知：输送颗粒粒径为 0.125 mm；垂直管长度为 2 000 m；浆体密度为 1 300 kg/m^3；垂直管直径为 400 mm，浆体输送流速为 3 m/s；水在光滑管中的摩阻系数大约为 0.011。

由于颗粒粒径小于 0.15 mm，采用式（4-71）计算管道阻力如下：

$$\begin{aligned}\Delta p_m &= \lambda_w \cdot \frac{L}{D} \cdot \frac{1}{2} \cdot \rho_m \cdot v_m^2 + \rho_m \cdot g \cdot L \\ &= 0.011 \cdot \frac{2\,000}{0.4} \cdot \frac{1}{2} \cdot 1\,300 \cdot 3^2 + 1\,300 \cdot 9.81 \cdot 2\,000 \\ &= 25\,833\,898\,(N/m^2)\end{aligned}$$

用于计算垂直管道阻力的式（4-71）表达得非常清楚，相比静水头计算，不用考虑摩擦问题。假如输送粒径为 4 mm 的粗颗粒，颗粒不会贡献摩擦阻力，因为它们都在轴向流核区域。因此，式（4-71）第一项中的浆体密度必须用水密度替代，但这对总阻力的影响是非常小的。

4.2.3 管道附件

水力输送管道上的很多部件可以影响到吸入管和排出管的阻力。这些部件的数量和结构都是非常重要的因素。

$r/D=1$ 的 45°弯头的阻力比 $r/D=2$ 的 45°弯头的阻力大 50%；90°弯头的阻力小于两个 45°弯头的阻力；两个对接的 90°弯头的阻力小于两个分开安装的 90°弯头的阻力之和。

在 $1.5<r/D<3$ 的角度小于 45°的弯头处，阻力的 40%与下游管道中的流体形态有关。两个弯头在其安装距离小于 2 倍管径时会互相干扰。静压力的分布会影响和改变流型。

泥泵的出口通过一个扩大的异径管连接到排出管上，如图 4-37 所示为泥泵的入口和出口。

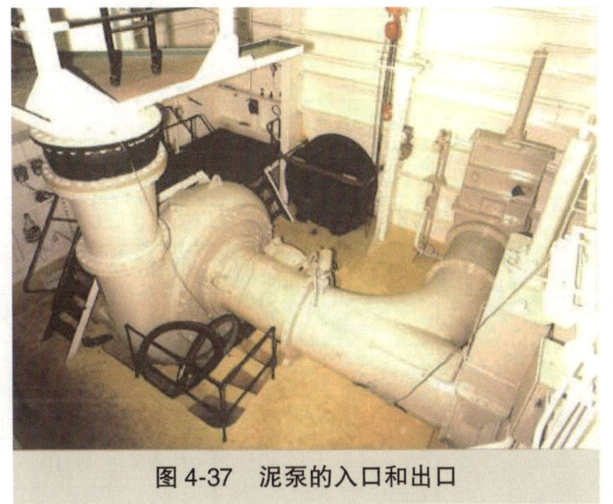

图 4-37　泥泵的入口和出口

如果扩散接头太短，将会产生剧烈的分离和拖延现象，如图 4-38 所示。

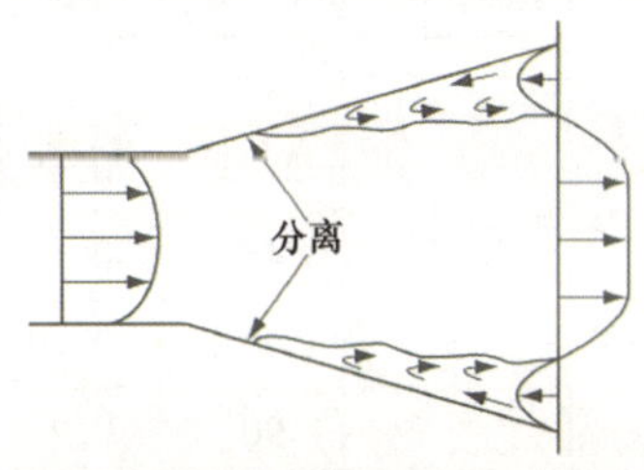

图 4-38　扩散接头太短产生的分离现象

弯曲和扩散使得管壁的反向梯度增大，导致分离不可避免。为了减少这种分离现象，应该收缩大角度扩散管的外壁。

部件的阻力可以用等效直管长度来表达：

(1)90°光滑弯管相当于 10~15 m 直管；

(2)90°粗糙弯管相当于 20~30 m 直管；

(3)一根塑料软管相当于 5 m 直管；

(4)一根缩口异径管相当于 5 m 直管；

(5)一个分支接头相当于 25 m 直管。

表 4-3 给出了不同类型部件的阻力系数。

表 4-3　不同类型部件的阻力系数

		$\alpha=$	13°	30°	—	—	—	—
		$\delta=$	0.13	0.25				
		$\delta=$	0.93					

（续表）

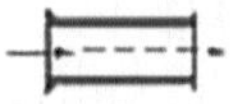		δ=	0. 5					
		δ=	0. 25					
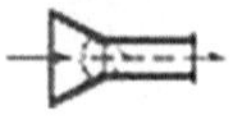		α=	13°	30°				
		δ=	0. 5	0. 6				
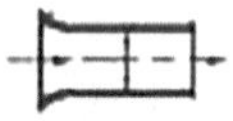		r/d=	0. 5	—				
		δ=	0	—				
			δ					
		a/d=		1. 5	2. 0	4. 0	6. 0	—
		α=	90°	0. 24	0. 26	0. 28	0. 29	—
			60°	0. 19	0. 20	0. 22	0. 23	
			45°	0. 14	0. 15	0. 16	0. 17	
			30°	0. 095	0. 10	0. 11	0. 11	
			15°	0. 055	0. 06	0. 065	0. 07	
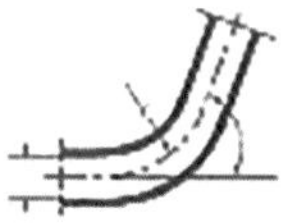		r/d=		1	2	4	6	10
		α=	15°	0. 03	0. 03	0. 03	0. 03	0. 03
			22. 5°	0. 45	0. 045	0. 045	0. 045	0. 045
			45°	0. 14	0. 09	0. 08	0. 075	0. 07
			60°	0. 19	0. 12	0. 10	0. 09	0. 07
			90°	0. 21	0. 14	0. 11	0. 09	0. 11
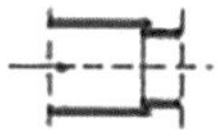		δ=	0. 35	0. 29	0. 22	0. 17	0. 10	0. 05
			0. 11	0. 09	0. 07	0. 05	0. 03	0. 02
			0. 01	0. 01	0. 01	0. 01	0	0
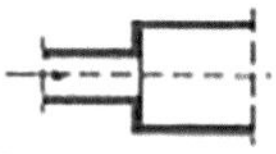	$\delta=(I-F_2/F_1)^2$	$I-F_2/F_1=$	1. 2	1. 5	2. 0	3. 0	5. 0	10
		δ=	0. 03	0. 11	0. 25	0. 45	0. 64	0. 81
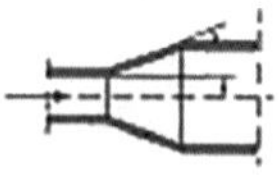	$\alpha\leqslant8°$ $\delta=0.15$ $(I-F_2/F_1)^2$	$I-F_2/F_1=$	1. 2	1. 5	2. 0	3. 0	5. 0	10
		δ=	0. 05	0. 08	0. 11	0. 13	0. 14	0. 15
		r/d=	0. 5	0. 75	1. 0	1. 5	2. 0	—
		δ=	1. 1	0. 6	0. 4	0. 25	0. 2	—
		α=	10°	30°	45°	60°	90°	—
		δ=	0. 1	0. 3	0. 7	1. 0	1. 4	—

（续表）

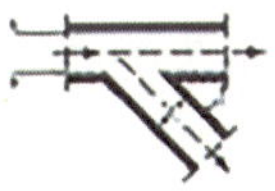	$d=d_a$	α	Q_2/Q	0	0. 2	0. 4	0. 6	0. 8	1. 0
		90°	$\delta_a=$	0. 95	0. 88	0. 89	0. 96	1. 10	1. 29
			$\delta_d=$	0. 05	−0. 1	−0. 05	0. 07	0. 21	0. 35
		45°	$\delta_a=$	0. 90	0. 66	0. 47	0. 33	0. 29	0. 35
			$\delta_d=$	0. 04	−0. 06	−0. 04	0. 07	0. 20	0. 35
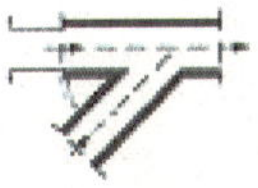	$d=d_a$	α	Q_2/Q	0	0. 2	0. 4	0. 6	0. 8	1. 0
		90°	$\delta_a=$	−1. 04	−0. 40	0. 10	0. 47	0. 73	0. 92
			$\delta_d=$	0. 06	0. 18	0. 30	0. 40	0. 50	0. 60
		45°	$\delta_a=$	−0. 90	−0. 37	0	0. 22	0. 37	0. 38
			$\delta_d=$	0. 05	0. 17	0. 18	0. 05	−0. 20	−0. 57
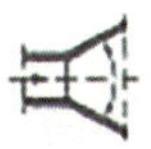	α>8°		$\delta=$	1. 0	—	—	—	—	—
	α≤8°		$F_2/F_1=$	1. 0	1. 2	1. 5	2. 0	5. 0	10
			$\delta=$	1. 0	0. 75	0. 53	0. 36	0. 18	0. 13

1. 弯管局部水头损失

弯管局部水头损失的计算公式如下：

$$H = K_f \cdot \frac{v^2}{2} \tag{4-72}$$

弯管局部水头损失系数 K_f 的计算公式如下：

$$K_f = \frac{K_1}{Re} + K_\infty\left(1 + \frac{0.025\,4}{D}\right) \tag{4-73}$$

K_1、K_∞ 按表 4-4 取值。

表 4-4　K_1、K_∞ 取值表

	形式	K_1	K_∞
45°标准弯头	$r/D=1$	500	0. 20
	$r/D=1.5$	500	0. 15
45°焊接弯头	两段	500	0. 25
	三段	500	0. 15
90°标准弯头	$r/D=1$	800	0. 40
	$r/D=1.5$	800	0. 20
90°焊接弯头	两段	1 000	1. 15
	三段	800	0. 35
	四段	800	0. 27
	五段	800	0. 25
180°标准弯头	$r/D=1$	1 000	0. 70
	$r/D=1.5$	1 000	0. 30

式(4-73)中雷诺数 Re 的计算公式如下：

$$Re = \frac{vD}{\mu_w} \tag{4-74}$$

2. 变径接头局部水头损失

变径接头的形式如图 4-39 所示。

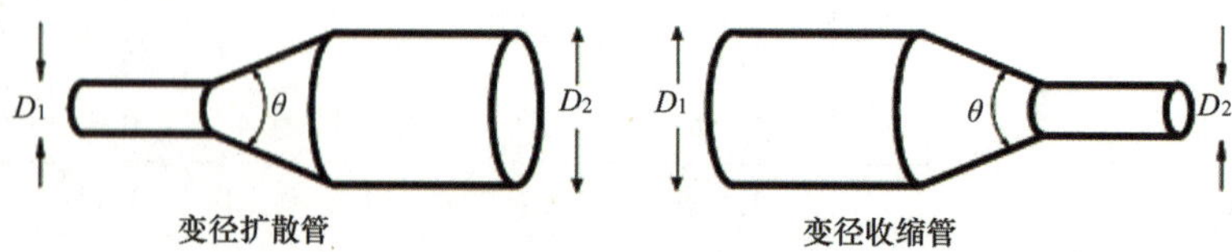

图 4-39　变径接头的形式

孔径比：

$$\beta = D_1/D_2 \tag{4-75}$$

变径接头局部水头损失的计算公式如下：

$$H = K_f \cdot \frac{v^2}{2} \tag{4-76}$$

K_f 按表 4-5 取值。

表 4-5　K_f 取值表

收缩管		
$\theta<45°$	$Re_1<2\ 500$	$K_f=1.6\left(1.2+\frac{160}{Re_1}\right)(\beta^4-1)\sin(\theta/2)$
	$Re_1>2\ 500$	$K_f=1.6(0.6+1.92f_1)\beta^2(\beta^2-1)\sin(\theta/2)$
$45°\leqslant\theta\leqslant180°$	$Re_1<2\ 500$	$K_f=\left(1.2+\frac{160}{Re_1}\right)(\beta^4-1)[\sin(\theta/2)]^{0.5}$
	$Re_1>2\ 500$	$K_f=(0.6+1.92f_1)\beta^2(\beta^2-1)[\sin(\theta/2)]^{0.5}$
扩散管		
$\theta<45°$	$Re_1<4\ 000$	$K_f=5.2(1-\beta^4)\sin(\theta/2)$
	$Re_1>4\ 000$	$K_f=2.6(1+3.2f_1)(1-\beta^2)^2\sin(\theta/2)$
$45°\leqslant\theta\leqslant180°$	$Re_1<4\ 000$	$K_f=2(1-\beta^4)$
	$Re_1>4\ 000$	$K_f=(1+3.2f)(1-\beta^2)^2$

3. 阀件局部水头损失

标准阀件的局部水头损失如表 4-6 所示。

表 4-6　标准阀件的局部水头损失

	状态	管径倍数	速度水头倍数$[v^2/(2g)]$
球阀		60~300	1.2~6

（续表）

	状态	管径倍数	速度水头倍数[$v^2/(2g)$]
闸阀	全开	7	0.15
	3/4 开	40	1
	2/4 开	200	4
	1/4 开	800	16

4.3 输送机理

4.3.1 工作点

工作点即工作点参数，它主要包括施工过程中对应的耙吸船航速，泥浆的流量、浓度，泥泵的排压、功率、转速、效率、气蚀余量，耙头活动罩开度等。

针对某个工况条件，比如特定挖深、排高、岸管直径、排岸距离等，随着输送流量、浓度的变化，产量将变化。在耙吸船施工能力范围内，存在一个产量最高工作点。耙吸船的工作点是挖掘土方量和输送土方量之间的平衡点，即产量等于挖掘土方量等于输送土方量：

$$Q_m = 1\ 852(1-\mu_d) \cdot V \cdot B_d \cdot H_d \tag{4-77}$$

式中：Q_m——目标产量，m³/h；

μ_d——耙头挖掘时的溢出率，%；

V——耙吸船对地航速，kn；

B_d——耙头有效挖泥宽度，m；

H_d——耙齿齿尖相对于耐磨块下边缘的入泥深度，m。

输送系统的工作点是泥泵排压和管道阻力之间的平衡点，即泥泵排压等于管道阻力。图 4-40 为基于流量水头的工作点示意图。

1. 吸入管阻力计算

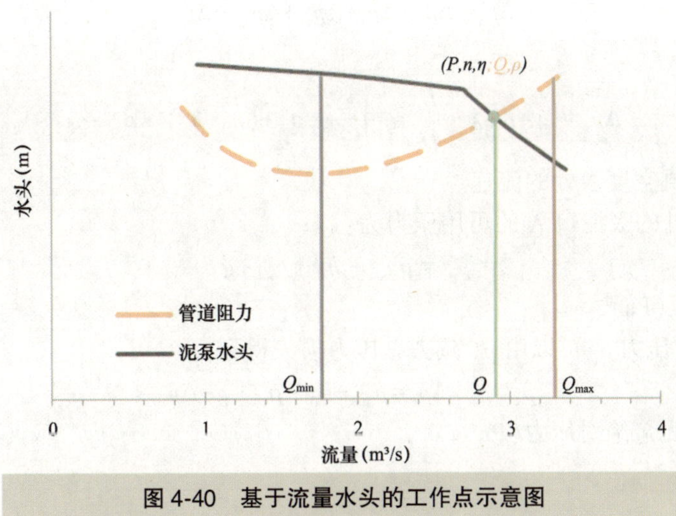

图 4-40　基于流量水头的工作点示意图

进行疏浚作业时，吸入管处压力和能量损失通常发生在吸入管道、排出管道和吸泥口处，并产生对水和水下原状土的抽吸力。这些压力、能量损失和阻力可以使用泥泵吸口真空度公式描述。水和水下原状土颗粒的混合物在进入吸泥口时的压力、能量损失和阻力如下：

(1)浆体加速到 v_z 时的压力损失

$$\Delta p_v = \frac{v_z^2}{2} \cdot \rho_m \tag{4-78}$$

(2)浆体通过吸口时的压力损失

$$\Delta p_1 = \alpha \cdot \frac{v_z^2}{2} \cdot \rho_m \tag{4-79}$$

式中：系数 α 由吸口形状和土壤类型决定。

(3)吸管直管部分阻力

$$\Delta p_m = \lambda \cdot \frac{L_z}{D_z} \cdot \frac{v_z^2}{2} \cdot \rho_m = i_m \cdot L_z \cdot \rho_m \cdot g \tag{4-80}$$

注意：式(4-80)适用于均匀混合物，未考虑吸管坡度，阻力组成成分及水头损失 h_m 同样采用 SJTU-HMSPD 公式求解。

(4)吸管非直管部分阻力

$$\Delta p_{ksi} = \xi_z \cdot \frac{v_z^2}{2} \cdot \rho_m \tag{4-81}$$

式中：系数 ξ_z 表示由管道弯曲、管道下垂和管道附件等产生的压力损失的总和。

(5)将混合物从海床输送至泥泵的静压头

$$\Delta p_0 = (h_0 - h_p) \cdot \rho_m \cdot g \tag{4-82}$$

式中：水深 h_0、泥泵安装高度 h_p 均以水面以下为正。

2. 泥泵吸口真空度计算

沿着耙臂管的必要压力损失是下列压力的总和：

$$\Delta p_z = \Delta p_v + \Delta p_1 + \Delta p_m + \Delta p_{ksi} + \Delta p_0 \tag{4-83}$$

进一步可得：

$$\Delta p_z = \left(1 + \alpha + \lambda \cdot \frac{L_z}{D_z} + \xi_z\right) \frac{v_z^2}{2} \cdot \rho_m + (h_0 - h_p) \cdot \rho_m \cdot g \tag{4-84}$$

式中：v_z 为吸管中真空度表处的流速。

位于水深 h_0 处的吸泥口 A 的可用压力为：

$$p_A = p_{atm} + h_0 \cdot \rho_w \cdot g \tag{4-85}$$

式中：p_{atm} 为大气压(Pa)。

泥泵吸口绝对压力 p_z 可以由 p_A 减去总压力损失得到：

$$p_z = p_A - \Delta p_z = p_{atm} + h_0 \cdot \rho_w \cdot g - \Delta p_z \tag{4-86}$$

式中：p_z 为吸入侧泥泵绝对压力(Pa)。

泥泵吸口真空度被定义为相对于大气压的降低量：

$$V_{ac}=p_{atm}-p_z \tag{4-87}$$

代入式(4-86)有：

$$V_{ac}=\Delta p_z-h_0\cdot\rho_w\cdot g \tag{4-88}$$

综上,可得到完整的原吸口真空度公式：

$$V_{ac}=\left(1+\alpha+\lambda\cdot\frac{L_z}{D_z}+\xi_z\right)\frac{v_z^2}{2}\cdot\rho_m+(h_0-h_p)\cdot\rho_m\cdot g-h_0\cdot\rho_w\cdot g \tag{4-89}$$

式中：$1+\alpha+\lambda\cdot\frac{L_z}{D_z}+\xi_z$ 项可用参数 ξ_{total} 简化。

所需的真空度不得超过极限真空度,否则可能发生空化效应。

3. 排出管阻力计算

用于输送混合物至预定地点的排出管位于泥泵的排出端。泥泵的排出压力一方面克服混合物重力做功,另一方面克服排出管中的摩擦损失。排出管中的摩擦损失包含湍流壁摩擦损失和混合物颗粒沉降导致的摩擦损失。

类似地,排出管中压降和损失如下：

(1)由于排出端和吸入端管道直径差异而产生的压力损失

$$\Delta p_v=\frac{(v_o^2-v_z^2)}{2}\cdot\rho_m \tag{4-90}$$

(2)静压头

$$\Delta p_0=(h+h_p)\cdot\rho_m\cdot g \tag{4-91}$$

(3)均质流在管道直线段的阻力压差

$$\Delta p_m=\lambda\cdot\frac{L_o}{D_o}\cdot\frac{v_z^2}{2}\cdot\rho_m=i_m\cdot L_o\cdot\rho_m\cdot g \tag{4-92}$$

应特别注意：式(4-92) 适用于均匀混合物,式中沿程损失系数 i_m 也采用 SJTU-HMSPD 公式计算(见 4.2.1 节)。

(4)排出管非直线部分的阻力

$$\Delta p_{additional}=\xi_o\cdot\frac{v_o^2}{2}\cdot\rho_m \tag{4-93}$$

在泵轴水平处的必要排出压力为：

$$p_o=\left(\lambda\cdot\frac{L_o}{D_o}+\xi_o\right)\frac{v_o^2}{2}\cdot\rho_m+(h+h_p)\cdot\rho_m\cdot g+\frac{(v_o^2-v_z^2)}{2}\cdot\rho_m \tag{4-94}$$

4. 管道总阻力计算

克服管道总阻力所需的总压头 p_m 是必要真空度和必要排出压力之和：

$$p_m=V_{ac}+p_o \tag{4-95}$$

管道流动特性可以用下式反映：

$$v=\frac{Q}{A} \tag{4-96}$$

结合式(4-84)和式(4-94)有:

$$p_{\mathrm{m}}=\xi\cdot Q^{2}\cdot\rho_{\mathrm{m}}\cdot g+(h+h_{0})\cdot\rho_{\mathrm{m}}\cdot g-h_{0}\cdot\rho_{\mathrm{w}}\cdot g \tag{4-97}$$

式中

$$\xi=\frac{1+\lambda\cdot\dfrac{L_{\mathrm{o}}}{D_{\mathrm{o}}}+\xi_{\mathrm{o}}}{2\cdot g\cdot A_{\mathrm{o}}^{2}}+\frac{\alpha+\lambda\cdot\dfrac{L_{\mathrm{z}}}{D_{\mathrm{z}}}+\xi_{\mathrm{z}}}{2\cdot g\cdot A_{\mathrm{z}}^{2}} \tag{4-98}$$

由式(4-97)计算所得运输沙水混合物和运输均匀混合物时的管道阻力如图 4-41 所示。对于粗沙砾,需要考虑沉降阻力的影响,且式(4-97)中的阻力分量需要采用 SJTU-HMSPD 公式计算。图中曲线显示了特定情况下的管道阻力变化规律。由于沉降的影响,沙水混合物的管道阻力在临界管道速度时取得最小值。在流速较低时才会发生沉积。

泥泵能产生的最大压头取决于流速,可以在生产商提供的手册中的泥泵特性曲线上查得。泥泵的压头还可以由安置在吸入端和排出端的压力传感器测量并计算而得:

$$p_{\mathrm{m}}=p_{\mathrm{o}}-p_{\mathrm{z}}+(h_{\mathrm{o}}-h_{\mathrm{z}})\cdot\rho_{\mathrm{m}}\cdot g+\frac{(v_{\mathrm{o}}^{2}-v_{\mathrm{z}}^{2})}{2}\cdot\rho_{\mathrm{m}} \tag{4-99}$$

其中需要考虑两传感器之间的高度差。

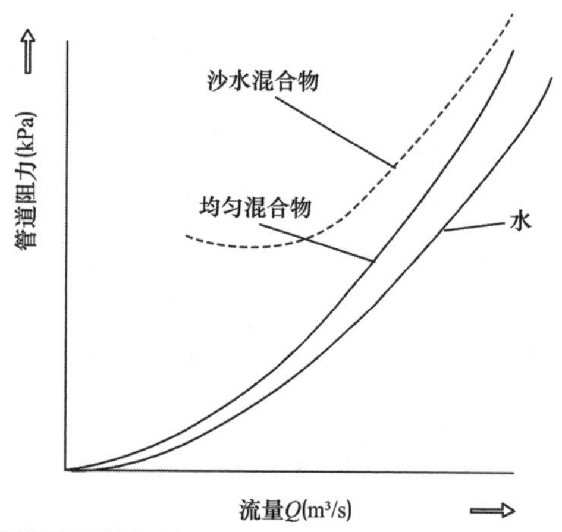

图 4-41 输送沙水混合物时管道的特性

5. 多泵串联工作时总排压计算

多泵串联工作时的总排压等于各泵排压之和:

$$p_{\mathrm{pump}}=\sum p_{\mathrm{m}} \tag{4-100}$$

各泵排压采用 4. 1. 6. 2 节推荐的修正公式计算。

6. 工作点计算

泥泵的工作点就是泥泵排压等于管道阻力:

$$p_{\mathrm{total}}=p_{\mathrm{pump}} \tag{4-101}$$

在计算过程中,要注意泥泵性能决定的工作点产量和耙头性能力决定的工作点产量之间的比较,实际产量是二者中的较小者。

4.3.2　工作范围

每个泥浆管道输送系统都有它相应的工作范围，包括可输送的颗粒粒径范围、排距范围、输送管径范围及输送体积浓度范围等。以上所述颗粒粒径、排距等因素都是相互影响和相互制约的，下面逐个讨论在其他因素一致的情况下，单个因素对工作范围的影响。

1. 颗粒粒径的范围

在排距、输送管径和输送体积浓度等参数保持不变的情况下，随着输送颗粒粒径的增大，输送系统的管路水头损失会逐渐增大，泥泵可提供水头则随之减小。

如图 4-42 所示，输送系统输送粗沙时工作在 A 点，此时系统的水头损失较高，泥泵工作在额定功率和额定转速附近，效率较高，同时，泥泵驱动系统的效率也较高。如果此时泥沙颗粒继续增大，管路水头损失会继续增大，而泥泵能够提供的水头则随之减小，可能需要降低泥浆体积浓度来维持系统运行。因此，输送系统工作在 A 点时要根据输送泥沙颗粒的变化范围设定适当的安全余量，否则系统容易在颗粒粒径或者浓度变化时堵管。从图中可以看出输送系统输送细沙时工作在 B 点，此时由于管路水头损失较小，流速较大，泥泵驱动系统无法提供足够的功率，因此采用降低泥泵转速工作。此时，输送系统已因驱动泥泵的柴油机效率较低而经济性降低，如果泥沙颗粒更小，流量将进一步增大，驱动柴油机需要继续降速，柴油机会因到达其冒烟区而无法正常工作，需要提高泥浆的体积浓度来提高产量和改善柴油机工作状况。如采用多泥泵串联作业，则可减少泥泵工作数量。可见，在排距、输送管径和输送体积浓度等参数保持不变的情况下，输送系统可输送的颗粒粒径范围为细沙到粗沙对应的粒径范围。

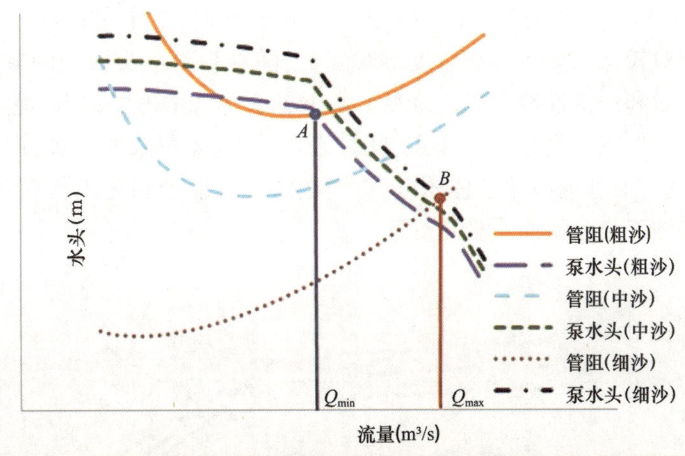

图 4-42　不同颗粒粒径的管阻特性曲线

2. 输送排距的范围

在输送颗粒粒径、输送体积浓度等因素确定的条件下，输送系统的输送排距也存在一个范围。显然，管路水头损失会随排距的增大而成比例地增大。图 4-43 所示为不同排距的管阻特性曲线。

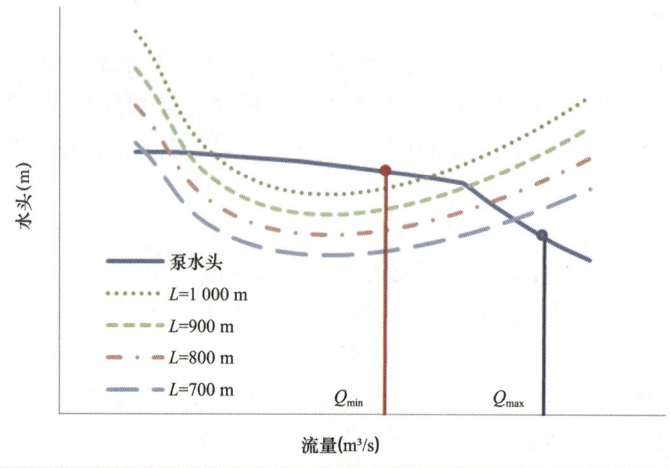

图 4-43　不同排距的管阻特性曲线

输送系统排距的上限由泥泵能够提供的水头决定,即最大排距工作点的泥泵水头等于管路水头损失,并且保证在流速降低时泥泵水头相对于管路水头损失有一定安全余量,工作点流量相对于关键流速有一定安全余量。其下限由泥泵驱动柴油机的冒烟点或者最低工作转速决定。

3. 输送体积浓度的范围

随着输送体积浓度的增大,运行在额定转速、功率富余条件下的泥泵提供的水头将持续增大,管路水头损失也随之增大,如图 4-44 所示。

图 4-44 所示输送系统在输送密度为 1.2 t/m^3 的浆体时,工作在 B 点,此时流量较大,体积浓度较低,产量相对较低。如果体积浓度继续降低,随着管路水头损失的减小,工作点流量随之增大,但系统产量和经济性都会随之降低。随着输送体积浓度的提高,泥泵水头和管路水头损失都随之增大,工作点向上移动到 A 点,此时流量较小,体积浓度较大,产量较高,经济性也相对较好。如果此时继续提高输送体积浓度,输送系统可能会因为工作在管道阻力最小点附近,不能提供足够的安全余量而不稳定。

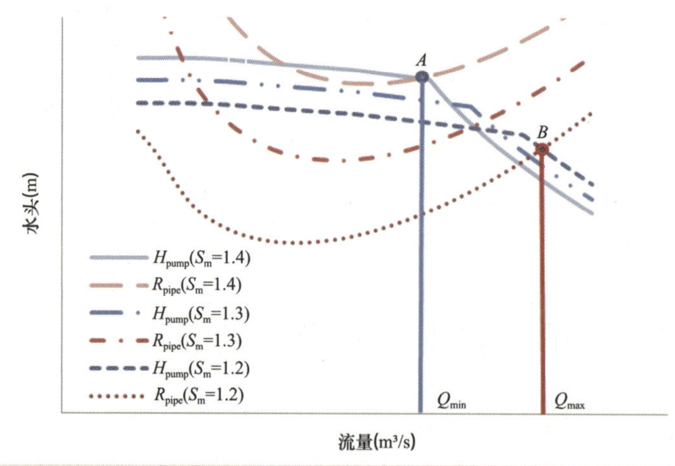

图 4-44　不同浓度的管阻特性曲线

4. 输送管径的范围

如果输送颗粒粒径、输送体积浓度等因素不变，在同一输送速度下，随着输送管径的增大，工作点流量显然会相应增大，产量因此大幅提高。图 4-45 所示为不同输送管径的管阻特性曲线。

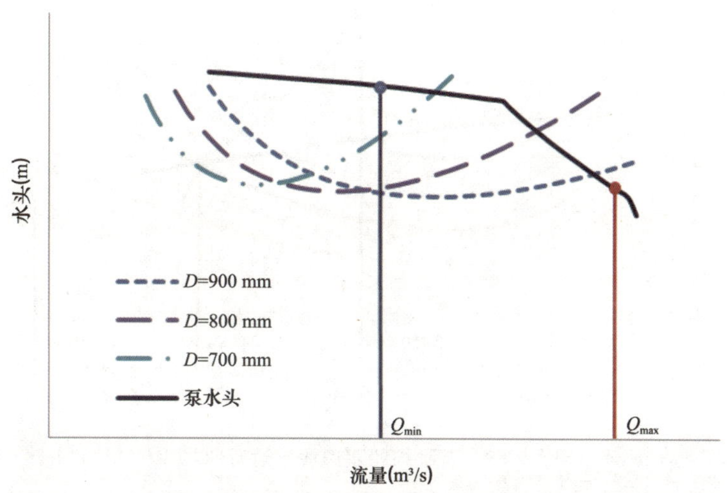

图 4-45　不同管径的管阻特性曲线

输送系统管径的下限由泥泵驱动柴油机在恒速区的工作范围决定，同时要考虑关键流速的限制和施工效率。其上限由泥泵驱动柴油机的冒烟点或者最低工作转速决定。为了避免管阻过低导致泥泵驱动柴油机长时间运行在冒烟区，通常对输送系统增大缩口，以增大系统阻力，使柴油机运行在恒扭矩区。

4.3.3　匹配运行

1. 高低速切换

对于驱动柴油机具有恒扭矩功能，并且配备了双速齿轮箱的泥泵系统，当泥泵运行在高速恒扭矩区时，其功率为：

$$P_W = P_N(n_W/n_N) \tag{4-102}$$

式中：P_W—— 泥泵消耗功率；

P_N—— 泥泵额定功率；

n_W—— 泥泵工作转速；

n_N—— 泥泵额定转速。

当泥泵工作转速 n_W 降低到低转速额定速度 n_L 时，由式(4-102) 可得：

$$(P_N - P_W)/P_N = (n_N - n_L)/n_N \tag{4-103}$$

式(4-103) 说明如果驱动柴油机在恒转速区工作点和在恒扭矩区工作点的效率相当，当泥泵低转速运行，泥泵的柴油机功率富余比$(P_N - P_W)/P_N$ 与泥泵高低转速差比$(n_N - n_L)/n_N$ 相等时，宜采用高速运行，因为此时虽然高低转速运行的效率和产量相当，但是在恒扭矩区运行更加稳定。例如，某船泥泵的高转速为 340 r/min，低转速为 278 r/min，额定功率为2 750 kW，当由于排距的加大和输送体积浓度的提高，泥泵只能运行在恒转速 278 r/min、2 250 kW

时,即可切换为 340 r/min 恒扭矩运行,如图 4-46 所示。

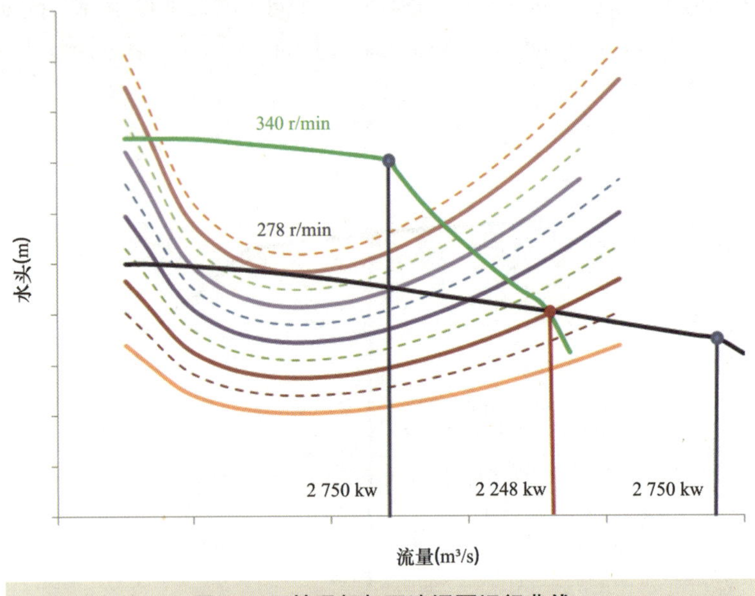

图 4-46 某吸耙船双速泥泵运行曲线

对于驱动柴油机没有恒扭矩功能的泥泵,由于驱动柴油机能提供的功率一般比恒扭矩时的功率高,因此宜更早转换为高转速运行。

2. 恒功率超速运行

对于驱动柴油机具有恒功率超速运行性能的泥泵系统,如变频驱动的泥泵系统,在需要的情况下可以选择超速运行,以满足更高排压的需求。

图 4-47 所示是一泥泵在额定转速 289 r/min 下输送比重为 1.2 的中沙和转速提高到 340 r/min 并在恒功率下输送不同体积浓度中沙时的泥泵水头曲线。各工作点运行参数见表 4-7。

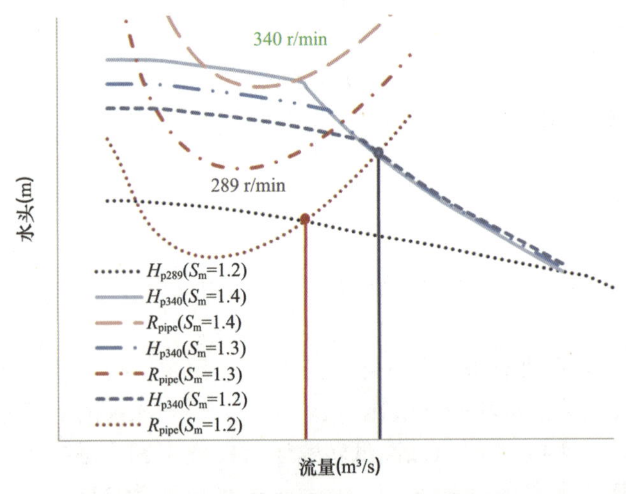

图 4-47 不同转速时的泥泵水头曲线

表 4-7　工作点运行参数

泥泵转速(r/min)	289	339	335	336
输送浆体比重	1.2	1.2	1.3	1.4
产量(m^3/h)	1 676	2 352	3 397	4 153
工作点流量(m^3/s)	2.194	3.08	2.831	2.538
关键流速对应流量(m^3/s)	2.037	2.037	2.056	2.056
每度电产量(m^3/kW·h)	1.109	0.855	1.235	1.51

可以看出在此工况下,提高泥泵转速可以大幅度提高工作点流量;在低转速有沉积时,改为高转速运行足以冲起较厚的沉积层;在短时间挖掘局部较粗土壤时,高转速运行可以满足颗粒更粗土壤的输送。

3. 施工建议

基于土壤、排距、管径、泥浆体积浓度的可施工范围和泵水头、管路水头损失随其变化的规律,以及产量、效率随输送体积浓度变化的规律和关键流速、净正吸入扬程的限制,对泥浆管道输送系统施工给出以下建议:

(1)泥浆管道输送规划设计时,可以根据施工区域土壤信息和实际排距设计合理的输送管径;在施工过程中,可以视输送颗粒粒径提高输送体积浓度以达到最高产量或者最高效率。在提高输送体积浓度以追求高产量和高效率时,必须考虑对关键流速和净正吸入扬程的限制。

(2)泥泵运行在恒扭矩区时,输送系统的产量和经济性将随排距的缩短、输送管径的增大和输送体积浓度的提高而提高。运行于这种状态的输送系统比较稳定,流量、产量波动比较小。因此,推荐泥泵工作在恒扭矩区。

(3)泥泵运行在恒转速区时,在不考虑泥泵驱动端效率、预留适当安全余量(避开关键流速附近管阻曲线较平坦的区域)的前提下,产量和经济性随排距的缩短、输送管径的增大和输送体积浓度的提高而提高。在该状态下运行的输送系统不如在恒扭矩状态下运行的输送系统的稳定性好,流量、产量波动也比较大。因此,为了系统的安全运行,对于其泥泵一直运行于恒转速区的泥浆管道输送系统,如典型的一拖三耙吸船泥浆管道输送系统,净正吸入扬程安全余量和关键流速安全余量预留值应比在恒扭矩区运行的系统的预留值大。

(4) 对于具有双速运行功能的泥泵系统,建议当驱动低转速运行泥泵的柴油机功率富余比$(P_N - P_W)/P_N$与泥泵高低转速差比$(n_N - n_L)/n_N$相等时,采用高转速运行。

4.3.4　关键流速

一般认为,输送系统工作在关键流速附近时阻力最小,如果此时泥泵驱动柴油机也能正好运行在其效率最高点,那么,该工作状态就是输送系统工作效率最高、经济性最好的状态。

1. 关键流速的影响因素

影响关键流速的因素主要有输送泥沙的物理性质、管道参数和浆体性质三个方面。

(1) 泥沙的比重 S 或密度 ρ_s 越大,则关键流速越大;均匀颗粒输送中,颗粒粒径 d 越大,则关键流速越大;在多级配不均匀颗粒输送中,细粒级能够形成不易分选的二相载体,使得粗粒级的沉速有所降低,故细粒级含量增大,关键流速减小。

(2) 管道直径 D 越大、绝对粗糙度越小,则关键流速越大,通常与 D 的 0.25~0.5 次方成正比。

(3) 浆体二相载体的密度 ρ 越大、固体颗粒的沉速越小，则关键流速越小。

(4) 在低体积浓度范围内，输送体积浓度 C 越大，则关键流速 V_c 越大，超过某一浓度后，可能有三种情况：第一种情况，V_c 持续增大；第二种情况，V_c 变化较小；第三种情况，V_c 随之减小。

出现这三种情况的机理是体积浓度对关键流速的影响具有双重性：第一，体积浓度越高，浆体的有效黏度越高，固体颗粒的沉降速度越小，故关键流速越小；第二，体积浓度越高，浆体的有效黏度越高，雷诺数越小，脉动分速越小，关键流速越大。具体属于何种情况要看这两类因素何者占主导地位而定：当增长因素占主导地位时，V_c 增大；当增长因素与消减因素互相抵消时，V_c 不变；当消减因素占主导地位时，V_c 减小。

王绍周认为对于粗颗粒泥沙的浆体，由于粒度较大，浆体的黏度取决于清水黏度，与浓度无关，则始终是体积浓度越高，关键流速越大。

Wilson 认为关键流速 V_c 与输送体积浓度 C 之间的关系大致如下：$C=0$ 时，$V_c=0$；随着 C 的逐渐增大，V_c 也逐渐增大，直到 C 等于某特征体积浓度 C_{rm} 时，V_c 达到最大值；随后，随着 C 的增大，V_c 逐渐减小；直到 C 等于原状土体积浓度 C_{vb} 时，$V_c=0$。

图 4-48 所示为基于 Wilson 和 Durand 公式的不同粒径颗粒的体积浓度 - 关键流速曲线。

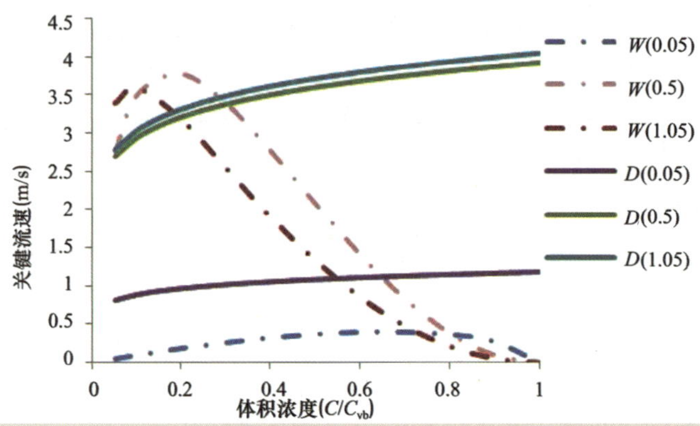

图 4-48　基于 Wilson 和 Durand 公式的不同粒径颗粒的体积浓度 - 关键流速曲线

2. 各类型公式

(1) 基于颗粒阻力系数的算法

Zandi 和 Gavatos 分析了比重 $S\in(1.02\sim2.65)$，沙颗粒粒径 $d\in(0.2\sim25.4\ \text{mm})$，输送管径 $D\in(38.1\sim560\ \text{mm})$的试验结果，于 1967 年给出了如下公式：

$$V_k=\{40\,C\cdot D\cdot g\cdot(s-1)/\sqrt{C_D}\}^{0.5} \tag{4-104}$$

Larsen 于 1968 年给出了类似经验公式：

$$V_k=\{17.8\sqrt{C}\cdot D\cdot g\cdot(s-1)/\sqrt{C_D}\}^{0.5} \tag{4-105}$$

Bain 和 Bonnington 在 1970 年给出公式：

$$V_k=\{12.11\,C^{2/3}\cdot D\cdot g\cdot(S-1)/\sqrt{C_D}\}^{0.5} \tag{4-106}$$

1971 年 Babcock 研究了阿基米德浮力指数在 10 以下的细颗粒关键流速，给出了细颗粒的关键流速公式：

$$V_k = \{10C \cdot D \cdot g \cdot (S-1)/\sqrt{C_D}\}^{0.5} \tag{4-107}$$

(2) 基于颗粒沉降速度的算法

Gogus 和 Kokpinar 在 1993 年和 2001 年给出了分别基于浆体黏度和颗粒在浆体中沉降速度的两个公式:

$$\frac{V_k}{\sqrt{gD}} = 0.124\left(\frac{D}{d}\right)^{0.537} C^{0.322}(S-1)^{0.121}\left(\frac{wd}{v_m}\right)^{0.243} \tag{4-108}$$

$$\frac{V_k}{\sqrt{gD}} = 0.055\left(\frac{D}{d}\right)^{0.6} C^{0.27}(S-1)^{0.07}\left(\frac{w_m d}{v}\right)^{0.3} \tag{4-109}$$

Hepy 在 Durand、Yotsukura Sinclair 和 Wicks 等人的试验数据基础上于 2008 年给出了如下公式:

$$\frac{V_k}{\sqrt{gD}} = 0.1\left(\frac{D}{d}\right)^{0.45} C^{0.15}(S-1)^{0.1}\left(\frac{wd}{v}\right)^{0.22} + (2.033\sqrt{C} - 0.7016)\cdot(S-1) - 1.424 - \left\{\frac{5.4881}{wd/v} - (S-1)\right\} - \{C\cdot(S-1) - 2.03\} \tag{4-110}$$

(3) 直接计算方法

Wilson 等人在 1997 年直接以颗粒粒径、输送管径和浆体体积浓度为变量给出如下公式:

$$V_{k\max} = 1.565K\frac{\left(\frac{D}{d}\right)^{0.7}\cdot d^{1.75}}{d^{1.3} + 1.1\times10^{-7}\left(\frac{D}{d}\right)^{0.7}}\left(\frac{S-1}{1.65}\right)^{0.55} \tag{4-111}$$

式中:K 是不同浓度时的修正系数。

(4) 颗粒群关键流速的算法

实际工程中颗粒不全都是某一粒径的颗粒,而是不同粒径范围的颗粒按一定级配组成的。因此,工程应用中需要将按照同一粒径试验得出的关键流速做进一步修正。Ir. R. de Groot 在文献中提到 IHC 在工程计算中基于平均粒径 d_m 对关键流速的估算公式:

$$V_k = 1.7\left(5 - \frac{1}{\sqrt{d_m}}\right)\sqrt{D} \tag{4-112}$$

Schiller 和 Herbich 于 1991 年在 Durand 公式(4-113) 的基础上,基于中值粒径 d_{50} 给出了其修正系数 K_D 的计算公式:

$$V_k = K_D\sqrt{2gD(S-1)} \tag{4-113}$$

$$K_D = 1.3\,C^{0.125}(1 - e^{-6.9d_{50}}) \tag{4-114}$$

3. 算法比较

本文采用上述各算法,液体运动黏度 v 采用海水运动黏度系数,液体密度取海水密度 1 025 kg/m^3,颗粒密度 ρ_s 取泥沙密度 2 650 kg/m^3,输送管径 D 取 1 m,浆体体积浓度 C 取 0.3,分别计算了不同粒径颗粒浆体的关键流速。计算结果如图 4-49 和图 4-50 所示。

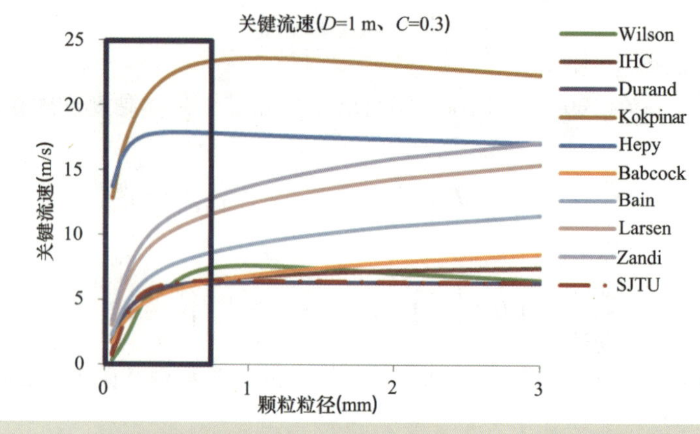

图 4-49　关键流速(管径为 1 m,输送体积浓度为 0.3 的细颗粒)(一)

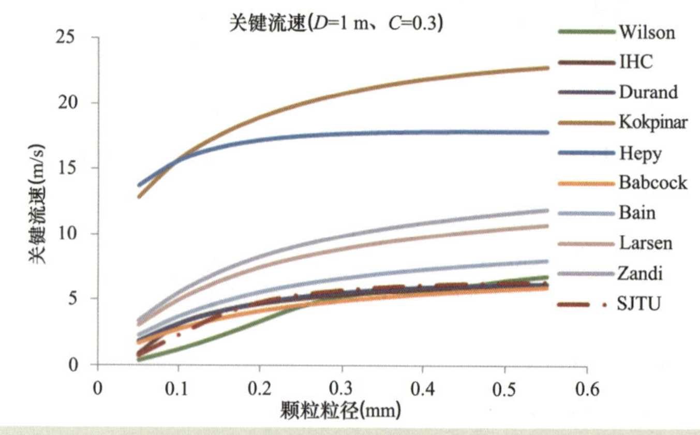

图 4-50　关键流速(管径为 1 m,输送体积浓度为 0.3 的细颗粒)(二)

从图 4-49 和图 4-50 中可以看出,Bain、Babcock、Wilson、IHC、Durand 公式的计算结果比较相近(接近 SJTU-HMSPD 公式的计算结果),Zandi、Larsen、Hepy、Kokpinar 公式的计算结果相近。从计算方法推导方式可以看出,差距主要缘于采用不同的试验数据。

图形显示在颗粒粒径大于 1 mm 后,随着颗粒粒径的进一步增大,Wilson 公式的计算结果随之减小,Durand 公式的计算结果变化不大,IHC 公式等的计算结果都有不同程度的增大。

为了比较各公式关于浆体体积浓度对关键流速的影响,选体积浓度 $C=0.05$ 时的关键流速作为基准,比较其他体积浓度时关键流速相对于此基准的增幅,如图 4-51 所示。

从图 4-51 中可以看出,Hepy、Durand 和 Wasp 公式的体积浓度修正比较符合 Yotsukura 和 Anthracite 的试验数据。

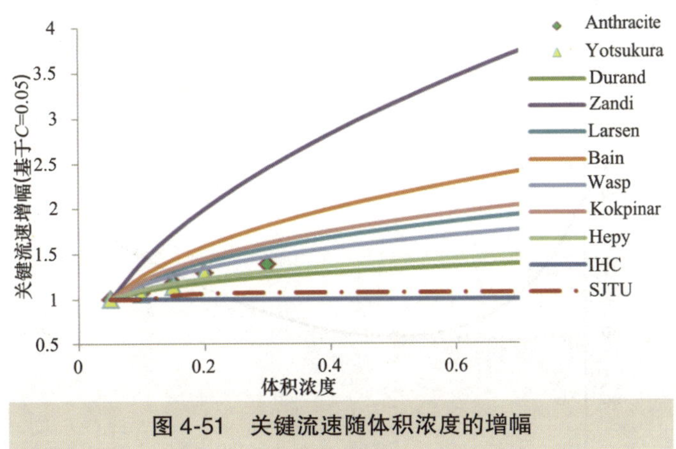

图 4-51　关键流速随体积浓度的增幅

4. 推荐算法

关于浆体体积浓度对关键流速的影响,尤其在大颗粒阶段,王绍周和 Wilson 的理论都有其道理。王绍周主要着眼于实际工程应用,而 Wilson 更注重理论分析。大颗粒浆体在接近堆积体积浓度时,其关键流速才会迅速下降,而实际工程因技术、经济因素不会采用如此高的体积浓度。

关于各计算公式:

(1)从图 4-49 和图 4-50 可以看出,Durand 采用试验数据回归公式的计算结果与 IHC 采用实际泥沙疏浚工程数据回归公式的计算结果最为相似。从图 4-51 可以看出,Durand 公式与 Yotsukura 和 Anthracite 的试验数据也比较吻合。因此,泥沙管道输送的关键流速计算推荐使用 Durand 公式。

(2)颗粒的级配尤其是细颗粒的多少对关键流速和管阻都有显著的影响。有学者提出细颗粒刚好填充满粗颗粒形成缝隙的级配是阻力最小的级配(最佳级配),是否这时也是关键流速最低的级配,值得继续研究。

(3)但是,各公式在计算包含不同粒径颗粒的关键流速时,一般选择中值粒径 d_{50} 和平均粒径 d_m 作为特征粒径。因为这两个参数都不能很好地表达颗粒的级配情况,其公式都不能体现级配对关键流速的影响。

(4)有学者认为最能体现颗粒级配的参数是颗粒沉降速度,但颗粒群体沉降速度依然存在其对应特征粒径的确定问题。究竟什么参数能够在各计算中更加科学地表达颗粒级配,目前尚无确切说法,值得继续探索研究。

4.3.5　最小能耗

在颗粒物料管道输送,尤其是中粗沙管道输送中,在工作流速范围内存在一个阻力最小点 Q,如图 4-52 所示。

从图中可以清楚看到,Q 点在保持管道内输送体积浓度不变的情况下,阻力最小,这就意味着在 Q 点附近作业时输送系统的能耗最小,因此对 Q 点的系统运行参数,尤其是流速(关键流速)的深入研究对施工来说具有非常重要的经济意义。近些年,众多学者为寻找 Q 点贡献了诸多成果,典型的关键流速计算方法有:Zandi & Gavatos、Larsen 等人提出的基于颗粒阻力系数的计算方法;Gogus & Kokpinar 等人提出的基于颗粒沉降速度的计算方法;Wilson 等人提出的直接以颗粒粒径、输送管径和浆体体积浓度为变量的计算方法;Schiller & Herbich 等人提出的针对不均匀颗粒群的计算方法等。

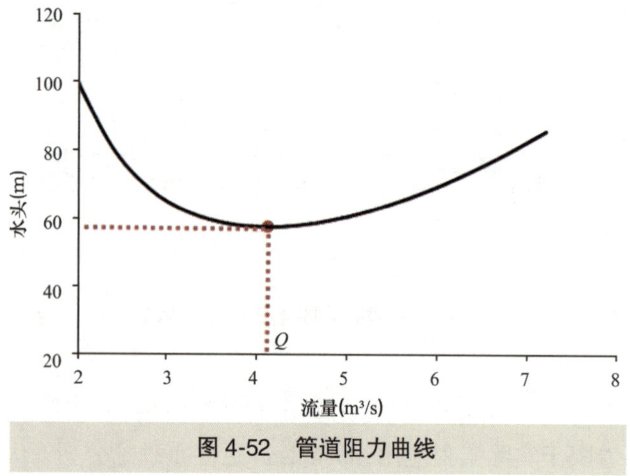

图 4-52　管道阻力曲线

在一定体积浓度条件下的最小能耗及其所在流速找到了,那么在某一体积浓度范围内一定还存在一个能耗相对最小的体积浓度(定义为最佳体积浓度)。

Wilson、王绍周、Hashemi 等人为此做出了卓越贡献。Wilson 给出了最小能耗的定义:输送单位体积颗粒通过单位长度管道所需能量的消耗率(*SEC*)。其表达式为:

$$SEC = \frac{i_{\mathrm{m}}}{S_{\mathrm{s}}C_{\mathrm{v}}} \tag{4-115}$$

式中:i_{m}、C_{v} 分别表示水力梯度和输送体积浓度;S_{s} 代表颗粒重度,即颗粒密度与水密度之比。

王绍周给出了更加适合煤炭输送经济性计算的最小能耗 —— 吨公里能耗(kW · h/t · km),表示输送完成单位重量(每吨)颗粒物料的能耗,其表达式为:

$$E = \frac{Q_{\mathrm{m}}(Ki_{\mathrm{m,F}}L + \Delta H)\rho_{\mathrm{m}}}{0.3672\eta Q_{\mathrm{s}}\rho_{\mathrm{s}}L} \tag{4-116}$$

式中:Q_{m}、Q_{s} 分别表示浆体流量和物料流量,单位为 $\mathrm{m^3/h}$;ρ_{m}、ρ_s 分别表示浆体密度和物料密度,单位为 $\mathrm{kg/m^3}$;$i_{\mathrm{m,F}}$ 表示浆体管道摩阻损失,单位为 m 浆柱/m;L 表示管道长度,单位为 km;ΔH 表示输送高差,即终点或最不利点(中途峰点)与始点的高差,始点低时取正值,始点高时取负值,单位为 km;η 表示泵组效率;K 表示摩阻损失附加及局部阻力附加系数,本书建议对长距离管道输送系统取 1.15,对短距离管道输送系统取 1.1。

Hashemi 等人基于 Wilson 的管道输送阻力计算模型,计算得出了颗粒物料管道输送最小能耗一般发生在输送体积浓度 30%左右的结论,为管道输送行业提供了有价值的参考。

但是上述最佳体积浓度计算模型都存在不同程度的局限性,施工人员常常困惑于 Wilson 给出的能量消耗率究竟代表什么意义,工程计算人员也很难找到原动机的油耗曲线来计算王绍周提出的吨公里能耗。另外,众多试验证明 Hashemi 模型建立的基础——Wilson 阻力计算公式,在计算宽级配浆体,尤其是高体积浓度宽级配浆体时结果偏小,所以其最佳体积浓度为 30%的结论只适用于一定颗粒不均匀系数和浆体体积浓度范围的管道输送系统。本节基于本章 4.2 节给出的能够胜任高体积浓度复杂浆体管道输送阻力计算的 SJTU-HMSPD 模型,建立了一个浆体管道输送能耗计算模型,并基于此计算分析浆体输送体积浓度、颗粒粒径、颗粒不均匀系数等参数对其大小以及关键流速大小的影响。

1. SJTU-SPC 模型

采用输送单位体积颗粒通过单位长度管道输送所消耗的电量来描述管道输送系统的能耗水平,这样既可以通过发电机油耗曲线直接预测输送单位体积颗粒物料所需油耗,又可以直接显示不同输送条件下管道能量消耗的变化趋势,称为方公里能耗(kW · h/m^3 · km),其表达式为:

$$SPC = \frac{i_m \rho_f g}{C_v} \tag{4-117}$$

式中:ρ_f、g 分别表示水密度和重力加速度。从该公式可以看出,i_m、C_v 是 SPC 的决定性参数,i_m 越小,SPC 越小;C_v 越大,SPC 越小。可见,计算不同 C_v 条件下的 i_m 值是计算 SPC 的关键。

近几十年来,广泛应用于疏浚工程计算的颗粒物料管道输送阻力计算模型有:基于大量试验数据、倍受欧洲疏浚界青睐的 Durand 公式;美洲疏浚界广泛采用的 Wilson 公式;计及颗粒管道内分布情况的 Wasp 两相流模型;选用不同的无量纲参数,收集各方试验数据,直接通过无量纲分析得到的 Turian & Yuan 公式;通过人工智能手段拟合试验数据得到的 Lahiri & Ghanta 公式;基于力学平衡的三层理论模型 Doron & Barnea 公式;基于前人研究成果,既照顾了公式的适用性(计算参数的易测),又兼顾了理论分析的 Miedema 公式等。

Durand 定义了管道弗劳德数、颗粒弗劳德数和附加阻力损失,通过拟合它们之间的关系给出了阻力计算公式,并利用该公式对管径为 40~580 mm、平均粒径为 0.2~25 mm、颗粒比重为 1.5~3.95、颗粒体积浓度为 2%~22%范围内的浆体进行了试验验证。后经 Worster & Denny、Gibert、Wasp 等人的修正和拓展,该公式一直使用至今,仍然是疏浚界最受欢迎的管阻计算方法。但是该公式采用算术平均数(d_m)对原状土粒径进行简化,导致在宽级配尤其是高体积浓度输送区域的计算偏差比较大。

Wilson 不仅研究了推移质流、非均质流、均质流等各流区的阻力形成机理,还研究了颗粒级配对阻力的影响。对于非均质流,Wilson 阻力计算公式考虑了大颗粒对管道阻力的影响,采用 d_{85} 下和 d_{50} 两个参数描述颗粒级配。对于级配比较宽的浆体,Wilson 利用该公式对颗粒随着粒径大小的变化而在管道内流动形式的不同进行了研究,将颗粒按照粒径分为四个部分:第一部分是粒径小于 0.04 mm 的颗粒,按均质流计算;第二部分是粒径大于 0.04 mm、小于 0.15 mm 的颗粒,按伪均质流计算;第三部分称为复合流体,包括粒径在 0.15 mm 和 0.018 倍输送管道直径之间的颗粒;第四部分是粒径大于 0.018 倍输送管道直径的颗粒,这部分按推移质流计算。显然,在实际施工中,随着流速的增大,不同流区的颗粒粒径范围并不是固定不变的。

Miedema 对浆体随流速的变化而变化的流态进行了详细的划分和研究。对于单一粒径颗粒浆体,Miedema 基于分层流理论、能量理论分别给出了浆体在固定层、推移质、非均质流、均质流及非均质流与均质流过渡区域的管道阻力计算公式。对于级配浆体,Miedema 将其分为三个部分:第一部分是载体相,S_{tk} 小于 0.3,用这部分的体积浓度修正粗颗粒浆体的黏度;第二部分是粒径大于 0.018 倍输送管道直径的颗粒;剩下颗粒为第三部分。Miedema 汲取了 Durand、Wilson 等人的成果,并扩大了使用范围,其试验管径达 1 m。但是对于 S_{tk} 定义的载体相,随着流速的增大而颗粒粒径变小,意味着载体相的体积浓度变小,这与实际施工情况不符。

另外,Miedema 模型只考虑了细颗粒(载体相)对浆体有效黏度的影响,进而对管道阻力的影响,但是没有考虑级配土壤的不均匀系数对管道阻力的影响,尤其是高体积浓度阶段。

本书借鉴 Durand、Wilson 等人的研究思路,基于 Miedema 等人的研究成果,提出了一种基于颗粒级配和浆体不均匀系数的复杂浆体管道阻力计算模型,并计算了浆体管道输送的 *SPC* 值,确定了能耗最小点的运行参数,包括最佳体积浓度、关键流速等。

2. 模型验证计算

为了证明计算模型的准确性,可计算与 Sundqvist 试验相对应工况条件下的方公里能耗,并与其试验结果进行比较分析。其中,试验管径为 0.203 m 和 0.305 m。试验使用三种中值粒径为 0.65 mm,不均匀系数分别为 1.26、3.14 和 7.98 的级配沙,其颗粒级配曲线如图 4-53 所示。

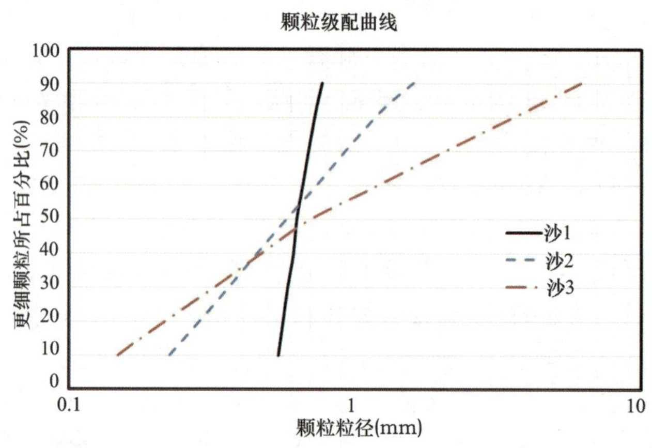

图 4-53　试验用沙颗粒级配曲线

试验用沙的级配特征参数和不均匀系数如表 4-8 所示。

表 4-8　试验用沙颗粒级配表

	沙 3	沙 2	沙 1
D_{10}	0.15	0.23	0.52
D_{30}	0.33	0.37	0.57
D_{50}	0.70	0.58	0.63
D_{60}	1.21	0.74	0.66
D_{70}	2.05	0.93	0.69
D_{90}	7.27	1.61	0.77
Cu	7.98	3.14	1.26

3. 系统参数影响计算

为了体现颗粒不均匀系数、输送管道直径、颗粒体积浓度等参数对最小能耗的影响,在上述验证计算的基础上补充计算了沙 3 在 0.203 m 管道,沙 1 和沙 2 在 0.305 m 管道,以及沙 1、沙 2 和沙 3 在工业生产最常用的 0.8 m 管道中输送的能耗情况,这样既方便比较分析,又可以为实际施工提供直接参考。

主要计算参数如表4-9所示,计算结果如图4-54~图4-65所示。

表4-9 主要计算参数

编号	试验用沙	D(mm)	C_v(%,试验值)	C_v(%,计算值)
1	沙1	203	11.8~14.7	13.8
2	沙1	203	24.9~27.4	26.2
3	沙1	203	30~31.8	30.8
4	沙2	203	9.9~13	12.1
5	沙2	203	26.1~28.2	27.3
6	沙2	203	29.5~31.7	30.9
7	沙3	203		15.2
8	沙3	203		28
9	沙3	203		39.1
10	沙1	305		13.8
11	沙1	305		26.2
12	沙1	305		30.8
13	沙2	305		12.1
14	沙2	305		27.3
15	沙2	305		30.9
16	沙3	305	14.1~15.7	15.2
17	沙3	305	25.9~29.7	28
18	沙3	305	36.5~41.7	39.1
19	沙1	800		10
20	沙1	800		20
21	沙1	800		30
22	沙1	800		40
23	沙1	800		50
24	沙2	800		10
25	沙2	800		20
26	沙2	800		30
27	沙2	800		40
28	沙2	800		50
29	沙3	800		10
30	沙3	800		20
31	沙3	800		30
32	沙3	800		40

（续表）

编号	试验用沙	D(mm)	C_v(%,试验值)	C_v(%,计算值)
33	沙 3	800		50

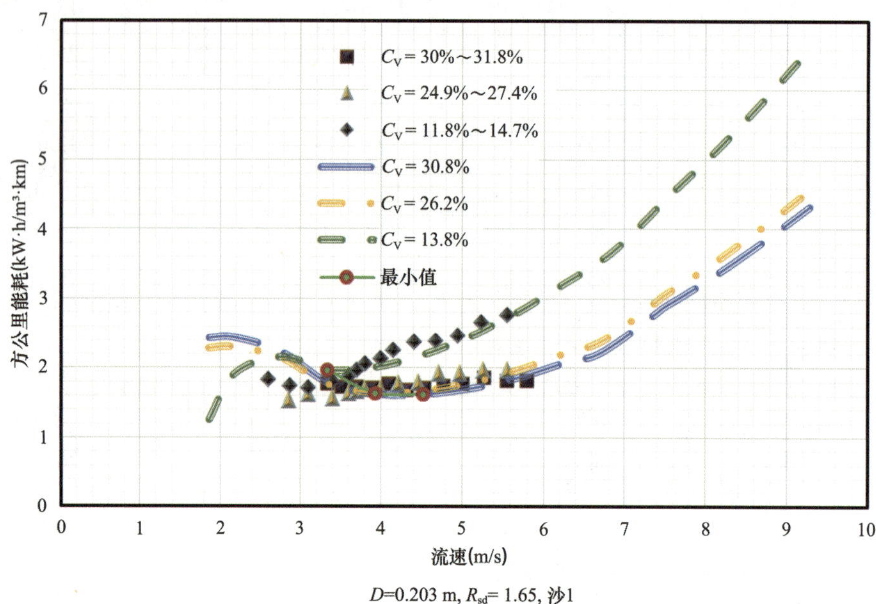

图 4-54 直径 0.203 m 管道输送不同体积浓度沙 1 的方公里能耗

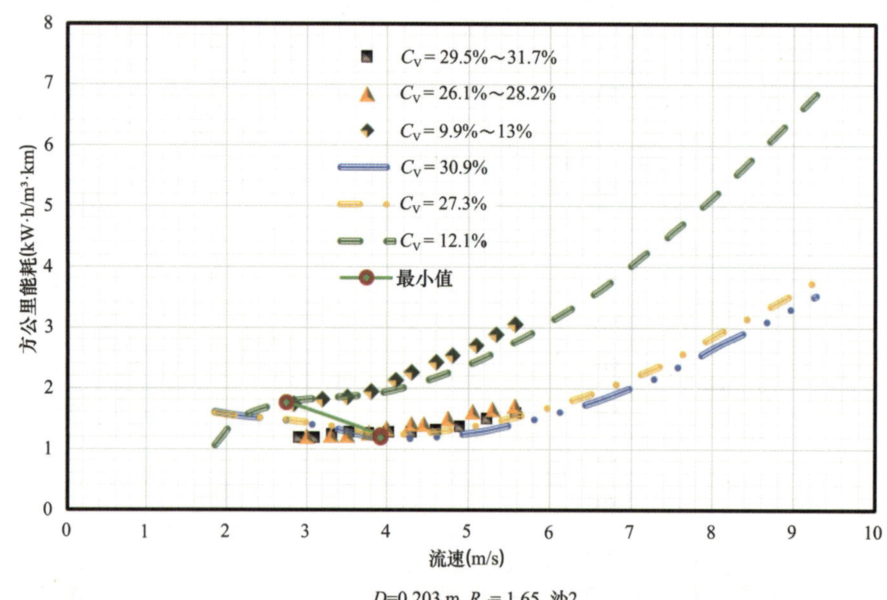

图 4-55 直径 0.203 m 管道输送不同体积浓度沙 2 的方公里能耗

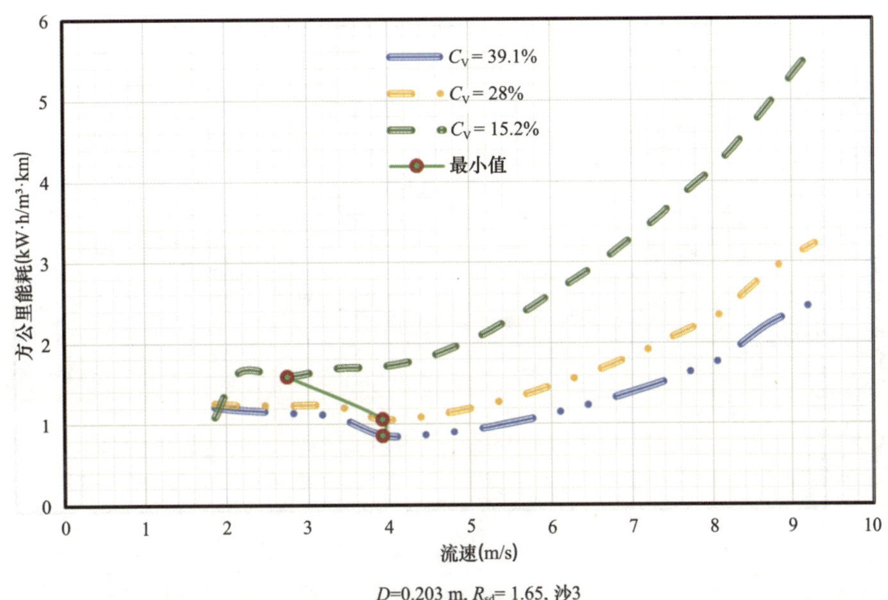

图 4-56　直径 0.203 m 管道输送不同体积浓度沙 3 的方公里能耗

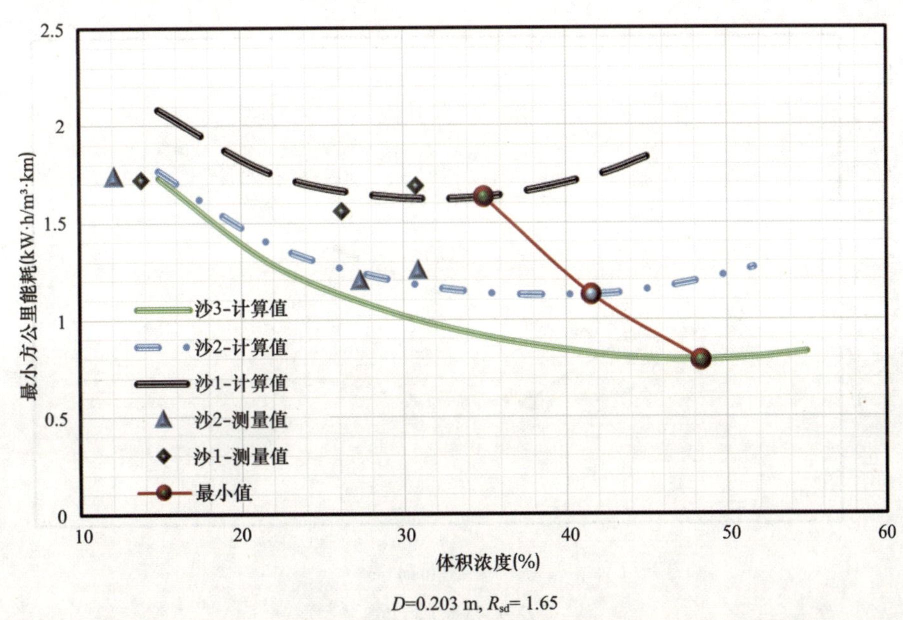

图 4-57　直径 0.203 m 管道输送不同不均匀系数沙的最小方公里能耗

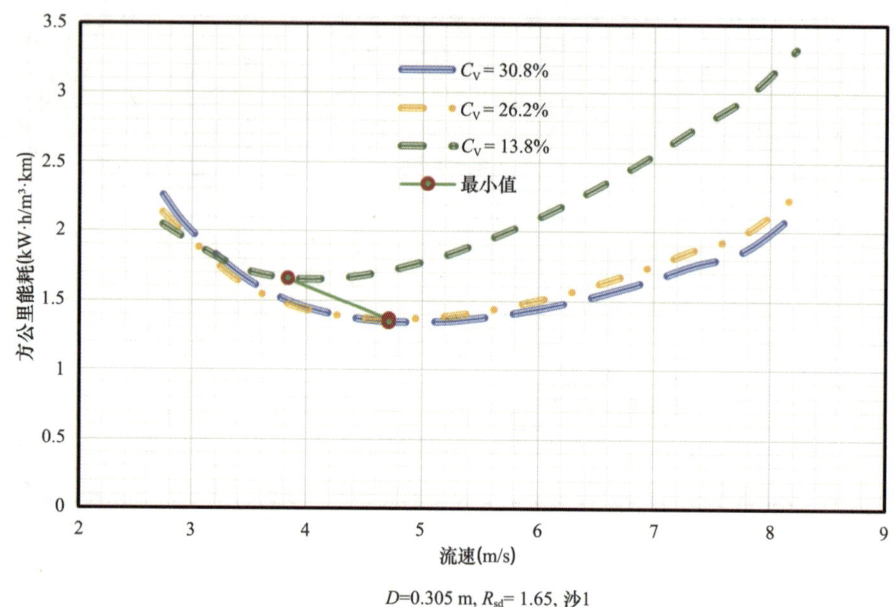

图 4-58　直径 0. 305 m 管道输送不同体积浓度沙 1 的方公里能耗

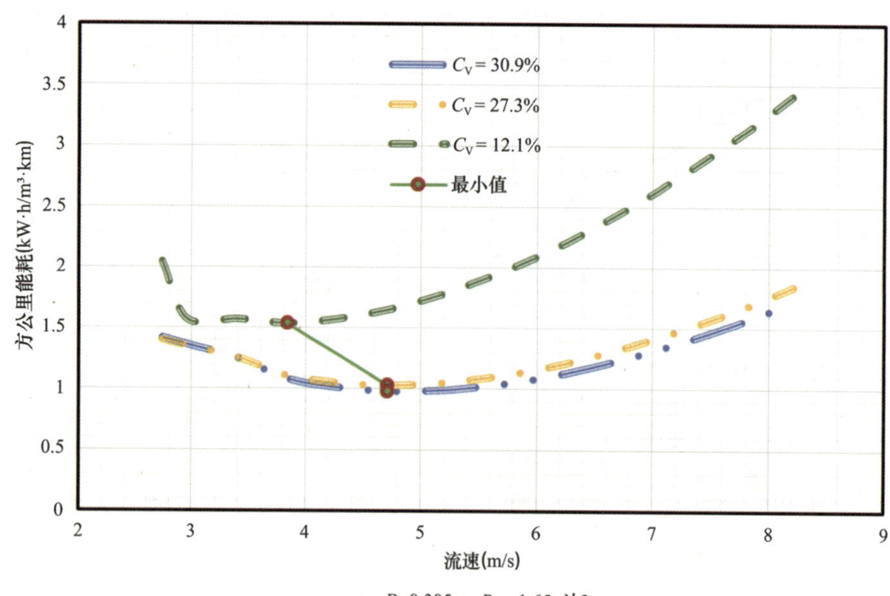

图 4-59　直径 0. 305 m 管道输送不同体积浓度沙 2 的方公里能耗

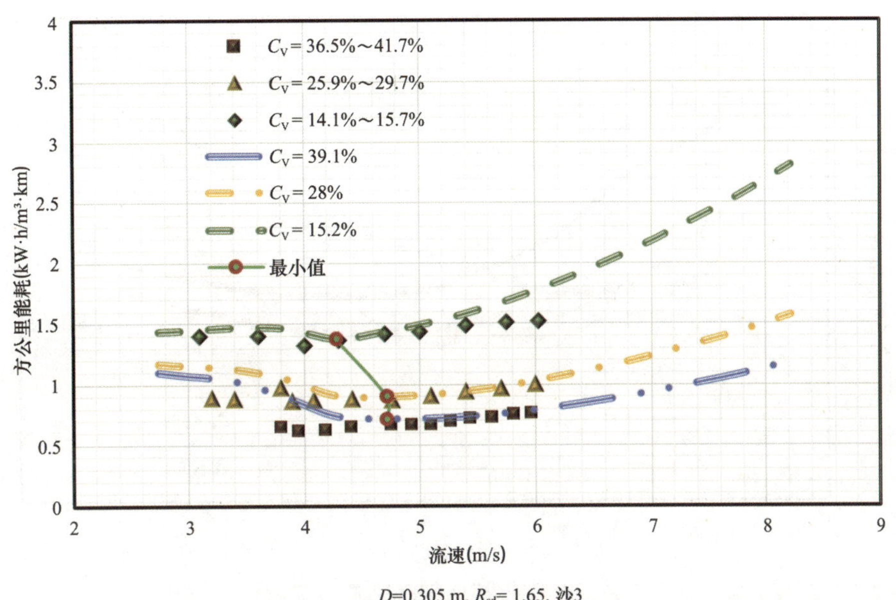

图 4-60　直径 0. 305 m 管道输送不同体积浓度沙 3 的方公里能耗

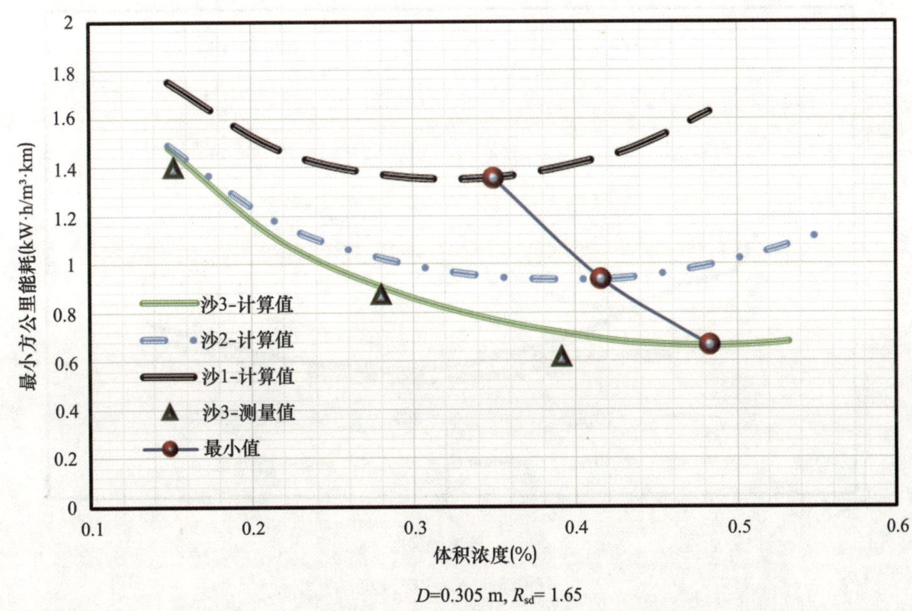

图 4-61　直径 0. 305 m 管道输送不同不均匀系数沙的最小方公里能耗

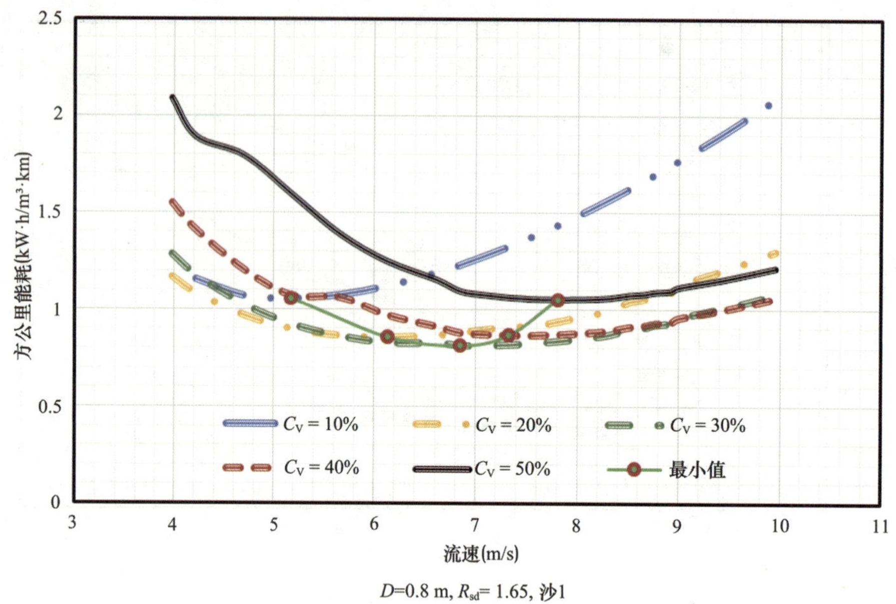

图 4-62　直径 0. 8 m 管道输送不同体积浓度沙 1 的方公里能耗

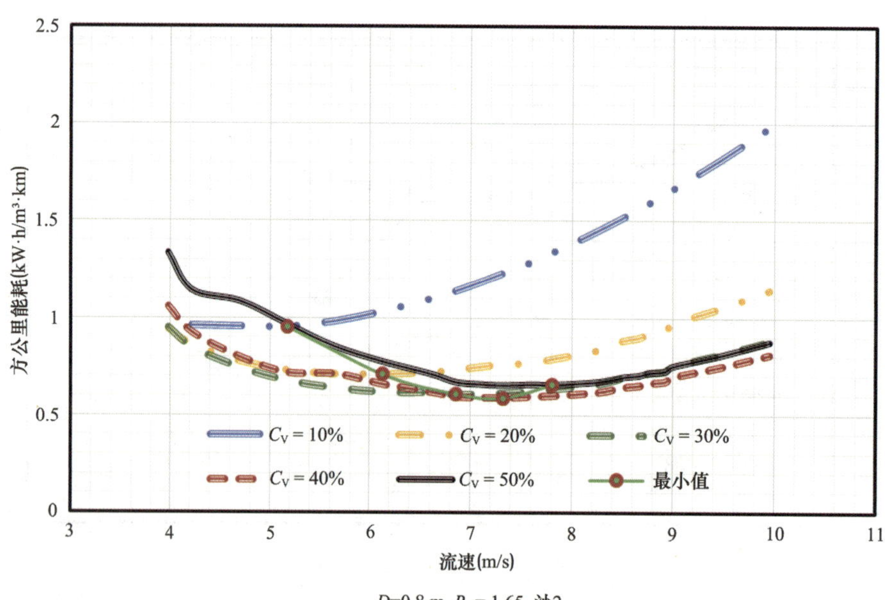

图 4-63　直径 0. 8 m 管道输送不同体积浓度沙 2 的方公里能耗

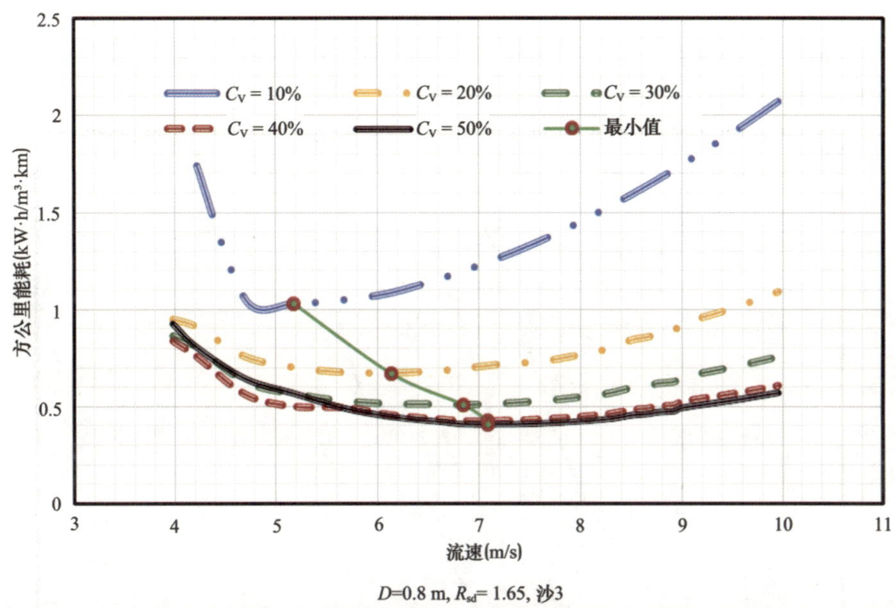

图 4-64 直径 0.8 m 管道输送不同体积浓度沙 3 的方公里能耗

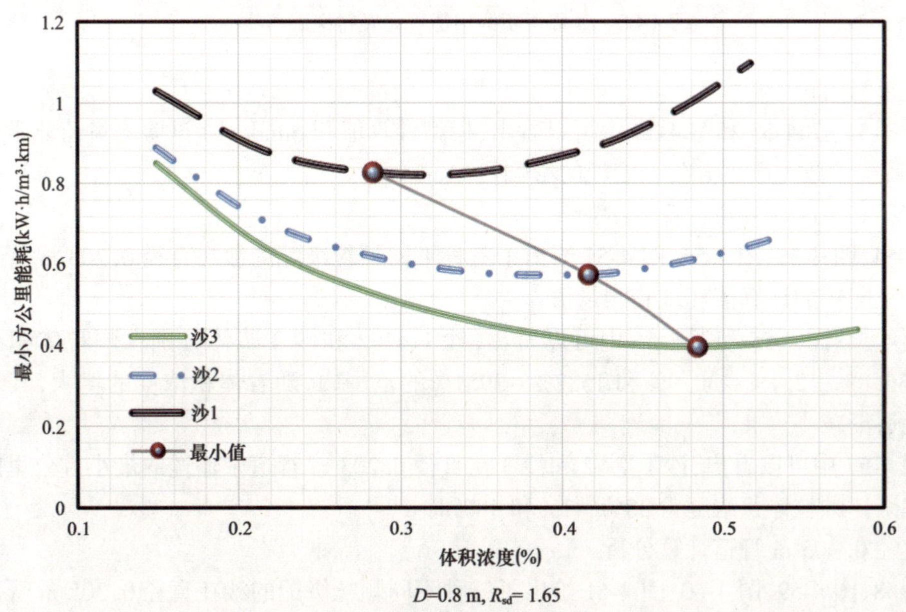

图 4-65 直径 0.8 m 管道输送不同不均匀系数沙的最小方公里能耗

为了体现颗粒粒径对最小能耗的影响，选择不均匀系数为 5.78，中值粒径依次为 0.075 mm、0.17 mm、0.375 mm、1 mm 和 4 mm 的五种颗粒进行了最小方公里能耗计算（只考察流速大于不沉流速，即没有稳定沉积颗粒之后的最小方公里能耗），计算用不同中值粒径颗粒级配曲线如图 4-66 所示。

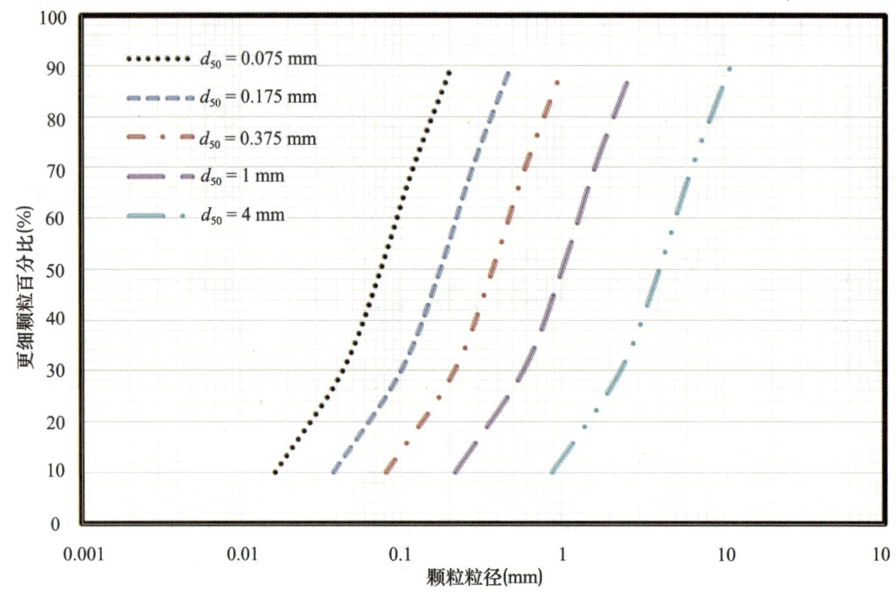

图 4-66　计算用不同中值粒径颗粒级配曲线

4. 结果与讨论

从图 4-54、图 4-55 和图 4-59 中可以看出，模型计算值和 Sundqvist 试验测量值非常吻合。

（1）系统参数对最小方公里能耗的影响

①直径 0.203 m 管道计算分析

图 4-54、图 4-55、图 4-56、图 4-57 给出了三种不同颗粒级配的沙在直径 0.203 m 管道中输送的方公里能耗的计算值和试验测量值。

从图 4-54、图 4-55 和图 4-56 中可以看出，沙 1、沙 2 和沙 3 浆体分别在颗粒体积浓度为 13.8%~30.8%、12.1%~30.9%和 15.2%~39.1%的范围内，随着体积浓度的增大，其最小方公里能耗逐渐减小。

从图 4-57 中可以看出，沙 1、沙 2 和沙 3 在直径 0.203 m 管道中输送的最小方公里能耗分别发生在浆体颗粒体积浓度为 35%、41%和 48%时。

②直径 0.305 m 管道计算分析

图 4-58、图 4-59、图 4-60、图 4-61 给出了三种不同颗粒级配的沙在直径 0.305 m 管道中输送的方公里能耗的计算值和试验测量值。

从图 4-58、图 4-59 和图 4-60 中可以看出，沙 1、沙 2 和沙 3 浆体分别在颗粒体积浓度为 13.8%~30.8%、12.1%~30.9%和 15.2%~39.1%的范围内，随着体积浓度的增大，其最小方公里能耗逐渐减小。

从图 4-61 中可以看出，沙 1、沙 2 和沙 3 在直径 0.305 m 管道中输送的最小方公里能耗分别发生在浆体颗粒体积浓度为 35%、41%和 48%时，以及在直径 0.203 m 管道中输送的最佳体积浓度相等。

③直径 0.8 m 管道计算分析

图 4-62、图 4-63、图 4-64、图 4-65 给出了三种不同颗粒级配的沙在直径 0.8 m 管道中以 10%～50%颗粒体积浓度输送时的方公里能耗计算值。

从图 4-62 中可以看出，沙 1 浆体的最小方公里能耗随颗粒体积浓度的增大而逐渐减小，直到体积浓度达到 28%，其值最小，这与 Hashemi 给出的结论一致。

从图 4-63 中可以看出，沙 2 浆体的最小方公里能耗随颗粒体积浓度的增大而逐渐减小，直到体积浓度达到 41%，其值最小。

从图 4-64 中可以看出，沙 3 浆体的最小方公里能耗随颗粒体积浓度的增大而逐渐减小，直到体积浓度达到 48%，其值最小。

比较图 4-57、图 4-61 和图 4-65 可以看出，无论管径大小，在中值粒径相同的情况下，随着颗粒级配的三种直径增宽，最小方公里能耗对应的颗粒体积浓度随之增大；而且，颗粒级配较宽的沙 2 和沙 3 在三种直径管道中输送的最佳体积浓度相等，只有颗粒级配较窄的沙 1 在较小直径管道(0.203 m 和 0.305 m)中输送的最佳体积浓度可达到 35%，但是在较大直径管道(0.8 m)中输送的最佳体积浓度为 28%。

④输送管道直径的影响分析

图 4-67 给出了沙 1、沙 2 和沙 3 分别在直径 0.203 m、0.305 m 和 0.8 m 管道中输送的最小方公里能耗。

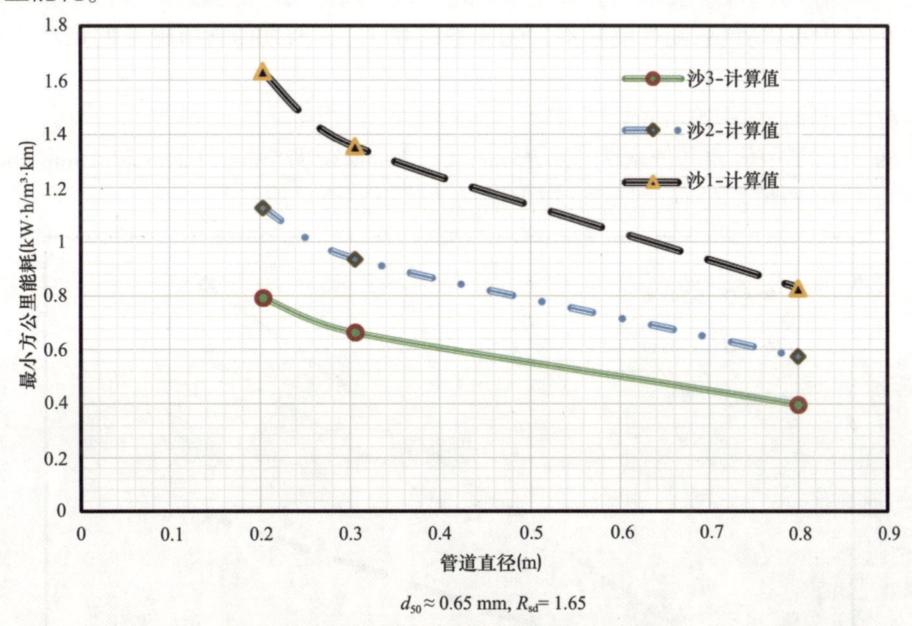

图 4-67　不同直径管道对应的最小方公里能耗

从图 4-67 中可以看出，随着管道直径的增大，三种颗粒浆体的最小方公里能耗都在逐渐变小，这是耙吸船追求大型化的原因。

⑤颗粒不均匀系数的影响分析

图 4-68 给出了不均匀系数分别为 1.261 8、3.136 7 和 7.979 6 的沙 1、沙 2 和沙 3 在不同

直径管道中输送的最小方公里能耗。

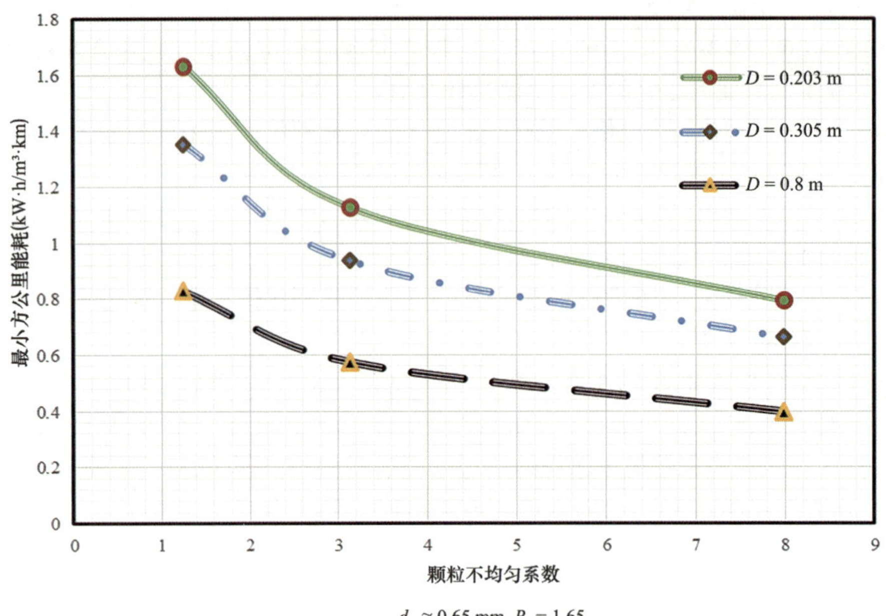

图 4-68　不同不均匀系数颗粒对应的最小方公里能耗

从图 4-68 中可以看出,随着颗粒不均匀系数的增大,三种直径管道输送的最小方公里能耗都相应变小。

⑥颗粒中值粒径的影响分析

图 4-69 给出了中值粒径依次为 0. 075 mm、0. 17 mm、0. 375 mm、1 mm 和 4 mm 的五种不均匀系数为 5. 78 的颗粒在不同直径管道中输送的最小方公里能耗。

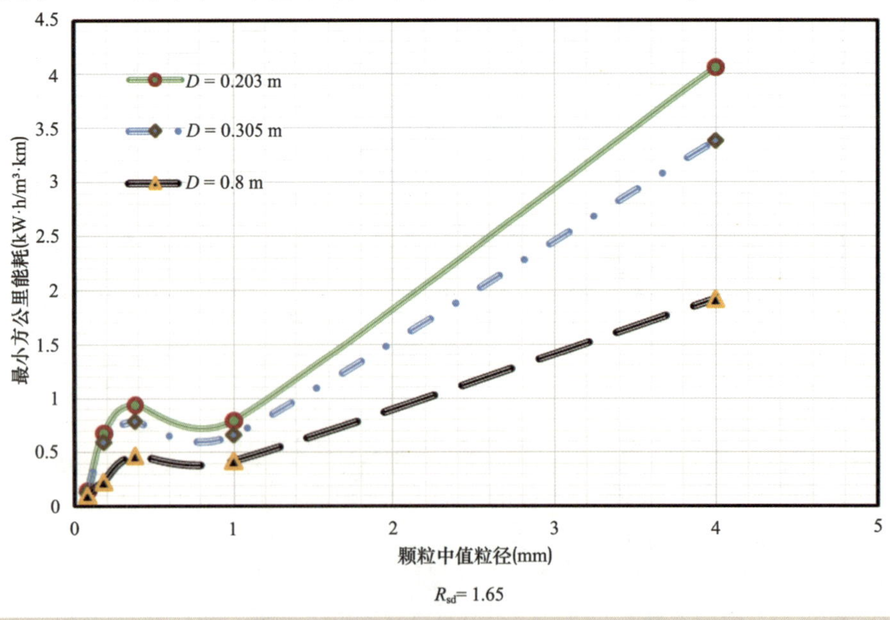

图 4-69　不同中值粒径颗粒对应的最小方公里能耗

从图 4-69 中可以看出，随着颗粒中值粒径的增大，三种直径管道输送的最小方公里能耗变化趋势一致：先随颗粒中值粒径的增大而增大，到一定程度后又开始减小，随后又增大。可见，不同中值粒径颗粒的最佳级配——最佳不均匀系数是不相等的。

（2）系统参数对关键流速的影响

①输送管道直径的影响分析

图 4-70 给出了沙 1、沙 2 和沙 3 分别在直径 0.203 m、0.305 m 和 0.8 m 管道中按照图 4-67 所示最小方公里能耗输送时对应的最佳关键流速。

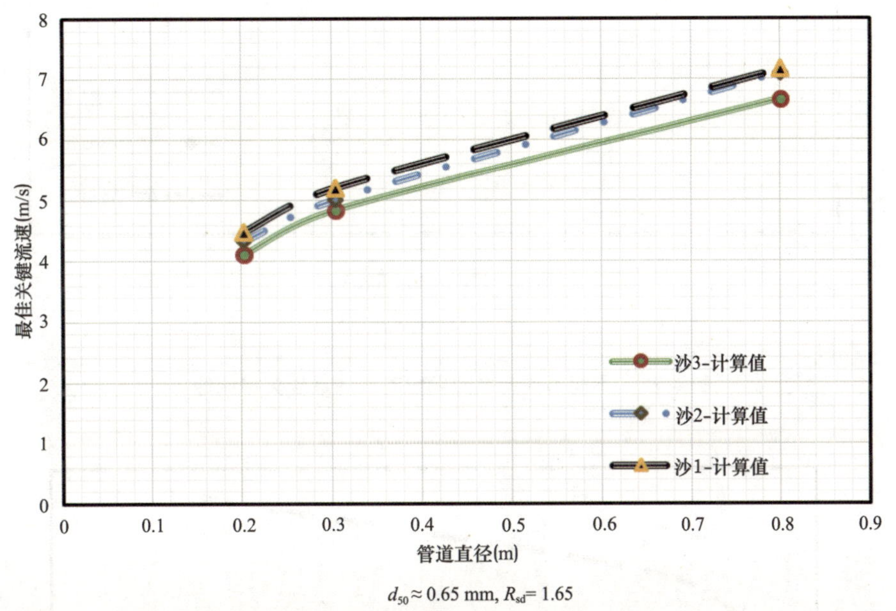

图 4-70　不同直径管道对应的最佳关键流速

从图 4-70 中可以看出，随着管道直径的增大，三种颗粒浆体的最佳关键流速都在逐渐增大，且与中值粒径相等的颗粒被输送时最佳关键流速随着管径的增大而增大的趋势一致。

②颗粒不均匀系数的影响分析

图 4-71 给出了不均匀系数分别为 1.261 8、3.136 7 和 7.979 6 的沙 1、沙 2 和沙 3 在不同直径管道中输送的最佳关键流速。

从图 4-71 中可以看出，随着颗粒不均匀系数的增大，三种直径管道输送的最佳关键流速都相应变小，而且变小的趋势不因管道直径的不同而不同。不均匀系数如果相差 7 倍，其最佳关键流速的变化幅度在 10%左右。

③颗粒中值粒径的影响分析

图 4-72 给出了中值粒径依次为 0.075 mm、0.17 mm、0.375 mm、1 mm 和 4 mm 的五种不均匀系数(5.78)颗粒在不同直径管道中输送的最佳关键流速。

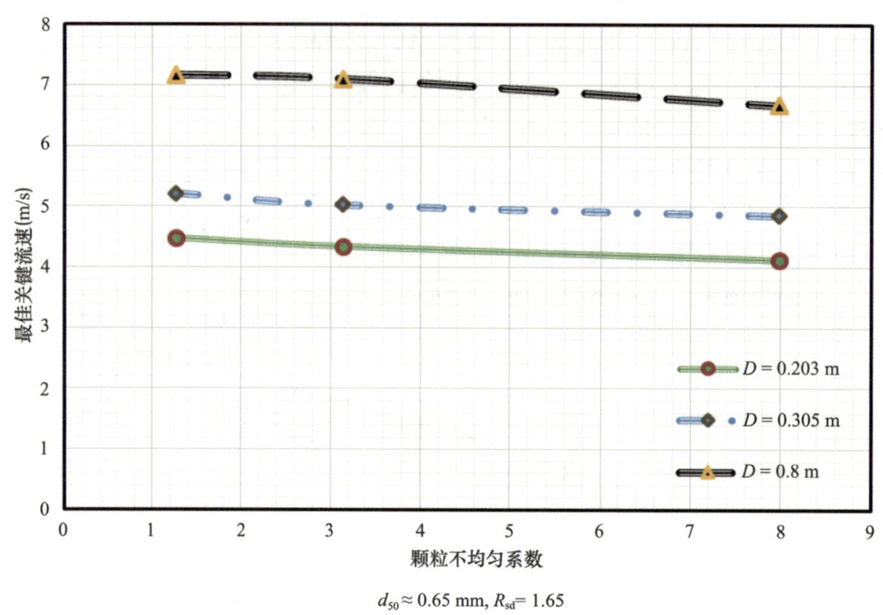

图 4-71　不同不均匀系数颗粒对应的最佳关键流速

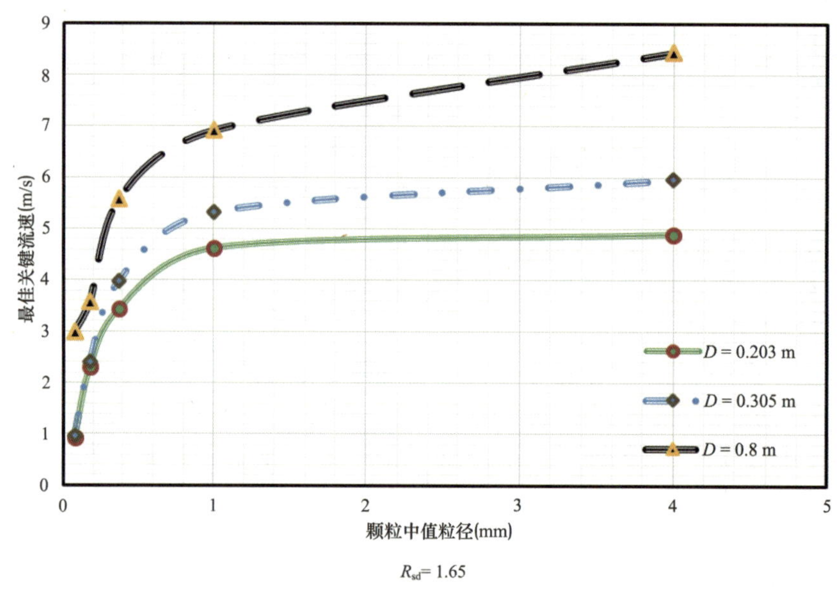

图 4-72　不同中值粒径颗粒对应的最佳关键流速

从图 4-72 中可以看出，随着颗粒中值粒径的增大，三种直径管道输送的最佳关键流速随之增大。很明显，颗粒中值粒径在 1 mm 以下时，最佳关键流速随着颗粒中值粒径的增大而增大的速度大；而当颗粒中值粒径大于 1 mm 时，最佳关键流速随着颗粒中值粒径的增大而增大的速度逐渐变小，这与关键流速经典公式的计算结果非常一致。

④直径 0. 203 m 管道计算分析

图 4-54、图 4-55 和图 4-56 在给出最小方公里能耗的同时,给出了三种不同级配沙在直径 0. 203 m 管道中以不同体积浓度输送的关键流速计算值。

从图 4-54 中可以看出,沙 1 浆体在颗粒体积浓度 13. 8%~30. 8%范围内,随着体积浓度的增大,其关键流速在 3. 3~4. 5 m/s 范围内逐渐增大。

从图 4-55 中可以看出,沙 2 浆体在颗粒体积浓度 12. 1%~30. 9%范围内,随着体积浓度的增大,其关键流速在 2. 7~4 m/s 范围内逐渐增大。

从图 4-56 中可以看出,沙 3 浆体在颗粒体积浓度 15. 2%~39. 1%范围内,其关键流速也在 2. 7~4 m/s 范围内逐渐增大。

从图 4-70 中可以看出,沙 1、沙 2 和沙 3 在直径 0. 203 m 管道中输送的最佳关键流速分别为 4. 48 m/s、4. 34 m/s 和 4. 12 m/s。

⑤直径 0. 305 m 管道计算分析

图 4-58、图 4-59 和图 4-60 在给出最小方公里能耗的同时,给出了三种不同级配沙在直径 0. 305 m 管道中输送的关键流速计算值。

从图 4-58 中可以看出,沙 1 浆体在颗粒体积浓度 13. 8%~30. 8%范围内,随着体积浓度的增大,其关键流速在 3. 8~5 m/s 范围内逐渐增大。

从图 4-59 中可以看出,沙 2 浆体在颗粒体积浓度 12. 1%~30. 9%范围内,随着体积浓度的增大,其关键流速也在 3. 8~5 m/s 范围内逐渐增大。

从图 4-60 中可以看出,沙 3 浆体在颗粒体积浓度 15. 2%~39. 1%范围内,随着体积浓度的增大,其关键流速在 4. 3~5 m/s 范围内逐渐增大。

从图 4-70 中可以看出,沙 1、沙 2 和沙 3 在直径 0. 305 m 管道中输送的最佳关键流速分别为 5. 21 m/s、5. 02 m/s 和 4. 85 m/s。

⑥直径 0. 8 m 管道计算分析

图 4-62、图 4-63 和图 4-64 在给出最小方公里能耗的同时,给出了三种不同级配沙在直径 0. 8 m 管道中以 10%~50%颗粒体积浓度输送时的关键流速计算值。

从图 4-62、图 4-63 和图 4-64 中可以看出,沙 1、沙 2 和沙 3 在直径 0. 8 m 管道中输送的关键流速随着颗粒体积浓度的增大而在 5. 2~7. 8 m/s 范围内逐渐增大。

从图 4-70 中可以看出,沙 1、沙 2 和沙 3 在直径 0. 8 m 管道中输送的最佳关键流速分别为 7. 16 m/s、7. 1 m/s 和 6. 67 m/s。

4. 3. 6　最高产量

耙吸船施工中的最高产量受到驱动设备能力、土壤、管线等工况参数,尤其是临界流速和泥泵气蚀余量的限制。限制条件随着土壤、挖深、吃水等工况参数的变化而变化。

1. 工作点确定

最高产量,即最高产量工作点的产量。要计算最高产量,需先掌握确定工作点的方法。工作点计算方法参照 4. 3. 1 节。

2. 产量优化

(1) 目标函数

耙吸船施工优化有很多方法,其中以单方能耗最小、产量最高为目标的优化居多。由于单方能耗涉及柴油机效率、推进效率、施工区域和抛泥区域之间的距离等诸多比较难确定的要素，而且实际施工中也多以产量为考核指标，因此本节以产量最高为目标进行优化。优化目标函数为：

$$Q_m = Q \cdot C_{Vu} \tag{4-118}$$

式中：Q_m—— 目标产量，m^3/h；

Q—— 浆体总流量，m^3/h；

C_{Vu}—— 浆体原状土体积浓度。

从式(4-118)可以看出，产量随着输送浆体流量的增大和体积浓度的升高而升高。在离心泵式管道输送系统中，浆体的流量和体积浓度是一对相互约束的量，即对于某特定的挖泥船在特定施工条件下有：$Q = f(C_{Vu})$。因此，式(4-118)可以写成：

$$Q_m = g(Q) \tag{4-119}$$

(2)约束条件

①临界流速

临界流速采用4.3.4节中关键流速确定方法来确定。

②净正吸入扬程

泥泵的实际净正吸入扬程 *NPSHA* 必须大于其需要的净正吸入扬程 *NPSHR*。否则，泥泵容易被气蚀。*NPSHR* 由泥泵本身的设计决定，*NPSHA* 的计算参照4.1.7节。

图4-73所示为某耙吸船输送特定泥沙时的净正吸入扬程限制下的临界流速。

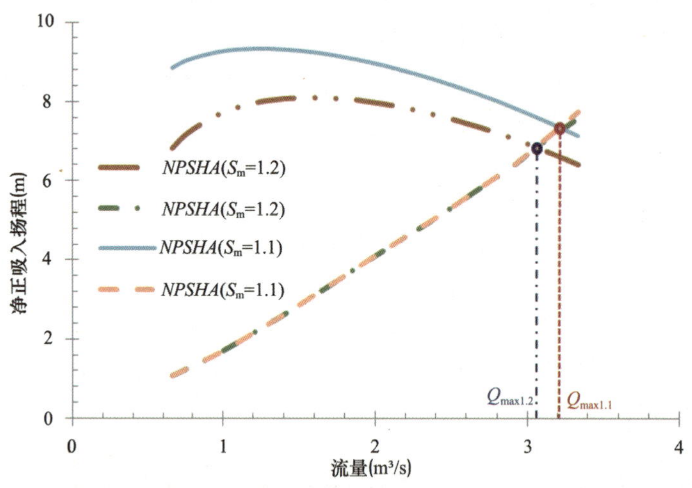

图4-73 某耙吸船输送特定泥沙时的净正吸入扬程限制下的临界流速

从图中可以看出，随着泥浆体积浓度的升高，由于管阻的增大，泥泵的实际净正吸入扬程减小，而泥泵所需净正吸入扬程在同一工作点流量下因泥浆体积浓度升高而引起的减小量相对很小，因此气蚀限制的流速将进一步减小。

③其他约束条件

除了临界流速和净正吸入扬程之外，泥泵的额定转速、额定功率等设备参数也是需要考虑的约束条件，具体根据船舶实际参数确定。

(3)优化算法

优化算法的流程如图4-74所示，主要包括以下五个步骤：

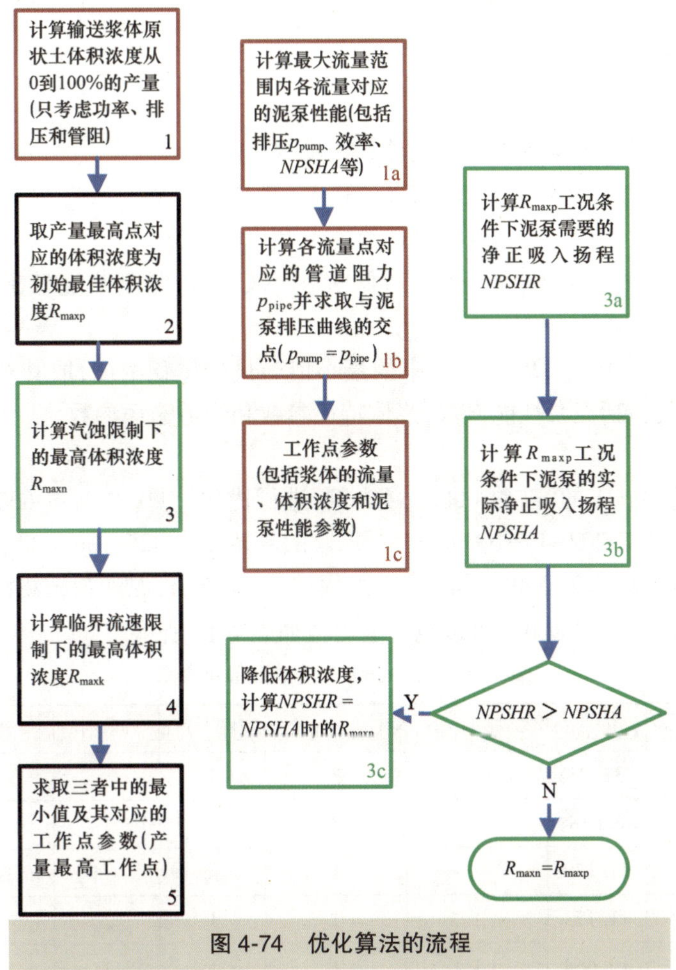

图4-74　优化算法的流程

第一步：只考虑泥泵驱动功率、泥泵排压和装舱管道系统管阻，计算输送浆体原状土体积浓度从0到100%的产量。

①首先基于泥泵清水性能曲线，考虑泥泵恒扭矩和超速恒功率特性，绘制泥泵输送各体积浓度浆体时的性能曲线(包括排压-流量曲线、效率-流量曲线、*NPSHA*-流量曲线等)

②计算各流量对应的管道阻力，绘制管道压降-流量曲线，并求取其与泥泵排压-流量曲线的交点(泥泵排压等于管道压降)。

③根据泥泵特性曲线，确定工作点参数，包括：系统流量，浆体体积浓度，泥泵的功率、效率、扬程、转速，以及泥泵需要的净正吸入扬程、泥泵的实际净正吸入扬程等。

第二步：搜索0~100%浆体体积浓度范围内的最高产量，取最高产量对应的体积浓度为初始最佳体积浓度R_{maxp}。

第三步：计算气蚀限制下的最高体积浓度R_{maxn}。

①基于泥泵性能曲线，计算R_{maxp}工况条件下泥泵需要的净正吸入扬程*NPSHR*，取$R_{maxn}=R_{maxp}$。

②计算R_{maxp}工况条件下泥泵的实际净正吸入扬程*NPSHA*。

③判断R_{maxp}工况条件下泥泵需要的净正吸入扬程*NPSHR*是否小于其实际净正吸入扬程

NPSHA。

如果 $NPSHR \leqslant NPSHA$，则 $R_{\text{maxn}} = R_{\text{maxp}}$；否则，降低 R_{maxp}，从第①步开始继续循环，直到 $NPSHR = NPSHA$，取 $R_{\text{maxn}} = R_{\text{maxp}}$。

第四步：计算临界流速限制下的最高体积浓度 R_{maxk}。

①计算输送浆体浓度为 R_{maxn} 时的临界流速 V_{k}，取 $R_{\text{maxk}} = R_{\text{maxp}}$。

②比较输送浆体浓度为 R_{maxn} 时的输送流速 V 和 V_{k} 的大小。

如果 $V_k \leqslant V$，则 $R_{\text{maxk}} = R_{\text{maxp}}$；否则，降低 R_{maxk}，从第①步开始继续循环，直到 $V_{\text{k}} = V$，取 $R_{\text{maxk}} = R_{\text{maxp}}$。

第五步：求取 R_{maxp}、R_{maxn}、R_{maxk} 三者中的最小值为最佳体积浓度，取其对应的工作点参数为最佳工作点参数，包括泥泵性能参数、浆体特征参数和管道输送参数。

3. 算例

以在黄骅工程中施工的“航浚 6008”号为例，进行优化计算。“航浚 6008”号配备威龙耙头和 IHC 生产的 HRMD202-43-100 型泥泵，泥泵的高转速为 325 r/min、低转速为 191 r/min，泥泵在低转速时可用功率为 1 400 kW，黄骅工程挖深为 15 m，泥沙为细粉沙（$d_{50} = 0.02$ mm、$\rho_{\text{sm}} = 1\ 750$ kg/m^3）。“航浚 6008”号装舱管道参数如表 4-10 所示。

表 4-10 “航浚6008”号装舱管道参数

编号	分段	管径(m)	长度(m)	45°弯头(个)	90°弯头(个)	闸阀(个)	三通(个)	备注
1	耙臂管	1	33.03		3	1		耙头
2	泵前	1	6.618		3		1	真空度传感器
3	斜管	0.9	11.179		1			浓度、流量、压力传感器
4	第一段	0.9	11.173	1	1	1	2	
5	第二段	0.9	19.664	1	1	1	1	

黄骅工程的泥沙颗粒级配如表 4-11 所示。

表 4-11 黄骅工程的泥沙颗粒级配

粒级	粒径(mm)
d_{10}	0.002
d_{30}	0.007
d_{50}	0.02
d_{70}	0.05
d_{90}	0.11

最佳工作点受到土壤、排距、泥泵特性、管道特性等因素的影响和制约。产量随工作点流速变化的情况如图 4-75 所示。

从图 4-75 中可以看出，在空舱工况下，产量起初随着输送浆体流量的增大而升高，但在流量超过 3.3 m^3/s 后，泥泵受到气蚀余量的限制，不得不降低输送浆体体积浓度，导致产量开始下降；当产量下降至 4.4 m^3/s 附近时，为了实现输送浆体流量的进一步增大，不得不更多地降低输送浆体体积浓度，导致产量开始剧烈下降。

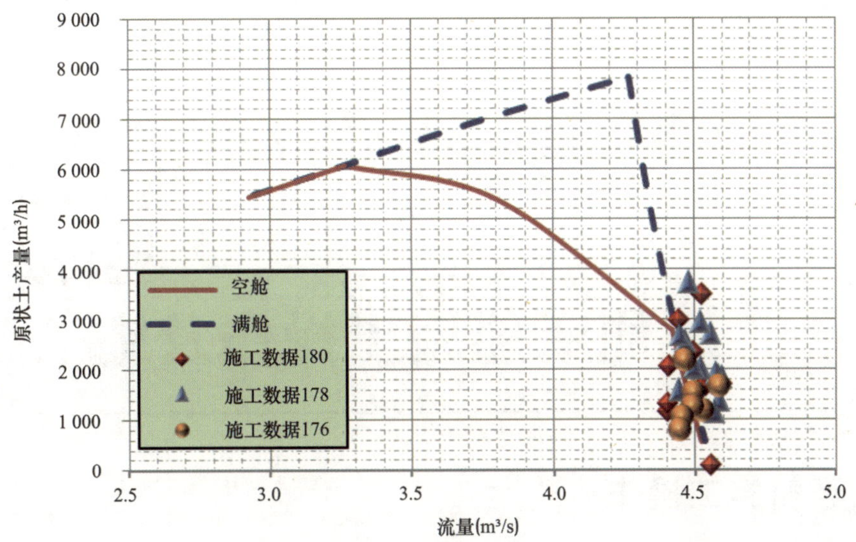

图 4-75　流量-产量曲线

在满舱工况下,产量起初同样随着输送浆体流量的增大而升高,泥泵一直没有受到气蚀余量的影响,到达 4.3 m^3/s 附近时,为了进一步提高输送浆体流量,不得不降低输送浆体体积浓度,产量开始随着流量的增大而下降。

因此,从装舱量变化的角度看,最高产量对应的流量随着装舱量的增大而增大,从空舱时的 3.3 m^3/s 增大到满舱时的 4.2 m^3/s。

从施工数据的对比上看,施工船舶在流量 4.4 m~4.5 m^3/s 范围内施工的产量数据和计算结果非常吻合,可见计算方法合理可靠。同时,计算结果显示施工团队可以采取减小输送浆体流量的方法,以达到获得更高产量的目的。

第 5 章
耙吸船施工操作及施工工艺

5.1 耙吸船施工操作

5.1.1 常规疏浚作业

介绍耙吸船施工操作之前先简单介绍疏浚控制台的总体布图情况(部分位于驾驶台前侧)。现代耙吸船的疏浚控制台位于驾驶台后侧,面向主甲板,具有良好的视野。疏浚控制台由前部的SCADA 系统工作站、左右两侧控制面板组成。图 5-1 所示为"新海龙"号疏浚控制台。

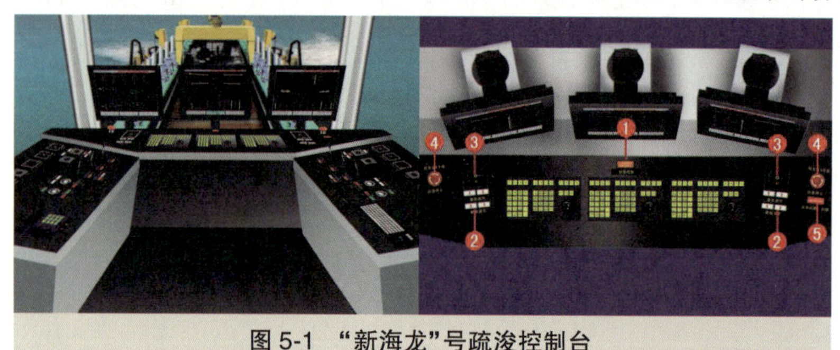

图 5-1 "新海龙"号疏浚控制台

前部控制台除了设置三台 SCADA 系统工作站及 SCADA 系统键盘外,还设置了主机控制权获取按钮①,左右活动罩上下活动等调节按钮②,左右溢流筒上下调节按钮及舱容显示仪表③,左右绞车和 A 字架应急停止按钮④,应急起耙、起锚按钮⑤。

疏浚控制台设置在驾驶台后侧,操作者需面向船尾操作,为符合操作者视觉习惯,右侧为左舷设备控制面板,包括:绞车和 A 字架电源开关,左舷 A 字架和泥舱夜间照明电源开关,耙头、中间管、弯管绞车操作手柄及三管 A 字架"推出/收进"按钮和 A 字架"同步推出/收进"按钮,波浪补偿器压力调节按钮及锁定按钮,耙头绞车常速/高速转换开关,旁通/进舱转换按钮,左主机调速旋钮及泥泵离合器按钮,左高压冲水泵准备和停止按钮,左高压冲水泵调速旋钮,左泥泵转速表,左高压冲水泵转速表,以及左高压冲水排出压力表。另外,控制面板上配备了一个 DTPS 显示屏(DTPS 显示屏的设置因船而异,有的设置在左侧控制面板上)。有些船还在控制面板上加装了现场摄像监控显示器,可实时为操作人员提供视线所不及的疏浚设备现场运行情况。图 5-2 所示为疏浚控制台右侧控制面板。

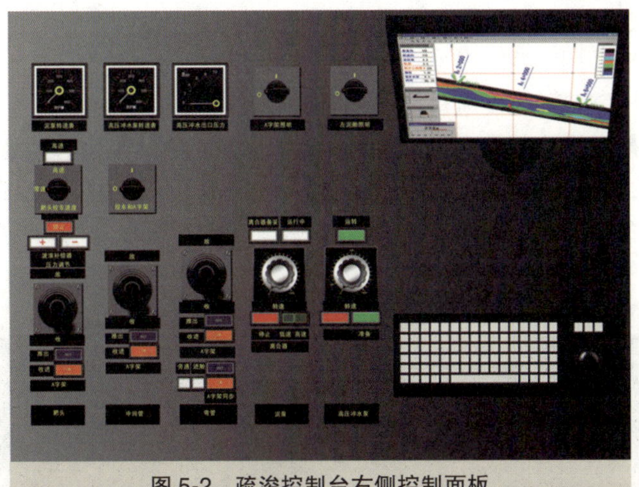

图 5-2　疏浚控制台右侧控制面板

疏浚控制台左侧为右舷疏浚设备控制面板，布置方式与右侧的相同。另设一部船内联系电话，以及面板指示灯亮度调节旋钮和指示灯测试按钮。图 5-3 所示为疏浚控制台左侧控制面板。

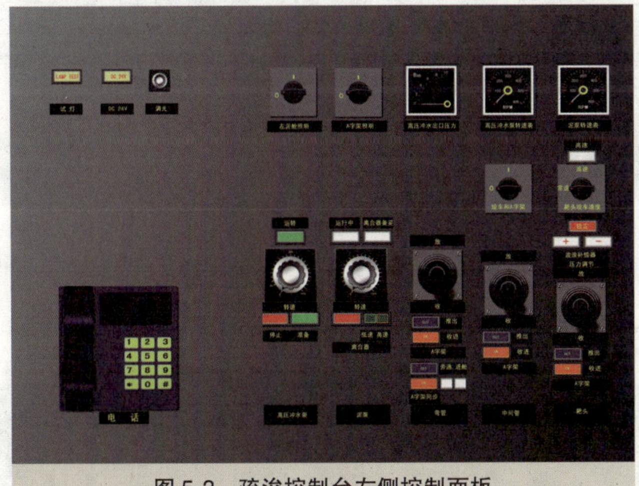

图 5-3　疏浚控制台左侧控制面板

疏浚作业的操作步骤：

1. 工前准备

首先测试疏浚控制台面板的各种按钮及指示灯，将指示灯调节到合适亮度。

在疏浚作业前，操作人员提前到达疏浚控制台工作岗位，了解机舱备车动态。图 5-4 所示为灯光测试及调整。

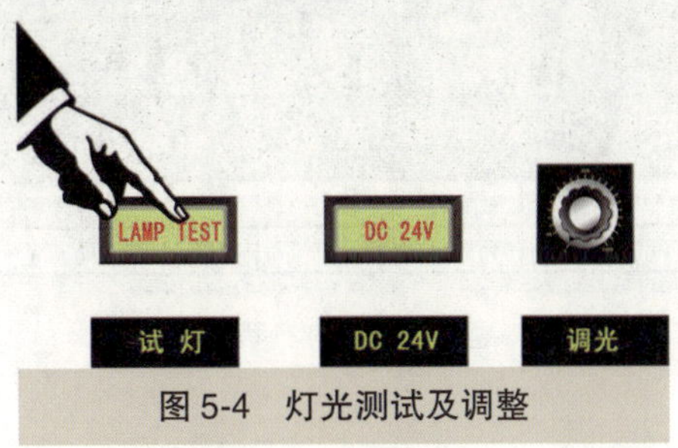

图 5-4　灯光测试及调整

(1)调试和启动各种疏浚设备

现代耙吸船一般采用“一拖三”或“一拖二”驱动模式。“一拖三”是指推进主柴油机根据需要,同时驱动推进螺旋桨、主发电机及泥泵,或驱动其中之一或之二。“一拖二”是指推进主柴油机可同时驱动推进螺旋桨及主发电机,再由发电机向泥泵驱动电机输电。待推进主柴油机及配电模式备妥,备车情况可参见[101]页面。从[101]页面中可观察到主柴油机、推进螺旋桨、主发电机、离合器等设备的状态及运行参数。图 5-5 所示为[101]页面,图 5-6 所示为[102]页面。

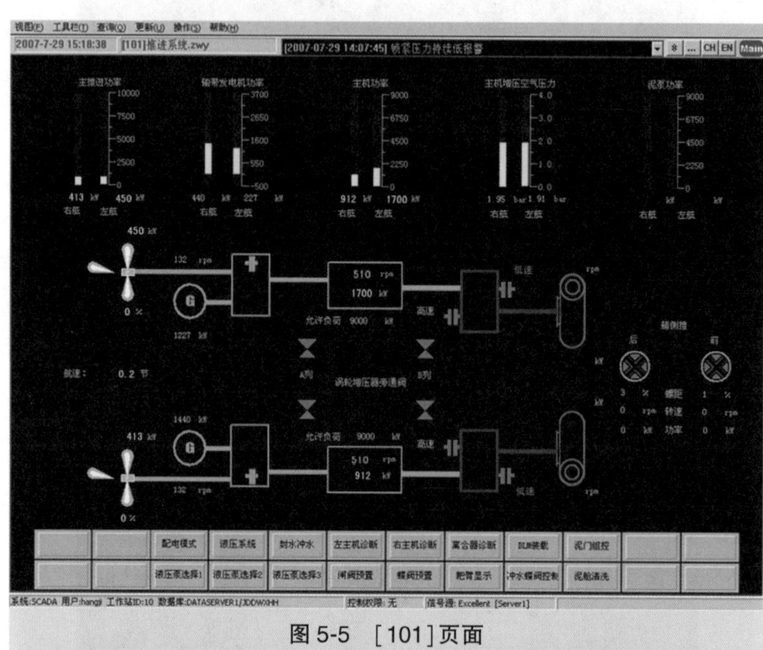

图 5-5 [101]页面

图 5-6 [102]页面

(2)备妥液压系统

在配电模式设定为工作模式后,若得到机舱值班轮机员的许可,可启动液压系统。打开 SCADA 系统[103]液压系统页面,点击页面中液压系统启动功能键按钮,SCADA 系统会自动逐个启动 A、B、C、F、G、H 液压泵。D、E 液压泵为高压泵,用于泥门高压锁定及高压冲水蝶阀。D、E 液压泵一般由机舱值班轮机员操作,操作人员可在功能栏中选择其中一台用于泥门高压锁定,例如选择 D 液压泵为泥门高压锁定泵,E 液压泵即为高压冲水蝶阀提供液压,反之亦然。K 液压泵为液压油加热和冷却泵,自动运行。I、J 液压泵为耙唇液压泵,视情况可在耙吸船到达施工地时启动。液压泵启动妥后优先供给锚机或系泊绞缆机进行起锚和离泊作业,起锚和离泊作业时不要启动其他由液压提供动力的机械,以免造成妨碍。图 5-7 所示为[103]页面。

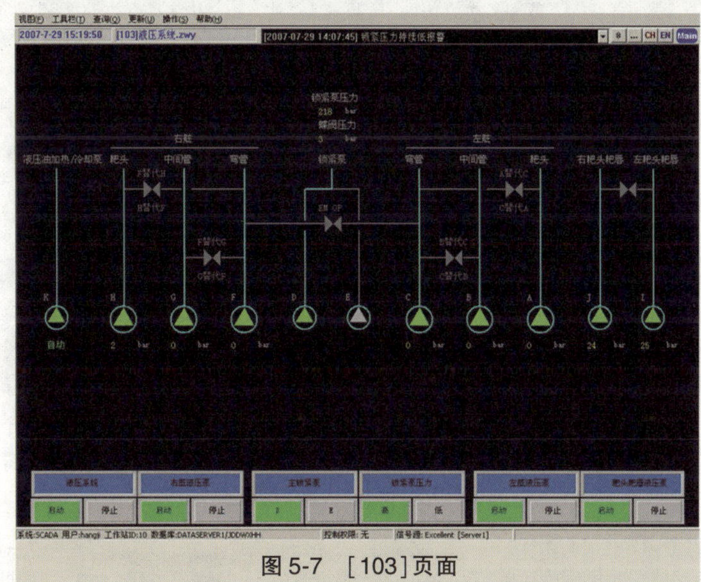

图 5-7　[103]页面

(3)拔出大泥门安全销

泥门高压锁定泵运转正常并达到额定压力后,可在耙吸船到达施工区域前通知甲板人员拔出大泥门安全销,如图 5-8 所示。

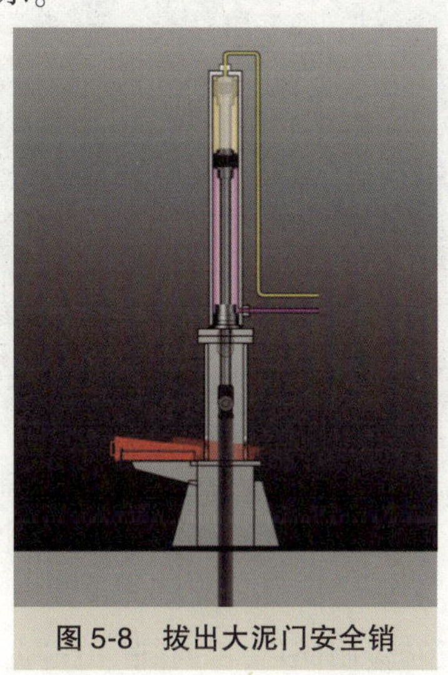

图 5-8　拔出大泥门安全销

(4)备妥闸阀冲洗泵及预置疏浚闸阀

在[105]封水和闸阀冲洗水页面中启动左右两侧闸阀冲洗泵,并观察闸阀冲洗泵的流量和排压是否正常。待闸阀冲洗泵启动后略等片刻,在[301]疏浚闸阀预制页面中预置疏浚闸阀,点击双耙耙吸功能按钮,此时 SCADA 系统会自动打开左/右吸口闸阀、左/右旁通闸阀及左后装舱闸阀,并且贯通的管路路径呈绿色显示。图 5-9 所示为[105]页面(备妥),图 5-10 所示为[301]页面。

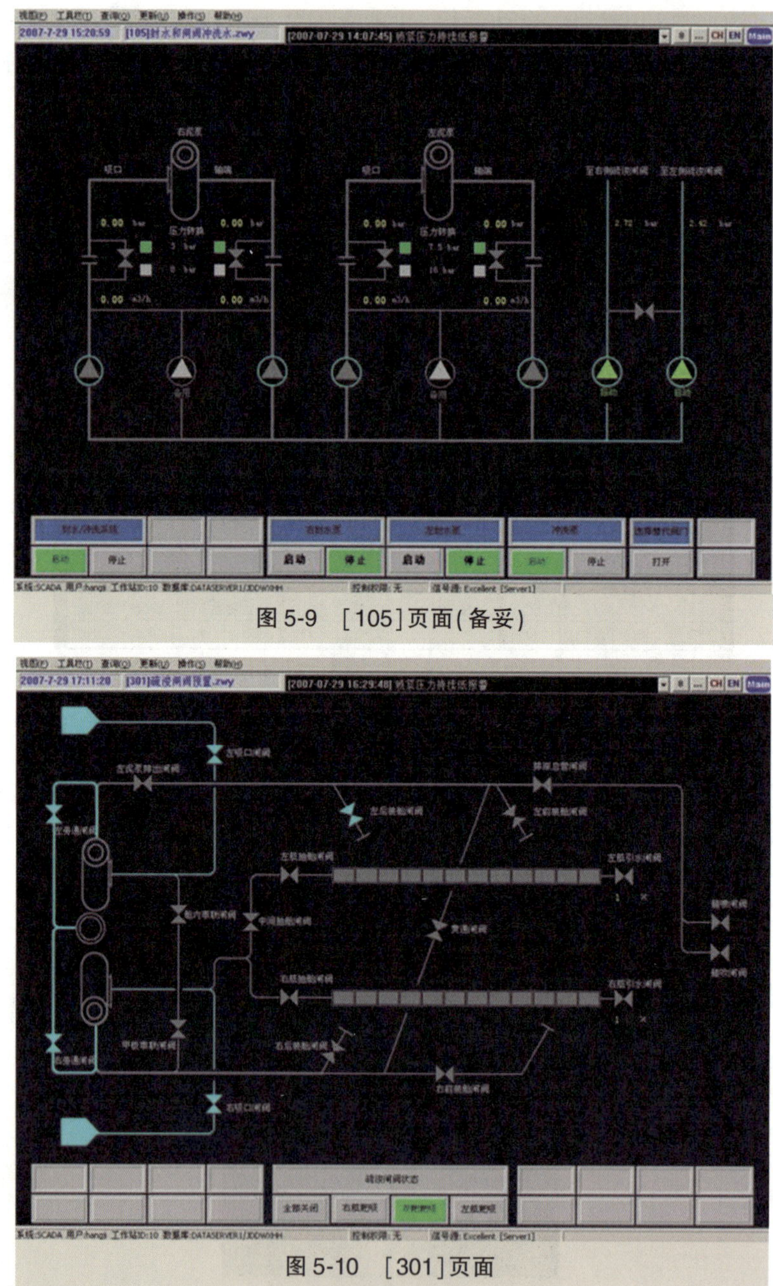

图 5-9 [105]页面(备妥)

图 5-10 [301]页面

(5)启动封水泵,备妥泥泵

启动妥闸阀冲洗泵并预置妥疏浚闸阀后,再回到[105]页面中启动左右两台泥泵的封水泵，并观察封水泵的流量和排压是否正常。图 5-11 所示为[105]页面（运行中）。

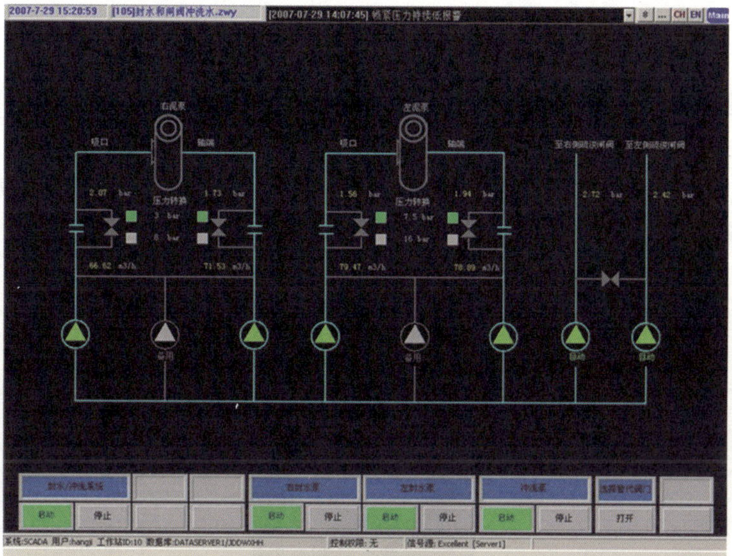

图 5-11　[105]页面（运行中）

（6）预设溢流筒高度

在耙吸船到达施工区域前，根据施工区域的水深、土壤情况和船舶的吃水，调整溢流筒高度以确定装舱舱容。通常，如条件许可，调节溢流筒到最高位以获得最大装舱量。在[315]溢流控制页面中分别点击左右溢流筒至上限位，SCADA 系统会自动将左右溢流筒调节至最高位。如施工区域水深条件对最大装舱量有限制，可在疏浚控制台的控制面板上手动调节左右溢流筒的高度，分别按住左右溢流筒调节按钮，直至溢流筒到达预定的位置再松开。溢流筒的调节位置可参见疏浚控制台上溢流筒调节按钮上方的舱容显示表或[315]页面中的溢流位置柱形刻度表。图 5-12 所示为[315]页面，图 5-13 所示为控制面板（溢流调节）。

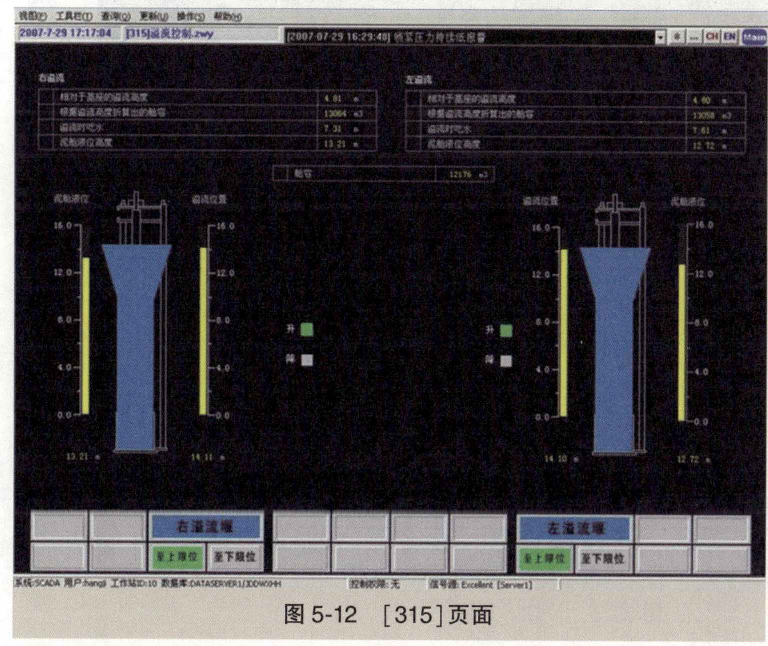

图 5-12　[315]页面

图 5-13　控制面板（溢流调节）

(7)根据需求酌情备妥高压冲水泵

在耙吸船到达施工区域前,分别按下疏浚控制台两侧控制面板上的左右高压冲水泵准备按钮,准备指示灯亮表示高压冲水泵电机处于备妥状态。高压冲水泵的准备工作可参见[302]施工高压冲水碟阀预置页面,如高压冲水泵电机备妥,页面中高压冲水泵图形符号外圈呈绿色。通常双耙挖泥高压冲水泵选择为串联工作,点击高压冲水泵蝶阀串联预置功能按钮为"左右同时",SCADA 系统会自动设置相关的蝶阀,此时蝶阀的预设置状态为高压冲水串联同时向两侧耙头供水。图 5-14 所示为控制面板(高压冲水泵),图 5-15 所示为[302]页面。

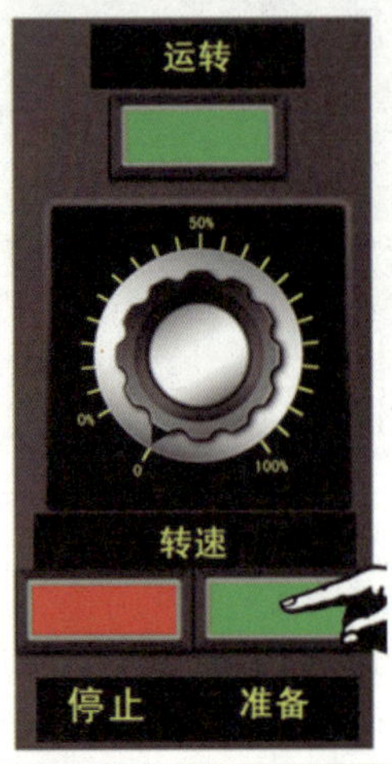

图 5-14　控制面板(高压冲水泵)

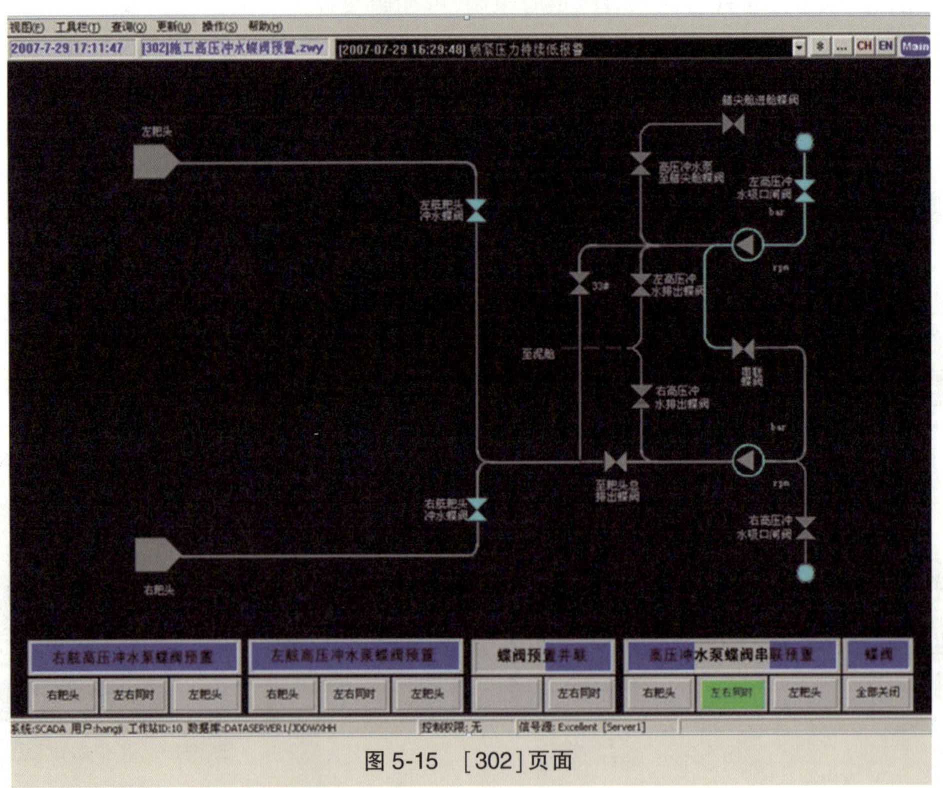

图 5-15　[302]页面

(8)预设波浪补偿器压力

在放耙挖泥前应检查双耙耙头波浪补偿器压力,可分别在[305]左耙臂位置 A 字架状态绞车状态页面和[306]右耙臂位置 A 字架状态绞车状态页面中查得。如压力偏低或偏高,需做相应的调整。双耙耙头波浪补偿器压力根据不同的施工环境由疏浚工程师确定并调节。调节时先打开疏浚控制台两侧控制面板上的绞车和 A 字架电源开关,然后按住"波浪补偿器调节"按钮,"+"为升高压力,"-"为降低压力。调节时注意观察[305]、[306]页面中的数据变化,直到波浪补偿器压力到达规定值再松开按钮,调节完毕后关闭绞车和 A 字架电源开关。图 5-16 所示为[305]页面(波浪补偿器压力显示),图 5-17 所示为控制面板(波浪补偿器压力调节)。

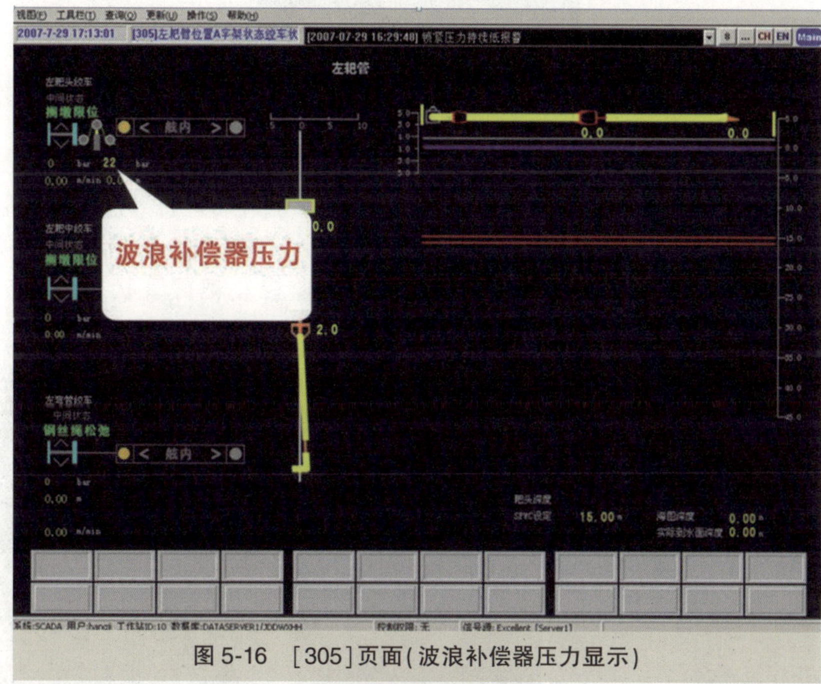

图 5-16　[305]页面(波浪补偿器压力显示)

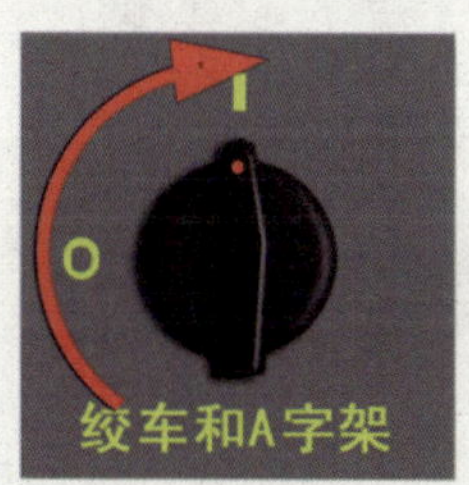

图 5-17　控制面板(波浪补偿器压力调节)

(9)获取主机控制权

目前耙吸船的泥泵由主机提供动力,在即将到达施工区域前,应在征得驾驶员的同意后,按下疏浚控制台控制面板上的主机“获取控制”按钮,将主机控制模式转换为疏浚模式。以上为常规疏浚的工前准备工作。图 5-18 所示为主机获取控制。

图 5-18　主机获取控制

2. 施工

耙吸船到达施工区域,驾驶员应降低航速并发出将耙臂管推出舷外的指令,打开疏浚控制台两侧控制面板上的绞车和 A 字架电源开关;将双耙推出舷外时应打开左右耙臂管位置 A 字架状态绞车状态页面进行监控,按视觉习惯,左侧 SCADA 系统工作站开启[306]页面监控右耙臂管状态,右侧 SCADA 系统工作站开启[305]页面监控左耙臂管状态。图 5-19 所示为[305]页面(耙臂管初始状态)。

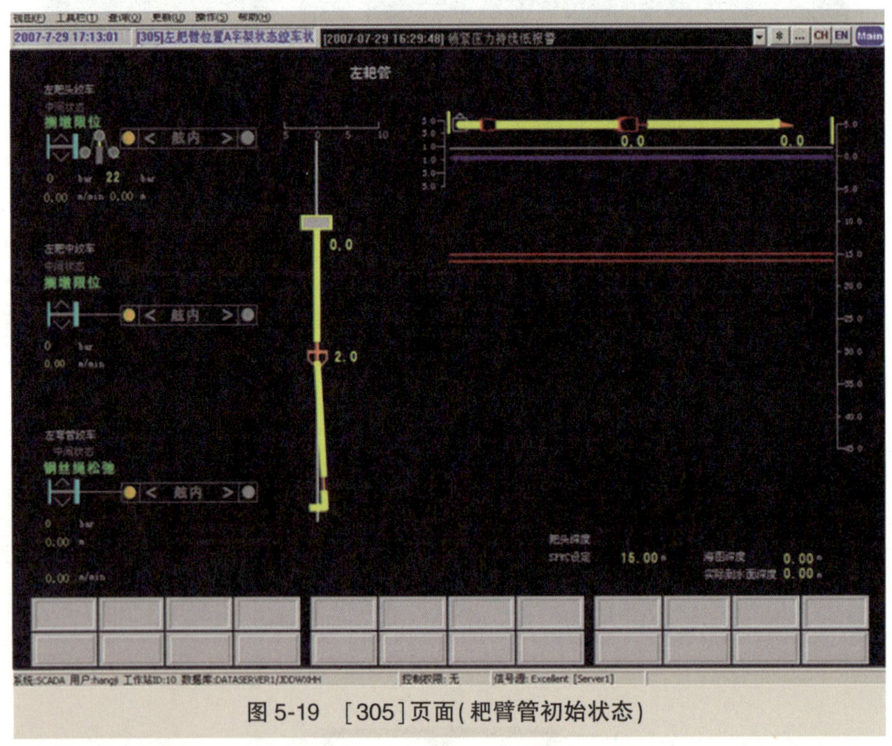

图 5-19　[305]页面(耙臂管初始状态)

(1)耙臂管推出到位

①先将疏浚控制台两侧控制面板上的耙头、中间管、弯管绞车操作手柄置于“收”的位置,动作应缓慢,使耙臂管缓缓上升吊离搁墩。图 5-20 所示为绞车操作手柄(收)。

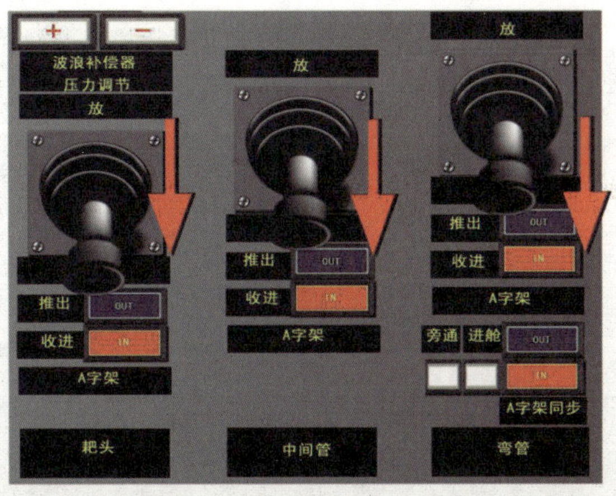

图 5-20　绞车操作手柄(收)

以[305]左耙臂位置 A 字架状态绞车状态页面为例,在耙臂管上升过程中应观察页面中绞车运行状态和液压系统提供给绞车的液压及绞车运行速度,此时绞车图形符号显示为绿色箭头朝上,绞车状态为“中间状态”并以绿色高亮字体显示。当耙臂管到达上限位时,绞车自动停止运行,页面中会显示出“上限位”绿色高亮字体。此时,应将耙头、中间管、弯管绞车操作手柄归于中位。图 5-21 所示为[305]页面(耙臂管上升),图 5-22 所示为[305]页面(耙臂管到达上限位)。

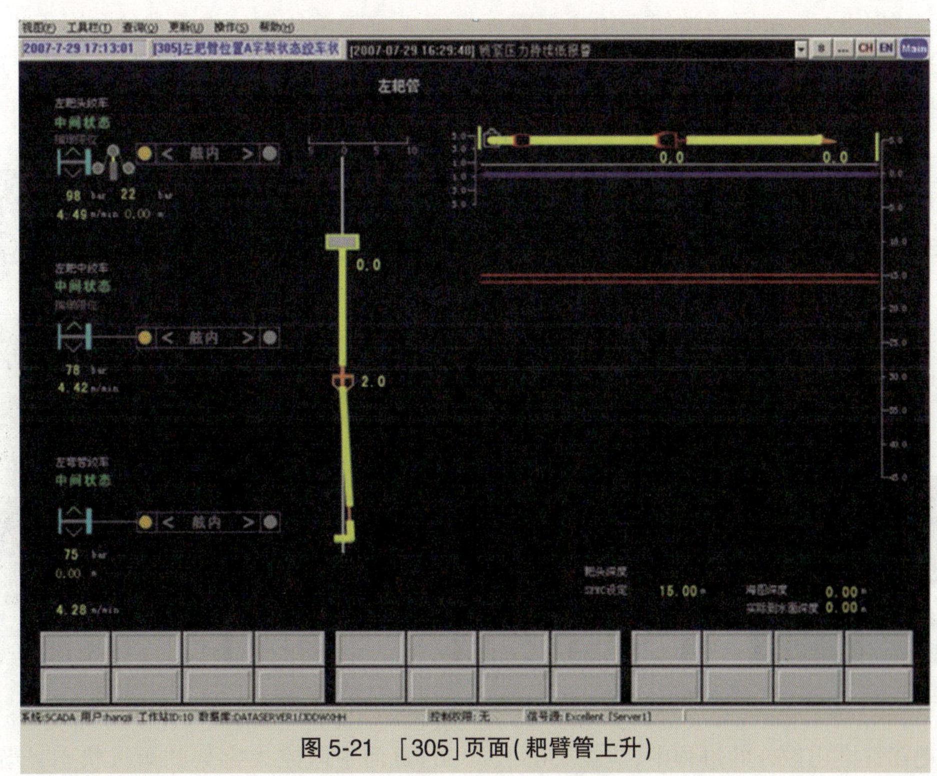

图 5-21　[305]页面(耙臂管上升)

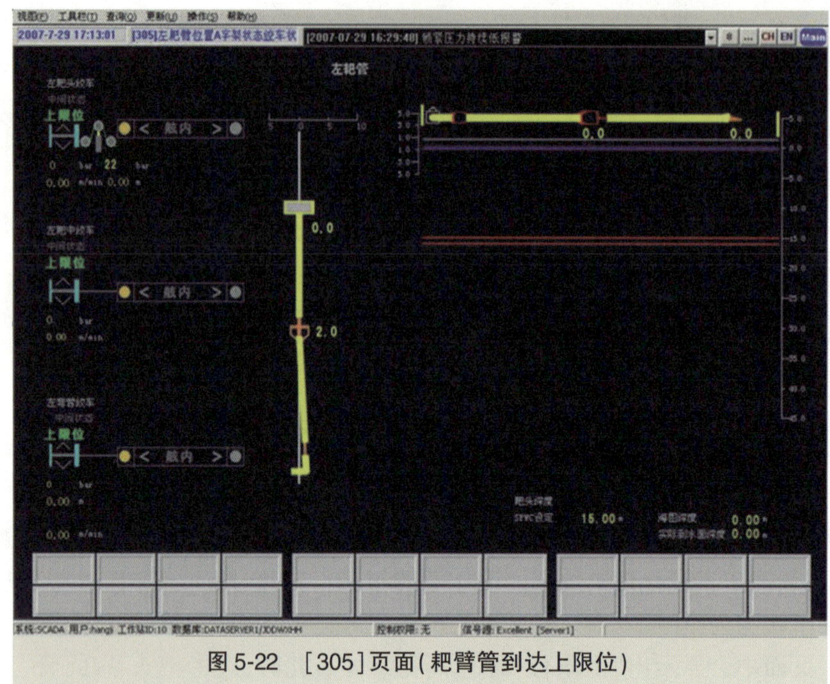

图 5-22 [305]页面(耙臂管到达上限位)

②确认左右耙臂管上升至上限位后,按下疏浚控制台两侧控制面板上的 A 字架同步推出按钮,缓慢将左右耙臂管向舷外推出。

注意:使用 A 字架同步按钮必须在耙臂管三管 A 字架液压缸工作正常的状况下进行,否则只能选用 A 字架单独控制,并在运行时控制好三管 A 字架推出的速度。图 5-23 所示为耙臂管推出按钮及[305]页面。

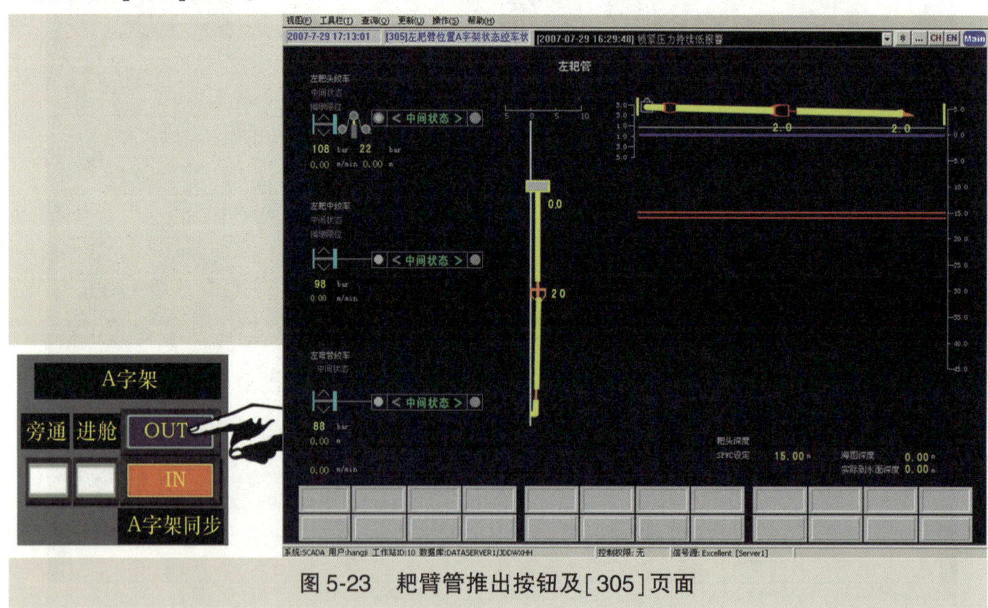

图 5-23 耙臂管推出按钮及[305]页面

在耙臂管推出舷外的过程中,应在[305]、[306]页面中监控 A 字架的运行状态。当 A 字架推出时,A 字架舷内限位信号由橙色高亮转变为灰色。当 A 字架向外运行时,状态显示为“中间状态”并伴有方向向外不断闪烁的绿色箭头符号指示。在 A 字架向外推出的同时,应仔细观察耙臂管三管 A 字架液压缸压力情况，还需观察耙臂管图形状态是否正常。

当 A 字架推出至舷外时，A 字架舷外限位会显示出蓝色高亮限位指示信号，A 字架状态显示为“舷外”，待绿色向外箭头符号停止闪烁并转变回灰色，此时可松开 A 字架推出按钮，完成 A 字架推出作业，并报告驾驶员。图 5-24 所示为[305]页面（A 字架正在推向舷外），图 5-25 所示为[305]页面（A 字架推至舷外）。

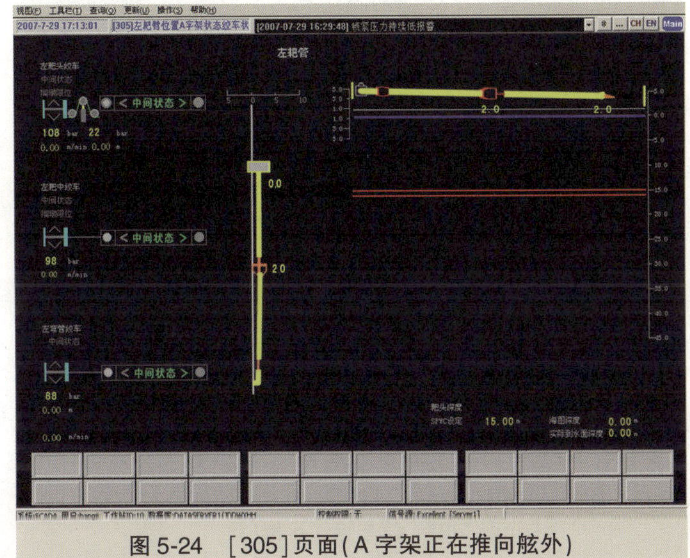

图 5-24　[305]页面（A 字架正在推向舷外）

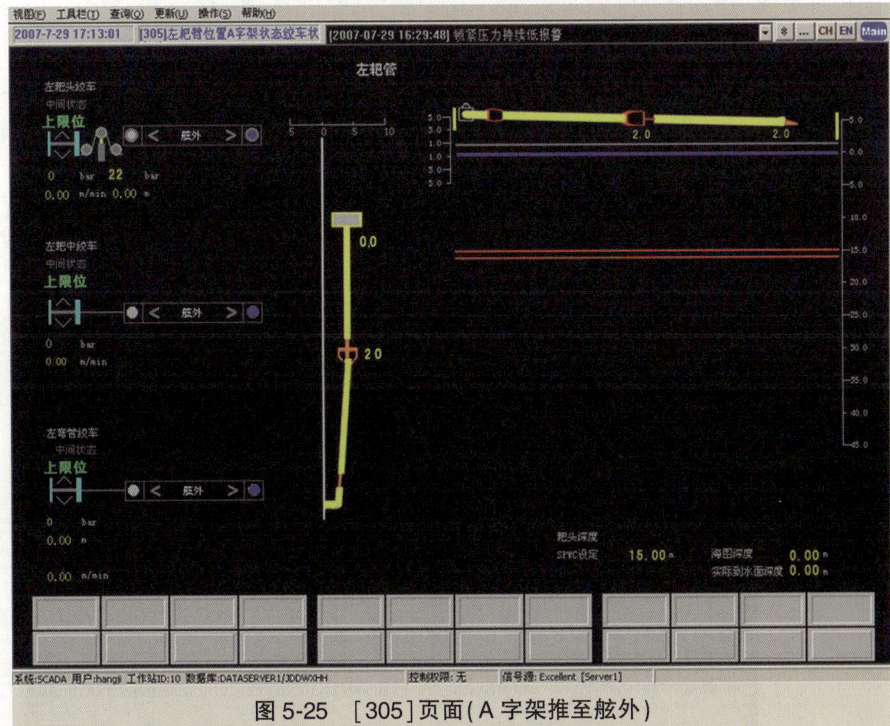

图 5-25　[305]页面（A 字架推至舷外）

③待驾驶员降低航速并发出下放耙臂管至吸口的指令后，可将疏浚控制台两侧控制面板上的耙头、中间管、弯管绞车操作手柄同时置于“放”的位置，将耙臂管往下放，如图 5-26 所示。

在耙臂管下放至吸口过程中，耙臂管应小角度入水，顺序为先耙头、后中间管、再弯管；在下放过程中，应仔细观察[305]、[306]页面中绞车液压及速度，并观察耙臂管姿态的变化，力求三管下放速度均匀平稳，如有快有慢，及时调整绞车操作手柄控制绞车速度。耙头、中间管、弯管液压绞车为无极变速绞车，速度快慢由操作手柄的位置决定。

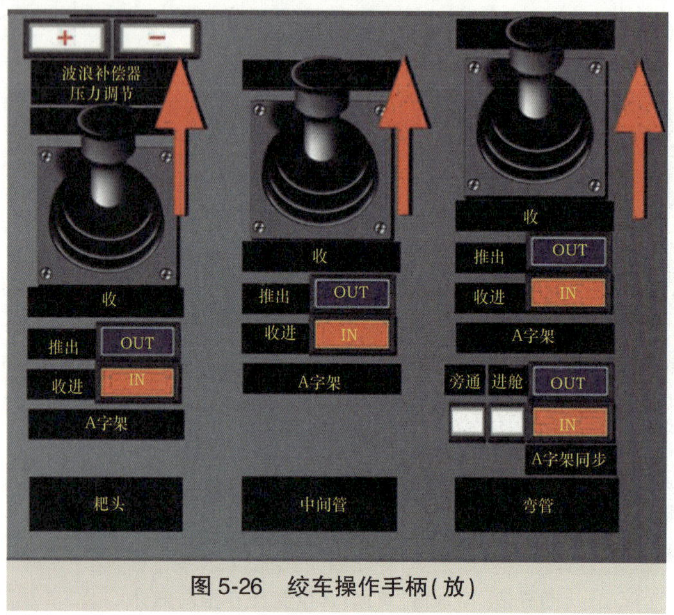

图 5-26　绞车操作手柄(放)

当弯管下放至吸口时，[305]页面会显示出弯管“钢丝绳松弛”及“吸口到位”的绿色高亮字体。此时表明弯管到达吸口，SCADA 系统自动停止弯管绞车运转，将弯管绞车操作手柄归于 0 位，视施工区域水深情况将中间管和耙头下放至合适的深度后将绞车操作手柄归于 0 位，报告驾驶员“吸口到位”。图 5-27 所示为[305]页面(弯管到达吸口)，图 5-28 为耙臂管下放三维图。

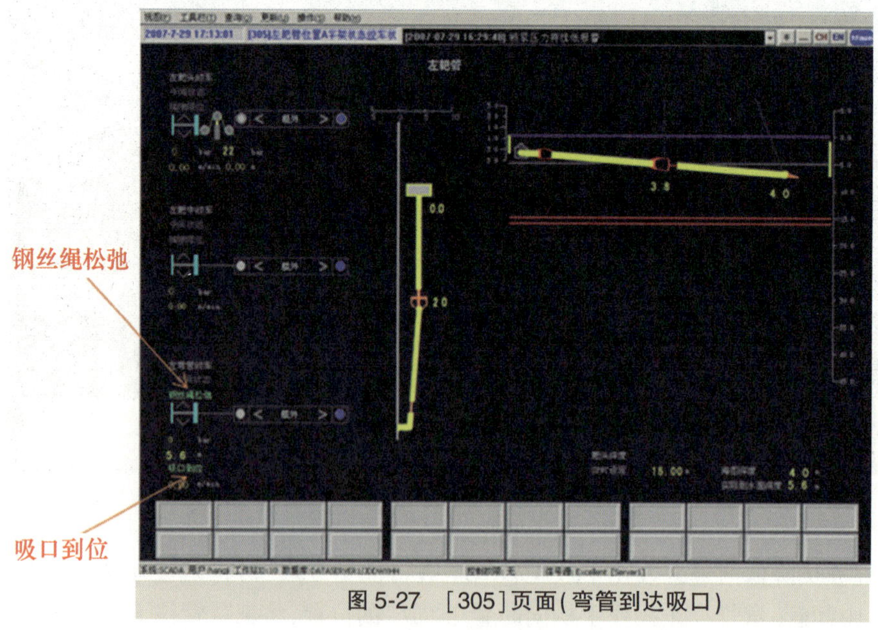

图 5-27　[305]页面(弯管到达吸口)

图 5-28　耙臂管下放三维图

应注意,在推出耙臂管至吸口的整个过程中,应观察外部耙臂管实际情况,并与 SCADA 系统页面中的监控情况做比较。

(2)备妥泥泵

当耙吸船上线后,驾驶员应降低航速并发出合泥泵的指令,疏浚操作人员打开[101]推进系统页面。

应注意,现代耙吸船动力驱动为“一拖三”形式,合泥泵前一定要减小调距桨桨角以降低主机功率。例如“新海凤”号合泥泵前要求推进调距桨桨角降低至 40%以下,其他耙吸船根据主机功率配置情况设定相应的功率要求,在合泥泵前疏浚操作人员应了解合泥泵条件。如推进负荷未降低,需提醒驾驶员降低推进负荷至许用功率,以避免合泥泵后主机功率超过主机额定功率。

确认推进负荷下降至设定值并稳定后,将疏浚控制台两侧控制面板上的主机转速调节旋钮缓慢地转到 0 位(疏浚控制台控制面板上的主机转速调节旋钮可控制主机转速在 85%~100%范围内,0 位为 85%主机转速)。现代耙吸船合泥泵时,要求主机转速降为额定转速的 85%才允许合泥泵离合器,例如:“新海龙”号、“新海虎”号主机额定转速为 510 r/min,合泥泵时主机转速需调节至 435 r/min;“新海凤”号主机额定转速为 600 r/min,合泥泵时主机转速需调节至 510 r/min。调节主机转速旋钮时应监视[101]页面中主机转速的变化。图 5-29 所示为合泥泵及[101]页面。

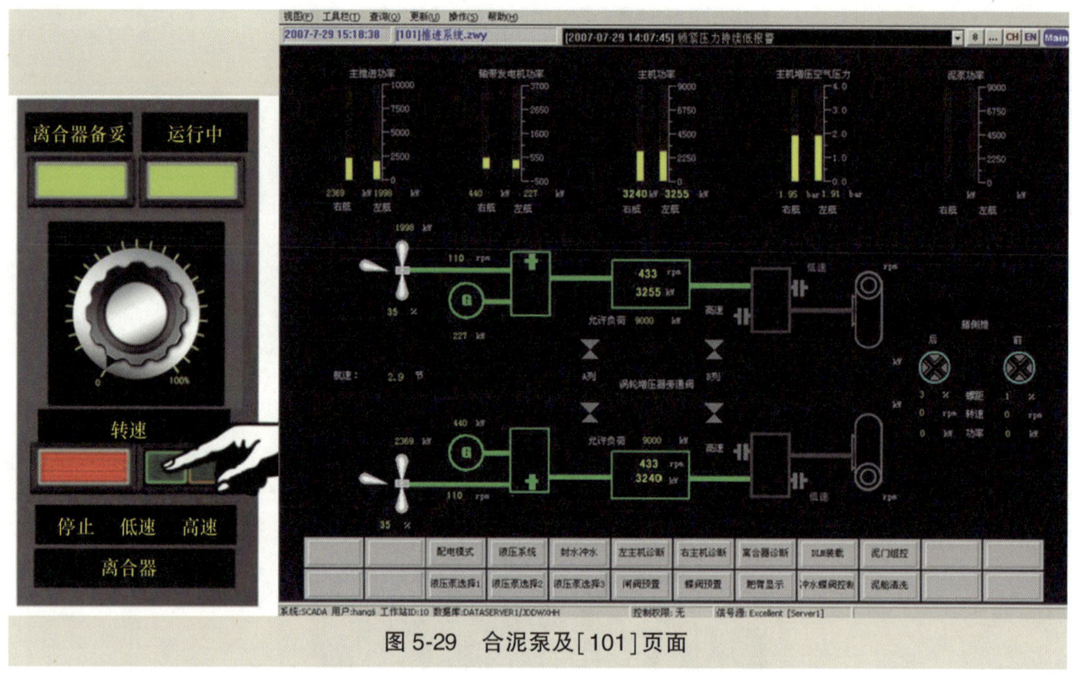

图 5-29　合泥泵及[101]页面

待主机转速降低至85%额定转速并稳定后,[101]页面中泥泵图形符号显示为外形呈淡蓝色、内圆呈灰色。泥泵离合器备妥指示灯亮起,此时表明泥泵离合器备妥,可按下疏浚控制台控制面板上的泥泵离合器低速比啮合按钮(注意:疏浚挖泥时应选用离合器低速比啮合)。在泥泵离合器合上过程中应观察[101]页面,泥泵离合器合上后,泥泵离合器及泥泵泵轴图形符号呈绿色显示,泥泵图形符号显示为运转状态(外形为淡蓝色,内圆为灰色),泥泵转速在页面中显示出来,泥泵离合器低速合上时转速为154 r/min,同时在疏浚控制台控制面板上的泥泵转速表也会显示泥泵转速。泥泵离合器合上后,稍等约20 s后待泥泵运转稳定,疏浚控制台控制面板上的泥泵离合器备妥指示灯再次亮起后,将主机转速调节旋钮缓慢地旋至100%,泥泵转速表指针指向181 r/min。在调节主机转速过程中,应在[101]页面中监视主机转速变化,以“新海龙”号为例:主机恢复100%额定转速后,泥泵转速为181 r/min,泥泵功率约为2 200 kW。同时报告驾驶员泥泵备妥,此时驾驶员可调节推进调距桨桨角以满足挖泥时的航速要求。图5-30所示为完成泥泵启动。

如果不能顺利合上泥泵离合器,可打开[352]左舷或[353]右舷泥泵离合器诊断页面,在页面中可迅速查找不能合上泥泵离合器的条件项并做出相应的调整以满足合泥泵离合器的条件。如果不满足条件,应及时解决。图5-31所示为[352]页面(合泥泵离合器的条件)。

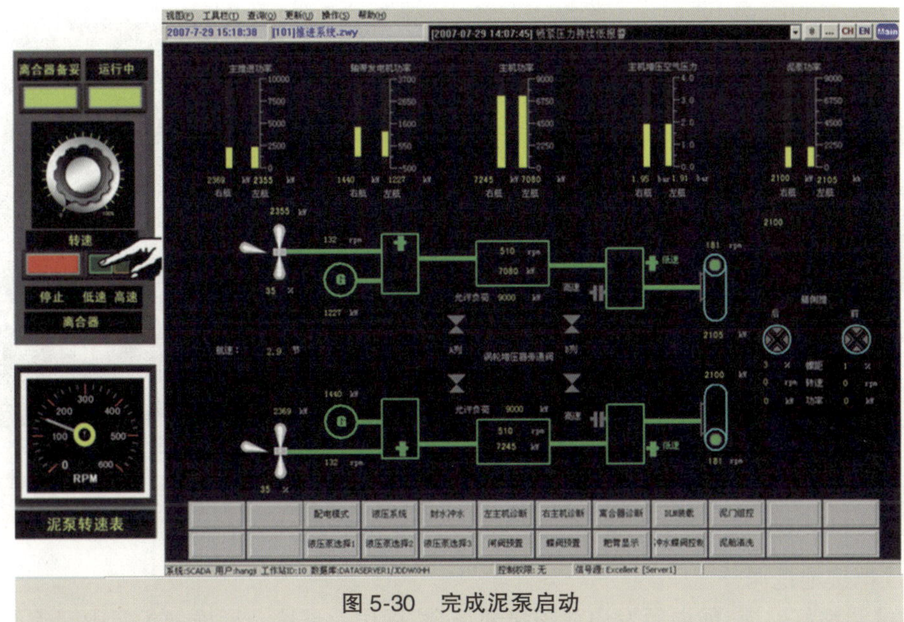

图 5-30　完成泥泵启动

视图(F)　工具栏(T)　查询(Q)　更新(U)　操作(S)　帮助(H)
2007-7-29 17:18:05　[352]左舷泥泵离合器.zwy　[2007-07-29 16:29:48] 锁紧压力持续低报警　CH　EN　Main

左泥泵低速合排条件
疏浚模式激活
无模式激活
泥泵齿轮箱马达运行且自动脱排信号未激活
泥泵轴承滑油流量正常
泥泵齿轮箱滑油进口压力正常—起动备妥
泥泵离合器控制空气压力正常
无泥泵齿轮箱高速比反馈信号
无泥泵齿轮箱低速比反馈信号
无离合器脱排/合排过程
无泥泵离合器高速比滑差
无泥泵离合器低速比滑差
泥泵维修工作开关不在维修位置
泥泵盘车机构脱开
泥泵已停止运行（速度<+/-5rpm）15秒
闸阀预置备妥
闸阀冲洗泵运行
左吸入端封水泵流量正常
左轴端封水泵流量正常
功率管理系统允许低速合排

PMS　高　低
离合器合排请求
离合器合排允许
无离合器合排

主机转速在85%　498　rpm

左泥泵从低速比向高速比切换条件
离合器低速比合排，20秒延时
无离合器脱排/合排程序在执行
脱排条件未激活

左泥泵从高速比向低速比切换条件
离合器高速比合排，20秒延时
无离合器脱排/合排程序在执行
脱排条件未激活
主机转速在85%

左泥泵离合器脱排条件
泥泵齿轮箱马达停止&自动脱排
泥泵主轴承滑油流量低，5秒延时
泥泵齿轮箱滑油失压，5秒延时
泥泵离合器压缩空气失压
泥泵高速比离合器滑差高
泥泵低速比离合器滑差高
泥泵维修工作开关处于维修位置
泥泵盘车机啮合
泥浆管路吸入路径关闭
泥机管路排出路径关闭
泥泵吸口端封水泵流量低，10分钟延时
泥泵轴端封水泵流量低，10分钟延时
主机正常，安全，紧急停车

系统:SCADA 用户:hangji 工作站ID:10 数据库:DATASERVER1/JDDWXHH　控制权限：无　信号源：Excellent [Server1]

图 5-31　[352]页面(合泥泵离合器的条件)

(3)调整耙唇(活动罩)角度

在等待泥泵离合器备妥过程中，可通过疏浚控制台控制面板上的调节耙唇角“耙唇调节”按钮度，可在[317]页面中观察耙唇角度变化。

应注意，主动耙头在接地前一定要上翻一定的角度，避免耙齿触底时因受力过大而受损。耙唇上翻角度应根据施工区域水深情况而定。图 5-32 所示为耙唇调节及[317]页面。

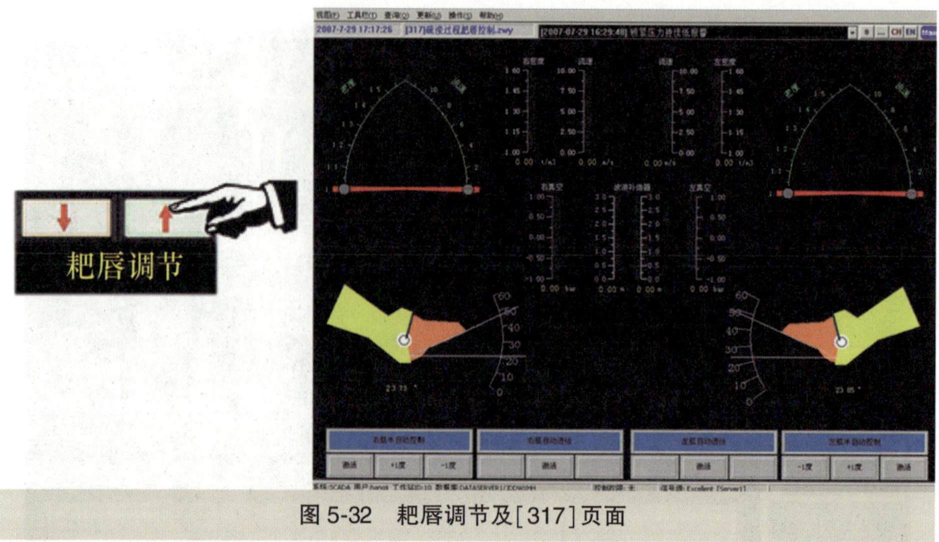

图 5-32　耙唇调节及[317]页面

(4)放耙接地挖泥

驾驶员调整好航速、航向后发出放耙接地指令,操作人员接令后推耙头及中间管绞车操作手柄,将操作手柄置于“放”的位置,将耙臂管下放,并同时在[307]页面中仔细观察耙臂管下放姿态,随时调节绞车速度,控制好耙臂管下放时下耙臂管对地角度及上下耙臂管的夹角,直至耙头到达要求的疏浚深度。图 5-33 所示为[307]页面(耙臂管下放过程)。

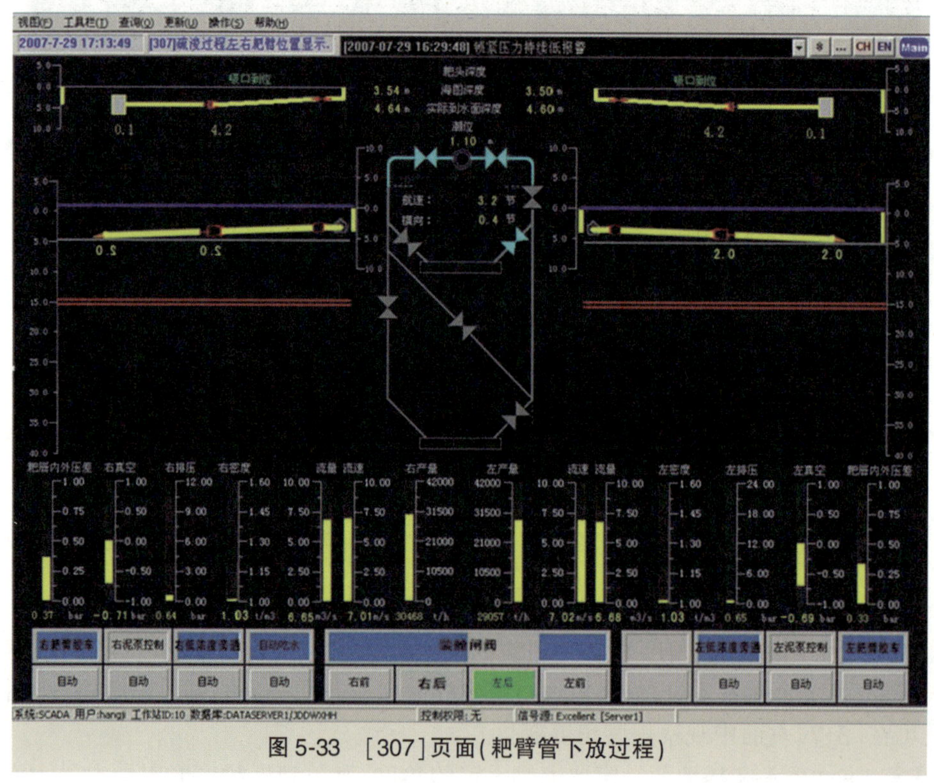

图 5-33　[307]页面(耙臂管下放过程)

应注意，双耙耙头接地后可在[307]页面中监控下耙臂管对地角度，确保对地角度控制在耙头设计的角度，使耙头耐磨块平行于泥面，这样有利于发挥高压冲水的作用，提高耙头的挖掘效率（上下耙臂管夹角大小取决于万向接头橡胶波纹管的挠曲度，一般可达 20°）。在[307]页面上部可观察到耙头的接地深度，包括海图深度及包含了实时潮位的实际耙头深度。耙头深度的显示有利于定深挖泥，控制施工质量。页面下部显示左右泥泵的各种实时运行参数。在页面中央还有关于航速及横流速度的显示，横流速度的显示可预警压耙事故。图 5-34 所示为[307]页面。

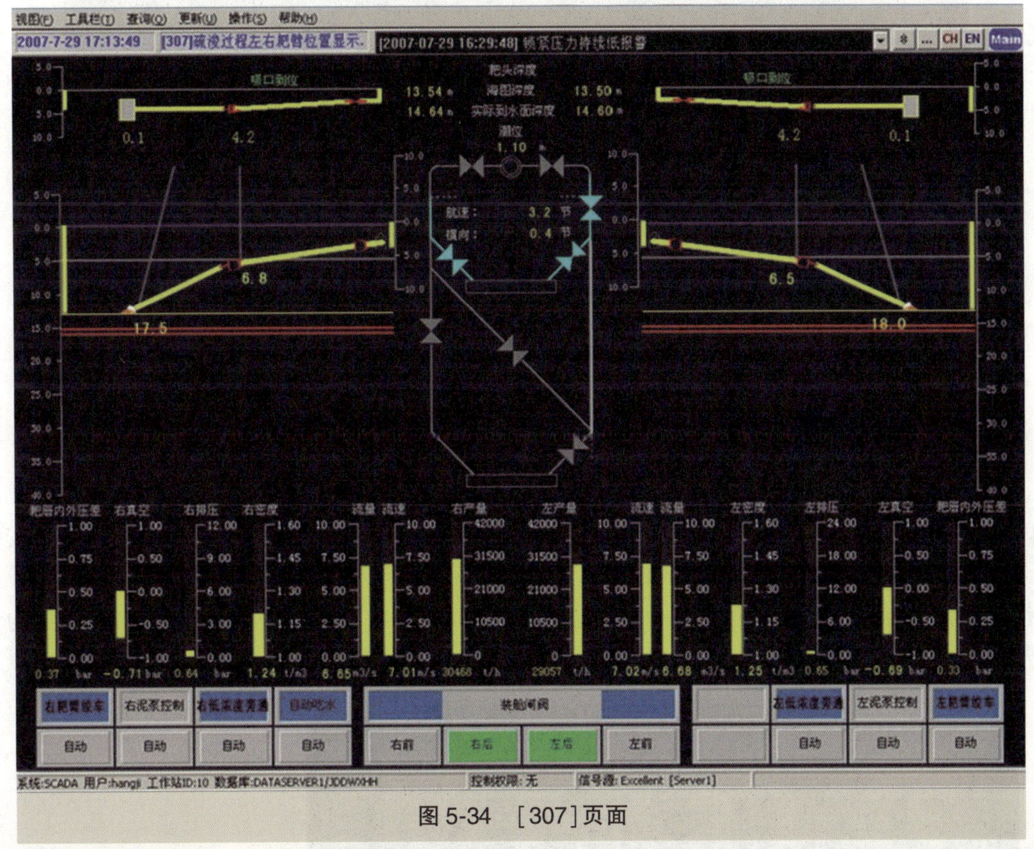

图 5-34　[307]页面

双耙耙头接地后，应将绞车操作手柄置于 0 位并报告驾驶员，此时可在[317]页面中观察到波浪补偿器的运动。耙头接地后波浪补偿器开始发挥作用，页面会相应显示出波浪补偿器起升的高度，通常采用中位控制，一般保持起升高度在 0.5～1.5 m。耙头接地后调节耙唇角度使其与泥面贴合。耙唇角度可依据施工区域土壤情况和泥浆密度、流速的变化来调节。挖掘密实土壤时，可将耙唇以水平角度下翻 2°～3°，使耙齿可贯入土层，破碎和剥离土层以提高挖掘效率。挖掘淤泥时，控制耙唇上翻角度可有效避免闷耙。在[317]页面中还可观察到泥浆的流速、密度和泥泵真空度的变化。图 5-35 所示为[317]页面。

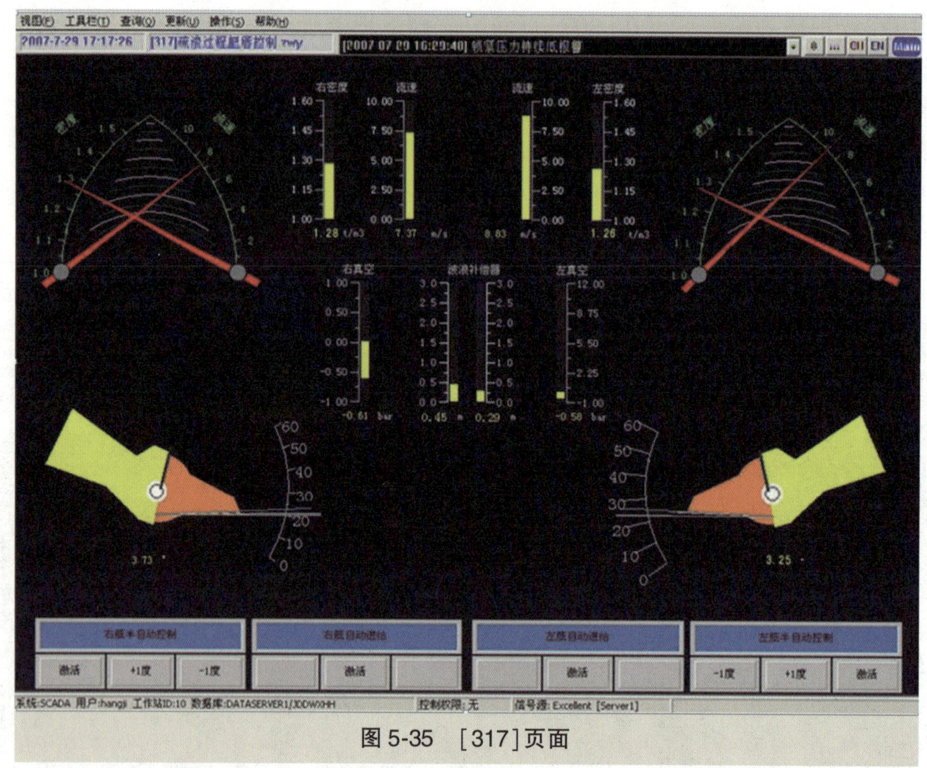

图 5-35 [317]页面

施工装舱密度达到设定密度值时，按下疏浚控制台两侧控制面板上的“进舱”按钮，SCADA 系统会自动打开两侧装舱阀，关闭两侧旁通阀，或在[307]页面中点击装舱闸阀功能按钮打开装舱闸阀，再手动关闭两侧旁通闸阀，进行挖泥装舱作业。装舱分为前进舱和后进舱。在挖掘高密度土壤时，切换前进舱闸阀或后进舱闸阀可起到均匀装舱的目的。图 5-36 所示为装舱过程。

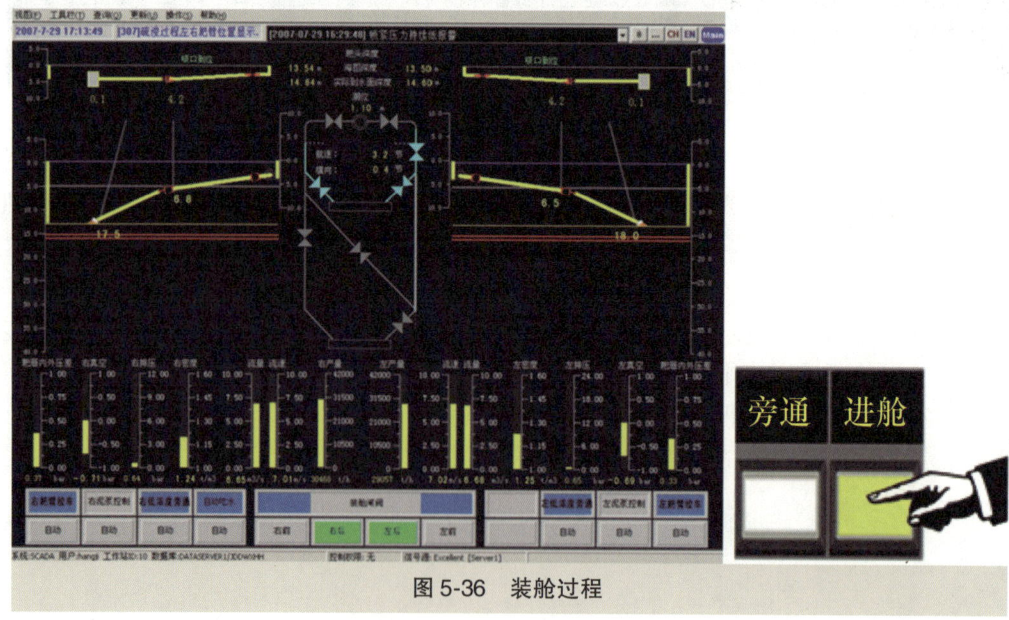

图 5-36 装舱过程

根据土壤情况，如需使用高压冲水辅助破土，应将疏浚控制台两侧控制面板上的高压冲水泵开关旋钮旋至 0%位置启动高压冲水泵，高压冲水泵顺利启动后高压冲水泵运转指示灯显示高亮。启动高压冲水泵可参见[302]页面。高压冲水泵为封闭启动，采用串联模式时先启动左侧高压冲水泵，待启动正常并排压正常后会自动打开串联蝶阀，接着右侧高压冲水泵自动启动，运转正常后自动打开至耙头总排出蝶阀，此时整个高压冲水供水路径贯通。页面中贯通的供水路径显示为绿色，并显示两侧高压冲水泵电机转速和高压冲水泵排出压力。高压冲水泵启动正常并贯通供水路径后，可将疏浚控制台左侧控制面板上的高压冲水泵转速调节旋钮缓慢转动，提高高压冲水泵转速，在挖泥时高压冲水泵转速通常调节至 350~400 r/min，右侧高压冲水泵会自动跟随调节。旋转旋钮时可观察旋钮上方高压冲水泵的转速及排出压力，也可在[302]页面中监视相关参数的变化。如选择高压冲水泵串联，高压冲水泵可为两侧耙头提供最高为 12 bar 或 18 bar 的高压冲水排出压力，具体压力值视土壤而定。图 5-37 所示为高压冲水控制及[302]页面。

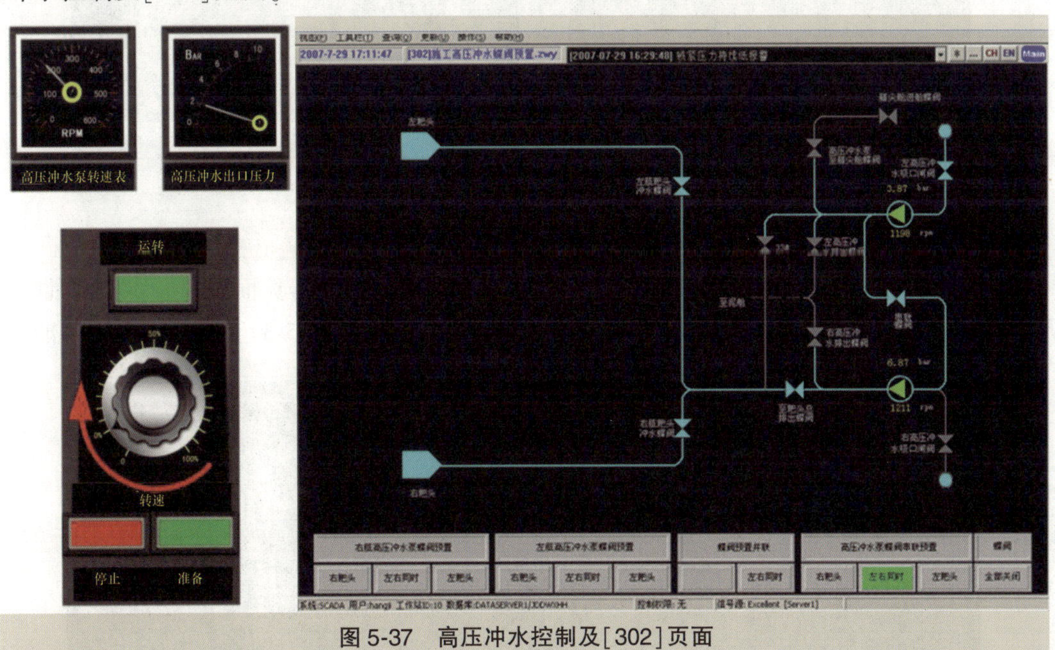

图 5-37　高压冲水控制及[302]页面

挖泥过程中应常观察[304]耙臂位置显示页面，此页面显示耙臂管的正视状态，可非常直观地观察到耙臂管的水平变化情况，从而判断耙臂管是否有压耙或偏离船身过大的异常情况。如有异常，SCADA 系统会显示出如耙头太靠近船体、耙臂管超过规定角度等的报警提示，同时在页面报警栏中以红色显示，提醒操作者注意。页面中还以红线界定了耙臂管可变化的区域，当操作者发现耙臂管的变化接近红色安全报警线时，应及时调整耙臂管的姿态，并应时刻注意观察外部现场实际耙臂管钢丝的垂直变化情况，将两者变化相对照。红色安全报警线由疏浚工程师根据疏浚施工区域环境进行设定。图 5-38 为耙臂管俯视图。

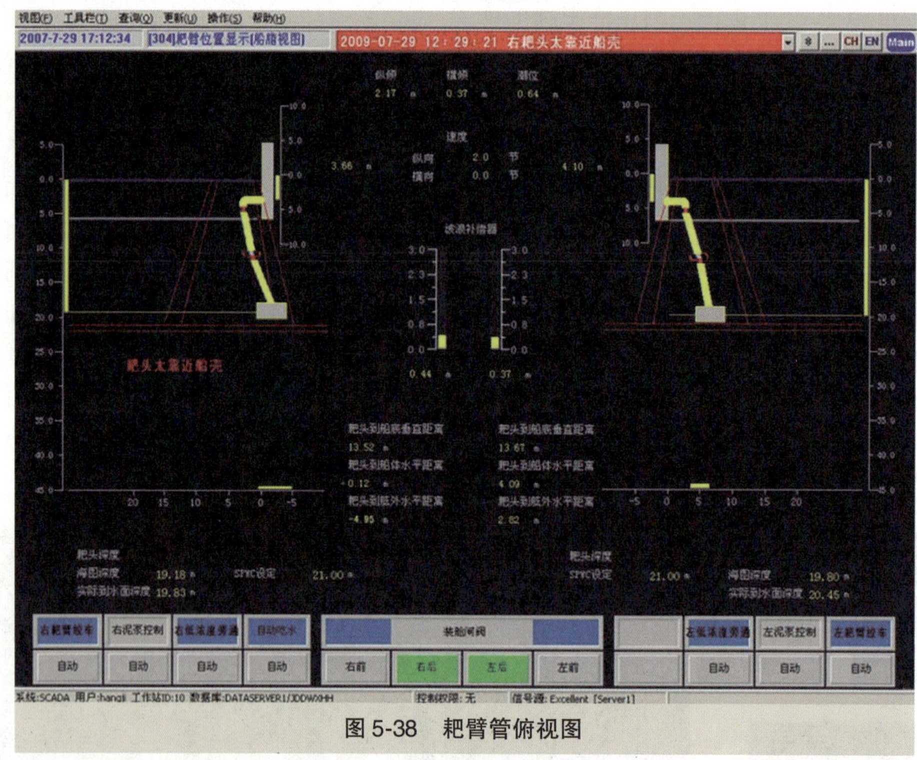

图 5-38　耙臂管俯视图

操作人员在疏浚作业中可打开[311]泥舱装载过程页面，根据页面所显示的装舱曲线分析装舱过程，把控施工区域泥土装舱特性，从而提高疏浚效率。图 5-39 所示为泥舱装载曲线。

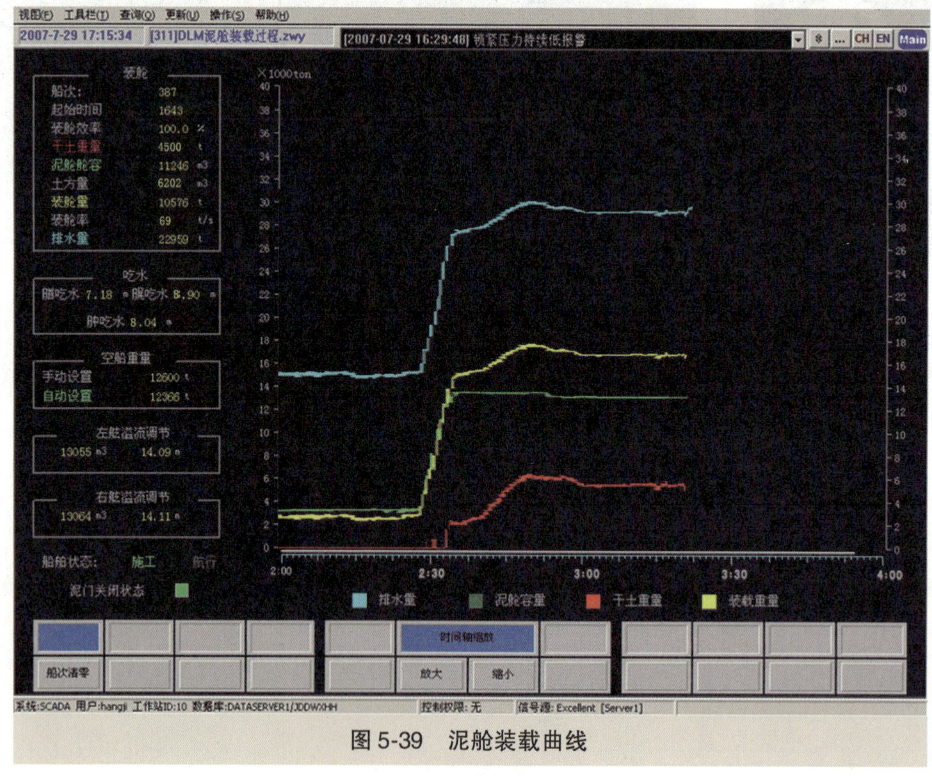

图 5-39　泥舱装载曲线

通常在疏浚作业过程中按顺序打开[304]、[307]、[317]页面进行监控和操作,如图5-40所示。[304]页面为船首向的耙臂位置页面,下耙臂管对地角度是疏浚作业时的一项重要工艺参数,需密切关注并调整,同时关注耙臂管姿态,防止压耙和耙臂管外移情况的发生,以保证在挖泥过程中耙臂管的安全。实践中,操作人员将[304]页面作为疏浚作业中重要的监控页面并时刻予以关注,一般放置在SCADA系统工作站左边的显示屏上。[307]为疏浚过程及左右耙臂位置监控页面,它显示耙臂位置、装舱闸阀路径及泥泵运转数据等挖泥作业中最为主要的监控对象,所以应将其作为主控页面放置在SCADA系统工作站中间的位置,轻易不要切换。[317]为疏浚耙唇页面,它显示耙唇角度、波浪补偿器位置,以及泥浆的密度、流速等,这些数据信息的实时显示对保证施工效率及质量起到非常关键的作用,习惯上将此页面放置在SCADA系统工作站右边的显示屏上。当然,在疏浚作业中也应经常关注其他关键页面,如[103]液压系统监控页面、[101]推进系统页面、[311]泥舱装载过程页面等都应经常打开观察,以保证疏浚作业的安全及效率。如需调整或启动其他设备,也应打开其他设备的页面,在页面的监控下进行操作。原则上在疏浚作业时页面的切换应尽量在左边的SCADA系统工作站上进行,其次为右边的系统SCADA工作站,中间的系统SCADA工作站所显示的[307]页面应作为挖泥时的主控页面始终处于监控状态。在完成其他页面的浏览和设备的调整后,应将左右SCADA系统工作站上的显示页面恢复到[304]、[317]页面并使其处于监控状态。

图5-40 疏浚作业过程中常用的三个显示页面

(5)停泵起耙

耙吸船完成一个航次的疏浚作业后,驾驶员发出起耙的指令,疏浚操作人员接令后将耙头和中间管绞车操作手柄置于“升”的位置,将耙臂管升至吸口水平状态,并报告驾驶员“耙臂管水平”,操作时应在[307]页面中观察耙臂管状态。耙臂管水平后,点击疏浚控制台两侧控制面板上的旁通按钮,将低密度泥浆排出舷外。图5-41所示为进舱控制按钮。

图 5-41 进舱控制按钮

然后将疏浚控制台右侧控制面板上的左舷高压冲水泵转速调节旋钮缓慢调节至 0%位，待转速稳定后将控制旋钮调节至 0 位，停止高压冲水泵的运转。在停止高压冲水泵的过程中，可观察疏浚控制台上高压冲水泵仪表的变化，也可打开[302]页面进行监控。

在脱开泥泵离合器之前让泥泵抽清水片刻，待页面中泥泵密度显示为清水密度并确认泥泵和管路都已冲洗干净后，将疏浚控制台两侧控制面板上的左右主机转速调节旋钮缓慢旋至 0 位。图 5-42 所示为高压冲水泵及泥泵操作按钮；图 5-43 所示为[101]页面(泥泵运行中)。

图 5-42 高压冲水泵及泥泵操作按钮

在旋转主机转速调节旋钮前打开[101]推进系统页面，在旋转旋钮时注意观察主机和泥泵的转速及功率变化，与合上泥泵离合器时一样，在脱开泥泵离合器前要先减小推进负荷，再降低主机转速，待主机转速降低并稳定后，按下疏浚控制台两侧控制面板上的泥泵离合器“脱开”按钮，停止泥泵的运转。

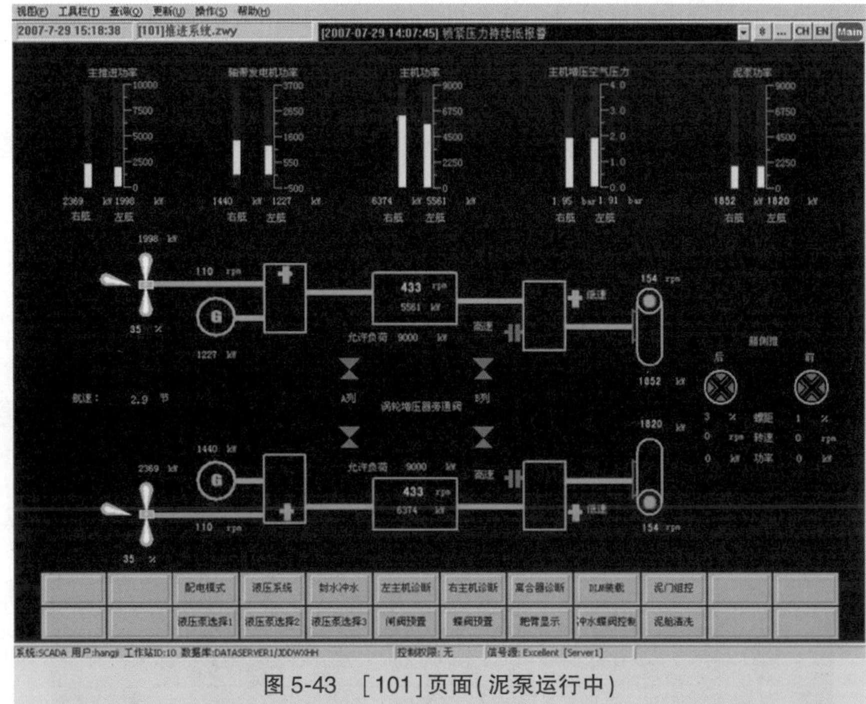

图 5-43　[101]页面(泥泵运行中)

可在[101]推进系统页面中监控泥泵脱开过程。泥泵脱开后,页面中泥泵、泥泵离合器及泵轴的图形变为灰色,泥泵的功率及转速逐渐降低直至为 0。确认泥泵脱开后,缓慢将疏浚控制台两侧控制面板上的主机转速调节旋钮转至 100%,恢复主机额定转速,主机转速增至额定转速后报告给驾驶员。此时,驾驶员使用推进负荷将不受限制。图 5-44 所示为[101]页面(泥泵停止时)。

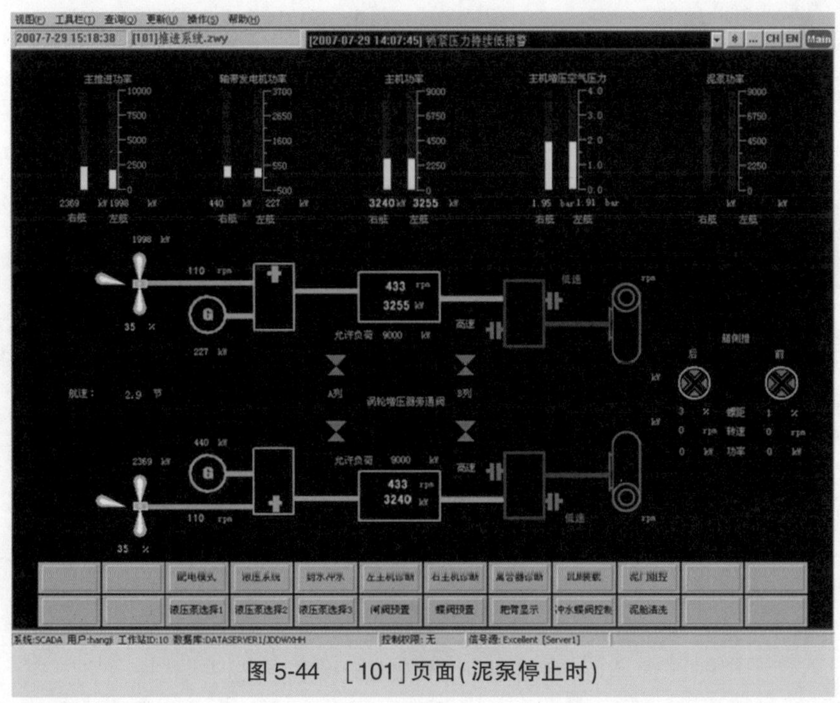

图 5-44　[101]页面(泥泵停止时)

泥泵脱开后驾驶员发出耙臂管升出水面的指令，疏浚操作人员将疏浚控制台两侧控制面板上的耙头、中间管、弯管绞车操作手柄置于“收”的位置。起升耙臂管时打开[305]、[306]页面观察耙臂管起升状态，调节好耙臂管姿态并注意耙头、中间管、弯管绞车的液压和上升速度。耙臂管出水顺序为先弯管，后中间管，最后耙头呈一定的小角度出水以便排净耙臂管内余水。图 5-45 所示为耙臂管起升操作。

耙臂管出水后报告驾驶员，驾驶员可加快航速赴抛泥区。待左右耙臂管上升至上限位，将左右两侧的绞车操作手柄归于 0 位，如图 5-46 所示。

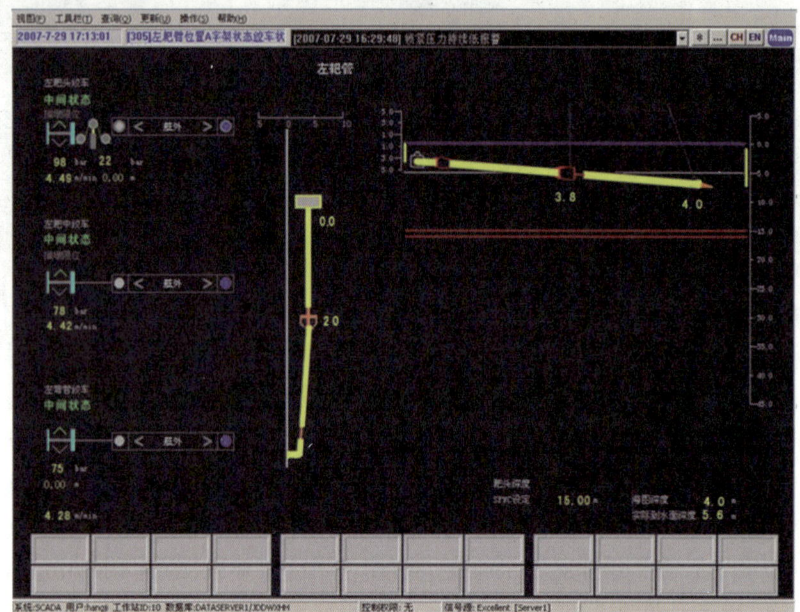

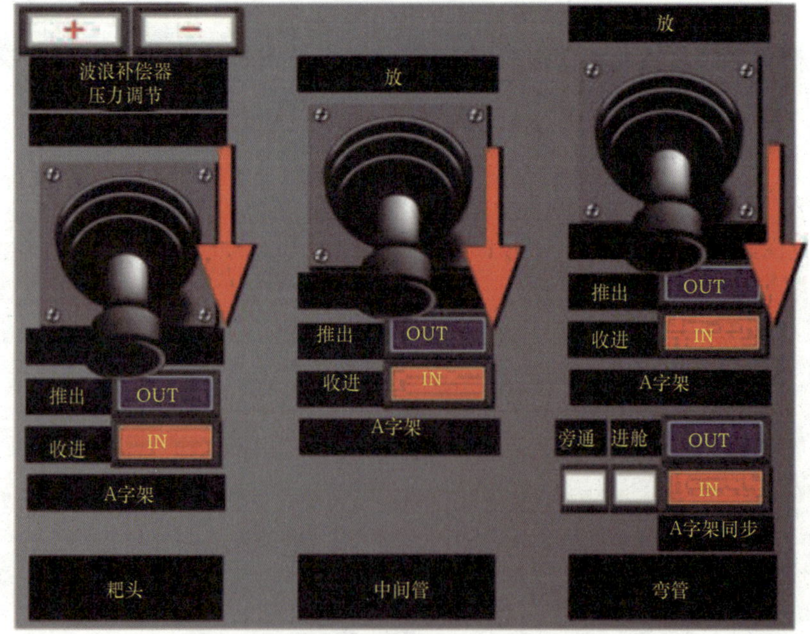

图 5-45　耙臂管起升操作

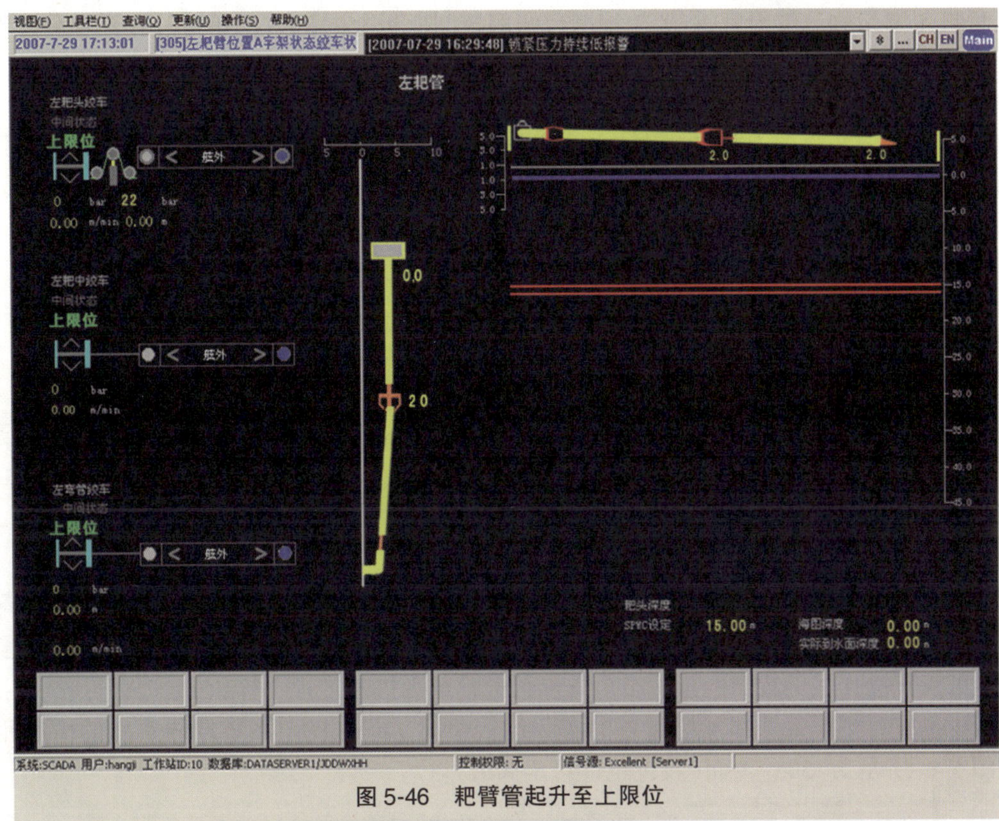

图 5-46　耙臂管起升至上限位

耙臂管上升至上限位后,按住疏浚控制台两侧控制面板上的"A 字架同步"按钮,将左右耙臂管收进舷内。收两侧 A 字架时,在[305]、[306]页面中观察 A 字架运行状态,直至 A 字架舷内限位信号灯亮,再松开"A 字架同步"按钮。图 5-47 所示为 A 字架同步收进操作。

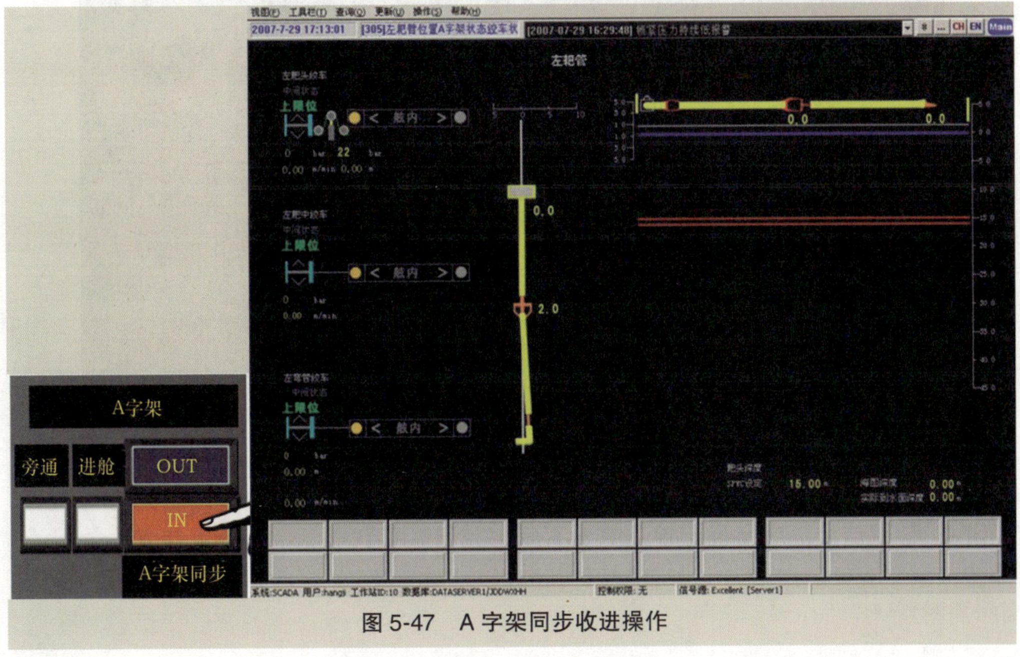

图 5-47　A 字架同步收进操作

两侧 A 字架收进舷内后，将疏浚控制台两侧控制面板上的耙头、中间管、弯管绞车操作手柄置于“放”的位置，将耙臂管缓缓下放。图 5-48 所示为耙臂管收进操作。

图 5-48　耙臂管收进操作

在[305]、[306]页面中仔细观察两侧耙臂管下放过程，直至页面显示出耙头和中间管搁墩限位及弯管钢丝绳松弛的信号灯亮，说明耙臂管已下放至搁墩，此时将疏浚控制台两侧控制面板上的绞车操作手柄置于停止状态。与推耙臂管至吸口的过程一样，在起耙臂管收 A 字架的过程中也应时刻观察外部现场设备的实际运行情况，与 SCADA 系统监控页面的情况相对照。图 5-49 所示为[305]页面(收进耙臂管至搁墩)。

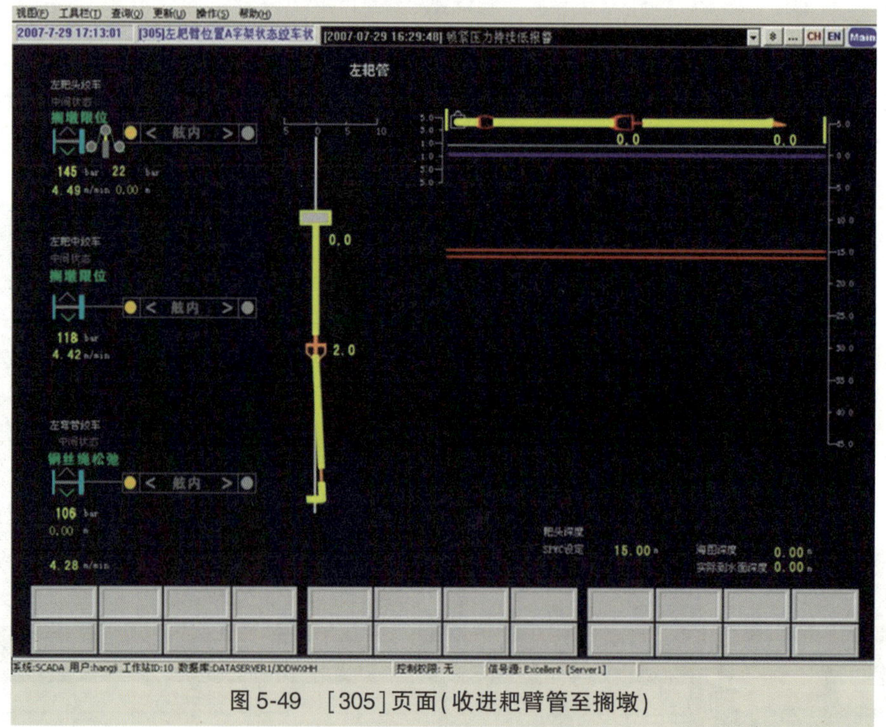

图 5-49　[305]页面(收进耙臂管至搁墩)

在耙臂管收进舷内并置于搁墩后,按下两侧耙唇调节按钮将耙唇位置调节至最低位。最后关闭疏浚控制台两侧控制面板上的绞车和 A 字架电源开关。

5.1.2　抛泥作业

抛泥作业依据抛泥区(倾废区)的水深情况,分为正常抛泥和浅水抛泥两种抛泥模式。正常抛泥是指抛泥区富余水深满足抛泥要求,即抛泥区的水深大于泥门的行程+富余水深。浅水抛泥是指抛泥区水深较小,该水深小于耙吸船吃水、泥门行程及富余水深三者之和。富余水深一般取 0.3~0.5 m。

5.1.2.1　正常抛泥模式

耙吸船在完成一个航次的挖泥作业后,需航行至抛泥区进行抛泥作业。在耙吸船接近抛泥区时,疏浚操作人员可关注疏浚控制台上 DTPS 的船位信息,根据船位做好抛泥准备工作。图 5-50 为 DTPS 页面。

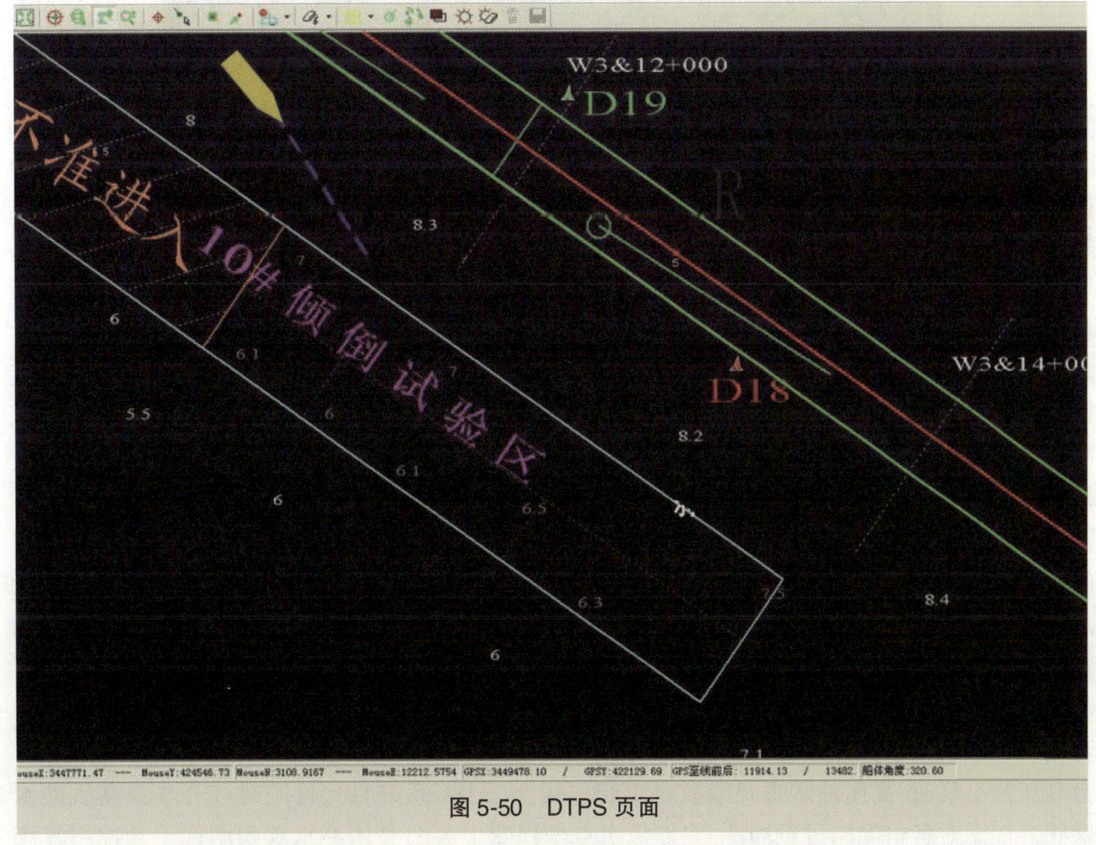

图 5-50　DTPS 页面

在抛泥前或遇难抛土壤航行途中,可开启高压冲水系统进行泥舱稀释,这样可使抛泥顺畅、快速。在耙吸船进入抛泥区前,应打开[402]抛泥高压冲水蝶阀控制页面,点击冲洗稀释泥舱高压冲水泵蝶阀预置栏下方的“并联”功能键,将高压冲水系统设置为并联模式。此时,SCADA 系统会根据设置自动打开左右高压冲水吸口闸阀及第一个高压冲水蝶阀。图 5-51 所示为[402]页面(高压冲水蝶阀预置)。

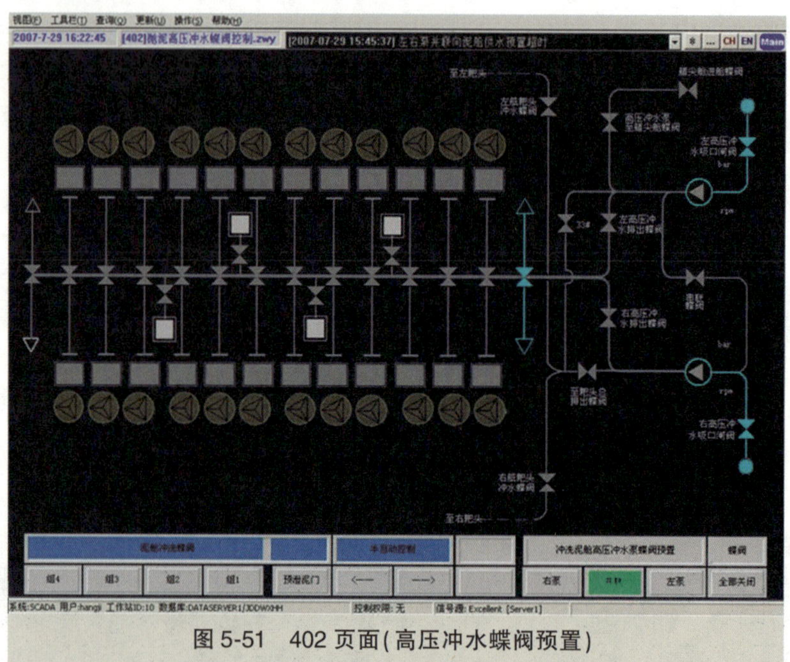

图 5-51　402 页面(高压冲水蝶阀预置)

在高压冲水系统设置为并联模式时,只需启动左侧的高压冲水泵即可,SCADA 系统会自动控制右侧的高压冲水泵同步启动运行。先将疏浚控制台左侧控制面板上的高压冲水泵转速调节旋钮旋至 0 位,启动高压冲水泵运转。开启高压冲水泵后,可在[402]页面中监控到高压冲水泵启动和运转情况,包括高压冲水泵电机转速和高压冲水泵排出压力。高压冲水泵启动正常后会自动打开左右高压冲水蝶阀,贯通输向泥舱的冲水路径,待高压冲水路径贯通并以绿色显示,且高压冲水泵启动转速稳定后,可缓慢旋转疏浚控制台左侧控制面板上的高压冲水泵转速调节旋钮,提高高压冲水泵转速。通常情况下,在抛泥冲舱时,高压冲水泵转速为 300~350 r/min。高压冲水蝶阀可用[402]页面中的功能键进行控制,分为 1~4 组组控,每点击其中一组蝶阀并关闭其他组蝶阀,该组泥门碟闸即可打开。预泄泥门组是指专为 4 个预泄泥门设置的 1 组高压冲水蝶阀。半自动控制分为前进和后退两个方向,如点击前进方向键,可以在打开的 1 组高压冲水蝶阀的前部递进打开 1 个高压冲水蝶阀并关闭最后 1 个高压冲水蝶阀,反之亦然。通常在抛泥前只需控制 4 组组控的高压冲水蝶阀,循环对前后各组泥门及泥舱舱壁进行预冲洗即可,以便抛泥的顺利进行。图 5-52 所示为[402]页面(2 台高压冲水泵稀释组 3 泥舱)。

高压冲水泵蝶阀预置为并联时,应在 2 台高压冲水泵都能正常使用的情况下使用,如有 1 台高压冲水泵处于故障或维修状态,只可使用单台高压冲水泵进行冲舱作业。当只能使用 1 台高压冲水泵时,高压冲水蝶阀组控将不起作用,SCADA 系统只允许同时打开 2 只高压冲水蝶阀。如需对各组泥门进行冲洗,只能依次点击视图中各个高压冲水蝶阀图标手动控制蝶阀的启闭。图 5-53 所示为[402]页面(1 台高压冲水泵稀释泥舱)。

耙吸船进入抛泥区后,驾驶员先降低航速至船停止前进,然后通过测深仪测出船底富余水深(疏浚操作人员应掌握本船的泥门打开行程并考虑当时的艏艉吃水差),如富余水深可满足泥门安全打开的要求,则驾驶员发出抛泥的指令。疏浚操作人员打开[403]泥门组控页面,此页面中抛泥模式为正常模式,先点击页面下部泥门组控“可用”功能键以取得泥门组控控制权,再点击泥门组控“可用”功能键,功能键转变为绿色后表示泥门组控被激活。

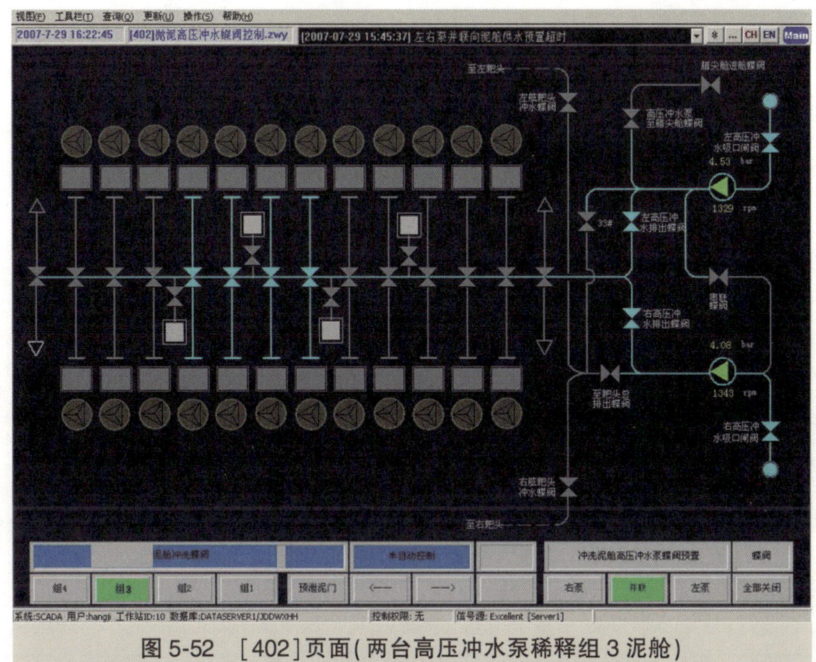

图 5-52　[402]页面(两台高压冲水泵稀释组 3 泥舱)

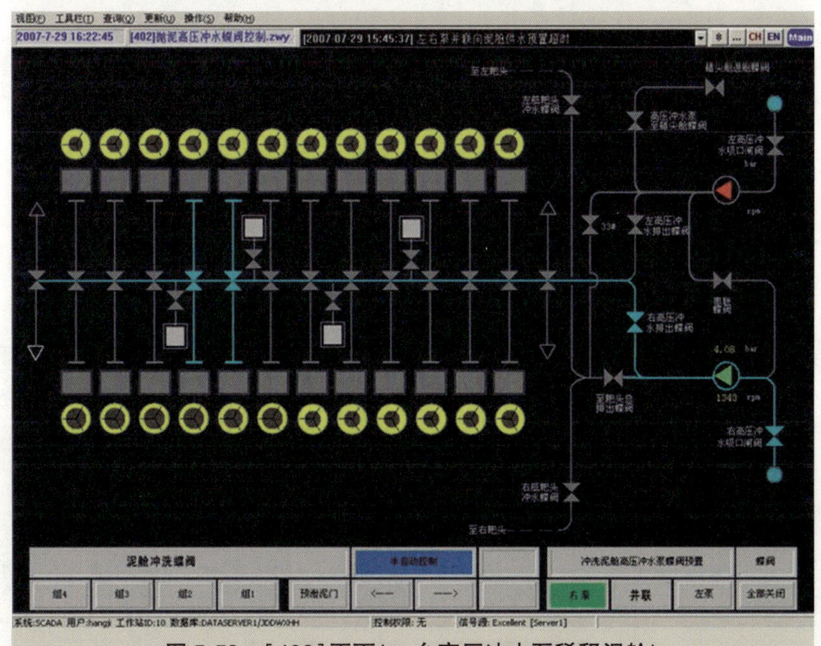

图 5-53　[402]页面(一台高压冲水泵稀释泥舱)

在泥门组控可用后,分别点击 1～4 号泥门组“打开”功能键将各组泥门打开(1 号泥门组位于泥舱艏部,4 号泥门组位于泥舱艉部)。在打开过程中,可在[403]页面中观察到泥门开度百分比及泥门打开时按百分比显示颜色的变化,以及供给泥门的液压参数。泥门打开后,泥门锁紧泵压力将自动降低,指示方形标志显示为绿色。在泥门打开过程中,可在[402]页面中控制各组高压冲水蝶阀来回冲洗各组泥门及泥舱舱壁,使残留在泥门和舱壁上的泥沙卸干净。图 5-54 所示为[403]页面(抛泥备妥);图 5-55 所示为[403]页面(抛泥进行中)。

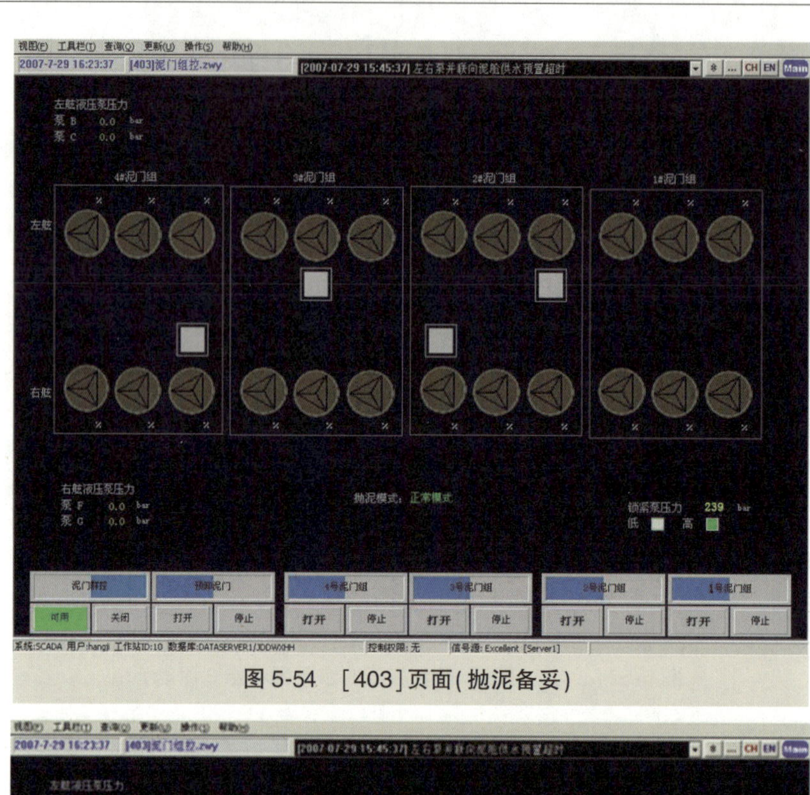

图 5-54 [403]页面(抛泥备妥)

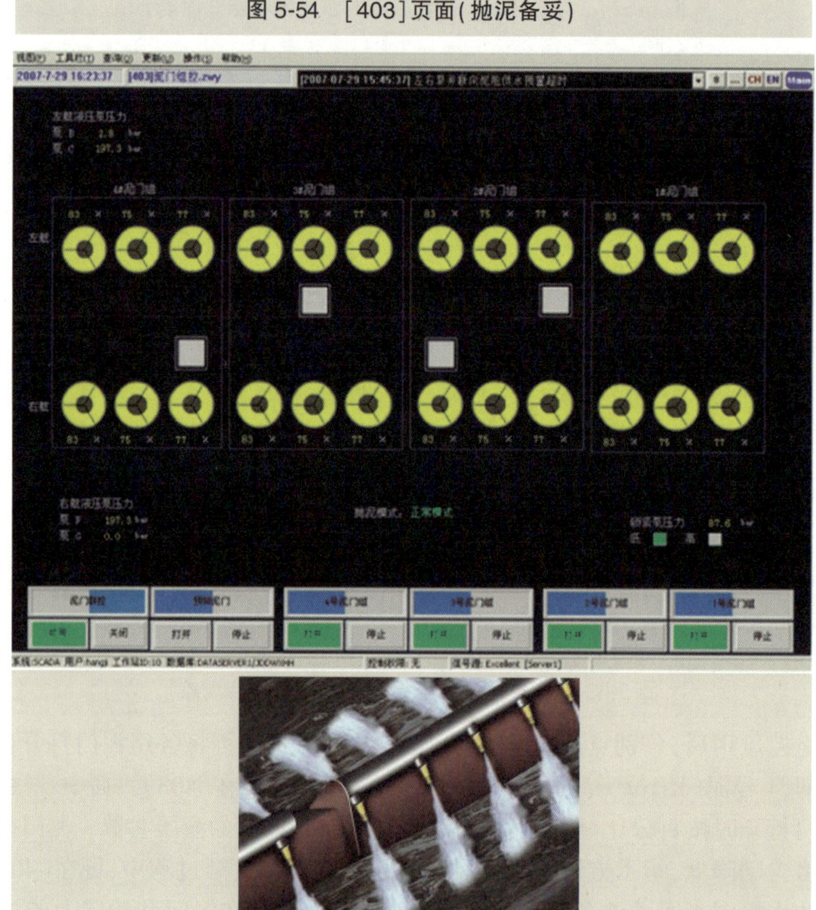

图 5-55 [403]页面(抛泥进行中)

泥门全开后,[403]页面(见图5-56)中泥门开度显示为100%,泥门图元符号也相应显示为全部打开状态,1~4号泥门组"停止"功能键转变为绿色,说明全部泥门都已打开并至下限位,此时泥门组控"关闭"功能键处于可控状态。泥门打开后可在[311]页面(见图5-57)中观察泥舱装载曲线的变化。泥舱装载曲线在泥门打开后呈直线下降趋势。在页面中还可观察到船载干土重量、土方量、排水量、前后吃水等数据的变化,可根据这些数据来判断抛泥是否彻底干净。

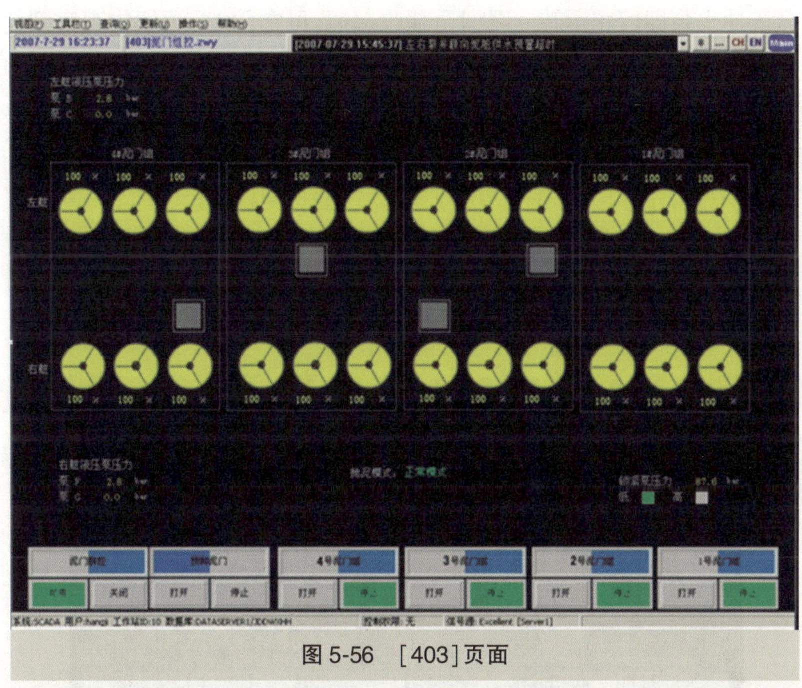

图5-56 [403]页面

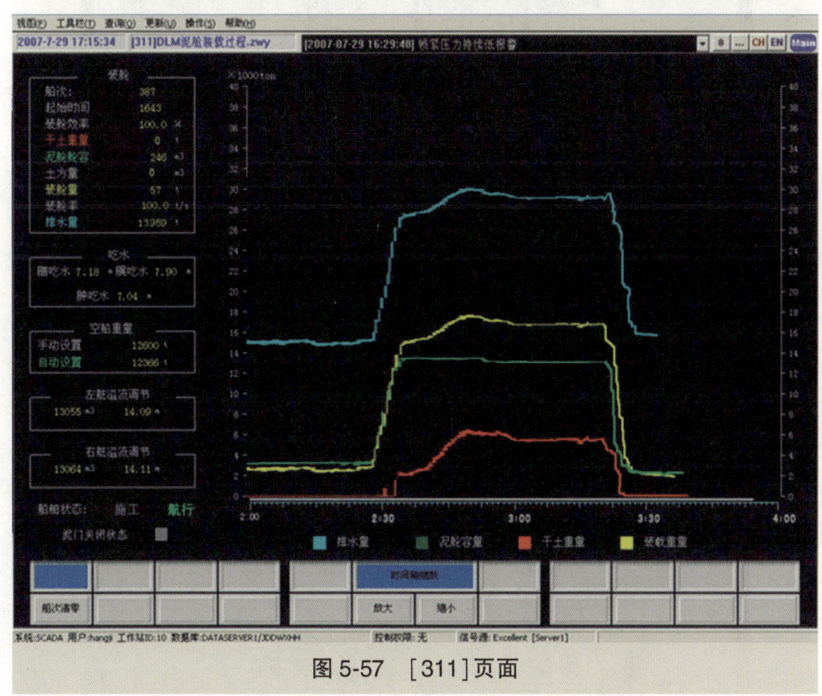

图5-57 [311]页面

泥舱内的泥沙卸净后，只需在[403]页面中点击泥门组控“关闭”功能键，全部泥门就会同步逐渐收起。在页面中可观察到整个泥门收起过程及收起泥门时泥门开度百分比和泥门图形变化。当泥门收起至40%左右时，可停止高压冲水泵的运转。停高压冲水泵前，在[402]页面中将泥舱冲洗蝶阀组控设置在组1功能键位置上。

停高压冲水泵时，先将疏浚控制台左侧控制面板上的高压冲水泵控制旋钮缓慢旋至0%位，观察[402]页面中高压冲水泵电机转速变化；待电机转速降低并稳定后，再将高压冲水泵控制旋钮旋至0位，高压冲水泵即停止运转。泥门全部收起后，可在[403]页面中观察到泥门图元符号显示为关闭状态，泥门锁紧泵压力自动逐渐上升至额定值时指示方形标志显示为绿色，此时可确认为泥门全部收起并锁紧。然后点击泥门组控“可用”功能键使其变为灰色，关闭泥门组控功能以防止误操作的发生。最后报告驾驶员泥门已关闭，驾驶员可操纵耙吸船安全驶离抛泥区。图5-58所示为[403]页面(抛泥结束)；图5-59所示为[402]页面(抛泥结束)。

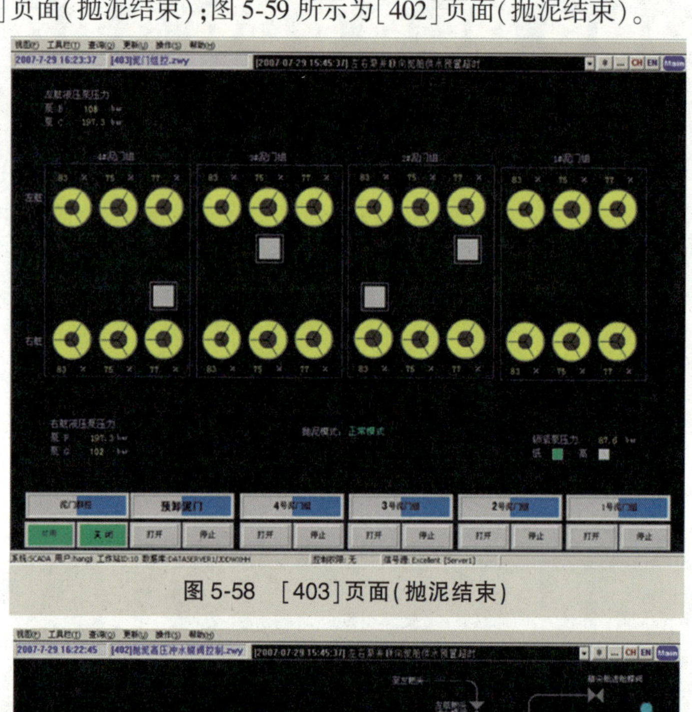

图5-58 [403]页面(抛泥结束)

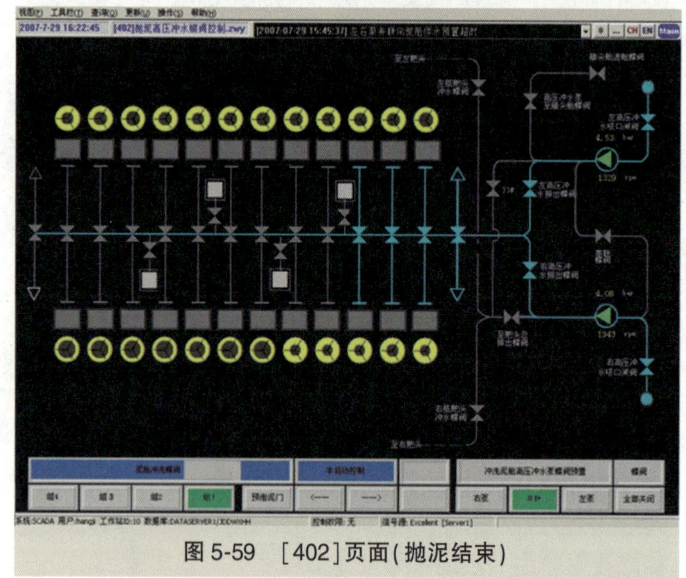

图5-59 [402]页面(抛泥结束)

如抛泥区水深不能满足泥门安全打开,可在[403]页面中点击预抛泥门“打开”功能键,将泥舱中的泥沙卸载掉一部分,可减小重量使船舱起浮一部分。预抛泥门因其特殊的构造,打开时没有任何构件突出船底,所以对富余水深没有要求。在打开预抛泥门时,可观察[403]页面中预抛泥门的图形变化。预抛泥门图形标识设置在页面视图中部,为 4 个方形相互错开对应布置,打开过程中图形为闪烁状态,全部打开后显示为黄色。图 5-60 所示为[403]页面(预抛泥门未开启);图 5-61 所示为[403]页面(预抛泥门开启中)。

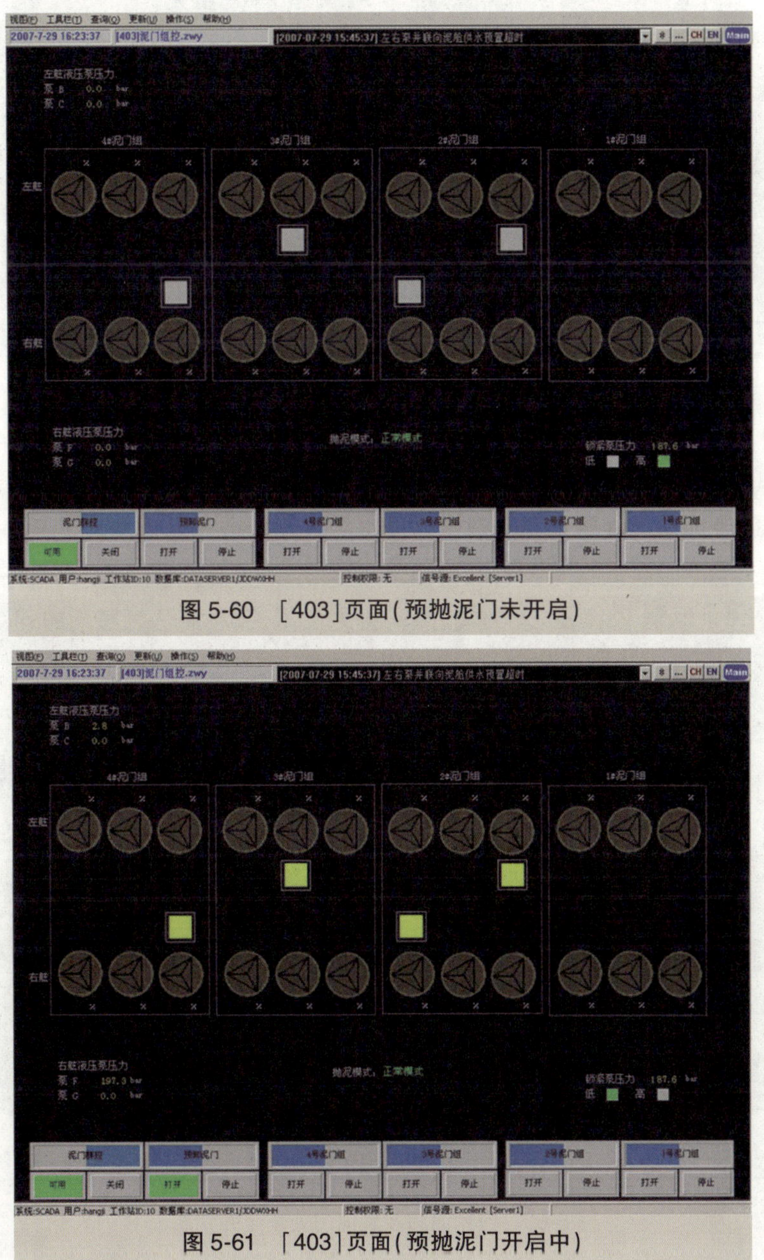

图 5-60　[403]页面(预抛泥门未开启)

图 5-61　[403]页面(预抛泥门开启中)

在打开预抛泥门的同时,可在[402]页面中打开对应于 4 扇预抛泥门的高压冲水蝶阀,使预抛泥门向船底抛泥更为顺畅。图 5-62 所示为[402]页面(预抛泥门高压冲水开启中)。

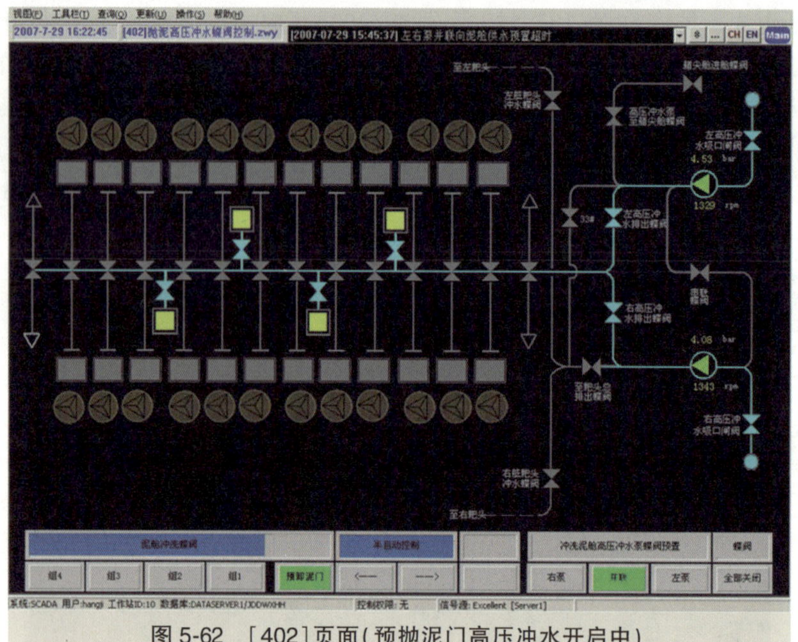

图 5-62 [402]页面(预抛泥门高压冲水开启中)

预抛泥门打开后,观察船底富余水深变化,待富余水深可满足大泥门安全开启时,在[403]页面中点击各组泥门"打开"功能键,将所有泥门打开,卸净泥舱中剩余的泥沙。图 5-63 所示为预抛泥门及大泥门处于全开状态。

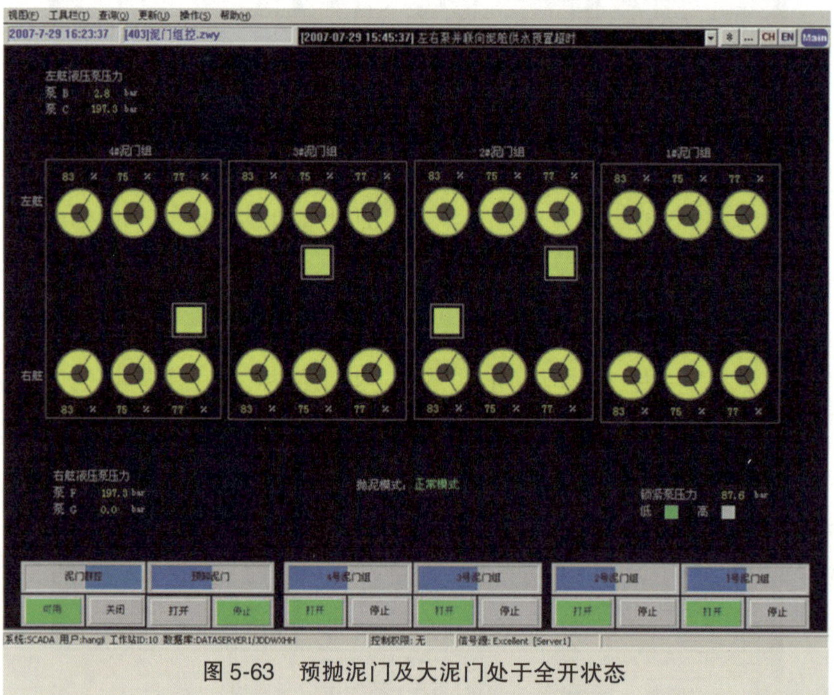

图 5-63 预抛泥门及大泥门处于全开状态

泥舱内泥沙全部抛卸完毕后,与前面所述关泥门动作相同,只需点击[403]页面中泥门"组控关闭"功能键,系统会先关闭预抛泥门,待预抛泥门完全关闭后再自动关闭各组大泥门。图 5-64 所示为[403]页面(大泥门关闭中)。

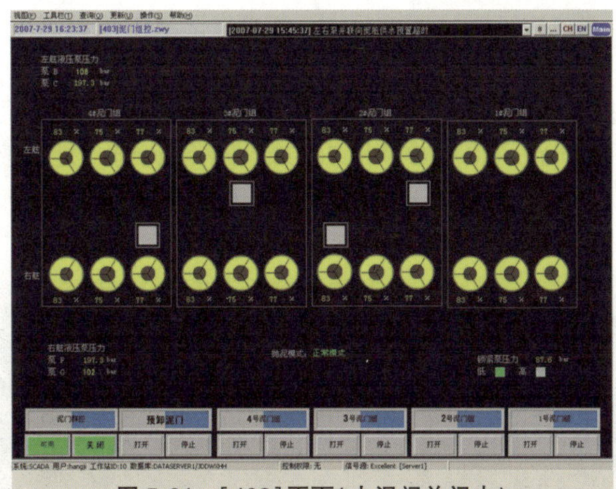

图 5-64　[403]页面(大泥门关闭中)

5.1.2.2　浅水抛泥模式

如果抛泥区水深较小(一般为船底以下富余水深小于 2.5 m),为安全起见,可选择浅水抛泥模式抛泥。先打开[404]浅水抛泥页面,点击抛泥模式功能键,选择浅水抛泥模式。抛泥时可先打开预抛泥门,待船底富余水深达到设置水深 1 级时,可打开泥门至 1 级设置深度;待船底富余水深达到设置水深 2 级时,可打开泥门至 2 级设置深度。待有足够的富余水深时,才可全开泥门。如图 5-65 所示,若深度 1 级设置为 500 mm,则第一次点击各组泥门的“打开”功能键,泥门在开到 500 mm 时将自动停止;富余水深到达设置水深 2 级时才可再次点击各组泥门的“打开”功能键,泥门在开到深度 2 级设置值 1 000 mm 时将再次自动停止;待富余水深足够后,需再次点击“打开”功能键,使各组泥门全部开足。泥门开启深度由疏浚工程师依据施工区域的条件设置,富余水深级别由艏艉吃水传感器及测深仪的数据计算得出。各组泥门收起方式与前述相同,即在[403]页面中点击泥门组控“关闭”功能键收起全部泥门。图 5-65 所示为[404]页面。

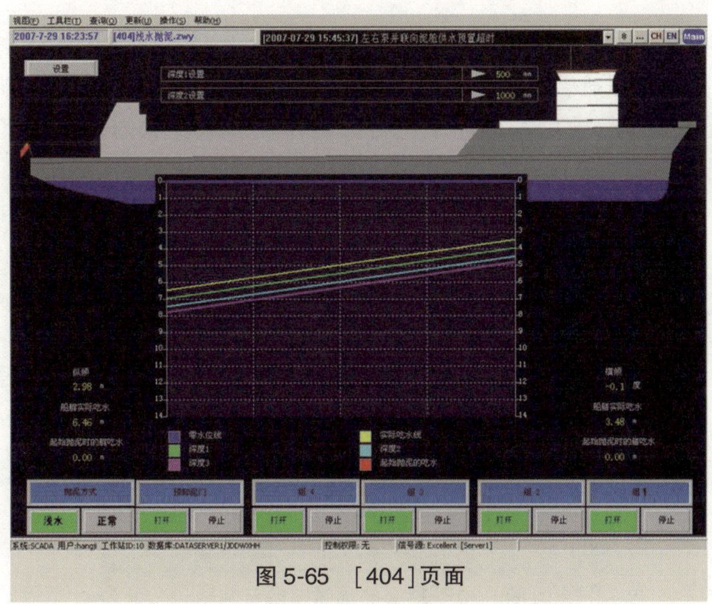

图 5-65　[404]页面

如果耙吸船在进入抛泥区时有搁浅的可能,可通过调节溢流筒高度来控制船舶吃水以避免搁浅的紧迫局面,特别是在长江口施工时,有的抛泥区范围很小且抛泥区外围水深比较小,船位控制不好就可能发生搁浅。如发生搁浅,可打开[315]溢流控制页面,点击左右溢流筒"至下限位"的功能键,调节溢流筒下放使舱内的泥浆从溢流筒中排出,减小船舶吃水。耙吸船起浮后,停止溢流筒下放,待驾驶员将船位控制好后再以正常方式进行抛泥作业。图 5-66 所示为[315]页面。

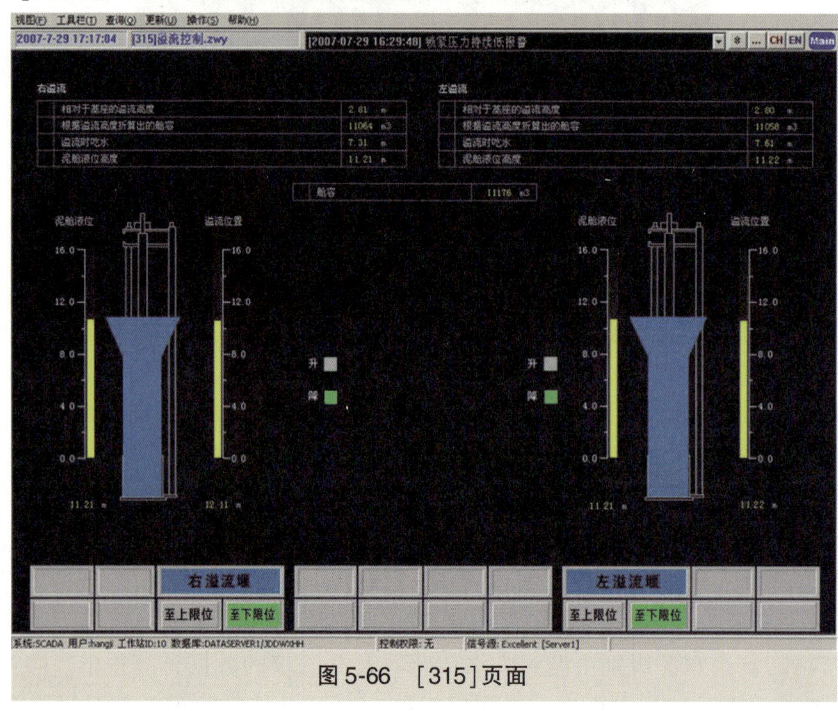

图 5-66 [315]页面

5.1.3 抽舱作业

当耙吸船完成抛泥作业时,受泥舱结构的影响,泥舱内难免会存在部分剩余泥浆,增大了船舱自身重量而减小了泥舱装载量。有些工程特别是长运距工程,为了增大船舶装载量,提高经济效益,可在完成抛泥作业后利用泥泵进行抽舱作业以减少舱内剩余泥浆,增大船舶装载量。图 5-67 为耙吸船抽舱系统示意图。

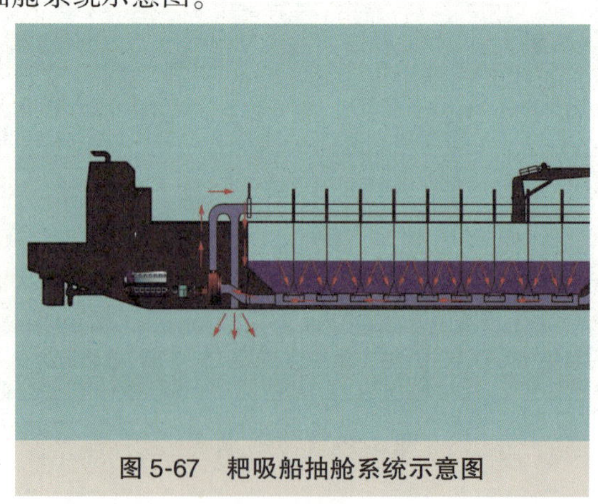
图 5-67 耙吸船抽舱系统示意图

抽舱前需要预置好路径,右泥泵作为抽舱泵使用,打开右吸口闸阀和右旁通闸阀,关闭右泥泵路径上其他闸阀;同时,左旁通闸阀应处于关闭状态,以防止右泥泵启动后水倒灌入左泥泵。启动泥泵后,打开抽舱阀进行抽舱作业。如在泥泵启动前打开抽舱阀,SCADA 系统将认为闸阀设置不符合启动条件而无法启动泥泵。图 5-68 所示为[301]页面(抽舱准备中)。

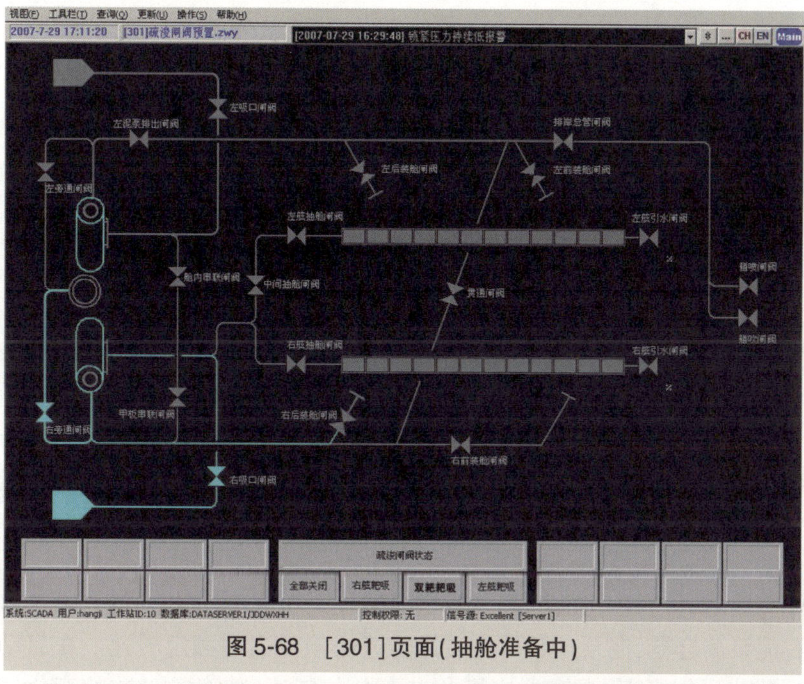

图 5-68　[301]页面(抽舱准备中)

打开[504]小泥门独立控制页面,点击小泥门“可用”功能键以激活小泥门控制,如图 5-69 所示。

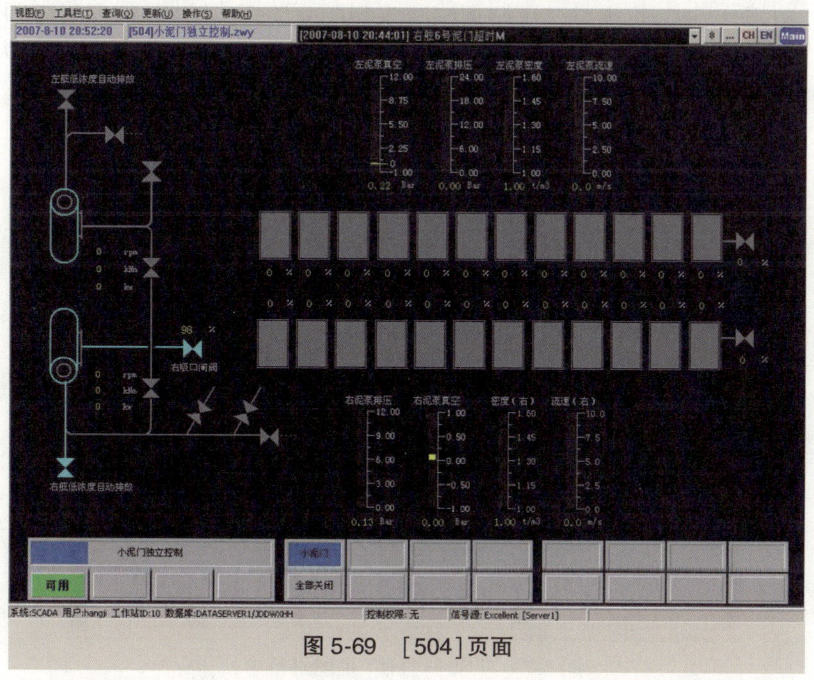

图 5-69　[504]页面

在[504]页面激活小泥门控制后,打开[505]泥舱清洗控制页面,点击各组小泥门“开”功能键或 SCADA 系统键盘上的 F1~F12 快捷键打开 12 组抽舱小泥门。对于[505]页面中各组小泥门控制功能键,点击一次为全开;在小泥门全开的情况下,再次点击各组小泥门控制功能键为全关,如图 5-70 所示。

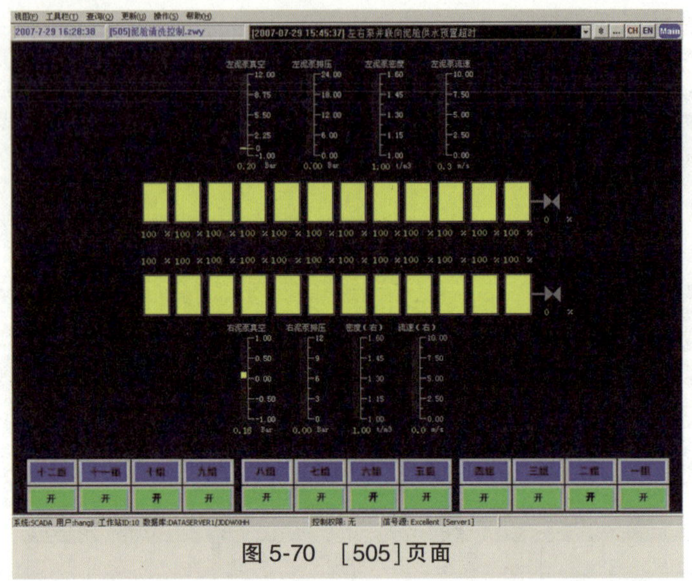

图 5-70　[505]页面

准备工作完成后,将右主机转速调节旋钮缓慢旋至 0 位,待主机转速降至 85%额定转速并稳定后合上右泥泵离合器,泥泵运转后将主机转速缓慢提高到额定转速。在启动右泥泵的同时,打开[101]推进系统页面,观察右主机及右泥泵的转速、功率等参数的变化。与挖泥时启动泥泵同理,合泥泵离合器前要控制螺旋桨角度以防主机负荷过载。右泥泵顺利启动后,在[301]疏浚闸阀预置页面,依次打开中间抽舱闸阀和左右舷抽舱闸阀,待抽舱闸阀打开后关闭右吸口闸阀,此时泥泵与泥舱之间的抽舱管路贯通,进入抽舱作业。图 5-71 所示为[301]页面(抽舱进行中)。

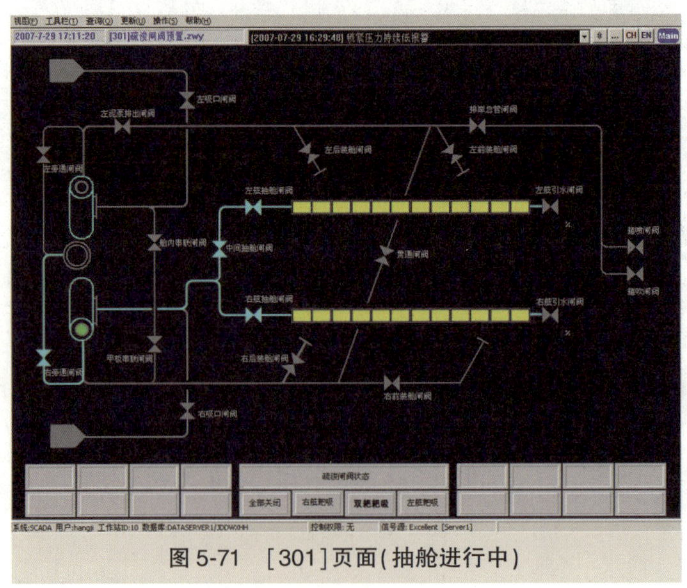

图 5-71　[301]页面(抽舱进行中)

开始抽舱后，在[505]页面观察右泥泵中泥浆的流速、密度和泥泵排压、泥泵真空度等参数的变化，需特别注意右泥泵中泥浆流速的变化，在抽舱起始时流速较大且数值变化平稳。图 5-72 所示为[505]页面(抽舱进行中)。

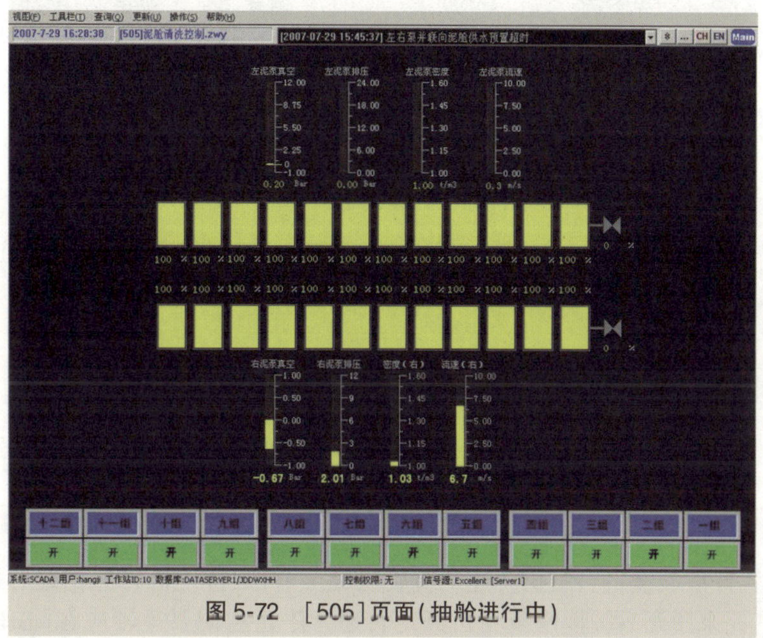

图 5-72　[505]页面(抽舱进行中)

经过数分钟的抽舱作业，右泥泵中泥浆流速逐渐降低时，说明泥舱内的余水水位明显降低，同时可参考[311]页面中空船重量、泥舱容积等数值的变化来判断泥舱内余水存量。当泥浆流速降低到 3 m/s 左右时应停止抽舱作业，以免泥泵产生气蚀。图 5-73 所示为[505]页面(抽舱时右泥泵中泥浆流速降低)。

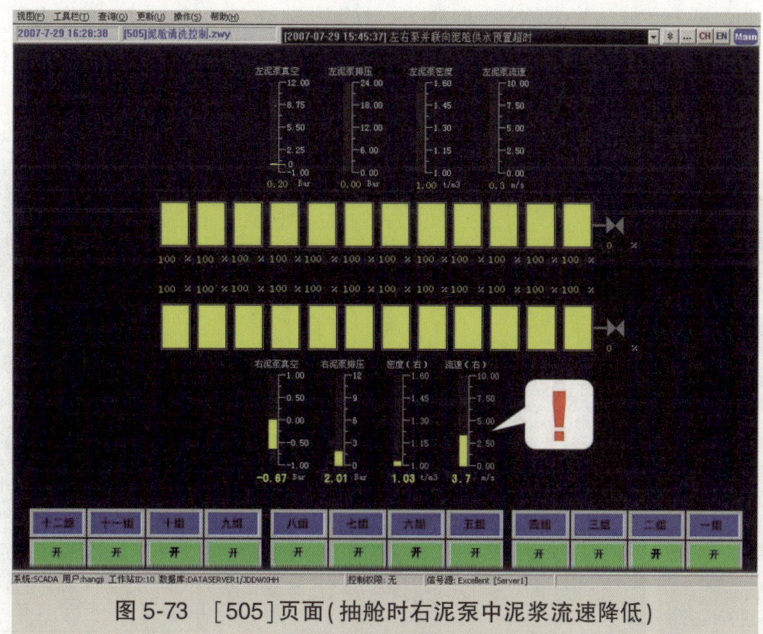

图 5-73　[505]页面(抽舱时右泥泵中泥浆流速降低)

停止抽舱作业时，在[301]页面先打开右吸口闸阀，再关闭左右舷抽舱闸阀及中间抽舱闸阀。图 5-74 所示为[301]页面(抽舱停止)。

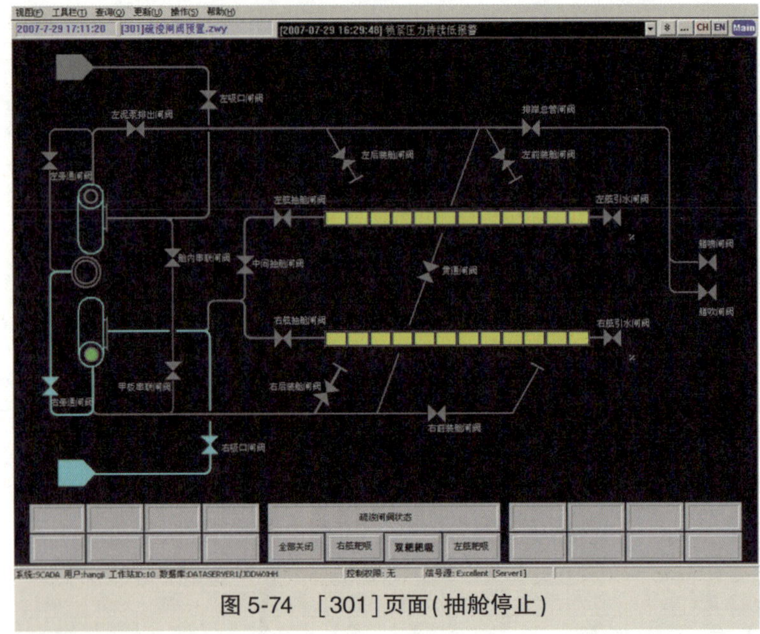

图 5-74　[301]页面(抽舱停止)

各闸阀设置好后缓慢将右主机转速调节旋钮旋至 0 位,待主机转速稳定后按下右泥泵离合器脱开按钮,泥泵脱开后缓慢恢复主机额定转速。停止右泥泵运转应在[101]推进系统页面监控下进行。主机转速恢复至额定转速后报告驾驶员。停止泥泵运转后,在[505]页面中分别点击 SCADA 系统键盘上 F1~F12 快捷键关闭所有抽舱小泥门,如快捷键点击无效,可先在[504]页面点击小泥门独立控制“可用”功能键,使小泥门控制处于激活状态(如在 2~3 min 内未发生动作,小泥门此激活功能会自动取消)。待所有小泥门全部关闭后,再次在[504]页面点击小泥门独立控制“可用”功能键,取消小泥门控制激活状态。抽舱作业完毕后,将疏浚设备如疏浚闸阀、高压冲水系统等恢复至施工准备状态,以便下一航次的施工作业。图 5-75 所示为[505]页面(泥舱清洗中)。

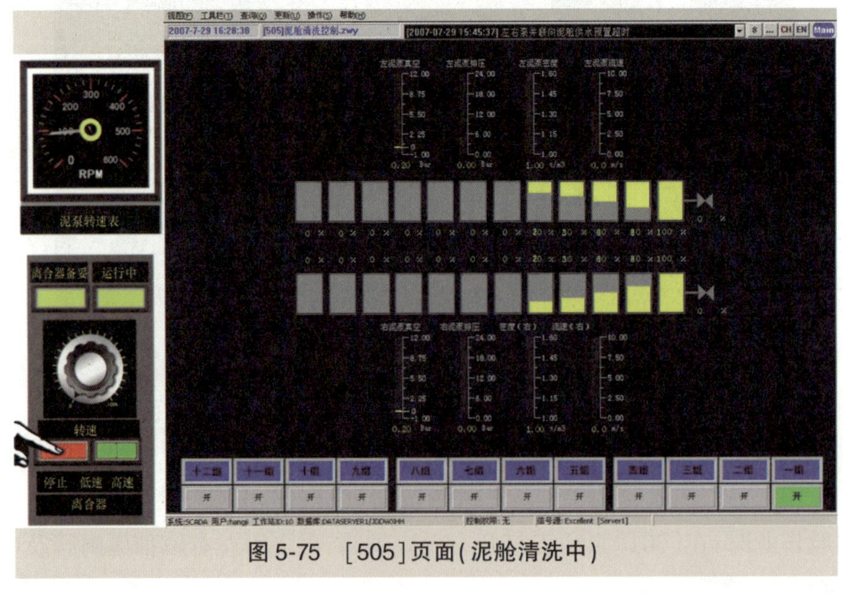

图 5-75　[505]页面(泥舱清洗中)

5.1.4　艏吹作业

吹填造陆工程已经成为疏浚业发展的重要方向，且随着人们环保意识的逐渐增强和环保施工要求的日益提高，大量大型工程需要利用大舱容的大型耙吸船从远离海岸的深海区进行取沙、运输、吹填造陆等作业。艏吹作业需运用多设备协同配合方能完成，对耙吸船的机电设备有较高的要求，主机、发电机、液压系统等关键设备应保持完好状态，才能有序和高效地完成吹填造陆任务。下面介绍耙吸船艏吹作业的操作流程。

1. 配电模式

艏吹作业前应提前启动液压系统、闸阀冲洗系统、泥泵封水系统并使其运转正常，根据吹填工况选择合适的配电模式。如轴带发电机功率不能满足使用要求，需将辅助发电机也并入主电网。疏浚操作人员应在耙吸船到达作业区前 20 min 通知机舱启动辅助发电机参与供电并将配电模式调整为 Mode3，过程可参见图 5-76，确认配电模式后方可进行艏吹作业。

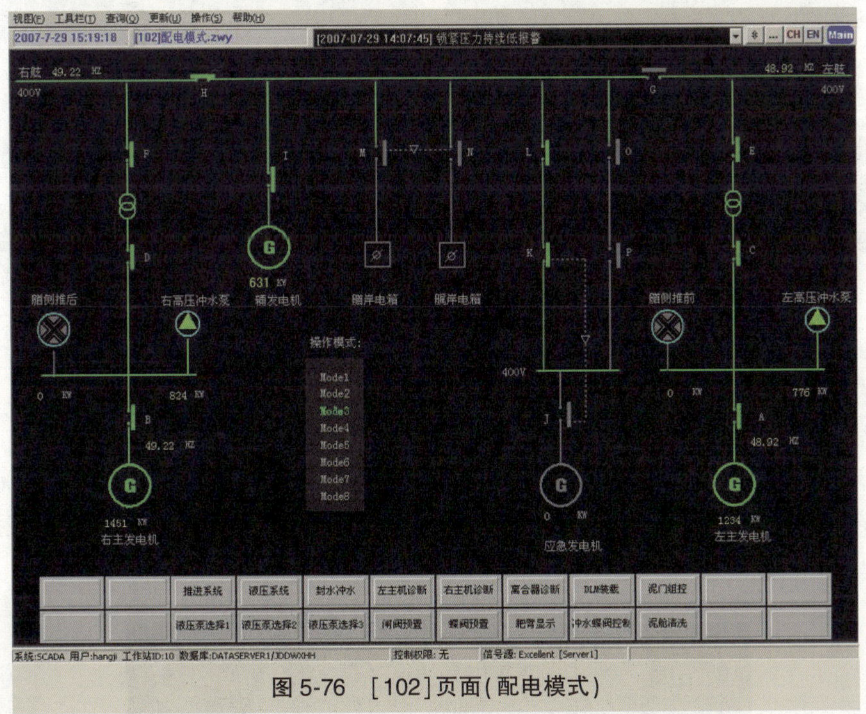

图 5-76　[102]页面(配电模式)

2. 接管作业

耙吸船进行艏吹作业前先在取沙区取沙，满载航行至吹泥点后，进行吹泥浮管接管作业。耙吸船进入艏吹作业区，船首指挥人员根据水面浮管球型接头和浮管的实际位置协助驾驶员瞭望调整耙吸船的船位和艏向，并指挥接管工作艇前顶浮管，以保持浮管呈前伸状态，便于接管人员进行艏吹装置与浮管对接作业。如作业区域有风流影响耙吸船，可选择抛锚以保持船位。在耙吸船船位稳定后，耙吸船上的接管人员在工作艇及作业人员的配合下将浮管连接钢丝与耙吸船艏吹专用绞车钢丝连接妥。船首接管人员在船首现场操控艏吹专用绞车将浮管球型接头吊出水面并接入艏吹装置，浮管接入后控制液压抱箍抱紧浮管球型接头并插入安全锁，完成接管作业后报告驾驶台。图 5-77 所示为艏吹接管作业。

图 5-77　艏吹接管作业

接管的同时，疏浚操作人员将 SCADA 系统调至[502]碟阀吹岸冲洗页面，选择“并联”模式，然后将疏浚控制台右侧控制面板上的左高压冲水泵转速调节旋钮至 0 位。左高压冲水泵运转稳定后，点击[502]页面中控制第一组高压冲水泵的“组 1”功能键，将第一组高压冲水泵的喷嘴全部打开，再旋转左高压冲水泵转速调节旋钮，提高转速使其出口压力升至 6 bar。然后按顺序逐步打开另外 3 组泥舱冲水蝶阀对泥舱各处进行稀释冲刷，这样可以稀释沉淀结块的泥沙，便于下一步艏吹作业的顺利进行。图 5-78 所示为[502]页面。

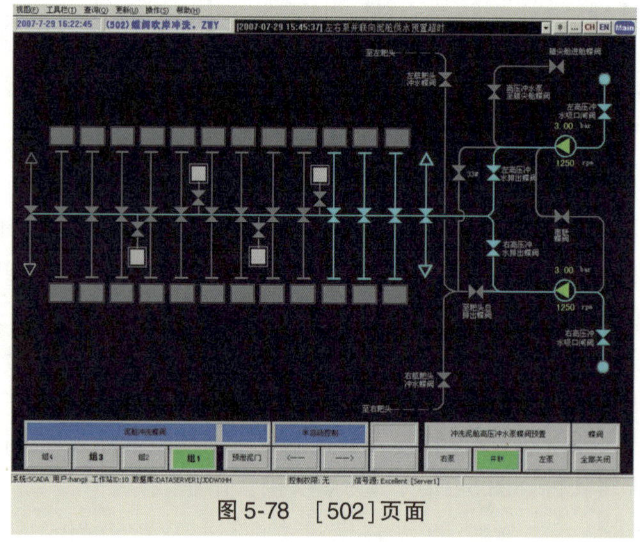

图 5-78　[502]页面

3. 艏吹路径贯通

吹泥浮管接妥后，疏浚操作人员可将 SCADA 系统页面翻至［501］吹岸闸阀页面进行闸阀预置。闸阀预置根据工况不同有两种选择方式：右泵吹岸和串联吹岸。如选用右泥泵单泵进行吹岸作业，点击疏浚闸阀状态栏中的“右泵吹岸”功能键，如图 5-79 所示，点击完成后 SCADA 系统会自动打开右吸口闸阀、贯通闸阀、排岸总管闸阀及左右引水闸阀。然后在页面中点击吹岸方式栏中的“艏吹”功能键，SCADA 系统将开启艏吹闸阀，由此完成右泵吹岸闸阀预置及艏吹路径贯通并在页面中以高亮显示。

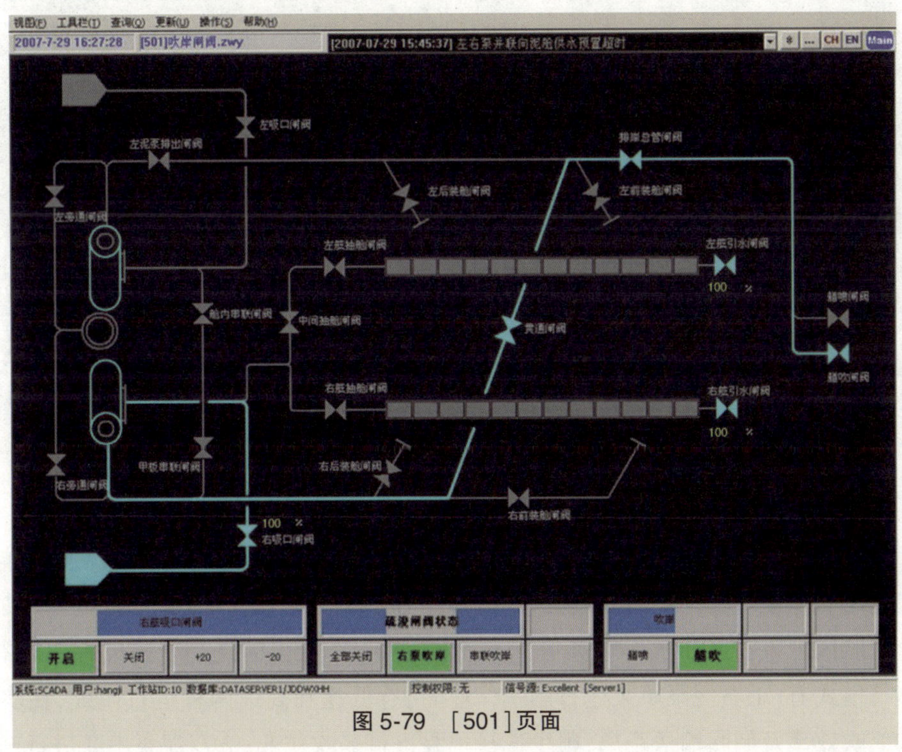

图 5-79　[501]页面

如工程需采用长距离吹岸作业，应选择双泥泵串联模式进行吹岸作业：右泥泵从泥舱中抽取泥沙并输送给左泥泵，左泥泵加压将泥沙从吹泥管路中输送至吹填区。双泥泵串联作业可有效提高吹泥效率和增大吹岸输送距离。选择双泥泵串联模式时，在［501］页面中点击疏浚闸阀状态栏中的“串联吹岸”功能键，完成操作后 SCADA 系统会自动打开右吸口闸阀、甲板串联闸阀、舱内串联闸阀、左泥泵排出闸阀、排岸总管闸阀及左右引水闸阀。然后在页面中点击吹岸方式栏中的“艏吹”功能键，SCADA 系统将开启艏吹闸阀，由此完成双泥泵串联吹岸闸阀预置及艏吹路径贯通并在页面中以高亮显示。图 5-80 为艏吹作业管路路径图。（应注意：艏吹闸阀预置好后，由于其他原因暂停吹泥作业时，需暂时将两只海底引水阀手动关闭，否则会造成泥舱内泥沙通过海底引水阀泄漏出泥舱，因为泥舱内的压力大于舱外压力，且抽舱小泥门没有高压锁定功能。在驾驶员正式通知准备进行艏吹作业后再打开海底引水阀，才能尽量减少泥沙通过海底引水阀漏出舱外。另外，在海底引水阀未打开的情况下是无法启动泥泵的，因为此时 SCADA 系统会认为艏吹闸阀预置不满足泥泵启动条件，所以泥泵不能启动。启动泥泵前必须遵照上述两种方式进行闸阀预置。）

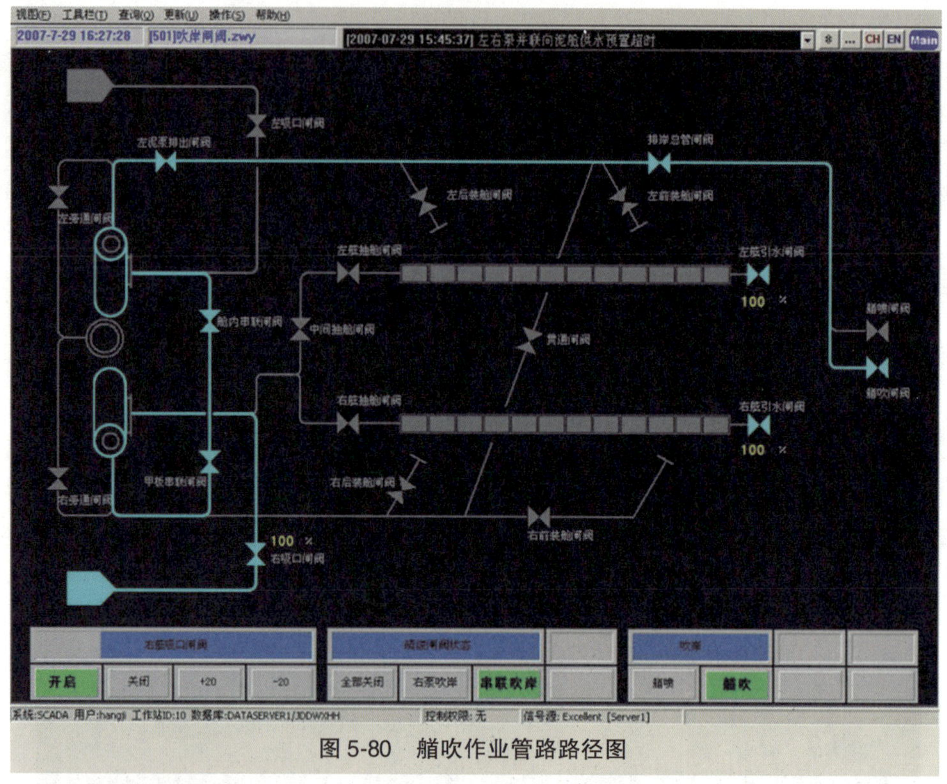

图 5-80　艏吹作业管路路径图

4. 泥泵运行模式选择

所有艏吹准备工作就绪后，报告驾驶员，待驾驶员发出启动泥泵的指令，疏浚操作人员启动泥泵进行艏吹作业。在泥泵启动过程中应打开[101]推进系统页面进行监控。

由于泥舱内泥浆密度和吹岸距离等工况不同，艏吹作业前需选择合适的泥泵运行模式。泥泵的运行模式有：①右泥泵单泵进行艏吹作业时，有低速和高速两种运行模式，在实际作业中考虑到艏吹效率及艏吹输送距离，很少选择单泵进行艏吹作业；②双泥泵串联进行艏吹作业时，根据工况不同有双泥泵低速、右泥泵低速左泥泵高速和双泥泵高速三种泥泵组合运行模式，选择何种运行模式根据排距及土壤情况确定。

启动泥泵前按下疏浚控制台“主机获取”控制按钮，待指示灯显示为高亮后可启动泥泵。选用右泥泵单泵模式进行艏吹作业时，先将右主机转速调节旋钮旋至 0 位，待主机转速下降至规定转速并稳定后按下右泥泵离合器“低速”合上按钮，右泥泵合上后将主机转速调节至额定转速。若使用右泥泵高速进行艏吹作业，在降低右主机转速后，先按下右泥泵离合器“低速”合上按钮，右泥泵顺利合上后延迟 20 s 再按下右泥泵离合器“高速”合上按钮，待右泥泵转速上升并稳定后旋转主机转速调节旋钮，使主机转速提高到额定转速。图 5-81 所示为[101]页面及合泥泵离合器操作示意图。

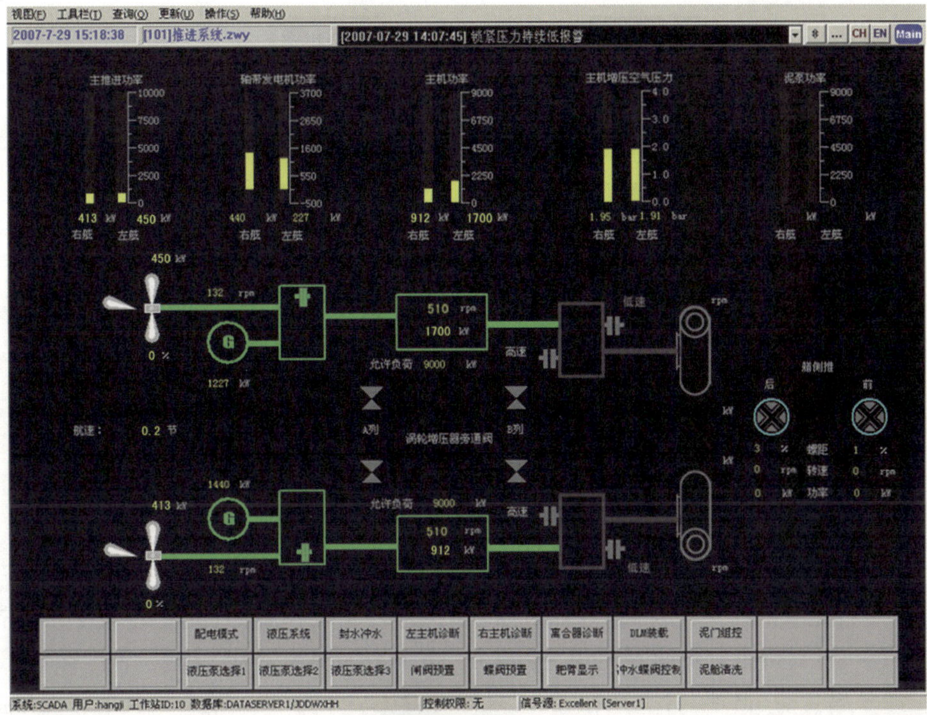

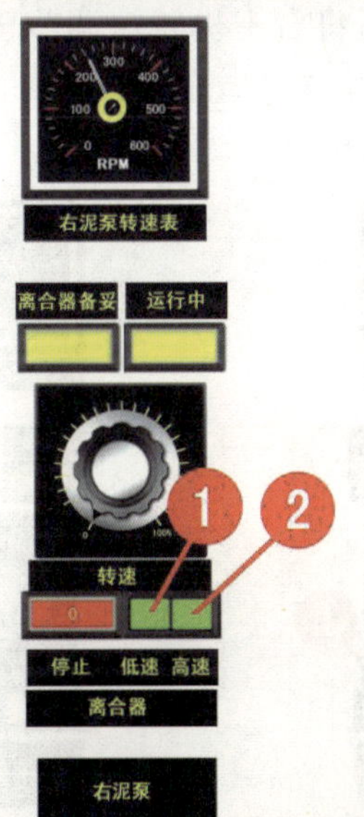

图 5-81　[101]页面及合泥泵离合器操作示意图

(1)选用双泥泵低速串联运行模式进行艏吹作业时,先将左右主机转速调节旋钮同时旋至0位,待主机转速下降至额定转速并稳定后,按下用于抽舱的右泥泵离合器“低速”合上按钮,延迟数秒再按下用于增压的左泥泵离合器“低速”合上按钮。待双泥泵顺利合上后将主机转速调节至额定转速。图5-82为双泥泵低低模式合离合器操作示意图。

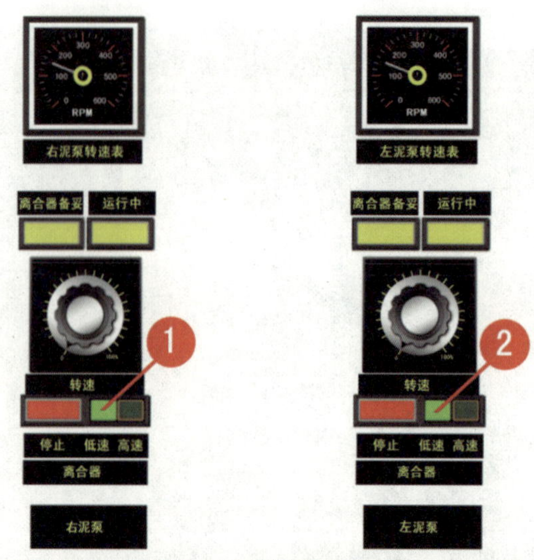

图 5-82　双泥泵低低模式合离合器操作示意图

（2）选用右泥泵低速左泥泵高速串联运行模式进行艏吹作业时，先将左右主机转速调节旋钮同时旋至 0 位，待主机转速降至规定转速后，按下右泥泵离合器“低速”合上按钮，延迟数秒按下左泥泵离合器“低速”合上按钮，左泥泵低速合上后延迟 20 s 左右再按下右泥泵离合器“高速”合上按钮。待双泥泵合上后将右主机转速调节至额定转速，左主机转速根据沙土密度、吹岸距离、主机及泥泵的实际功率等来做适当的调整，以达到最佳的施工状态。图 5-83 为双泥泵低高模式合离合器操作示意图。

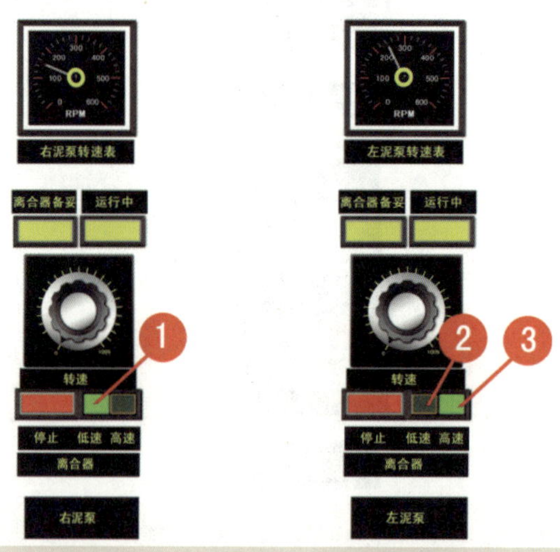

图 5-83　双泥泵低高模式合离合器操作示意图

（3）选用左右泥泵高速串联运行模式进行艏吹作业时，先将左右主机转速调节旋钮同时旋至 0 位，待主机转速降至规定转速后，按下右泥泵离合器“低速”合上按钮，延迟数秒按下左泥泵离合器“低速”合上按钮，左泥泵低速合上后延迟 20 s 左右按下右泥泵离合器“高速”合上按钮，然后再按下左泥泵离合器“高速”合上按钮。待双泥泵顺利合上后，根据沙土密度、吹岸距离、主机及泥泵的实际功率等来适当地调整左右主机转速，以达到最佳的施工状态。图 5-84

为双泥泵高高模式合离合器操作示意图。

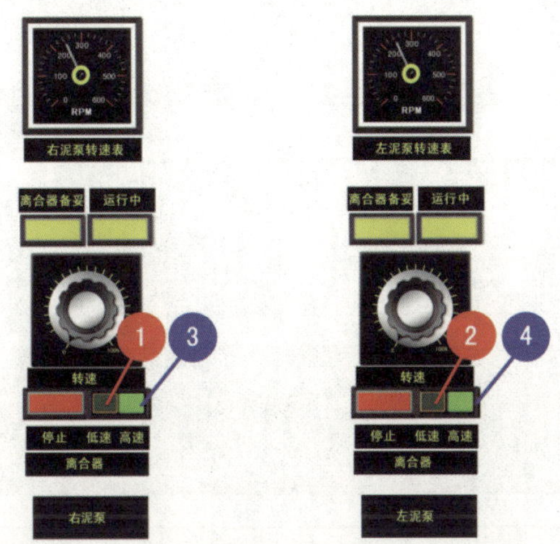

图 5-84　双泥泵高高模式合离合器操作示意图

不论选用上述何种泥泵运行模式进行艏吹作业，在合上泥泵过程中都应同时观察[101]推进系统页面中主机功率的变化，尤其在高速合泥泵及泥泵合上后进行主机转速调节过程中更应密切注意主机状态，防止主机及泥泵超负荷。如 SCADA 系统发出主机及泥泵超负荷报警，应及时适当降低艏吹密度或主机转速以减小主机及泥泵的负荷。

5. 艏吹作业操作步骤

以双泥泵串联艏吹作业模式为例，简要介绍艏吹操作步骤及注意事项。艏吹作业时，可按顺序打开[501]吹岸闸阀页面、[503]小泥门控制页面、[502]蝶阀吹岸冲洗页面，对各疏浚设备的控制和监测可在以上页面中进行。图 5-85 所示为艏吹作业疏浚控制台页面设置。

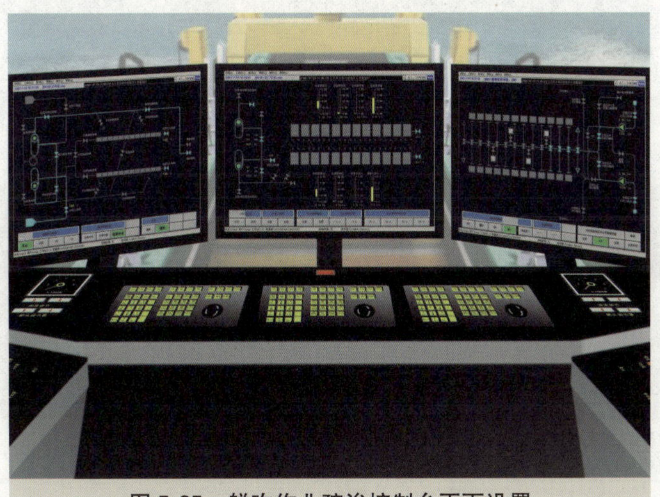

图 5-85　艏吹作业疏浚控制台页面设置

在主机及发电机功率许可的情况下，可适当提高高压冲水泵转速，增大高压冲水排出压力及流量，并在正式艏吹作业前将泥舱冲洗蝶阀组控选择功能键设置在“组 1”位置。图 5-86 所示为[502]页面(艏吹作业准备阶段)。

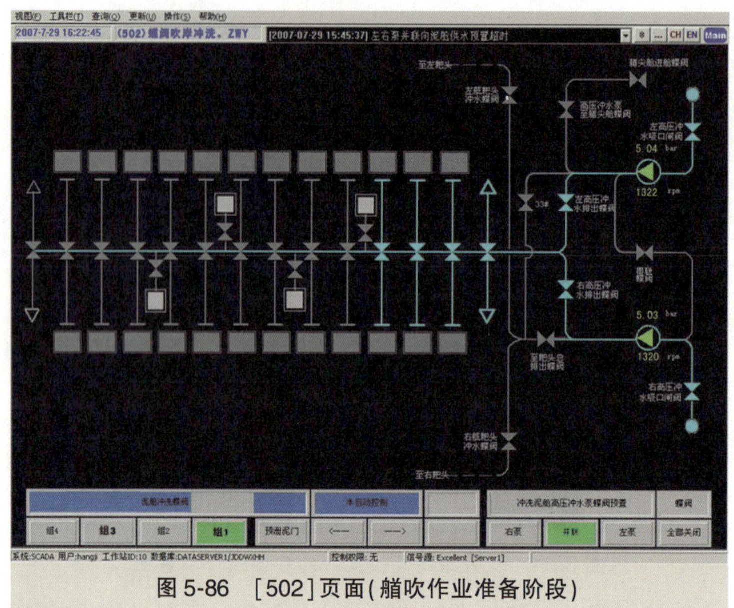

图 5-86 [502]页面(艏吹作业准备阶段)

泥泵启动并稳定后,观察[501]吹岸闸阀页面。右吸口闸阀在艏吹作业中启动泥泵时默认状态是全开,此时大量的海水通过右吸口闸阀吸入右泥泵,经过串联闸阀进入左泥泵并被泵至排岸管线。先用海水畅通艏吹管路,稍等片刻(等待时间视艏吹距离而定)后,分别手动点击页面中的"中间抽舱闸阀""左舷抽舱闸阀""右舷抽舱闸阀"图元符号,在对话框内打开这些闸阀,贯通抽舱通道,并利用从左右舷引水闸阀吸进的海水畅通和清洗抽舱通道。图 5-87 所示为[501]页面。

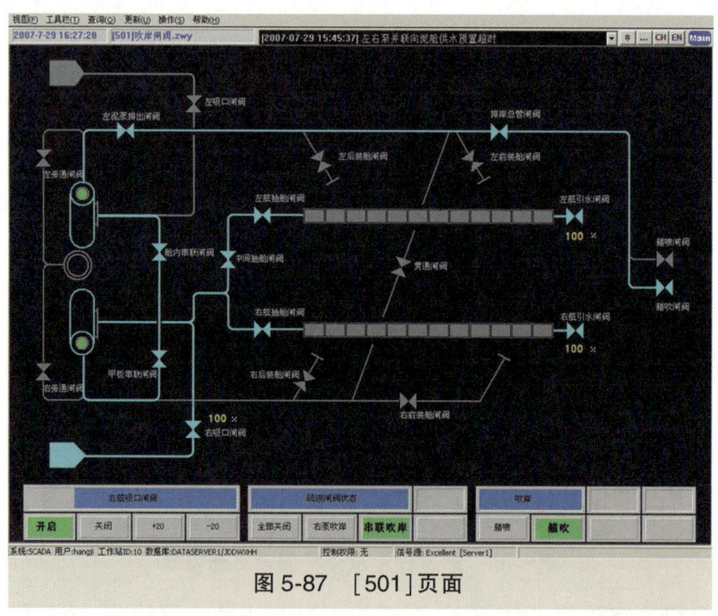

图 5-87 [501]页面

随后在[503]小泥门控制页面中分别点击"小泥门选择"和"引水闸阀选择"功能项下的"左舷""右舷"功能键,使其处于激活状态,以便在艏吹作业时可对两舷的小泥门和引水闸阀做同步控制。图 5-88 所示为[503]页面(艏吹作业准备阶段)。

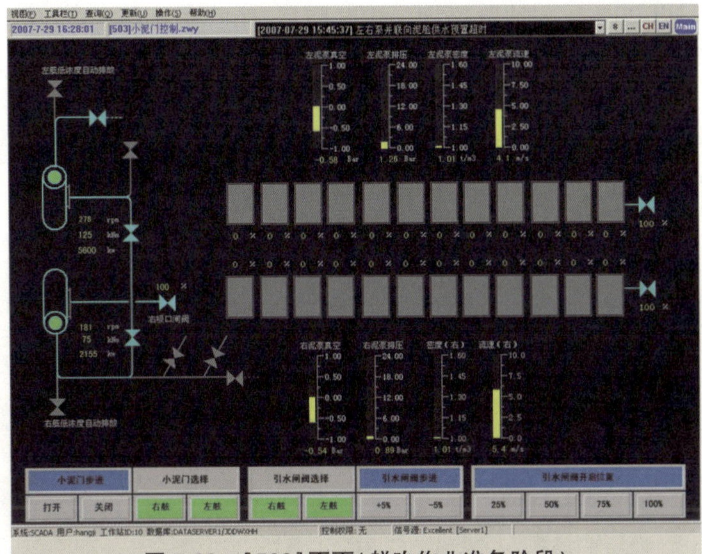

图 5-88　[503]页面(艏吹作业准备阶段)

接着,在[503]小泥门控制页面点击小泥门步进“打开”功能键开启小泥门组(SCADA 系统默认小泥门开启顺序为 2、1、3、4、5、6、7、8、9、10、11、12),点击一次小泥门步进打开功能键,小泥门相应打开 20%(小泥门开启分为 5 步:20%、40%、60%、80%和 100%)。由于是在抽舱的初始阶段,左右第 2 组小泥门刚开启,这时泥浆的密度基本保持在 1.35~1.4 t/m^3,甚至更高,泥浆的流速较低,需要密切注意页面显示的真空度、流速、密度等参数的变化。抽舱初始阶段是最关键的阶段,疏浚设备工况还未稳定,此时需格外仔细认真地控制小泥门和海底引水阀的开度,保证泥浆的流速和密度稳定,以免发生闷泵的情况。图 5-89 所示为[503]页面[艏吹作业进行中(开度 20%)]。

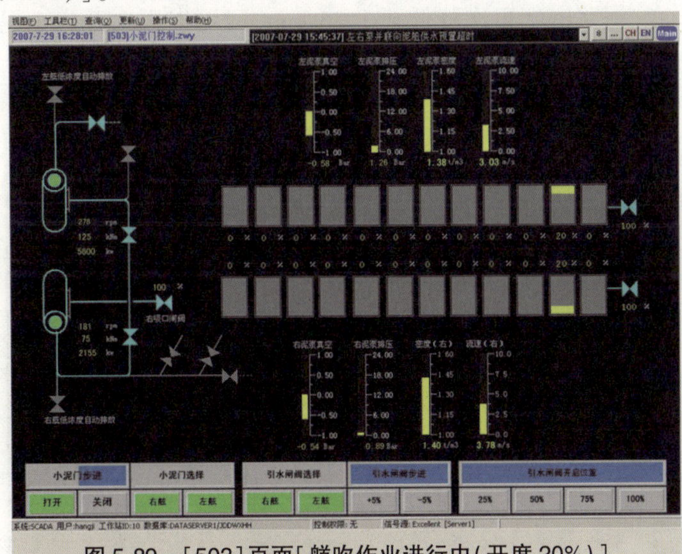

图 5-89　[503]页面[艏吹作业进行中(开度 20%)]

在艏吹作业中,防止闷泵最有效的方法为:

(1)左右海底引水阀全开。

(2)高压冲水泵尽可能处于额定工况。

第 2 组小泥门以 20% 开度抽舱持续一段时间后，艏吹密度逐渐降低，当低于 1.25 t/m³ 时，可再次点击[503]小泥门控制页面中小泥门步进“打开”功能键，使第 1 组小泥门开度达到 40%。随着小泥门开度的增大，泥浆密度和泥泵真空度又将再次升高，流速降低，但持续时间可能比小泥门处于 20% 开度时要短暂。图 5-90 所示为[503]页面[艏吹作业进行中(开度 40%)]。

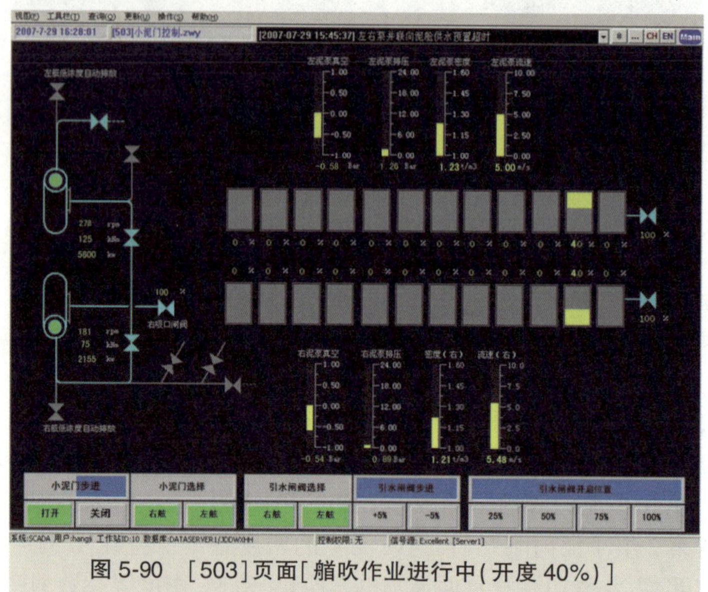

图 5-90 [503]页面[艏吹作业进行中(开度 40%)]

随着艏吹作业的进行，泥浆密度降低后可将[501]吹岸闸阀页面中打开的右吸口闸阀逐步关闭(右吸口闸阀在 SCADA 系统程序中分 5 次关闭或开启，每点击一次右吸口闸阀“-20”功能键，右吸口闸阀相应关闭 20%，目的是避免吸口闸阀一次性全部关闭造成泥浆密度的急速升高而导致闷泵)。泥浆密度再次降低至 1.25 t/m³ 时可以再次开启小泥门使其开度达到 60%，视泥泵真空度和泥浆密度、流速可以选择再次将右吸口闸阀关闭 20%，直至小泥门全部打开，右吸口闸阀逐步关闭。图 5-91 所示为[501]页面(右吸口闸阀步进关闭)。

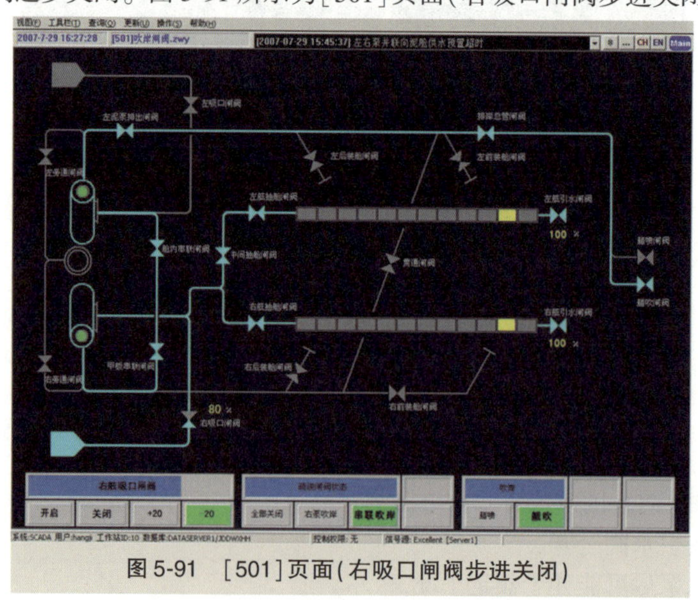

图 5-91 [501]页面(右吸口闸阀步进关闭)

SCADA 系统还提供了另一种更加精确的右吸口闸阀控制方法。在[501]吹岸闸阀控制页面上,滚动轨迹球将鼠标指针移至页面右吸口闸阀图元符号,点击轨迹球左键,页面下方将跳出右吸口闸阀手动控制窗口。该窗口中设置有右吸口闸阀-20%~+20%的开关量和右吸口闸阀-5%~+5%的微调开关量,以便疏浚操作人员更精确地根据工况进行调节。图 5-92 所示为[501]页面(右吸口闸阀微调开关方式)。

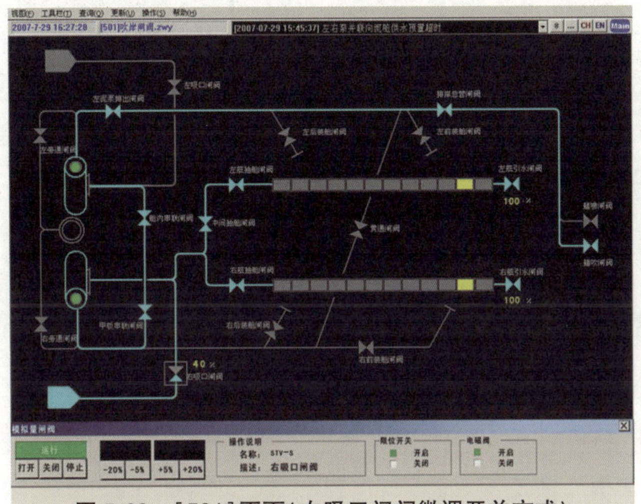

图 5-92 [501]页面(右吸口闸阀微调开关方式)

随着小泥门的逐步打开,海底引水阀在艏吹密度下降、泥浆流速较快的情况下,可以选择逐步关闭,直至全关,以提高艏吹效率(艏吹的作业原则是时间短、抽舱干净)。海底引水阀也有两种控制方式:①显示“5%”“-5%”功能选择键,每按下其中任意一键,海底引水阀在原有开度的基础上打开或关闭 5%。②显示“25%”“50%”“75%”“100%”功能选择键,每按下其中任意一键,海底引水阀将打开至相应的开度。在抽舱过程中,可根据实际情况灵活运用以上两种方式控制海底引水阀。图 5-93 所示为[503]页面(引水阀的开关操作)。

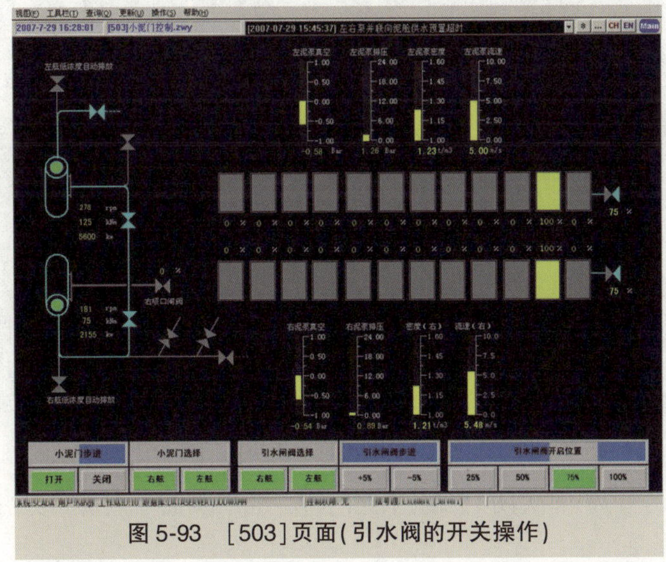

图 5-93 [503]页面(引水阀的开关操作)

在右吸口闸阀和海底引水阀逐步关闭过程中,高压冲水系统的作用尤为重要:一是高压冲水可以稀释泥浆,使黏连在泥舱舱壁上的泥沙顺利下泄至抽舱通道内;二是高压冲水为泥舱内的主要水源。在主机及发电机功率负荷允许的情况下,应尽量提高高压冲水泵转速,以提高高压冲水的排出压力及流量。图 5-94 所示为[502]页面(稀释第 1 组小泥门)。

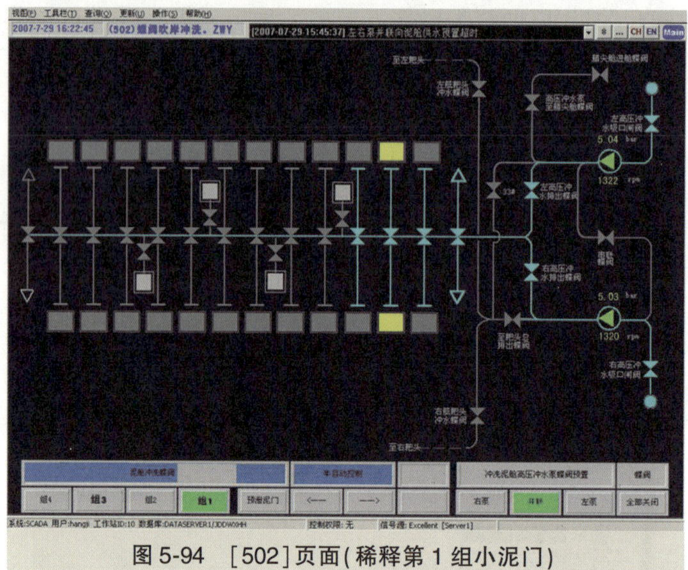

图 5-94 [502]页面(稀释第 1 组小泥门)

第 2 组小泥门全部打开后,[503]页面显示泥浆密度逐渐降低,流速升高并稳定后可认定第 2 组小泥门上方泥舱内的泥沙基本抽取干净。此时可再次点击[503]小泥门控制页面中小泥门步进"打开"功能键,第 1 组小泥门相应打开 20%,开始第 1 组小泥门抽舱作业。图 5-95 所示为[503]页面(第 1 组和第 2 组小泥门都处于打开状态)。

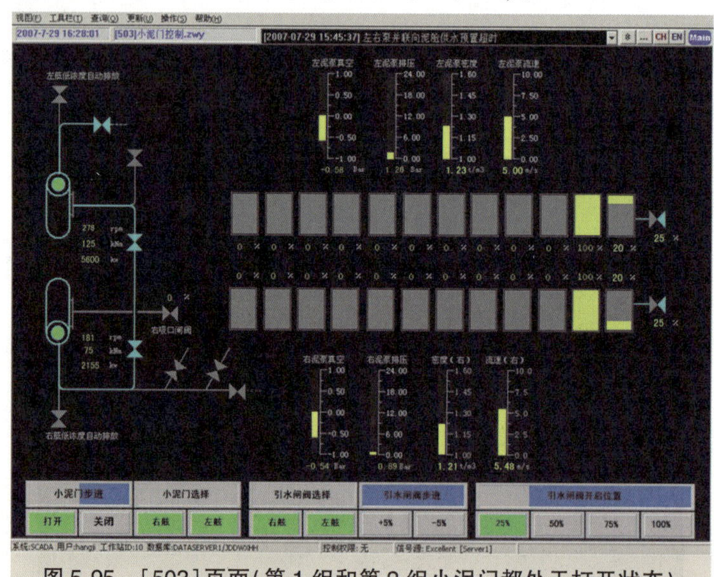

图 5-95 [503]页面(第 1 组和第 2 组小泥门都处于打开状态)

第 1 组小泥门打开后,可关闭第 2 组小泥门,在[503]页面中点击小泥门步进"关闭"功能键,关闭第 2 组小泥门。

应注意,在页面中选用小泥门步进"关闭"功能键关闭小泥门时只需点击一次,小泥门将全部关闭，而不同于打开小泥门时需依次分成几步进行。所以关闭小泥门时应特别注意，只有在确认下一组小泥门打开的情况下，方可关闭上一组小泥门，以避免误操作情况发生。实际操作时也可先打开两组小泥门，再关闭一组小泥门。图 5-96 所示为[503]页面(第 1 组小泥门处于 20%打开状态)。

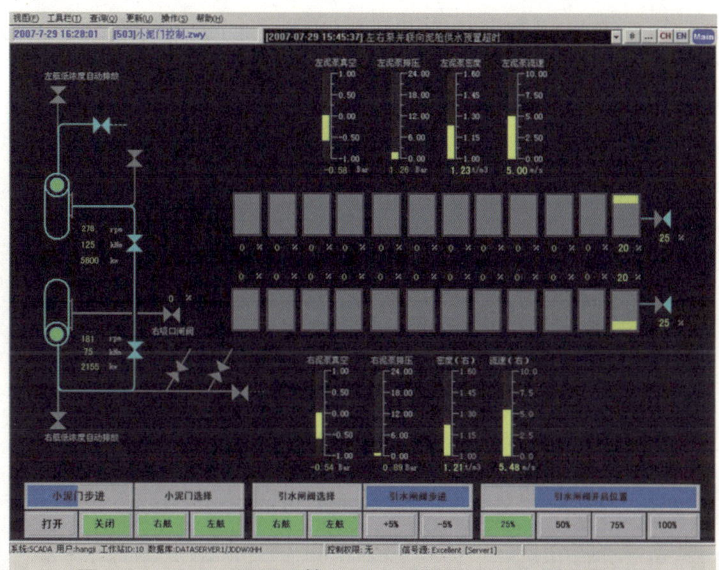

图 5-96　[503]页面(第 1 组小泥门处于 20%打开状态)

重复以上操作逐一按顺序打开和关闭小泥门，直至最后一组小泥门，将泥舱内的泥沙全部艏吹完毕。在艏吹过程中应保持泥浆密度和流速的平稳，如遇泥浆密度突然上升或流速突然下降，应尽早采取措施开大引水闸阀来增大引入海水量。若效果不明显或排出管线有拥堵的异常情况，应及时打开右吸口闸阀吸入海水以确保管路畅通，待泥浆流速稳定后再逐步关小或关闭右吸口闸阀和海底引水闸阀，恢复到正常的艏吹作业。图 5-97 所示为[503]页面(第 5 组小泥门处于 80%打开状态)。

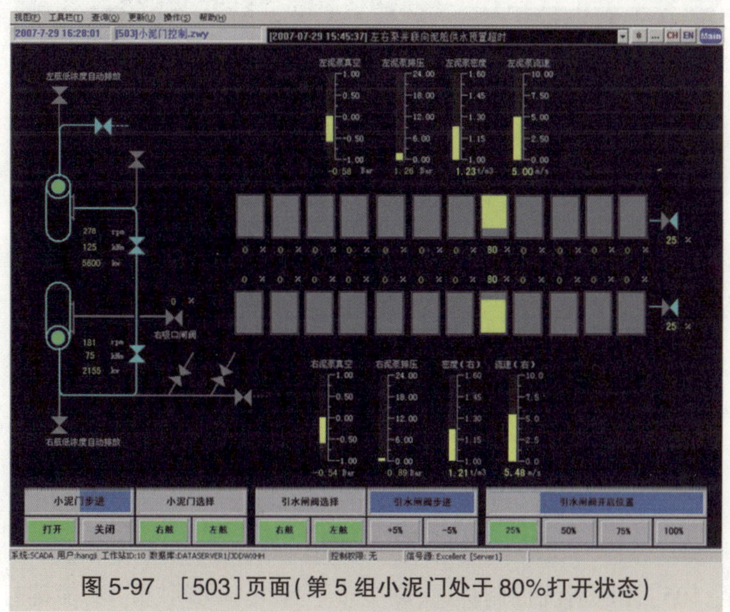

图 5-97　[503]页面(第 5 组小泥门处于 80%打开状态)

艏吹作业时,高压冲水系统始终配合同步作业。原则上至少需要同时开启三组泥舱冲洗蝶阀来冲刷和稀释泥舱内的泥沙,使用时除了对打开的一组小泥门进行冲刷外还应对后续将要打开的两组小泥门进行预冲洗。随着小泥门依次打开和关闭,泥舱冲洗蝶阀应伴随进行相应的调节。泥舱冲洗蝶阀可在[502]蝶阀吹岸冲洗页面中选用泥舱冲洗蝶阀半自动控制功能进行调节,使用时只需点击"←"方向功能键就可实现泥舱冲洗蝶阀跟随小泥门同步动作。图5-98 所示为[502]页面(泥舱冲洗蝶阀半自动控制)。

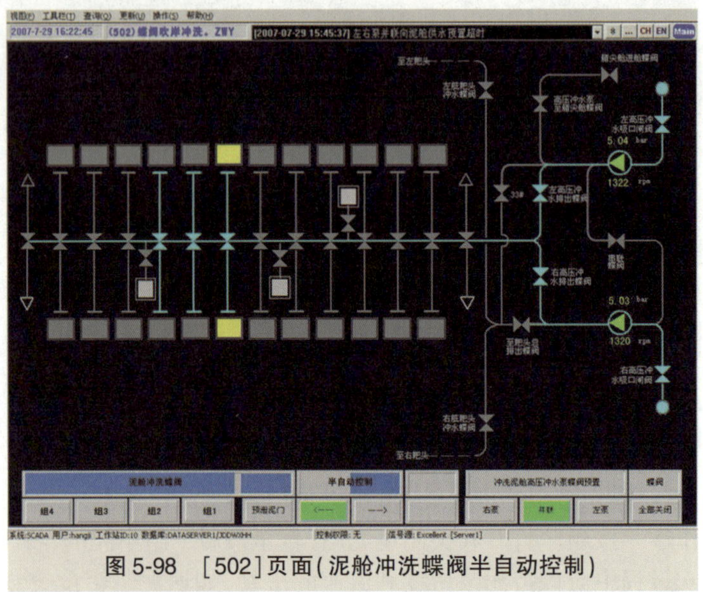

图 5-98　[502]页面(泥舱冲洗蝶阀半自动控制)

按照以上步骤完成泥舱内泥沙的艏吹作业,接着需进行泥舱清洗工作。打开 SCADA 系统[504]小泥门独立控制页面,点击页面左下角的小泥门独立控制"可用"功能键,获取小泥门控制权。图 5-99 所示为[504]页面。

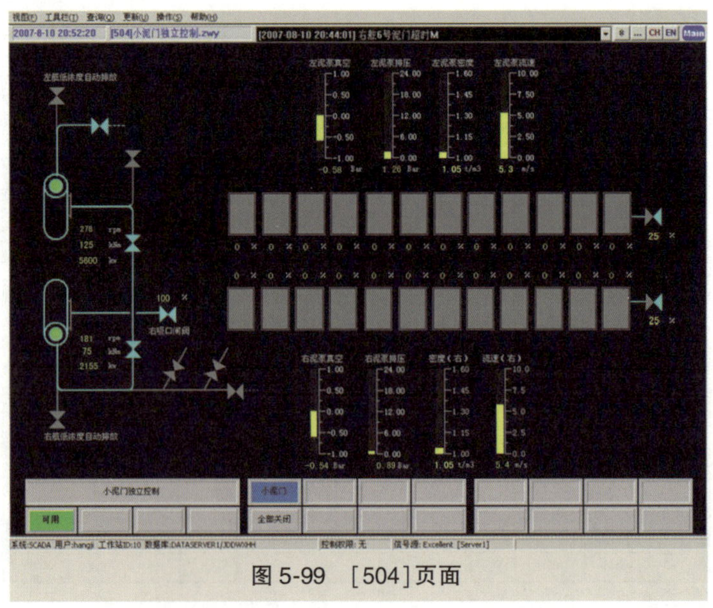

图 5-99　[504]页面

随后再翻至[505]泥舱清洗控制页面,逐个按下各组小泥门"开"功能键打开所有小泥门,或用 SCADA 操作键盘上的 F1 ~ F12 快捷键打开所有小泥门。同时，适当打开左右海底引水阀。图 5-100 所示为[505]页面(开小泥门)。

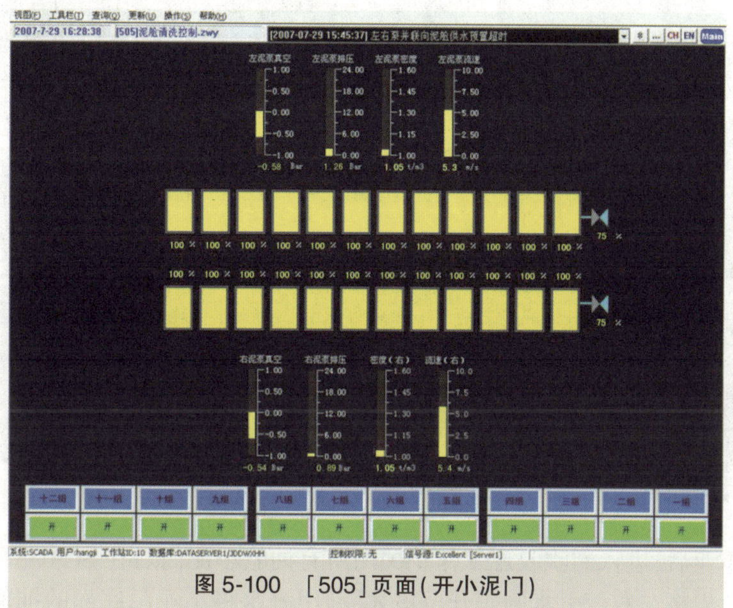

图 5-100　[505]页面(开小泥门)

在进行泥舱清洗作业时，利用高压冲水系统分组来回往复对所有小泥门进行冲洗，直至泥舱内残留的泥沙被冲洗干净。当泥舱内泥浆密度显示为 1 t/m^3 时，停止高压冲水泵的运行。图 5-101 所示为[502]页面(组控控制)。

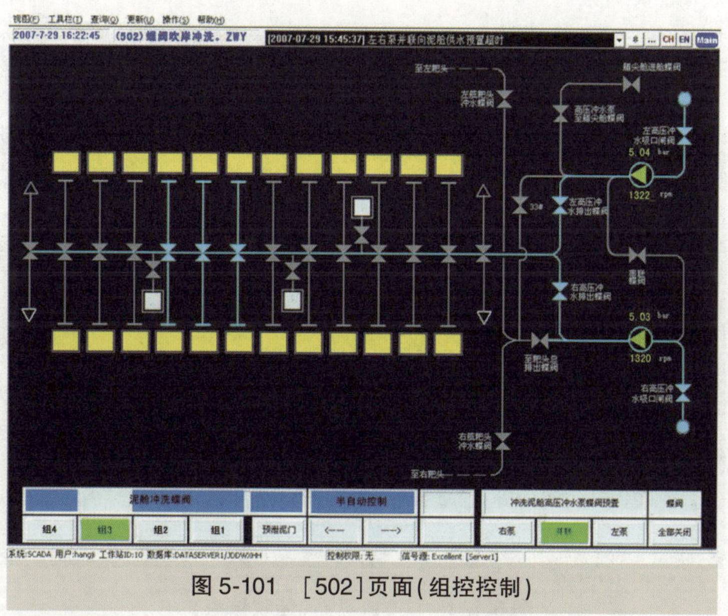

图 5-101　[502]页面(组控控制)

泥舱清洗干净后，在[505]泥舱清洗控制页面中关闭所有小泥门。小泥门全部关闭后再翻至[504]小泥门独立控制页面，点击小泥门独立控制"可用"功能键，取消小泥门控制权。图 5-102 所示为[505]页面(关小泥门)。

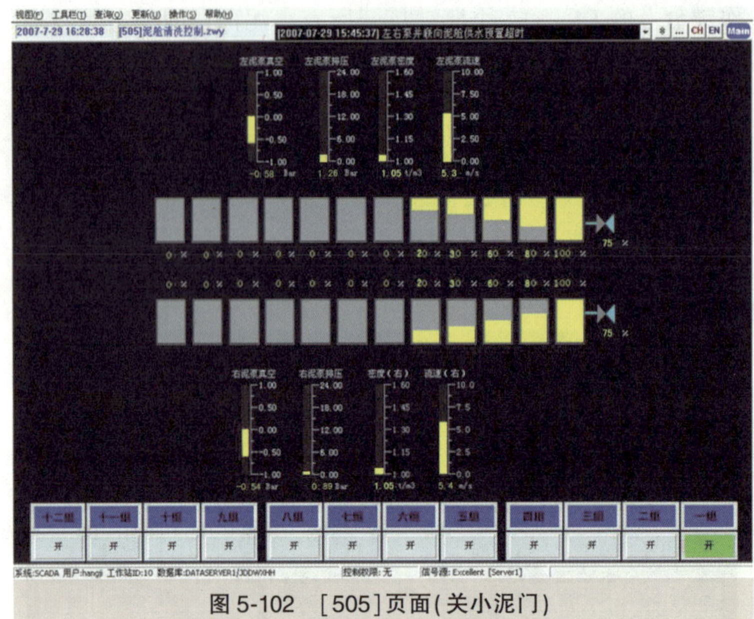

图 5-102　[505]页面(关小泥门)

完成洗舱作业后,进入艏吹收尾工作。关闭所有抽舱小泥门后在 SCADA 系统[501]吹岸闸阀控制页面中先将左右舷引水闸阀开至最大,利用海水将小泥门底部的抽舱通道及抽舱管路冲刷干净。随后将右吸口闸阀开至最大,关闭中间抽舱闸阀及左右抽舱闸阀和海底引水阀,利用从右吸口闸阀吸入的大量清水冲洗泥泵串联管路、排岸总管及艏吹用的浮管和岸管至少 3~5 min,具体时间视艏吹距离而定。当艏吹管出口流出清水时,停止泥泵的运行。图 5-103 所示为[501]页面(艏吹结束)。

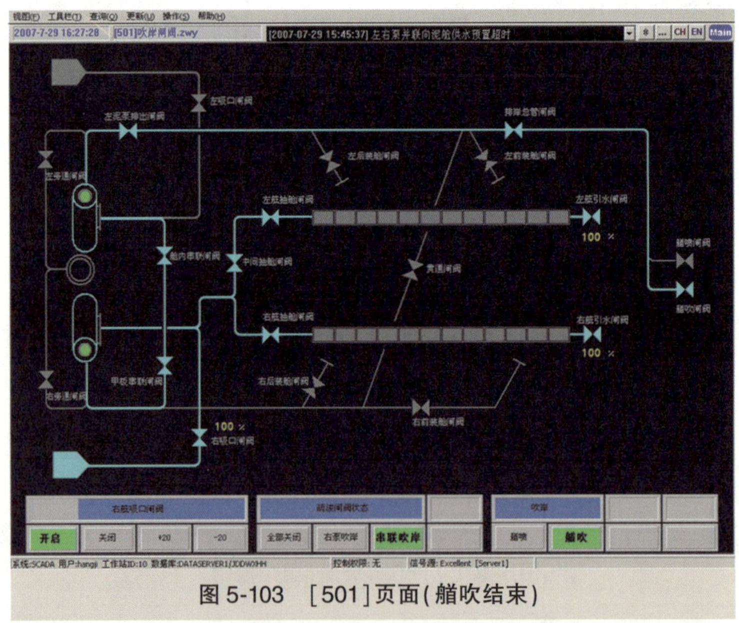

图 5-103　[501]页面(艏吹结束)

疏浚操作人员停泥泵时应提前通知驾驶员,驾驶员会尽量降低主机推进负荷。在驾驶员发出停泵的命令后,疏浚操作人员将疏浚控制台两侧控制面板上的左右主机转速调节旋钮缓慢旋至 0 位,通过 SCADA 系统[101]主机推进系统页面进行监控,观察主机功率的变化。主机转速稳定以后，先“停止”左泥泵离合器，然后再“停止”右泥泵离合器。确认泥泵离合器顺利脱开，泥泵转速降低后，将左右两侧的主机转速调节旋钮旋至最大，恢复主机额定转速。在［101］页面中观察并确认主机转速恢复至额定转速后通知驾驶员。图 5-104 所示为泥泵离合器脱开顺序。

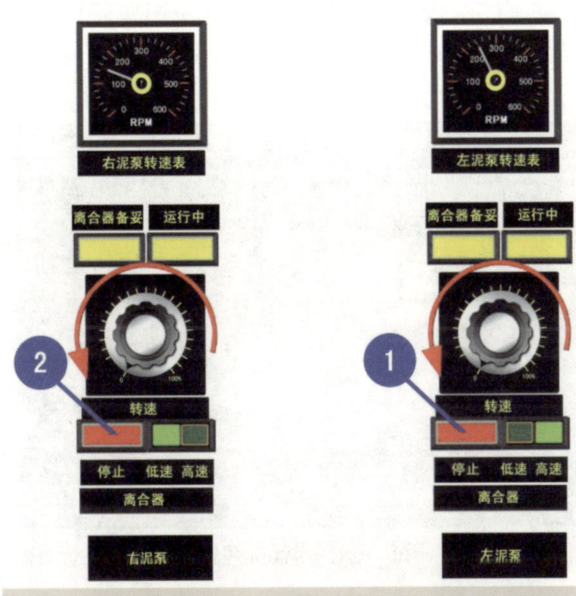

图 5-104　泥泵离合器脱开顺序

停止泥泵后，由于排岸总管较长且管内有大量的海水，管内的海水会倒灌回左泥泵，使左泥泵叶轮倒转，易造成泥泵叶轮与泵轴脱离的后果。因此，脱开泥泵离合器后应手动关闭左泥泵排出闸阀，防止排岸总管内的海水倒灌回左泥泵。图 5-105 所示为手动关闭左泥泵排出闸阀。

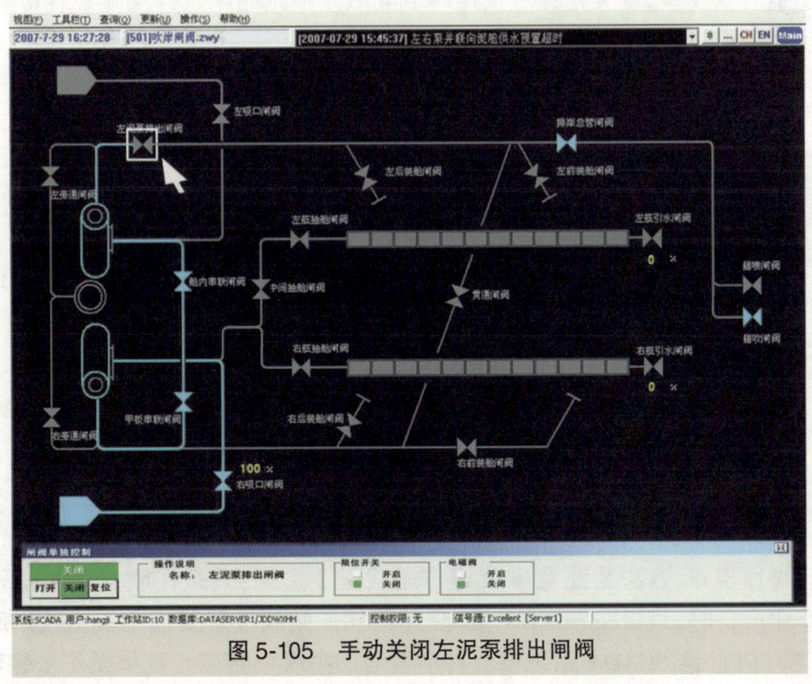

图 5-105　手动关闭左泥泵排出闸阀

艏吹作业完毕后，驾驶员通知船首接管人员和待命的工作小艇进行艏吹浮管拆卸作业。在拆卸浮管时，驾驶员若抛锚定位，应与船首接管人员保持联系并控制好船位以便于浮管的顺利拆卸。若在艏吹作业前抛锚定位，浮管拆卸作业结束后需进行起锚作业。待浮管拆卸和起锚作业都完成后，驾驶员将耙吸船慢速驶离艏吹作业区，随后进行下一周期的疏浚作业。在拆卸浮管和起锚过程中，驾驶室的疏浚操作人员尽量不要使用妨碍拆卸浮管和起锚作业的液压设备，待拆卸浮管和起锚作业都完成后再将疏浚设备调整至挖泥状态。图 5-106 所示为浮管拆卸作业。

图 5-106　浮管拆卸作业

5.1.5　艏喷作业

艏喷作业主要用于临近岸边或水深条件可供耙吸船抵近的吹填区域的吹填作业。吹填时，泥沙直接从耙吸船船首的艏喷头喷出，艏喷头末端为一个锥形缩节短管，可有效增加泥沙喷出速度及喷射有效距离，此类作业可快速形成陆域。根据船舶设计及疏浚装备配置情况，一般喷距为 80~150 m。图 5-107 为艏喷实景图。

图 5-107　艏喷实景图

艏喷作业操作步骤、方法及注意事项均与艏吹作业类同，只是在吹岸闸阀预置上有所区别。在艏喷作业准备时，只需在 SCADA 系统[501]吹岸闸阀设置页面中点击吹岸闸阀状态栏中的“串联艏喷”功能键，SCADA 系统将会自动贯通艏喷吹岸路径。具体操作步骤可参见艏吹作业操作步骤及方法，此处不再赘述。图 5-108 所示为[501]页面（艏喷作业）。

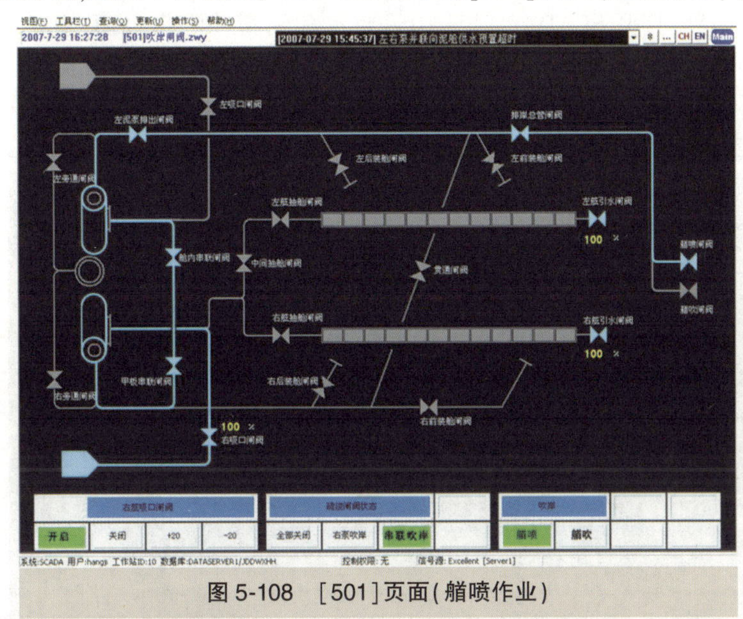

图 5-108　[501]页面（艏喷作业）

5.1.6　停止疏浚施工作业

如遇恶劣天气影响施工，锚泊补给燃油、淡水，避让其他船舶，靠码头进行定期保养，调遣至施工区域等情况，耙吸船应停止疏浚施工作业，并将运行的各种疏浚设备依次关闭和停止。

1. 关闭疏浚闸阀

接到停止疏浚施工作业的指令后，疏浚操作人员打开 SCADA 系统[301]疏浚闸阀预置页面，点击疏浚闸阀状态栏“全部关闭”功能键，SCADA 系统会自动关闭所有打开的疏浚闸阀。图 5-109 所示为[301]页面（疏浚闸阀关闭）。

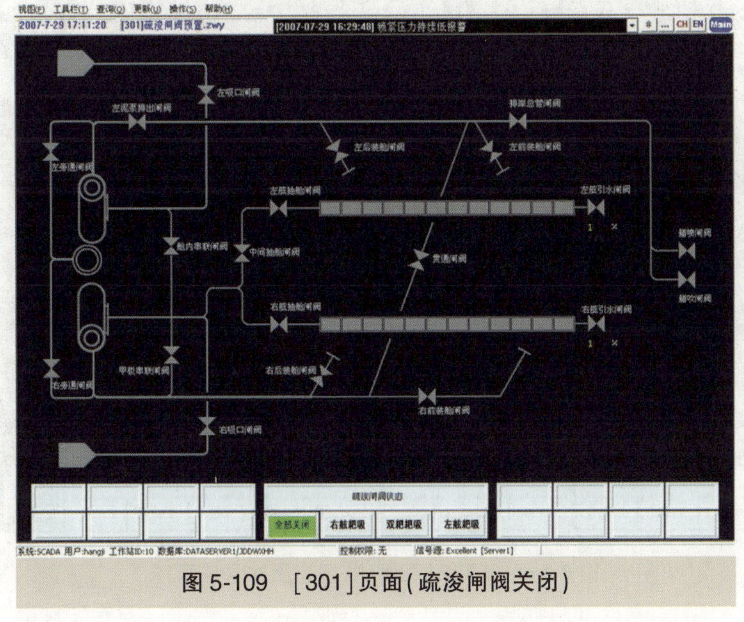

图 5-109　[301]页面（疏浚闸阀关闭）

2. 关闭泥泵封水系统及闸阀冲洗系统

疏浚闸阀关闭后，打开 SCADA 系统[105]封水和闸阀冲洗水页面，点击封水/冲洗系统“停止”功能键，停止封水泵及闸阀冲洗水泵的运行。图 5-110 所示为[105]页面(停封水泵及闸阀冲洗水泵)。

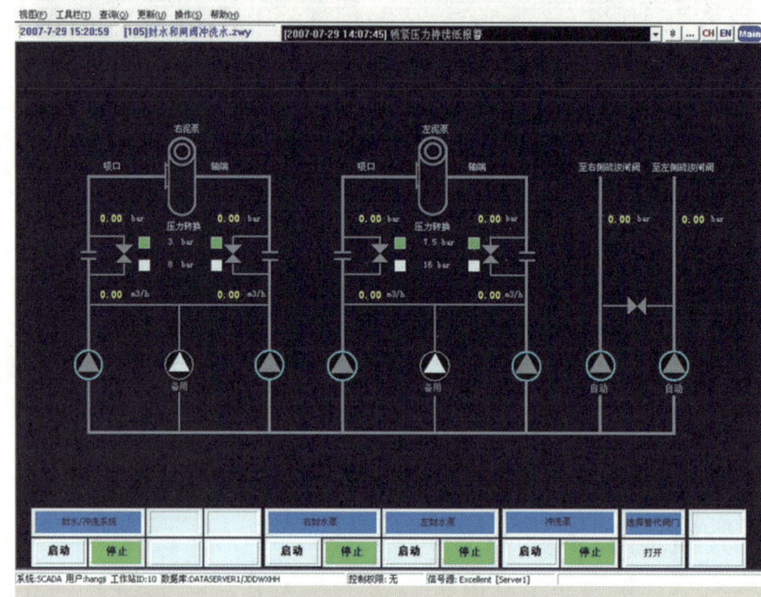

图 5-110　[105]页面(停封水泵及闸阀冲洗水泵)

3. 关闭高压冲水系统

打开 SCADA 系统[302]施工高压冲水蝶阀预置页面，点击蝶阀“全部关闭”功能键，SCADA 系统会自动关闭所有高压冲水蝶阀。图 5-111 所示为[302]页面(关闭高压冲水蝶阀)。

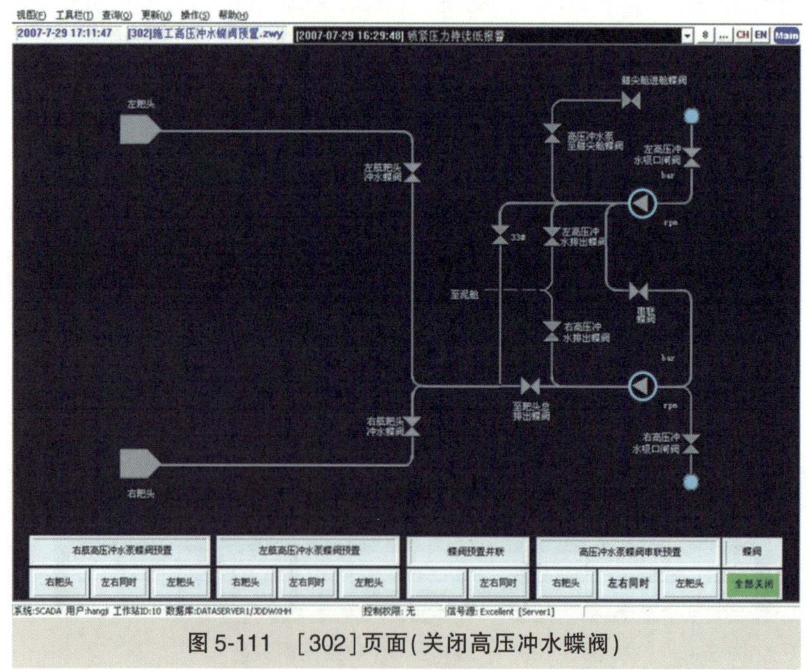

图 5-111　[302]页面(关闭高压冲水蝶阀)

高压冲水蝶阀关闭后，分别按下疏浚控制台两侧控制面板上的高压冲水泵“停止”按钮，直至停止按钮指示灯亮松开按钮，停止指示灯亮起表示取消了疏浚控制台对高压冲水泵的使用权限。图 5-112 所示为停止高压冲水泵操作程序。

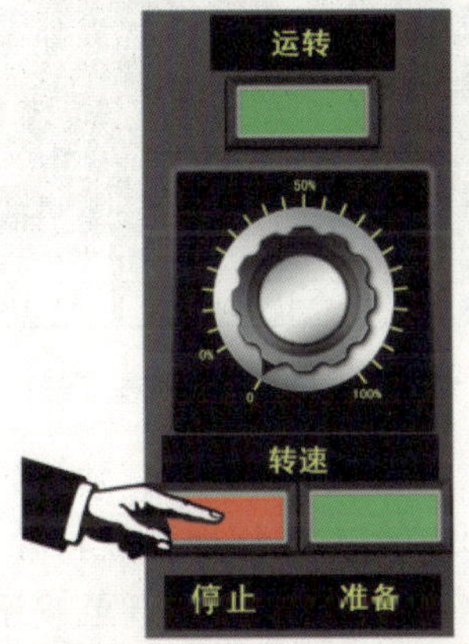

图 5-112　停止高压冲水泵操作程序

4. 插入大泥门安全销

确认大泥门处于关闭状态后，通知甲板部相关人员将大泥门安全销插入大泥门连杆方孔内，确保泥门不下坠。图 5-113 所示为插入大泥门安全销。

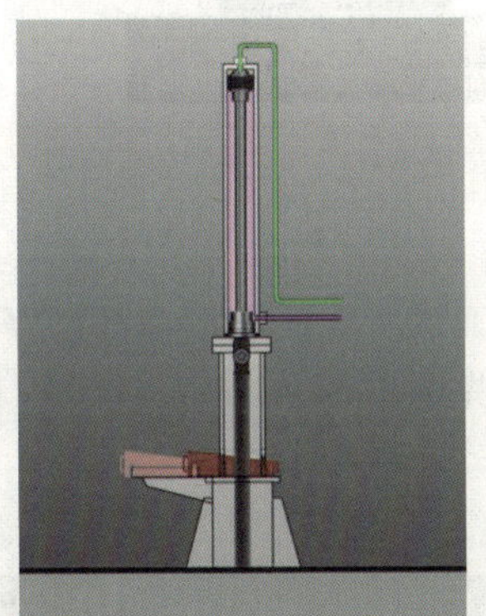

图 5-113　插入大泥门安全销

5. 关闭液压系统

确认所有需要由液压系统提供动力的疏浚设备不再使用后，打开 SCADA 系统[103]液压系统控制页面，在页面中点击各液压泵组“停止”功能键，停止液压泵。在大泥门安全销已插入的情况下，通知机舱人员停止泥门高压锁紧泵。如需锚泊或靠码头带缆作业，应暂不停止为液压锚机及液压绞缆机提供液压动力的液压泵组。如到达锚地或码头时间较长，可先停止液压泵组运转，当耙吸船将要到达锚地或码头时提前将所需的液压泵组启动，待锚泊或靠泊码头作业完成后停止所有正在运行的液压泵组。图 5-114 所示为[103]页面(停液压泵)。

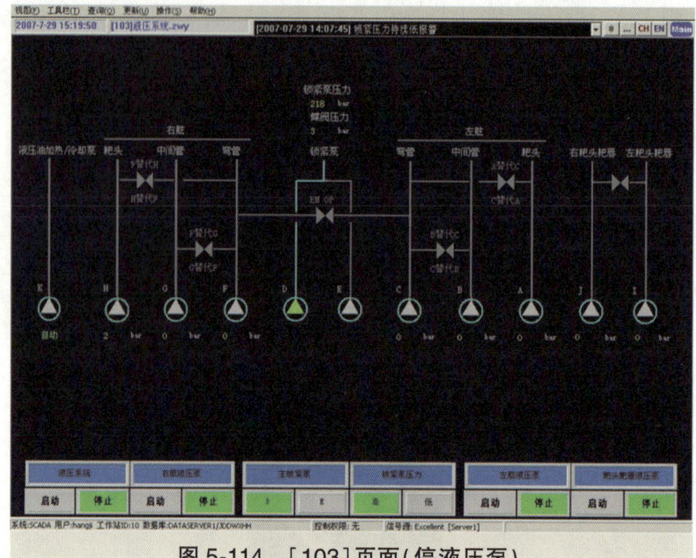

图 5-114　[103]页面(停液压泵)

6. 切换主机控制模式

停止施工作业时,驾驶员可将主机控制方式切换至航行控制台控制。操作时驾驶员按下航行控制面板上的主机航行控制台“获取控制”按钮,直至按钮灯亮。此时,主机控制转至航行控制台控制。图 5-115 所示为主机控制获取。

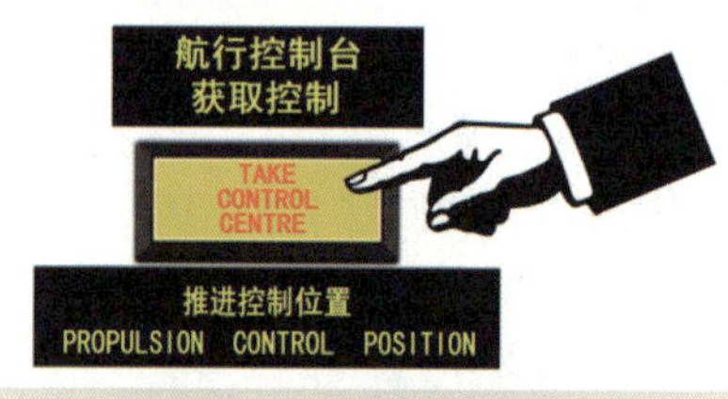

图 5-115　主机控制获取

7. 关闭 SCADA 系统

耙吸船锚泊或靠妥码头后,在确认所有疏浚设备都已停止运转的情况下,由疏浚工程师决定是否关闭 SCADA 系统。关闭时先退出 SCADA 系统运行程序,再关闭 SCADA 系统服务器,如图 5-116 所示。

图 5-116　关闭 SCADA 系统服务器

5.2 耙吸船施工工艺

施工工艺是指按照设计要求和规范要求，采用一定的技术和方法，进行施工过程中所需的各种操作。它是指导施工实施的依据，也是控制施工质量的重要手段。

施工工艺的作用是：首先，能够确保施工过程中的操作正确无误，使施工效率提高；其次，能够保证施工质量，避免施工中出现质量问题；最后，能够使施工过程中的安全得到保障。

对于疏浚工程而言，根据土壤的工程特性及边界条件，为充分发挥项目的经济效益及有效控制施工质量，需进行船舶适用性分析，选用合适的耙吸船及采用合适的施工工艺。在其他边界条件确定后，施工工艺合适与否与项目的经济效益息息相关。下面介绍耙吸船常用的一些施工工艺。

5.2.1 装舱施工法

依据施工合同及施工组织设计，如选用耙吸船进行疏浚作业，其疏浚流程为：耙吸船在指定区域施工，通过泥泵将泥浆吸入泥舱，经过一定时间的装载后达到所需的舱容量，停止施工；航行到指定区域处理完泥舱内的泥浆后，再回到原来施工区域进行下一周期的施工。耙吸船施工流程为：空载航行→挖泥装舱→满载航行→抛泥→空载航行，周而复始，循环往复，如图 5-117 所示。

图 5-117　耙吸船施工流程

不同土壤的装舱施工原则：不同土壤有其自身的工程特性，耙吸船设计时也有其自身的功能，开工前需进行施工设备适用性分析，选择合适的施工设备及工艺可达到事半功倍的效果。下面根据经验总结，介绍不同土壤的施工工艺，以供参考。

1 有机质土、泥炭、淤泥类

施工工艺：施工前需抽舱；在无环保规定的情况下，开启低密度排放（达到设定的密度值后装舱）；波浪补偿器压力选择高压力补偿（根据不同船舶的设计要求，选择合适的波浪补偿器压力，一般现代耙吸船选 50~60 kg/cm^2）；耙齿选用宽齿；选择远离溢流筒或溢流门的进舱方式；达到最大舱容时停止装舱。如真空度过高，可开启引水窗。

2. 淤泥质土类

施工工艺：施工前需抽舱；在无环保规定的情况下，开启低密度排放（达到设定的密度值后装舱）；波浪补偿器压力选择高压力补偿（根据不同船舶的设计要求，选择合适的波浪补偿器压力，一般新型耙吸船选 50~60 kg/cm^2）；耙齿选用宽齿；选择远离溢流筒或溢流门的进舱方式；达到最大舱容时停止装舱。如真空度过高，可开启引水窗。

3. 黏性土类

（1）抗剪强度 $\tau \leq 50$ kPa

施工工艺宜采用薄层快速施工法：施工前需抽舱；在无环保规定的情况下，开启低密度排放；波浪补偿器压力选择中高压力补偿（根据不同船舶的设计要求，选择合适的波浪补偿器压力，一般新型耙吸船选 45~50 kg/cm^2）；耙头选用单排齿耙头；耙齿选用双犁形齿；高压冲水开启大排量模式，压力为 12 kg/cm^2 或 18 kg/cm^2；对地航速控制在 3~4 kn。主动型耙头的活动罩应保持水平。不宜长时间装舱。

（2）抗剪强度 $\tau > 50$ kPa

施工工艺宜采用薄层快速施工法：施工前需抽舱；在无环保规定的情况下，开启低密度排放；波浪补偿器选择中低压力补偿（根据不同船舶的设计要求，选择合适的波浪补偿器压力，一般新型耙吸船选 35~40 kg/cm^2）；耙头选用单排齿耙头；耙齿选用双犁形齿；高压冲水开启大排量模式，压力为 12 kg/cm^2 或 18 kg/cm^2；对地航速控制在 3~4 kn。如阻力太大，主动型耙头的活动罩应向上 5°~10°，以减小耙齿切削量。不宜长时间装舱。

应注意，对于黏性土，在抛泥时操作不当会导致船舶大幅度倾斜。

4. 粉土类

施工工艺：施工前需抽舱；在无环保规定的情况下，开启低密度排放；波浪补偿器压力选择低补偿压力补偿（根据不同船舶的设计要求，选择合适的波浪补偿器压力，一般新型耙吸船选 25~30 kg/cm^2）；耙齿选用宽齿；高压冲水开启高压力少排量模式，压力为 16~18 kg/cm^2；对地航速控制在 1.5~2.0 kn；选择远离溢流筒或溢流门的进舱方式。如有可能，溢流后降低泥泵转速或改用单耙施工，以降低舱内紊流，减少溢流损失。

5. 沙土类

（1）粉沙、细沙

施工工艺：施工前需抽舱；在无环保规定的情况下，开启低密度排放；波浪补偿器压力选择低压力补偿（根据不同船舶的设计要求，选择合适的波浪补偿器压力，一般新型耙吸船选 25~30 kg/cm^2）；耙齿选用宽齿；选择远离溢流筒或溢流门的进舱方式；高压冲水开启高压力低排量模式，压力为 16~18 kg/cm^2）；对地航速控制在 1.5~2.0 kn。如阻力太大，主动型耙头的活动罩应向上 5°~10°，以减小耙齿切削量。不宜长时间装舱。

注意：对于板结型细沙，如抛泥不当，也会像黏性土一样造成船舶大幅度倾斜。

（2）中沙、粗沙、砾沙

施工工艺：施工前不需要抽舱；波浪补偿器压力选择中压力补偿（根据不同船舶的设计要求，选择合适的波浪补偿器压力，一般新型耙吸船选 35~40 kg/cm^2）；高压冲水开启低压力大排量模式，压力为 12 kg/cm^2；对地航速控制在 1.5~2.0 kn；耙齿选用宽齿；提高泥泵转速（可能的话）。主动型耙头的活动罩应向下 3°~5°。应均匀装载，注意不要超载。

(3)碎石土类

施工工艺：施工前不需要抽舱；波浪补偿器压力选择中压力补偿(根据不同船舶的设计要求，选择合适的波浪补偿器压力，一般新型耙吸船选35~40 kg/cm^2)；对地航速小于2.5 kn；耙齿选用窄齿(尖齿)；可在耐磨块位置加装切割器；提高泥泵转速(可能的话)。应均匀装载，注意不要超载。

(4)珊瑚礁

施工工艺：施工前不需要抽舱；波浪补偿器压力选择中压力补偿(根据不同船舶的设计要求，选择合适的波浪补偿器压力，一般新型耙吸船选35~40 kg/cm^2)；对地航速小于2.5 kn；耙齿选用特制圆锥尖齿；可在装耐磨块位置加装切割器；提高泥泵转速(可能的话)。应均匀装载，注意不要超载。抛泥时需要舱内高压冲水泵或高压水炮辅助。

5.2.2 几种重要的施工方法

1. 定深施工

耙吸船的施工操作要领之一是定深施工，它是分层施工的具体分解，是关系工程质量与进度的一个重要元素。如在施工过程中不重视定深，工程的质量与工期将无法保证。即使在同一个施工区段，土壤也可能分布不均。如果操作者的定深施工意识不强，会在施工后期留下浅埂、垄沟，最终形成浅点，特别是比较难挖的土壤，给后续施工带来极大的困难，造成施工效率低、工期延长。因此，在施工过程中应重视定深施工。定深最不容易掌握的就是尺度，每艘耙吸船针对不同土壤都有适合自己的定深尺度。通常定深尺度以耙头的最大产量与泥泵的最大产量为依据，过深容易造成垄沟，过浅会使能力得不到应有发挥。

2. 布线

布线是耙吸船的另一个施工操作要领，是指根据施工区域土壤的特点、工况以及耙吸船类型来规划所走的耙迹线。布线的合理与否直接关系工程的进度与质量。如将布线与定深完美配合，可使施工的工程达到免扫浅或存在极少的浅点，一次性验收通过的概率非常大。布线的间距是值得关注的工艺参数，各船的能力不同，其布线的间距也有所不同，应以耙吸船的耙头宽度及泥泵性能为依据，确定布线的间距。如图5-118所示，2艘耙吸船同时在各自的半槽施工，在航道南半槽施工的耙吸船较好地运用了定深与布线，而另一艘耙吸船只是按以前的常规工艺施工，在相同的施工时间内产生了不同的施工效果。

3. 顺流施工

耙吸船施工一般采用顶流挖泥法，这是考虑到耙吸船需要慢速施工，顶流施工舵效好，容易控制航向与船位，比较安全，但有时为了达到更好的施工效率，或者施工区域水流太急或者耙吸船设备受限满足不了顶水施工航速的要求，因而经常会采用顺流施工。顺流施工时，耙吸船受水流助推，可用较小推进功率，获得较好的对地航速，挖泥效果相应较好。但此时船对水航速较低，舵效差，若水流速度较快，往往难以控制船舶；如果驾驶员的船艺水平一般，对安全施工是个隐患，因此，采用顺流施工时驾驶员的船艺水平应满足相关要求或需经评估。耙吸船顺流施工时的对地航速不宜超过5 kn，否则耙臂管会起浮减小耙压力，严重时可能会损坏耙臂管。如果不掌握顺流施工的操作要领，效果比顶流施工还要差，最有效的方法是顺着流向施工。上海航道局"航浚4003"号于1988年在长江口北槽航道曾进行过顺流挖泥试验，结果表明，逆流与顺流在相同的对地航速(2 kn)下，顺流挖泥的每小时挖泥量较逆流挖泥提高55%，同时节省了主机推进功率,解决了主机推进功率不足的难题。

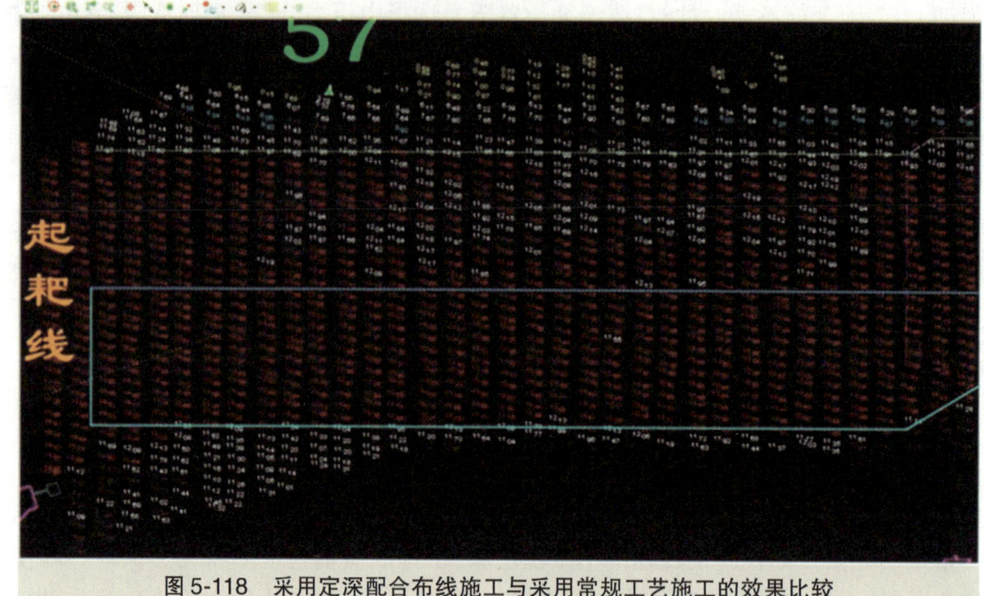

图 5-118　采用定深配合布线施工与采用常规工艺施工的效果比较

注:航道南侧线施工深度达到要求,不留浅点;航道北侧线留有大量浅点(图中白色数字处)。

4. 拖耙调头施工

耙吸船在狭窄区域,如在港池和狭窄的航道施工时,为了提高施工效率,可采用双耙不离地而进行缓慢的边转向边施工。此施工方法对驾驶员的船艺水平要求比较高,其施工关键点是:耙头不能离地;对地航速不大于 2 kn;矢量线夹角不超过 30°;耙头偏移不能过大,不能脱离河床。顺流流速大于 1 kn 时不建议使用该方法。如驾驶员的船艺水平有限,应谨慎使用该方法。

5. 拉锯式施工(进退)

当施工区域水深受限,或挖距较短,或仅浚挖局部浅点,或施工区域终端水域受限而难以实施回转掉头,或掉头航行再掉头上线挖泥而有效挖泥时间过短时,可根据水域情况和操作条件采用进退挖泥法。使用该方法需顶流施工,适宜流速为 1~2 kn。施工方法是:从起始端放耙挖至计划终端,停车起耙;等耙头上升到安全位置时开始倒车,倒至起始点后停车再加车;等船略有前进速度时,放耙接地再挖至终端。循环此方法即可完成局部施工。

6. 垂直于航道的横向施工法

当航道中的垄沟比较多,深浅差异较大时,正常的纵向施工方法已很难实施(耙头频繁滑向垄沟,施工效果差,对水下设备带来安全隐患),走斜线效果也不明显。如条件许可,可采用横向施工法,如图 5-119 所示,逐渐缩小槽内垄沟的深浅差异,使槽内河床逐渐平整。另外,采用此方法施工时需要定深且航速尽量低。此方法操作难度高,对驾驶员及疏浚操作人员的业务要求比较高。

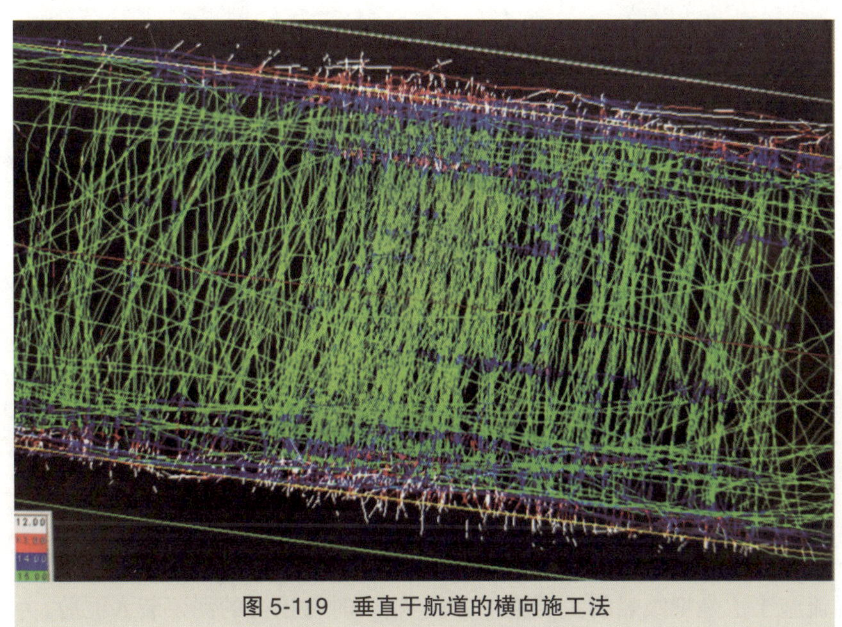

图 5-119　垂直于航道的横向施工法

7. 码头前沿施工

码头前沿施工，顾名思义就是在靠近码头前沿的泊位施工。通常码头前沿施工土方单价比较高，项目毛利润也比较高，但对耙吸船操作人员来说要求比较高，特别是距离码头 5 m 左右施工时，稍有不慎，会造成船舶碰擦码头，从而损坏船舶和码头。采用此方法需提前熟悉施工区域的流速及流向，选择合适的航速进行施工。

8. 扫浅施工

耙吸船在整个施工过程中，由于没有很好地控制定深、合理地布线、采用合适的施工方法或碰到水下障碍物等，在后期留下比较难施工的浅埂、垄沟、浅点，需要花费大量的时间去清除。在上述原因中，除碰到水下障碍物以外都是耙吸船施工时人为造成的问题，因此，如操作者业务水平高，对施工过程控制得严谨，则可实现免扫浅。

9. 开挖顺序

开挖顺序应结合项目的风、浪、流等自然工况，制定顺应自然的施工方案，一般都是由浅到深、由上游到下游、由里到外、先难后易、分层开挖。施工区域距离较长时，应根据耙吸船的性能与土壤分段开挖。如施工区域工况复杂，可交叉使用以上方法。

5.2.3　旁通、溢流施工法

耙吸船的旁通施工法通常是挖掘的泥浆，不装入泥舱，经泥泵后通过排泥管路直接排出舷外。其效果取决于土壤的特性，土壤粒径越小、水流越急、流压角越大，效果越好，反之则差。在水深受限区域，旁通施工是二次搬运的一种方法。另外一种方法也可包括在旁通施工范围内，被称为边抛施工。它是指将挖掘的泥浆，通过船上特设的边抛管输送到离开船舷一定距离的位置再抛入水中，如图 5 120 所示。这种方法对生态影响较大，因此，除许可外，一般不宜采用。目前，此方法在长江流域仍有使用，它的优点在于节省装舱航行、轻载航行及抛泥的时间，增加有效的挖泥时间，对应急局部增深的疏浚非常有效。

图 5-120　边抛施工

装舱溢流施工法是耙吸船的主要施工方法：施工时将挖掘的泥浆装入泥舱，为了增大装舱土方量，在泥舱装满后再继续装舱，将泥舱中密度较低的泥浆通过溢流门或溢流筒溢出泥舱；持续一段时间后，在不超载的情况下使装舱土方量尽可能达到设计时的最大装载量。针对不同的土壤，根据装载曲线选择不同的溢流时间。随着环保要求越来越高，不同工程对溢流时间有相应的规定，甚至不允许溢流。

1. 旁通施工区域的选择

长江流域目前还可以使用该施工方法，其他区域已基本禁用（除非特定工程获得当地政府的许可）。

2. 溢流施工控制原则

封闭或无潮流的区域不宜采用溢流施工。溢流施工时采用离溢流口较远的进舱口装舱；粉沙类减小进舱流量，溢流损失接近 100%时停止施工。目前国内外工程对溢流施工都有相关环保的要求，依据项目合同的要求，合理确定溢流时间，满足履约要求。

5.2.4　水力吹填施工法

水力吹填通常用于大型基础设施建设，诸如机场、港口、临港工业区和居住区等陆域的形成。它是指通过耙吸船将泥沙运输到吹填区，将泥沙和水的混合物置于吹填区内，连续吹填从而形成新的陆域。此方法有两种排岸方式：艏喷和艏吹。

1. 艏喷（虹喷）

艏喷是耙吸船向浅滩或岸边输送大量泥沙的一种施工方法，施工时不需要浮管和岸管，可以节约相关的额外成本与时间，目前已被大量地应用，如图 5-121 所示。艏喷时，以下参数对耙吸船的产量至关重要：泥泵性能、土壤类型等。

图 5-121 艏喷作业

2. 艏吹

艏吹与艏喷不同的是耙吸船工作时需要浮管和岸管。它是向浅滩或岸边输送大量泥沙的一种选择性方案，更多的是向围堰区输送泥沙，目前也被大量地应用。艏吹时间取决于土壤类型、输送距离、泥泵性能等。图 5-122 所示为耙吸船接管艏吹。

图 5-122 耙吸船接管艏吹

5.2.5 装驳施工法

装驳施工法，顾名思义就是耙吸船在施工中将原来进入泥舱的泥浆通过装驳管输送到傍靠的泥驳中，泥驳装满后驶离耙吸船，再靠上空泥驳，运泥与抛泥由泥驳完成，这样可充分利用耙吸船的挖掘功能，发挥耙吸船疏浚装备的作用。此施工法特别适合长运距的外抛工程，但缺点是耙吸船操纵受限，且由于泥驳的频繁靠离，增大了安全风险，此施工法因有泥驳参与，属于耙吸船与自航泥驳联合施工。图 5-123 所示为耙吸船将泥浆排入泥驳。

图 5-123　耙吸船将泥浆排入泥驳

5.3 耙绞联合施工

一般来说,用耙吸船进行排岸作业成本比较高。如果利用耙吸船与绞吸船联合施工,即由耙吸船将泥沙倾倒在储泥坑,然后通过绞吸船将其泵送至吹填区,只要做到抛吹平衡,就可以将耙吸船与绞吸船各自的效率发挥至最大,可大幅降低施工成本。图 5-124 所示为耙绞联合施工(连云港港 30 万吨级航道二期工程徐圩航道)。

图 5-124　耙绞联合施工(连云港港 30 万吨级航道二期工程徐圩航道)

5.4 管沟开挖回填与平台基桩加固施工法

随着海上油气田开发不断向深海和远海扩展,油气通过海底管线进行输送,在管线铺设过程中不可避免地会穿越繁忙的航道、港口等交通密集区域,因此为保护海底管线,需加大埋深,在拟铺设管线的海底位置开挖沟槽,将管线埋设。管沟开挖是疏浚的业务拓展。

1. 管沟开挖

海底管沟开挖即基槽开挖通常有两种方式:一种是先挖沟后铺管;另一种是先铺管后挖沟。采用先挖沟方式的专用设备效率高、挖深大,但结构复杂、成本高,如图5-125所示。用耙吸船先挖沟施工具有独到的优势,施工简单,不需要任何的改装就能投入施工,但挖深较小。后挖沟方式是将冲水头位于管道上方,利用大流量水冲刷管线周围及下部的泥沙,同时依靠管线的自重下沉,这种方式可最大限度地减小开挖的土方量,还可及时将开挖的土方用于后续的回填,但对耙吸船来说,需要重新设计冲水头装备。图5-126所示为利用冲水开挖沟槽(后挖沟)。

图5-125 挖沟设备

图5-126 利用冲水开挖沟槽(后挖沟)

2. 管沟回填

管线铺设完成后需进行管沟回填,以保护管线。耙吸船进行管沟回填的方式是:右挖左抛,如图5-127所示。与采用泥门底抛相比,此种方式精度有保证且土方流失小。管沟回填的土体一般需高出原有海底泥面300 mm,其作为自然沉降富余量可确保沉降后的回填土体顶面高于原有海底泥面。

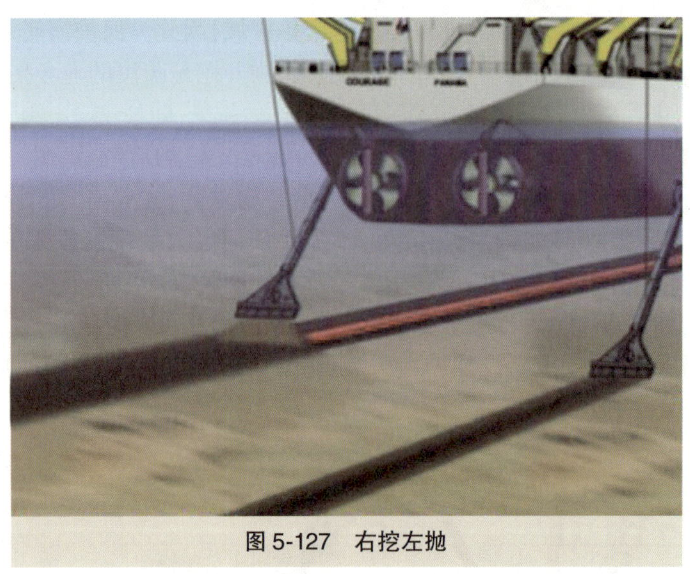

图 5-127　右挖左抛

3. 平台基桩加固

海工平台或跨海大桥的基桩受海流的冲刷或新基桩需要保护,需要在基桩的周围填充石料,经特殊设计的耙吸船可将舱内的石料通过排泥管准确地输送至基桩周围,如图 5-128 所示。

图 5-128　基桩抛石

第6章

中港疏浚有限公司自主研究成果简介

中港疏浚有限公司(以下简称“公司”)一直以科技创新作为企业发展的第一生产力,强化技术的积累与攻关,形成了一批技术成果。下面介绍公司自主研究的几项主要成果。

6.1 大型耙吸船艏吹艏喷关键技术研究与应用

本项目研究依托公司已建/在建工程中存在的重点和难点问题,采用理论研究、数值模拟和现场测试相结合,对艏吹工艺、管路输送特性、艏吹管线设计、艏吹配套装备、艏喷工艺及喷距理论计算模型等大型耙吸船艏吹艏喷关键技术开展系统性研究。通过分析管道输送特性,形成了大型耙吸船艏吹输送系统计算分析方法;通过对管线组织方案及锚定计算研究,形成了不同工况条件下的管线布置方案,优化了管线锚定布设工艺,研制了呼吸阀、快速接头等艏吹配套设备;通过系统地分析耙吸船艏喷关键参数,结合两相流理论、数值模拟及实测资料,分析了考虑空气阻力的艏喷泥浆运动轨迹,建立了艏喷喷距计算公式,为耙吸船获得最佳驻船位提供依据。

技术经济指标:

(1)研发了大型耙吸船艏吹效率的计算模型,经过实际工程验证,效率测算数据与工程实测数据基本吻合,首次形成了大型耙吸船针对不同类型土壤的艏吹施工效率曲线,在此基础上,开发了实用性强、使用便捷的艏吹计算分析软件,为耙吸船艏吹作业能力和效率测算提供了工具。

(2)首创了浮管锚定的计算方法,优化了水上管线锚定布设方案,采用全焊接水下管线施工工艺,降低了水下爆管的概率;研发设计了陆上吹填管线快速接头及其连接操作工艺,实现了艏吹过程中陆上管线不停工接管作业。上述成果的应用,使得吹填管线正常率达到88%以上。

(3)开展了艏吹精细化分层吹填技术的系统性研究,研究了摊铺设备关键技术指标,形成了摊铺设备设计方案,单层吹填厚度为0.5~0.7 m。

(4)创新性地建立了考虑空气阻力的艏喷轨迹线理论模型,经验证,计算喷距精度远高于理想模型,解决了艏喷控制点布置问题,可以使耙吸船在施工中获得最佳的艏喷点和驻船位,将大型耙吸船艏喷损失率降低至5%以内。具体成果如下。

6.1.1 施工范围内的每小时产量和经济性

依据大型耙吸船艏吹船喷关键技术研究与应用成果,在泥泵恒扭矩的工作区域内,系统的每小时产量和经济性将随排距的缩短、泥管直径的增大和输送密度的提高而迅速提高。在恒转速区,随着管阻的增大,流速减小得要比在恒扭矩区快,因此每小时产量和经济性随之提高的幅度要比在恒扭矩区小。当工作点管阻随工作点流量的变化速度等于随工作点密度的变化速度时,每小时产量达到最高,之后将逐渐下降。图 6-1 所示为输送密度-每小时产量/每度电产量曲线;图 6-2 所示为输送流量-每小时产量/每度电产量曲线。

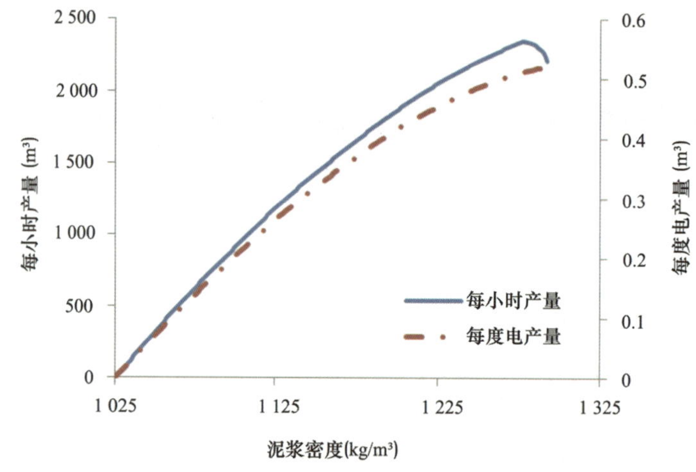

图 6-1 输送密度-每小时产量/每度电产量曲线

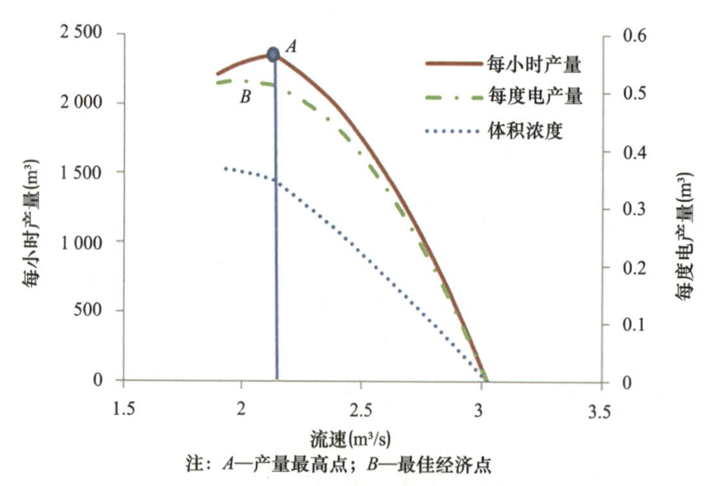

注:A—产量最高点;B—最佳经济点

图 6-2 输送流量-每小时产量/每度电产量曲线

由图 6-1 和图 6-2 可知，输送密度达到一定程度后，随着密度的上升，系统流速大幅下降，以至于流速的下降速度大于密度的上升速度，因此系统每小时产量开始下降。图 6-1 中每度电产量最高值出现得比每小时产量最高值晚，但此现象并不能说明系统的最经济工作点密度大于最高每小时产量工作点密度。在柴油机驱动泥泵的系统中情况恰恰相反，最经济工作点密度小于最高每小时产量工作点密度，因为驱动柴油机的最高效率出现在额定功率、额定转速点（最高每小时产量点）之前。

6.1.2　典型耙吸船艏吹性能计算

以中港疏浚有限公司“新海马”号、“新海凤”号为例，进行耙吸船在概化条件下艏吹输送细沙、中沙、粗沙、砾沙等不同土壤时，泥泵在低低、低高、高高运行模式下适用输送距离及输送每小时产量的计算，为现场施工提供依据和参考。

1. 工况

主要计算参数及工况设定如下：

为简单起见，细沙、中沙、粗沙、砾沙分别取 d_{50} 为 0.15 mm、0.25 mm、0.50 mm、2.00 mm；天然土密度分别取 1.85 t/m^3、1.90 t/m^3、1.90 t/m^3、2.00 t/m^3。

“新海马”号耙臂管直径为 1 m，排泥管直径为 0.9 m，浮管、沉管、岸管直径为 0.9 m，耙吸船输送管道长度为 120 m，浮管、沉管长度为 600 m，岸管长度按不同输送距离分别计算。排高按 2 m 计，不考虑排泥口喷头的影响。根据“新海马”号泥泵机组及驱动系统的配置情况，进行泥泵低低、低高两种运行模式的分析测算，仅计算艏吹输送细沙、中沙两种土壤情况下的排距及每小时产量。

“新海凤”号耙臂管直径为 1.2 m，排泥管直径为 1.1 m，浮管、沉管、岸管直径为 1 m，耙吸船输送管道长度为 150 m，浮管、沉管长度为 1 000 m，岸管长度按不同输送距离分别计算。排高按 2 m 计，不考虑排泥口喷头的影响。根据“新海凤”号泥泵机组及驱动系统的配置情况，进行泥泵低高、高高两种运行模式的分析计算，计算艏吹输送四种土壤情况下的排距及每小时产量。

2. 计算方法

（1）临界流速

临界流速按《疏浚与吹填工程设计规范》推荐的公式计算，即 $V_c = (90C)^{1/3} \cdot g^{1/4} \cdot D^{1/2} \cdot v_{ss}^{\ 1/2} \cdot d_s^{\ -1/4}$。实用最低流速，即经济流速根据规范推荐的公式确定，为简单起见，实用流速系数取 1.2。工作流速的确定，以不低于临界流速为首要限制条件。

（2）泥泵扬程

泥泵清水扬程由“新海马”号、“新海凤”号的特性曲线拟合得到，拟合公式如下：

“新海马”号额定低转速（$n = 175$ r/min）下泥泵清水扬程：$H_w = -3.8347(Q/10\,000)^2 + 2.8029(Q/10\,000) + 27.601$。

“新海马”号额定高转速（$n = 250$ r/min）下泥泵清水扬程：$H_w = -3.3646(Q/10\,000)^2 + 0.4933(Q/10\,000) + 60.92$。

"新海凤"号额定低转速(n = 181 r/min)下泥泵清水扬程:$H_w = -1.427(Q/10\ 000)^2 - 1.870(Q/10\ 000) + 36.90$。

"新海凤"号额定高转速(n = 289 r/min)下泥泵清水扬程:$H_w = -7.601(Q/10\ 000) + 91.49$。

泥泵输送泥浆扬程的计算,选用 Stepanoff 经验公式,即 $H_R = 1 - (0.8 + 0.6\lg d_m) \cdot C_{vd}$。

(3)管路损失

管路输送清水的总损失按照以下公式计算:

$$H_w = I_{ws} \cdot L_s + I_{wd1} \cdot L_{d1} + I_{wd2} \cdot L_{d2} + \zeta_0 \cdot \frac{V_s^2}{2g} + \sum \zeta_1 \cdot \frac{V_s^2}{2g} + \sum \zeta_2 \cdot \frac{V_{d1}^2}{2g} + \sum \zeta_3 \cdot \frac{V_{d2}^2}{2g} + \gamma_W \cdot \frac{V_{d2}^2}{2g} + \gamma_W \cdot (Z_p - Z) \tag{6-1}$$

管路输送泥浆的总损失按照以下公式计算:

$$H_w = I_{ms} \cdot L_s + I_{md1} \cdot L_{d1} + I_{md2} \cdot L_{d2} + \zeta_0 \cdot \frac{V_s^2}{2g} + \sum \zeta_1 \cdot \frac{V_s^2}{2g} + \sum \zeta_2 \cdot \frac{V_{d1}^2}{2g} + \sum \zeta_3 \cdot \frac{V_{d2}^2}{2g} + \gamma_m \cdot \frac{V_{d2}^2}{2g} + (\gamma_m - \gamma_W) Y \cdot \gamma_m \cdot Z \tag{6-2}$$

其中,管路摩阻损失根据土壤、管径等条件,结合现场实测资料,选用修正 Durand 公式计算:

$$K = -25.684\lg d_m + 47.394 \tag{6-3}$$

式中:d_m 为颗粒粒径(mm);K 的取值范围是 47~121。修正后计算结果与现场实测资料符合较好。

3. 计算结果

(1)"新海马"号

"新海马"号在泥泵低低、低高运行模式下艏吹输送细沙(d_{50} = 0.15 mm)时,不同排距下的每小时产量计算结果如表 6-1 和图 6-3、图 6-4 所示。

表 6-1 "新海马"号艏吹输送细沙(d_{50} = 0.15 mm)每小时产量计算结果

编号	泥泵运行模式	排距(km)	密度(t/m^3)	临界流速(m/s)	实用流速(m/s)	流量(m^3/h)	流速(m/s)	总扬程(mH_2O)	产量(m^3)
1	低低	0.80	1.30	3.05	3.66	19 911	5.82	53.60	5 809
2		0.90	1.30	3.05	3.66	19 296	5.64	54.81	5 629
3		1.00	1.30	3.05	3.66	18 714	5.47	55.90	5 460
4		1.20	1.30	3.05	3.66	17 619	5.15	57.83	5 140
5		1.50	1.28	2.98	3.58	16 182	4.73	59.43	4 400
6		1.80	1.25	2.87	3.45	14 985	4.38	60.06	3 641
7		2.00	1.22	2.75	3.30	14 301	4.18	59.82	3 061
8		2.30	1.14	2.37	2.84	13 685	4.00	57.45	1 866

（续表）

编号	泥泵运行模式	排距(km)	密度(t/m^3)	临界流速(m/s)	实用流速(m/s)	流量(m^3/h)	流速(m/s)	总扬程(mH_2O)	产量(m^3)
9	低高	1.50	1.30	3.05	3.66	21 246	6.21	86.41	6 198
10		1.80	1.30	3.05	3.66	19 877	5.81	89.49	5 799
11		2.00	1.30	3.05	3.66	19 056	5.57	91.23	5 559
12		2.30	1.29	3.01	3.62	17 927	5.24	92.94	5 052
13		2.60	1.27	2.95	3.53	16 935	4.95	93.70	4 451
14		3.00	1.25	2.87	3.45	15 772	4.61	94.53	3 832
15		3.50	1.23	2.79	3.35	14 506	4.24	95.29	3 237
16		4.00	1.19	2.62	3.14	13 548	3.96	94.21	2 497

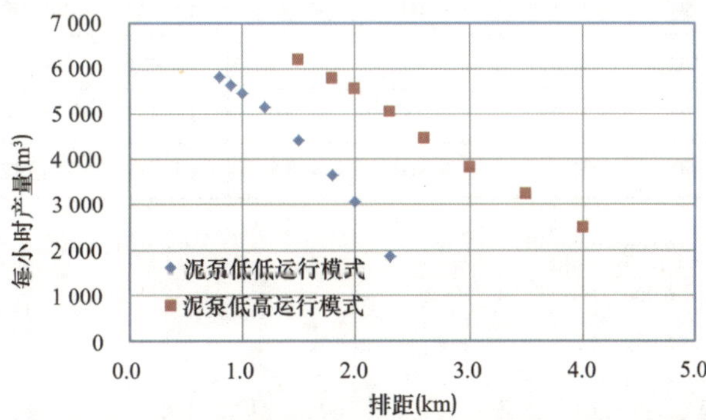

图 6-3 “新海马”号艏吹输送细沙(d_{50}=0.15 mm)每小时产量计算结果

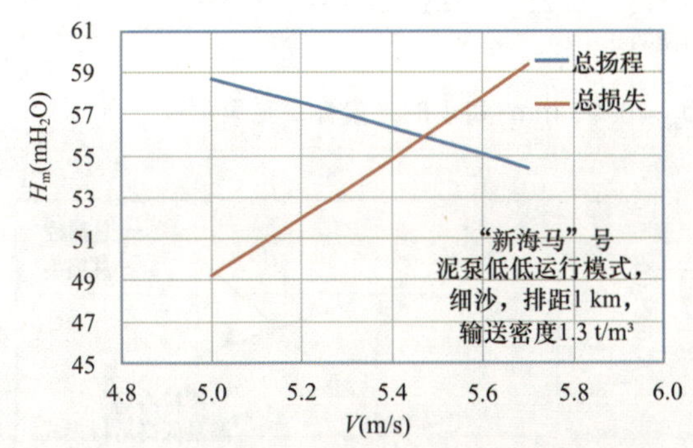

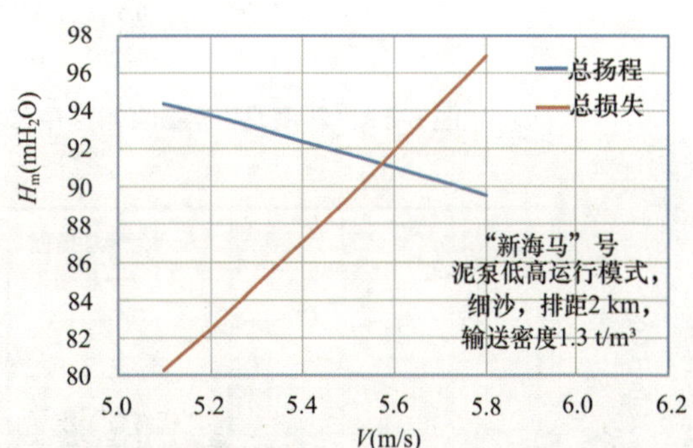

图 6-4 “新海马”号艏吹输送细沙(d_{50}=0.15 mm)部分工况计算结果

“新海马”号在泥泵低低、低高运行模式下艏吹输送中沙(d_{50}=0.25 mm)时，不同排距下的每小时产量计算结果如表 6-2 和图 6-5、图 6-6 所示。

表 6-2 “新海马”号艏吹输送中沙(d_{50}=0.25 mm)的每小时产量计算结果

编号	泥泵运行模式	排距(km)	密度(t/m^3)	临界流速(m/s)	实用流速(m/s)	流量(m^3/h)	流速(m/s)	总扬程(mH_2O)	每小时产量(m^3)
1	低低	0.80	1.30	4.10	4.92	17 859	5.22	55.94	4 915
2		0.90	1.30	4.10	4.92	16 935	4.95	57.44	4 661
3		1.00	1.28	4.01	4.81	16 251	4.75	57.93	4 177
4		1.20	1.22	3.70	4.43	15 464	4.52	57.24	3 118
5		1.50	1.16	3.32	3.99	14 403	4.21	56.66	2 119
6	低高	1.20	1.30	4.10	4.92	21 177	6.19	84.34	5 828
7		1.50	1.30	4.10	4.92	19 227	5.62	88.53	5 291
8		1.80	1.30	4.10	4.92	17 311	5.06	92.21	4 764
9		2.00	1.27	3.96	4.75	16 456	4.81	92.36	4 080
10		2.30	1.23	3.75	4.50	15 361	4.49	92.18	3 237
11		2.60	1.18	3.46	4.15	14 780	4.32	90.56	2 443

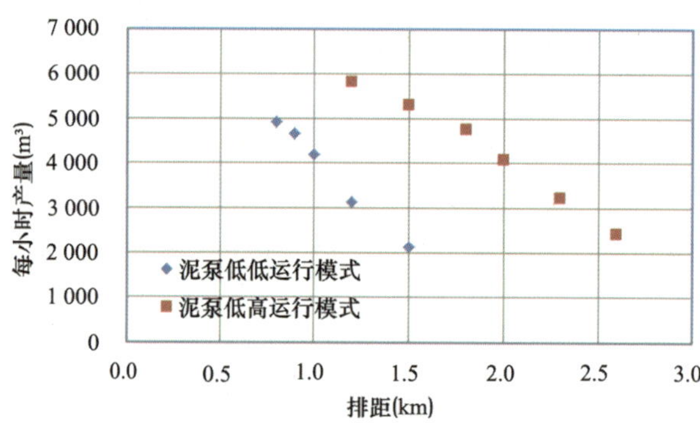

图 6-5 “新海马”号艏吹输送中沙(d_{50}=0.25 mm)每小时产量计算结果

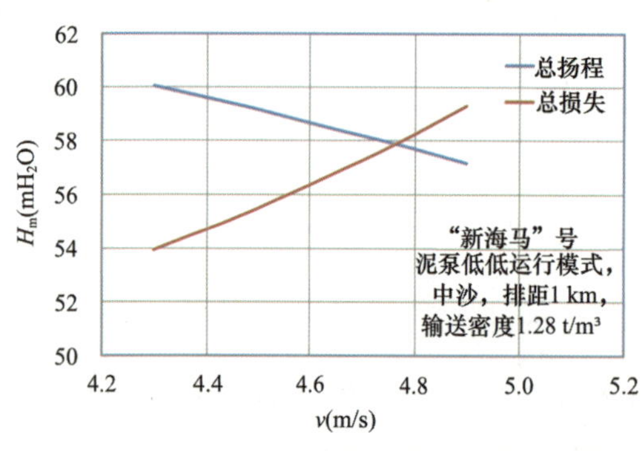

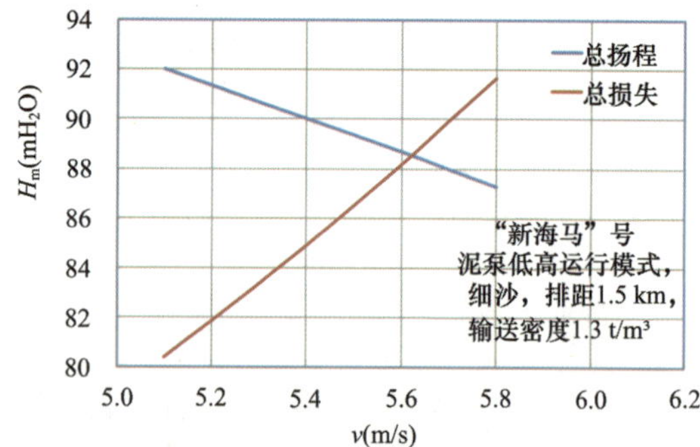

图 6-6 “新海马”号艏吹输送中沙(d_{50}=0.25 mm)部分工况计算结果

根据以上计算结果，如以产量 4 000 m^3 为限，在计算工况下，“新海马”号艏吹输送细沙（d_{50}=0. 15 mm）时，泥泵低低运行模式的适宜排距为 1. 6～1. 7 km，低高运行模式的适宜排距为 1. 5～3. 0 km；艏吹输送中沙（d_{50}=0. 25 mm）时，泥泵低低运行模式的适宜排距在 1. 0 km 以内，低高运行模式的适宜排距为 1. 0～2. 0 km。

（2）“新海凤”号

“新海凤”号在泥泵低高、高高运行模式下艏吹输送细沙（d_{50}=0. 15 mm）时，不同排距下的每小时产量计算结果如表 6-3 和图 6-7、图 6-8 所示。

表 6-3　“新海凤”号艏吹输送细沙（d_{50}=0. 15 mm）的每小时产量计算结果

编号	泥泵运行模式	排距（km）	密度（t/m^3）	临界流速（m/s）	实用流速（m/s）	流量（m^3/h）	流速（m/s）	总扬程（mH_2O）	每小时产量（m^3）
1	低高	2. 0	1. 30	3. 20	3. 84	2. 412	7. 05	119. 37	7 586
2		2. 4	1. 30	3. 20	3. 84	2. 244	6. 56	122. 69	7 058
3		2. 8	1. 28	3. 13	3. 75	2. 101	6. 14	124. 02	6 170
4		3. 2	1. 25	3. 01	3. 61	1. 974	5. 77	124. 15	5 183
5		3. 6	1. 23	2. 93	3. 51	1. 868	5. 46	124. 46	4 499
6		4. 0	1. 21	2. 84	3. 41	1. 772	5. 18	124. 55	3 900
7		4. 5	1. 18	2. 70	3. 24	1. 673	4. 89	123. 82	3 160
8		5. 0	1. 13	2. 42	2. 90	1. 598	4. 67	120. 92	2 188
9	高高	4. 0	1. 30	3. 20	3. 84	2. 210	6. 46	183. 37	6 951
10		4. 5	1. 30	3. 20	3. 84	2. 087	6. 10	185. 67	6 563
11		5. 0	1. 30	3. 20	3. 84	1. 974	5. 77	187. 78	6 208
12		5. 5	1. 30	3. 20	3. 84	1. 875	5. 48	189. 63	5 896
13		6. 0	1. 27	3. 09	3. 70	1. 782	5. 21	188. 07	5 050
14		6. 5	1. 20	2. 79	3. 35	1. 714	5. 01	181. 31	3 594
15		7. 0	1. 15	2. 54	3. 04	1. 656	4. 84	176. 47	2 612

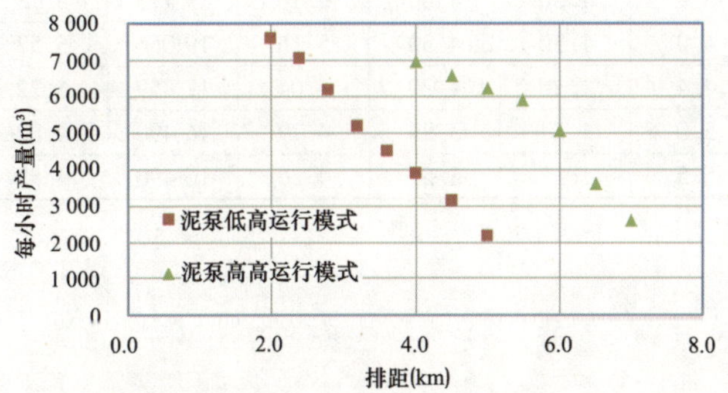

图 6-7　“新海凤”号艏吹输送细沙（d_{50}=0. 15 mm）每小时产量计算结果

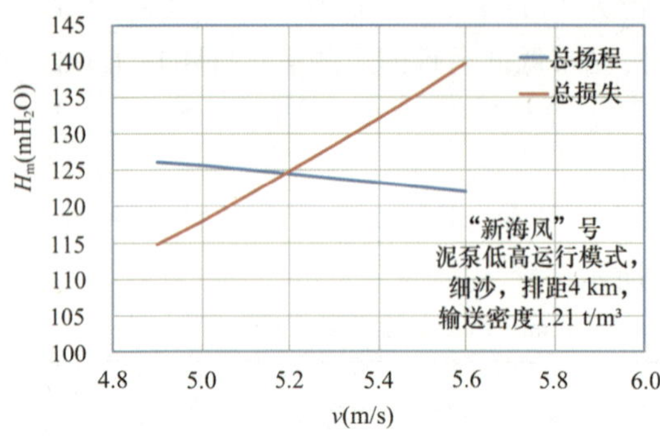

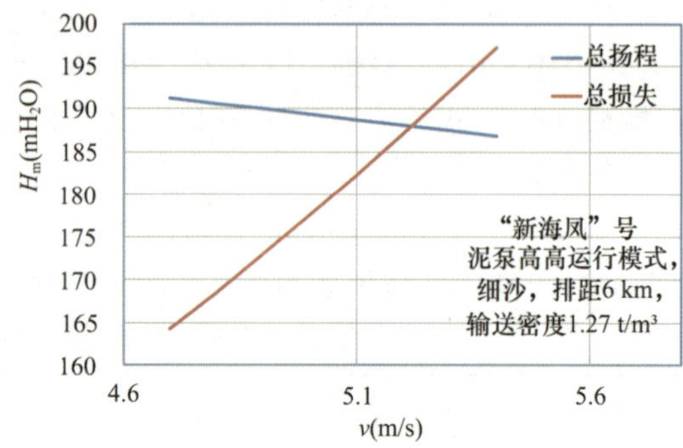

图 6-8 "新海凤"号艏吹输送细沙（d_{50}=0.15 mm）部分工况计算结果

"新海凤"号在泥泵低高、高高运行模式下艏吹输送中沙（d_{50} = 0.25 mm）时，不同排距下的每小时产量计算结果如表 6-4 和图 6-9、图 6-10 所示。

表 6-4 "新海凤"号艏吹输送中沙（d_{50} = 0.25 mm）每小时产量计算结果

编号	泥泵运行模式	排距（km）	密度（t/m³）	临界流速（m/s）	实用流速（m/s）	流量（m³/h）	流速（m/s）	总扬程（mH₂O）	每小时产量（m³）
1	低高	2.0	1.30	4.30	5.16	21 930	6.41	120.52	7 303
2		2.2	1.30	4.30	5.16	20 903	6.11	122.43	6 961
3		2.5	1.30	4.30	5.16	19 330	5.65	125.29	6 437
4		2.8	1.30	4.30	5.16	17 790	5.20	128.01	5 924
5		3.0	1.30	4.30	5.16	16 695	4.88	129.90	5 560
6		3.2	1.26	4.10	4.92	16 490	4.82	127.72	4 766
7		3.5	1.21	3.81	4.58	16 148	4.72	124.93	3 762
8		3.8	1.16	3.49	4.18	16 080	4.70	121.60	2 862
9		4.0	1.13	3.25	3.90	16 045	4.69	119.45	2 311
10	高高	3.0	1.30	4.30	5.16	23 025	6.73	177.00	7 667
11		3.2	1.30	4.30	5.16	22 169	6.48	178.55	7 382
12		3.5	1.30	4.30	5.16	20 972	6.13	180.73	6 984
13		3.8	1.30	4.30	5.16	19 775	5.78	182.91	6 585
14		4.0	1.30	4.30	5.16	19 056	5.57	184.22	6 346
15		4.4	1.28	4.20	5.04	17 859	5.22	184.60	5 554
16		5.0	1.24	3.99	4.79	16 490	4.82	183.34	4 403
17		5.5	1.17	3.55	4.26	16 490	4.82	176.41	3 117

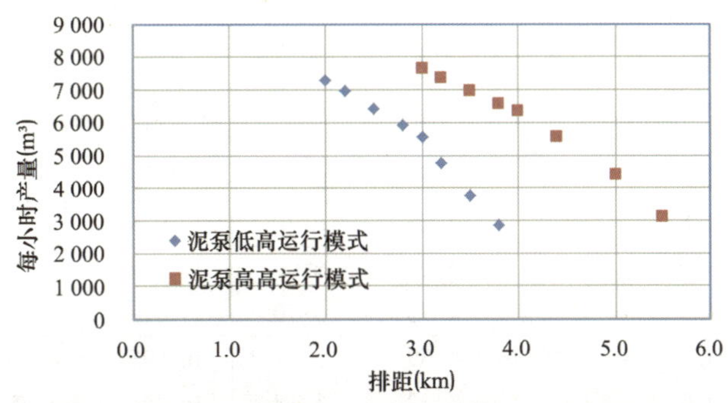

图 6-9　“新海凤”号艏吹输送中沙(d_{50}=0. 25 mm)的每小时产量计算结果

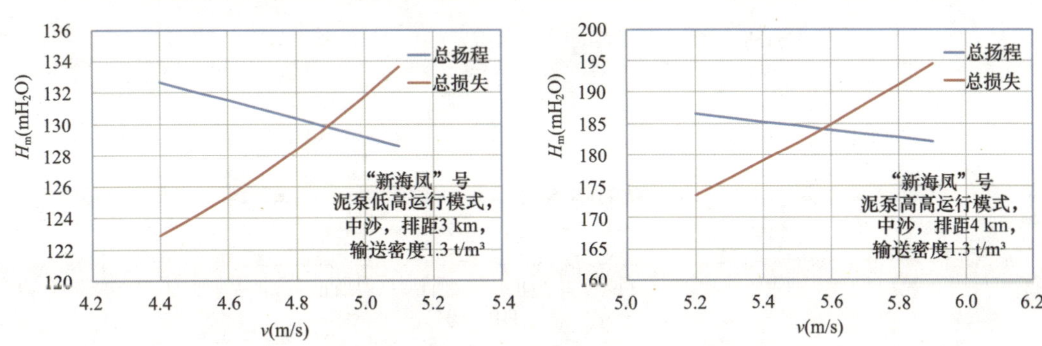

图 6-10　“新海凤”号艏吹输送中沙(d_{50}=0. 25 mm)部分工况计算结果

“新海凤”号在泥泵低高、高高运行模式下艏吹输送粗沙(d_{50} = 0. 50 mm)时,不同排距下的每小时产量计算结果如表 6-5 和图 6-11、图 6-12 所示。

表 6-5　“新海凤”号艏吹输送粗沙(d_{50}=0. 50 mm)的每小时产量计算结果

编号	泥泵运行模式	排距(km)	密度(t/m^3)	临界流速(m/s)	实用流速(m/s)	流量(m^3/h)	流速(m/s)	总扬程(mH_2O)	每小时产量(m^3)
1	低高	1. 5	1. 30	5. 44	6. 53	20 151	5. 89	119. 40	6 710
2		1. 8	1. 27	5. 25	6. 30	17 345	5. 07	122. 88	5 204
3		2. 0	1. 23	4. 98	5. 98	17 003	4. 97	121. 53	4 336
4		2. 3	1. 18	4. 59	5. 51	16 866	4. 93	119. 22	3 373
5		2. 6	1. 15	4. 32	5. 18	16 182	4. 73	118. 66	2 702
6		3. 0	1. 12	4. 01	4. 81	15 601	4. 56	117. 78	2 075
7		3. 5	1. 09	3. 64	4. 37	15 156	4. 43	116. 65	1 516

（续表）

编号	泥泵运行模式	排距（km）	密度（t/m³）	临界流速（m/s）	实用流速（m/s）	流量（m³/h）	流速（m/s）	总扬程（mH₂O）	每小时产量（m³）
8	高高	2.5	1.30	5.44	6.53	19 672	5.75	176.57	6 551
9		2.8	1.27	5.25	6.30	17 961	5.25	177.67	5 388
10		3.0	1.24	5.05	6.06	17 722	5.18	176.08	4 732
11		3.3	1.20	4.75	5.70	17 619	5.15	173.35	3 911
12		3.6	1.18	4.59	5.51	16 695	4.88	173.40	3 339
13		4.0	1.15	4.32	5.18	16 251	4.75	171.79	2 714
14		4.5	1.12	4.01	4.81	15 943	4.66	169.76	2 120

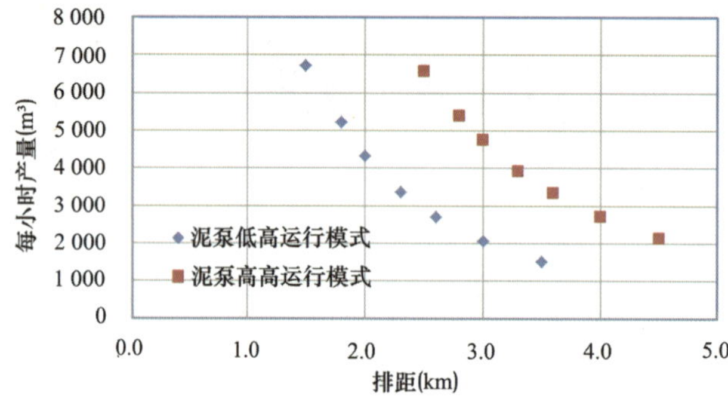

图 6-11 “新海凤”号艏吹输送粗沙（$d_{50}=0.50$ mm）的每小时产量计算结果

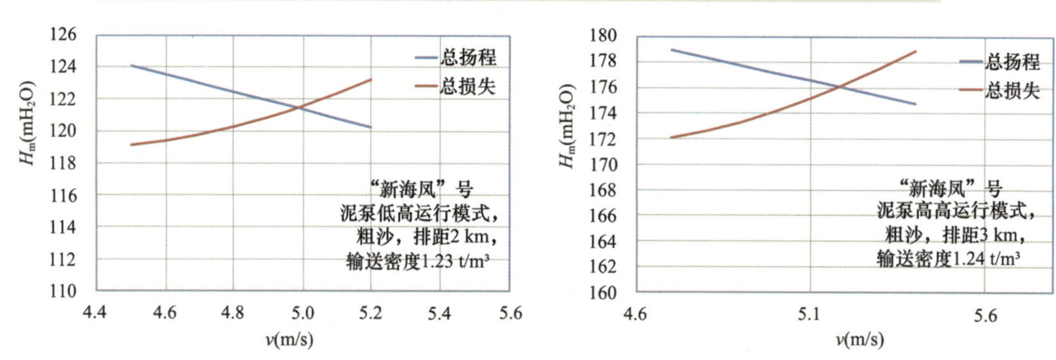

图 6-12 “新海凤”号艏吹输送粗沙（$d_{50}=0.50$ mm）部分工况计算结果

“新海凤”号在泥泵低高、高高运行模式下艏吹输送砾沙（$d_{50}=2.0$ mm）时，不同排距下的每小时产量计算结果如表 6-6 和图 6-13、图 6-14 所示。

表 6-6 “新海凤”号艏吹输送砾沙（$d_{50}=2.0$ mm）的每小时产量计算结果

编号	泥泵运行模式	排距（km）	密度（t/m³）	临界流速（m/s）	实用流速（m/s）	流量（m³/h）	流速（m/s）	总扬程（mH₂O）	每小时产量（m³）

（续表）

编号	泥泵运行模式	排距（km）	密度（t/m^3）	临界流速（m/s）	实用流速（m/s）	流量（m^3/h）	流速（m/s）	总扬程（mH_2O）	每小时产量（m^3）
1	低高	1.0	1.23	5.67	6.23	21 554	6.30	102.23	4 947
2		1.2	1.19	5.31	5.84	20 561	6.01	103.17	3 905
3		1.4	1.16	5.02	5.52	19 638	5.74	104.00	3 146
4		1.6	1.14	4.80	5.28	18 714	5.47	104.93	2 627
5		1.8	1.12	4.56	5.01	18 201	5.32	105.15	2 179
6		2.0	1.11	4.43	4.88	17 174	5.02	106.35	1 886
7	高高	1.6	1.25	5.82	6.41	2.214	6.47	150.99	5 538
8		1.8	1.22	5.58	6.14	2.125	6.21	151.80	4 666
9		2.0	1.19	5.31	5.84	2.070	6.05	151.94	3 931
10		2.3	1.15	4.91	5.40	2.036	5.95	151.30	3 060
11		2.6	1.12	4.56	5.01	2.005	5.86	150.68	2 400
12		3.0	1.09	4.14	4.55	1.957	5.72	150.18	1 761

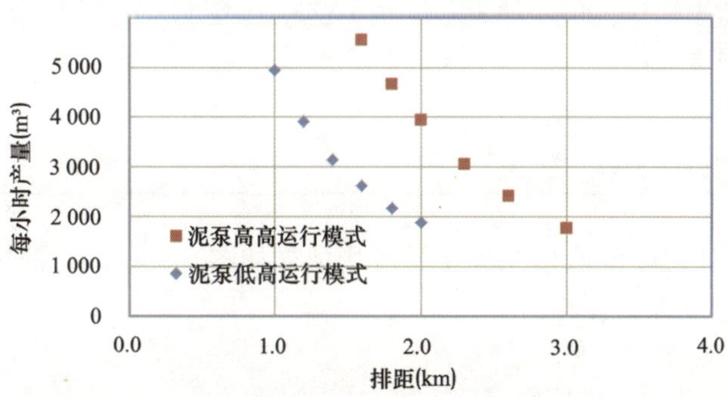

图 6-13　“新海凤”号艏吹输送砾沙（d_{50}=2.0 mm）的每小时产量计算结果

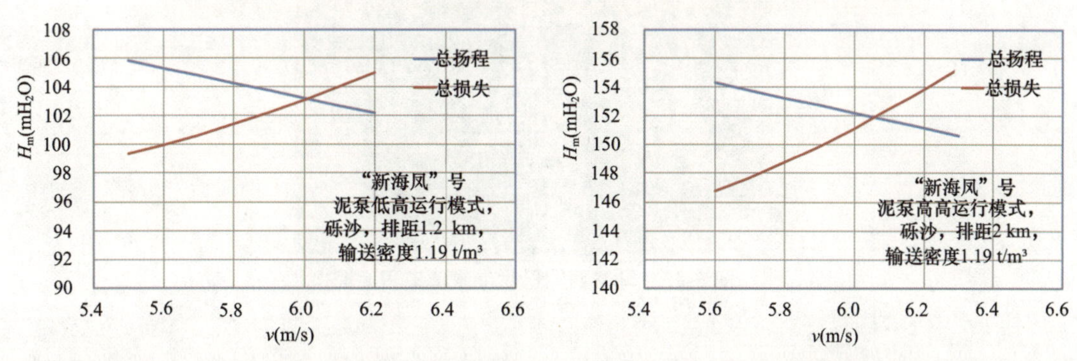

图 6-14　“新海凤”号艏吹输送砾沙（d_{50}=2.0 mm）部分工况计算结果

根据以上计算结果，如以产量 4 000 m^3/h 为限，在计算工况下，“新海凤”号艏吹输送细沙

(d_{50}=0.15 mm)时,泥泵低高运行模式的适宜排距为2.2~4.0 km,高高运行模式的适宜排距为4.0~6.3 km;艏吹输送中沙(d_{50}=0.25 mm)时,泥泵低高运行模式的适宜排距为2.0~3.5 km,高高运行模式的适宜排距为3.2~5.0 km;艏吹输送粗沙(d_{50}=0.50 mm)时,泥泵低高运行模式的适宜排距为1.5~2.0 km,高高运行模式的适宜排距为2.0~3.3 km;艏吹输送砾沙(d_{50}=2.0 mm)时,泥泵低高运行模式的适宜排距在1.2 km以内,高高运行模式的适宜排距为1.2~2.0 km。

6.1.3 马来西亚巴生港吹填工程数据验证(粗沙)

1.计算工况边界条件

(1)船舶:“新海凤”号,船舶性能参数见表6-7。

表6-7 “新海凤”号船舶性能参数

技术参数	“新海凤”号
总长(m)	160.2
型宽(m)	27
型深(m)	11.8
泥舱容量(m^3)	16 888
挖泥深度(m)	35/45
船舶总功率(kW)	23 200
泥泵功率(kW)	2 200(低速)/6 550(高速)
满载吃水(m)	10.2

(2)土壤:马来西亚巴生港吹填工程土壤现场取样如图6-15所示,颗粒级配曲线如图6-16所示,土壤实验室颗分报告见表6-8。

图6-15 马来西亚巴生港吹填工程土壤

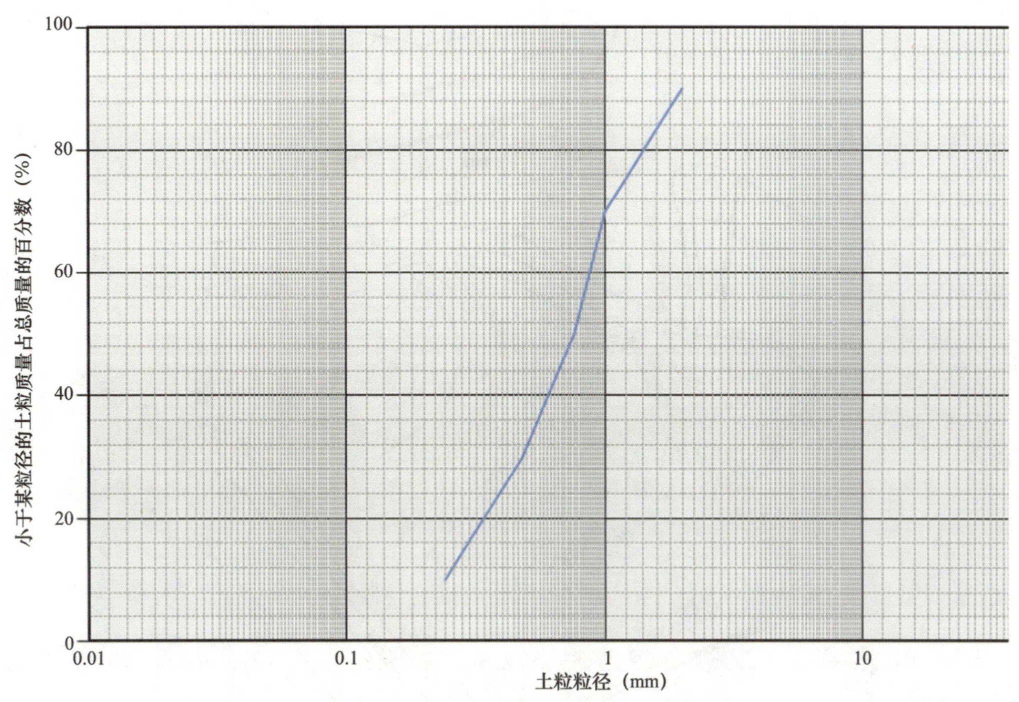

图 6-16 马来西亚巴生港吹填工程颗粒级配曲线

表 6-8 马来西亚巴生港吹填工程土壤实验室颗分报告

颗粒粒径(mm)	$d>2$	$1<d\leqslant2$	$0.5<d\leqslant1$	$0.25<d\leqslant0.5$	$0.2<d\leqslant0.25$	$0.15<d\leqslant0.2$	$d\leqslant0.15$
占总土壤量百分比(%)	10.1	19.7	38.4	22.9	7.4	1.1	0.4

依据《疏浚岩土分类标准》，由颗分结果可知，该工程土壤分类为粗沙，中值粒径 d_{50} = 0.76 mm。

(3)管线：工程吹填管线总长为 1 500~4 000 m，其中水域管线由水下沉管和橡胶自浮管组成，长度约为 1 350 m；岸管长度根据吹填区的分布及进度要求而定。所有艏吹管线直径为 1 000 mm，管线布置见图 6-17。

2. 理论计算数据

(1)临界流速

根据临界流速计算公式，得到本工程临界流速为 5.2 m/s(流速计处管径为 1 100 mm)。

(2)吹距与效率

根据颗分数据，结合管线长度，计算不同管线长度下“新海凤”号的艏吹效率，结果见表 6-9。

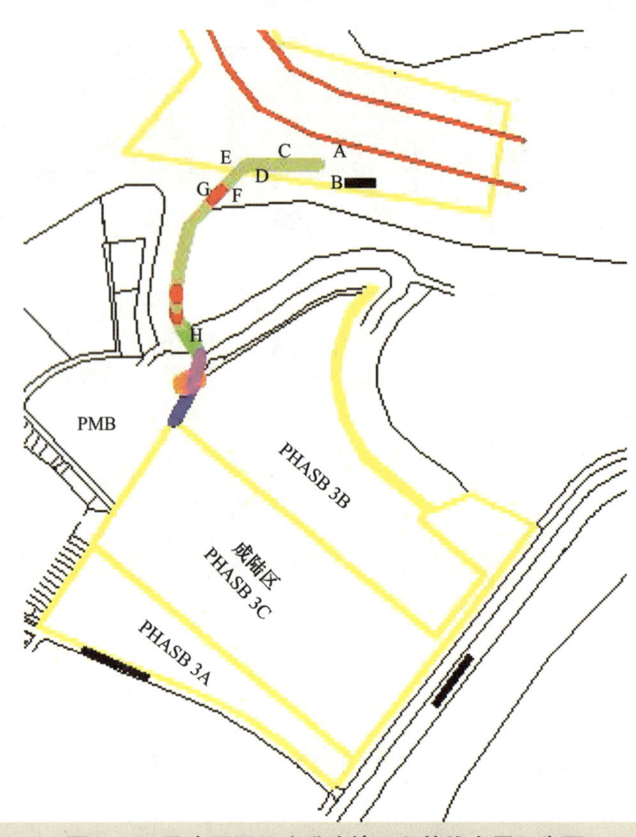

图 6-17　马来西亚巴生港吹填工程管线布置示意图

表 6-9　马来西亚巴生港吹填工程中“新海凤”号艏吹效率理论计算值统计表

吹距(m)	泥泵运行模式	艏吹流速(m/s)	艏吹密度(t/m³)	艏吹效率(m³/h)
2 000	低高	5.3	1.16	2 966
2 500	低高	5.3	1.10	1 648
2 500	高高	5.5	1.24	5 813
2 600	高高	5.2	1.24	5 496
2 700	高高	5.2	1.22	5 065
2 800	高高	5.2	1.20	4 634
2 900	高高	5.2	1.19	4 418
3 000	高高	5.2	1.18	4 203
3 100	高高	5.2	1.16	3 772
3 200	高高	5.2	1.15	3 556
3 300	高高	5.2	1.14	3 341
3 400	高高	5.2	1.13	3 125

（续表）

吹距(m)	泥泵运行模式	艏吹流速(m/s)	艏吹密度(t/m^3)	艏吹效率(m^3/h)
3 500	高高	5.2	1.11	2 694
3 600	高高	5.2	1.11	2 694
3 700	高高	5.2	1.10	2 479
3 800	高高	5.1	1.10	2 431
3 900	高高	5.0	1.10	2 383
4 000	高高	4.9	1.09	2 132

3. 工程实测数据

(1)船舶现场数据分析

5.3 m/s(流速计处管径为 1 100 mm)是流速的一个分界点,流速小于 5.3 m/s 时排压异常,如流速较长时间持续低于 5.3 m/s,则会发生堵管的异常情况。

(2)吹距与效率变化

工程实施过程中不同吹距下泥泵高高运行模式的艏吹效率实测值统计见表 6-10。

表 6-10 马来西亚巴生港吹填工程中"新海凤"号艏吹效率实测值统计表

序号	折算吹距(m)	实测艏吹效率(m^3/h)	序号	折算吹距(m)	实测艏吹效率(m^3/h)	序号	折算吹距(m)	实测艏吹效率(m^3/h)
1	2 150	4 591	51	3 125	2 973	101	3 441	2 241
2	2 324	3 847	52	3 136	2 404	102	3 441	2 271
3	2 395	4 222	53	3 136	3 799	103	3 446	2 553
4	2 454	3 948	54	3 165	2 992	104	3 449	3 469
5	2 527	3 939	55	3 166	3 037	105	3 451	3 512
6	2 568	3 964	56	3 172	3 975	106	3 455	2 748
7	2 639	3 929	57	3 175	3 407	107	3 458	2 954
8	2 687	3 851	58	3 180	3 407	108	3 460	3 057
9	2 743	3 479	59	3 184	3 431	109	3 461	2 086
10	2 745	3 028	60	3 187	3 121	110	3 475	2 497
11	2 762	4 544	61	3 195	2 485	111	3 485	3 370
12	2 792	2 854	62	3 203	3 030	112	3 488	3 086
13	2 816	2 865	63	3 222	3 519	113	3 498	2 485
14	2 832	4 098	64	3 225	2 895	114	3 499	2 919
15	2 833	4 118	65	3 228	3 034	115	3 500	2 412

（续表）

序号	折算吹距(m)	实测艏吹效率(m^3/h)	序号	折算吹距(m)	实测艏吹效率(m^3/h)	序号	折算吹距(m)	实测艏吹效率(m^3/h)
16	2 839	3 076	66	3 230	3 628	116	3 514	2 581
17	2 854	3 552	67	3 231	3 686	117	3 516	2 313
18	2 855	2 884	68	3 234	2 242	118	3 517	3 184
19	2 881	3 237	69	3 234	3 403	119	3 522	2 075
20	2 886	2 965	70	3 253	2 565	120	3 522	2 713
21	2 891	2 971	71	3 263	3 130	121	3 532	2 719
22	2 906	3 826	72	3 266	2 343	122	3 546	2 719
23	2 928	3 237	73	3 269	4 043	123	3 547	2 318
24	2 930	3 609	74	3 278	3 996	124	3 555	2 555
25	2 945	2 847	75	3 281	3 569	125	3 558	2 504
26	2 951	4 308	76	3 287	2 607	126	3 560	2 922
27	2 954	4 117	77	3 289	3 070	127	3 569	2 664
28	2 974	2 960	78	3 304	2 510	128	3 571	2 201
29	2 980	3 046	79	3 307	3 652	129	3 575	2 214
30	2 987	3 022	80	3 322	3 220	130	3 579	2 942
31	2 989	4 382	81	3 324	2 456	131	3 593	1 721
32	3 001	5 557	82	3 328	3 044	132	3 596	2 931
33	3 022	3 275	83	3 334	3 111	133	3 607	2 729
34	3 026	3 108	84	3 337	3 515	134	3 608	2 342
35	3 027	3 935	85	3 337	2 368	135	3 618	1 900
36	3 028	3 088	86	3 339	3 404	136	3 643	2 844
37	3 030	2 858	87	3 340	2 402	137	3 646	1 784
38	3 033	3 489	88	3 343	2 362	138	3 658	2 793
39	3 050	3 621	89	3 357	3 858	139	3 664	1 944
40	3 051	4 637	90	3 378	2 298	140	3 678	2 796
41	3 069	3 703	91	3 381	3 173	141	3 689	2 250
42	3 069	3 995	92	3 389	2 788	142	3 705	1 966
43	3 077	2 544	93	3 393	2 765	143	3 705	2 224
44	3 078	3 167	94	3 395	2 687	144	3 729	1 760

（续表）

序号	折算吹距(m)	实测艏吹效率(m^3/h)	序号	折算吹距(m)	实测艏吹效率(m^3/h)	序号	折算吹距(m)	实测艏吹效率(m^3/h)
45	3 085	3 311	95	3 398	3 093	145	3 733	2 711
46	3 086	3 941	96	3 399	3 575	146	3 736	2 060
47	3 109	4 134	97	3 402	2 162	147	3 774	2 242
48	3 110	3 776	98	3 408	2 561	148	3 780	2 229
49	3 116	3 525	99	3 428	3 037	149	3 817	2 566
50	3 119	3 177	100	3 440	2 758			

4. 数据分析

马来西亚巴生港吹填工程（粗沙）艏吹效率理论计算数据与工程实测数据的比较如图 6-18 所示。

从图 6-18 中可以看出，在粗沙土壤工况下，艏吹效率的理论计算数据与工程实测数据的符合性较好，在 2 700~4 000 m 的吹距范围内计算效率略高于实际效率。在 2 700 m 以内计算效率高于实际效率，其原因是吹距较短，泥泵高高运行模式下的流速过大，泥泵未处于最佳工作点。

6.1.4　艏喷工艺研究及应用

大型耙吸船通常吃水较大，其最大喷距限制了艏喷点的布置，因此，耙吸船艏喷施工的重要限制因素是喷距。艏喷点的选择需要考虑以下四方面要求。

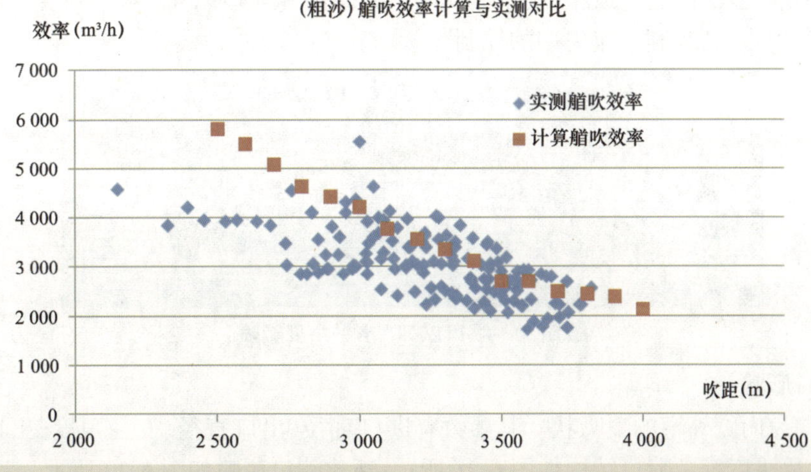

图 6-18　马来西亚巴生港吹填工程（粗沙）艏吹效率理论计算数据与工程实测数据对比

1. 喷距

耙吸船最大喷距应大于艏喷点与成陆位置的距离。

2. 水深

耙吸船艏喷点及航行通道的水深应满足船舶最大吃水+富余水深的要求。

3. 回旋水域

艏喷点附近应具备一定的回旋水域来满足耙吸船掉头操作的需求，回旋水域的直径一般不小于 3~5 倍的船长。

4. 流失率

在有围堰的封闭区域艏喷施工时，泥浆的流失率较小。如成陆区域是开敞海域，对于细颗粒的泥浆，艏喷施工易造成较大的流失率。

6.1.4.1 艏喷参数分析

艏喷参数有：喷口的水平角度、喷口的形状、喷口的出口直径和泥泵的性能。

1. 喷口的水平角度

喷口的水平角度决定艏喷的喷射角度，大多数耙吸船喷口的水平角度为 45°，如图 6-19 所示，依据弹道学理论，这是获得最大喷距的最佳角度。但实际情况是，如喷口以 45°水平角度艏喷，会在吹填区冲出很大的坑，且有一大部分沙子会回流至耙吸船处，泥浆的流失率较大。

图 6-19 喷口以 45°水平角度艏喷

如图 6-20 所示，喷口以 30°水平角度艏喷时，泥浆运动的弹道曲线比较平缓，在吹填区内向前流动得更远，沙子回流也最小，沙子流动的最大距离和喷口以 45°水平角度艏喷时沙子流动的最大距离相当，且有利于流失率的控制。

图 6-20 喷口以 30°水平角度艏喷

2. 喷口的形状

喷口通常为内宽外窄的喇叭状。其参数有进口直径、出口直径、变径角度、出口端过渡长度、耐磨材料及厚度等。喷口结构如图 6-21 所示；新式喷口艏喷如图 6-22 所示。

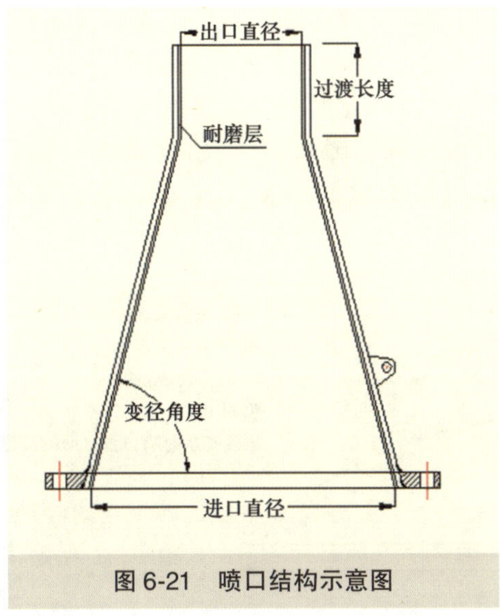

图 6-21　喷口结构示意图

图 6-22　新式喷口艏喷示意图

老式喷口出口端过渡长度小，虽然会产生较高的压力，但艏喷时会产生紊流，致使流量比较小。新式喷口出口端过渡长度大，比较平滑，泥浆具有较高的喷射速度，泥泵输出功率相同时，产量更高。

3. 喷口的出口直径

喷口的出口直径是所有参数中最重要的一个参数。喷嘴直径小，流量较小，意味着单位产量较低，但喷射速度较高，所以喷距较大。在流量一定的情况下，喷口的出口直径决定了喷射初速度。若设定艏喷时泥浆流量为 $Q(\mathrm{m^3/s})$，则喷口出口直径为 $\Phi(\mathrm{mm})$，则喷射速度可以通过下式计算：

$$v = Q/\left[\pi \times \left(\frac{\Phi}{2\ 000}\right)^2\right] \tag{6-4}$$

目前常用的喷口出口直径有 $\Phi = 350$ mm、400 mm、450 mm。

艏喷的先决条件是耙吸船尽量重载接近艏喷点。对于软土壤的海岸，经常需要耙吸船顶滩作业，如图 6-23 所示。因此，耙吸船的重载吃水，特别是艏吃水就成为艏喷的一个限制条件。在大多数情况下，耙吸船可以在艏喷开始时通过艏喷泥浆迅速减小艏吃水，随后耙吸船可以前移进行顶滩艏喷作业。

图 6-23　耙吸船顶滩作业效果图

6.1.4.2 喷距理论计算模型及验算

耙吸船喷距的计算关系着艏喷驻船位的布置,进而影响艏喷工艺的应用和产量。喷口水平角度为 α,艏喷过程中泥浆的运动轨迹可以看作某一点以 α 抛角斜上抛的运动轨迹,如图 6-24 和图 6-25 所示。抛射体的质心在运动过程中的轨迹称为弹道曲线,如图 6-25 所示。在理想情况下,斜上抛物体的弹道曲线是由完全对称的升弧和降弧组成的,它的运动轨迹是抛物线,这种运动叫作斜抛运动。

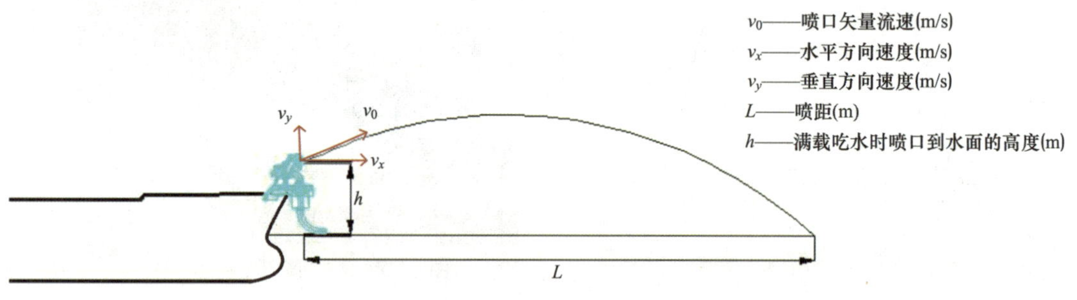

图 6-24 艏喷过程中泥浆的运动轨迹

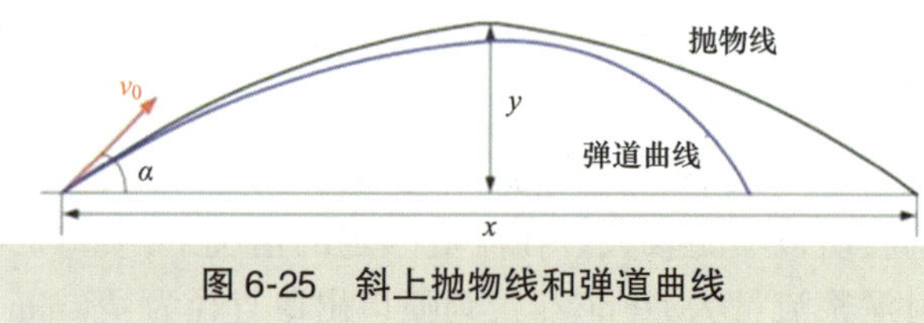

图 6-25 斜上抛物线和弹道曲线

斜上抛物运动方程为:

$$\begin{cases} x = v_0 \times t \times \cos\alpha \\ y = v_0 \times t \times \sin\alpha - \dfrac{1}{2}g \times t^2 \end{cases} \tag{6-5}$$

式中:t 为从抛出到落地的时间。令 $y = 0$,可以求出:

$$t = \frac{2v_0 \times \sin\alpha}{g} \tag{6-6}$$

对于耙吸船艏喷喷距理论计算模型,定义泥浆喷射落水水面 $y = 0$,喷口位置坐标为 $(0,h)$,h 为喷口至水面的垂直距离,得到理想状态下喷射泥浆的运动方程:

$$\begin{cases} x = v_x \times t \\ y = h + v_y \times t - \dfrac{1}{2}g \times t^2 \end{cases} \tag{6-7}$$

式中:$v_x = v_0 \times \cos\alpha$;$v_y = v_0 \times \sin\alpha$。

在理想状态下,喷射泥浆落水时间可以通过下式计算得到:

$$t = \frac{2v_y + \sqrt{4v_y + 4g \times h}}{2g} \tag{6-8}$$

由此得到理想计算模型最大喷距 L 的计算公式:

$$L = v_x \times t \tag{6-9}$$

将 $v_x = v_0 \times \cos\alpha, v_y = v_0 \times \sin\alpha$，以及式(6-8) 代入式(6-9)，可以得到：

$$L = v_0 \times \cos\alpha \times \frac{2v_0 \times \sin\alpha + \sqrt{4(v_0 \times \sin\alpha)^2 + 4g \times h}}{2g} \tag{6-10}$$

对式(6-10)求导，得到：

$$\frac{dL}{d\alpha} = -v_0\sin\alpha \times (2v_0\sin\alpha + 2v_0\sin\alpha) + v_0\cos\alpha \times 4v_0\cos\alpha \tag{6-11}$$

化简后得到：

$$\frac{dL}{d\alpha} = 4v_0^2(\cos^2\alpha - \sin^2\alpha) \tag{6-12}$$

令$\frac{dL}{d\alpha} = 0$，可以求出最佳水平喷射角 $\alpha = \frac{\pi}{2} = 45°$，此时喷距最大。目前，公司耙吸船喷口大部分采用的水平角度为 45°。

喷口到水面的垂直距离 h 取决于耙吸船的几何参数及吃水，其变化范围是：$H - h'_{满载吃水} \leqslant h \leqslant H - h'_{空载吃水}$（$H$ 表示喷口到船底面的高度，h' 表示耙吸船吃水）。

考虑空气阻力的喷距计算公式为：

$$x = \frac{m}{k}\ln\left(\frac{kv_0 \times \cos\alpha \times t}{m} + 1\right) \tag{6-13}$$

以"新海龙"号为例，利用式(6-13)分别计算满载和空载条件下以不同流量（常规范围内）艏喷的喷距，计算参数见表 6-11，计算结果见表 6-12 和表 6-13。

表 6-11　"新海龙"号艏喷喷距计算参数

喷口到水面的高度 h(m)		艏喷水平角度 α(°)	喷口内直径 Φ(mm)
满载	空载		
13.5	18.0	45	450

表 6-12　"新海龙"号在不同泥泵运行模式下以不同流量艏喷喷距计算表（满载）

泥泵运行模式	流量 (m^3/s)	v_0 (m/s)	v_x (m/s)	v_y (m/s)	h (m)	t (s)	L (m)
低低模式	3.5	20.6	14.6	14.6	13.5	3.4	49
	3.8	22.4	15.8	15.8	13.5	3.6	57
	4.1	24.1	17.1	17.1	13.5	3.8	65
	4.4	25.9	18.3	18.3	13.5	4.1	75
	4.7	27.6	19.6	19.6	13.5	4.3	84
	5.0	29.4	20.8	20.8	13.5	4.5	95

（续表）

泥泵运行模式	流量 (m^3/s)	v_0 (m/s)	v_x (m/s)	v_y (m/s)	h (m)	t (s)	L (m)
低高模式	5.3	31.2	22.0	22.0	13.5	4.8	106
	5.6	32.9	23.3	23.3	13.5	5.0	117
	5.9	34.7	24.5	24.5	13.5	5.3	129
	6.2	36.5	25.8	25.8	13.5	5.5	142
	6.5	38.2	27.0	27.0	13.5	5.8	156
	6.8	40.0	28.3	28.3	13.5	6.0	170

表 6-13 “新海龙”号在不同泥泵运行模式下以不同流量艏喷喷距计算表（空载）

泥泵运行模式	流量 (m^3/s)	v_0 (m/s)	v_x (m/s)	v_y (m/s)	h (m)	t (s)	L (m)
低低模式	3.5	20.6	14.6	14.6	17.2	3.7	54
	3.8	22.4	15.8	15.8	17.2	3.9	62
	4.1	24.1	17.1	17.1	17.2	4.1	71
	4.4	25.9	18.3	18.3	17.2	4.4	80
	4.7	27.6	19.6	19.6	17.2	4.6	90
	5.0	29.4	20.8	20.8	17.2	4.8	100
低高模式	5.3	31.2	22.0	22.0	17.2	5.0	111
	5.6	32.9	23.3	23.3	17.2	5.3	123
	5.9	34.7	24.5	24.5	17.2	5.5	135
	6.2	36.5	25.8	25.8	17.2	5.7	148
	6.5	38.2	27.0	27.0	17.2	6.0	162
	6.8	40.0	28.3	28.3	17.2	6.2	176

由表 6-12 和表 6-13 可知，由耙吸船吃水 h'（空载或满载）变化而引起的喷口高程（h）变化对喷距影响敏感度较小（$<3\%$），可以忽略不计；而喷口流速的变化是喷距变化的关键因素，计算结果显示“新海龙”号的理想最大喷距可达 170 m。

6.1.4.3 艏喷泥浆运动轨迹影响分析

在不考虑空气阻力的情况下，泥浆运动轨迹可被看作抛物线，推导过程和结果比较简单。由式（6-13）可知，艏喷泥浆运动轨迹与空气阻力系数 k、质量 m、喷射初速度 v_0 有关。

1. 不同空气阻力系数下艏喷泥浆运动轨迹比较

在有空气阻力的情况下，设泥浆密度为 1.25 t/m^3，喷口出口直径 $\Phi=450$ mm，喷射初速度 $v_0=40$ m/s，喷口水平角度 $\alpha=45°$，空气阻力系数 k 分别为 0.001、0.005、0.01、0.1，计算出不同空气阻力系数下艏喷泥浆运动轨迹如图 6-26 所示。

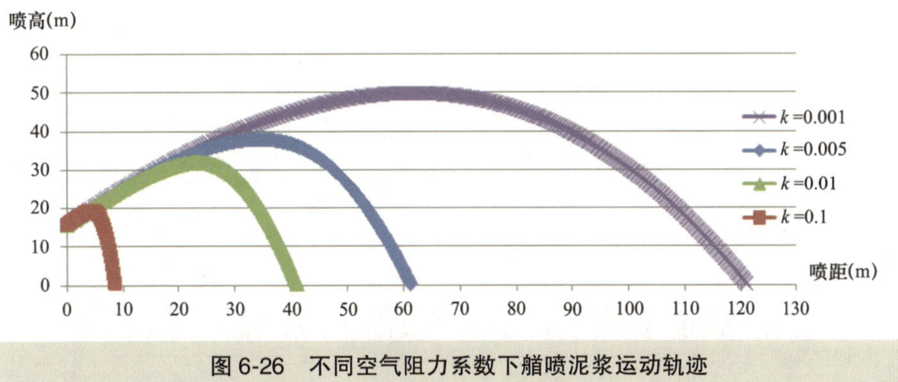

图 6-26　不同空气阻力系数下艏喷泥浆运动轨迹

从图 6-26 中可以看出,空气阻力系数 k 越大,则喷距越小,喷高越小;k 越小,则喷距越大,喷高越大。以最高点为水平对称点观察两侧的运动轨迹,k 越大,轨迹越不对称。

2. 不同密度下艏喷泥浆运动轨迹比较

在某一时间微元内,由喷射初速度和喷口出口直径决定泥浆微团质量,即 $m = \rho\pi\left(\frac{\Phi}{2\ 000}\right)^2 v\ \Delta t$,将式(6-4)代入此式得到

$$m = \rho \times Q \times \Delta t \tag{6-14}$$

式中:ρ—— 泥浆密度;

Q—— 泥浆流量;

Δt—— 时间微元。

由式(6-14) 可知,泥浆密度 ρ、流量 Q 决定了泥浆微团的质量。设泥浆密度 ρ 分别为 1 t/m³、1.25 t/m³、1.65 t/m³,泥浆流量 Q = 6 m³/s,喷口出口直径 Φ = 450 mm,喷口水平角度 α = 45°,空气阻力系数 k 为 0.001 kg/m,计算不同密度下艏喷泥浆运动轨迹如图 6-27 所示。

从图 6-27 中可以看出,泥浆密度越大(微团质量大),则喷距越大,喷高越大;密度越小,则喷距越小,喷高越小。

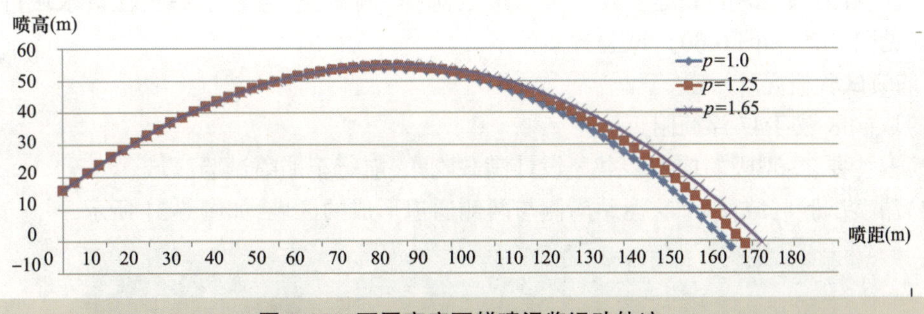

图 6-27　不同密度下艏喷泥浆运动轨迹

6.1.4.4　不同喷口水平角度对喷距的影响分析

由喷距理论计算模型可知,喷口水平角度是影响喷距的重要因素之一。设泥浆密度为 ρ = 1.25 t/m³,喷口出口直径 Φ = 450 mm,喷射初速度 v_0 = 40 m/s,空气阻力系数 k 为 0.001 kg/m,计算出喷口水平角度 α = 30°、α = 45° 时的喷距,如图 6-28 所示。

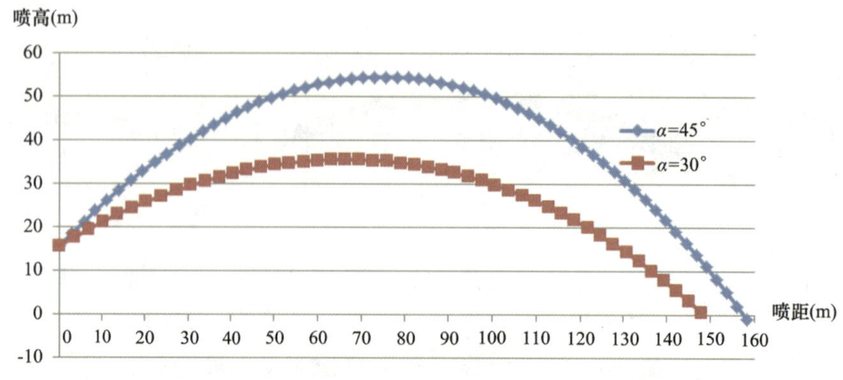

图 6-28 不同喷口水平角下艏喷泥浆运动轨迹

在不考虑空气阻力的情况下,以弹道学理论分析可知 α=45°是最理想的喷口水平角度,此时喷距最大,这在之前已论证过。喷距理论计算模型考虑了空气阻力,从图 6-28 中可以看出,虽然 α=45°时喷距更大、喷高更大,但 α=30°时艏喷泥浆运动轨迹曲线比较平缓。在喷距理论计算模型下以不同喷口水平角度艏喷的相关数据见表 6-14。

表 6-14 在喷距理论计算模型下以不同喷口水平角度艏喷的相关数据

喷口水平角度	喷高(m)	喷距(m)	落水水平速度(m/s)	落水垂直速度(m/s)
α=45°	54.6	158.5	23.1	31.9
α=30°	35.6	148.1	28.8	25.6

由表 6-14 可知,α=30°时与 α=45°时相比,泥浆落水水平速度大而落水垂直速度小,这意味着泥浆落水后可以在吹填区内运动得更远,泥沙回流量小,这有利于艏喷时对泥浆流失率的控制。

6.1.4.5 喷距理论计算模型验证

空气阻力系数 k 是由空气密度和物体的体积、形状、运动速度等因素决定的一个常数。假设空气密度均匀,在喷口水平角度 $\alpha(\alpha=45°/30°)$ 一定的情况下,喷口出口直径成为决定艏喷泥浆时空气阻力系数 k 的关键参数。为计算 k,选择"新海龙"号在上海长江口水域进行了艏喷试验(见图 6-29 和图 6-30),试验方案如下。

1. 艏喷试验概况

(1)取沙区域:D47 浮筒附近。

(2)取沙要求:耙吸船取沙装载至设计满载吃水,航行至艏喷试验区域。

(3)艏喷试验区域:C-1 吹泥站南侧与两侧通道形成的区域,如图 6-31 所示。

图 6-29 "新海龙"号艏喷清水试验

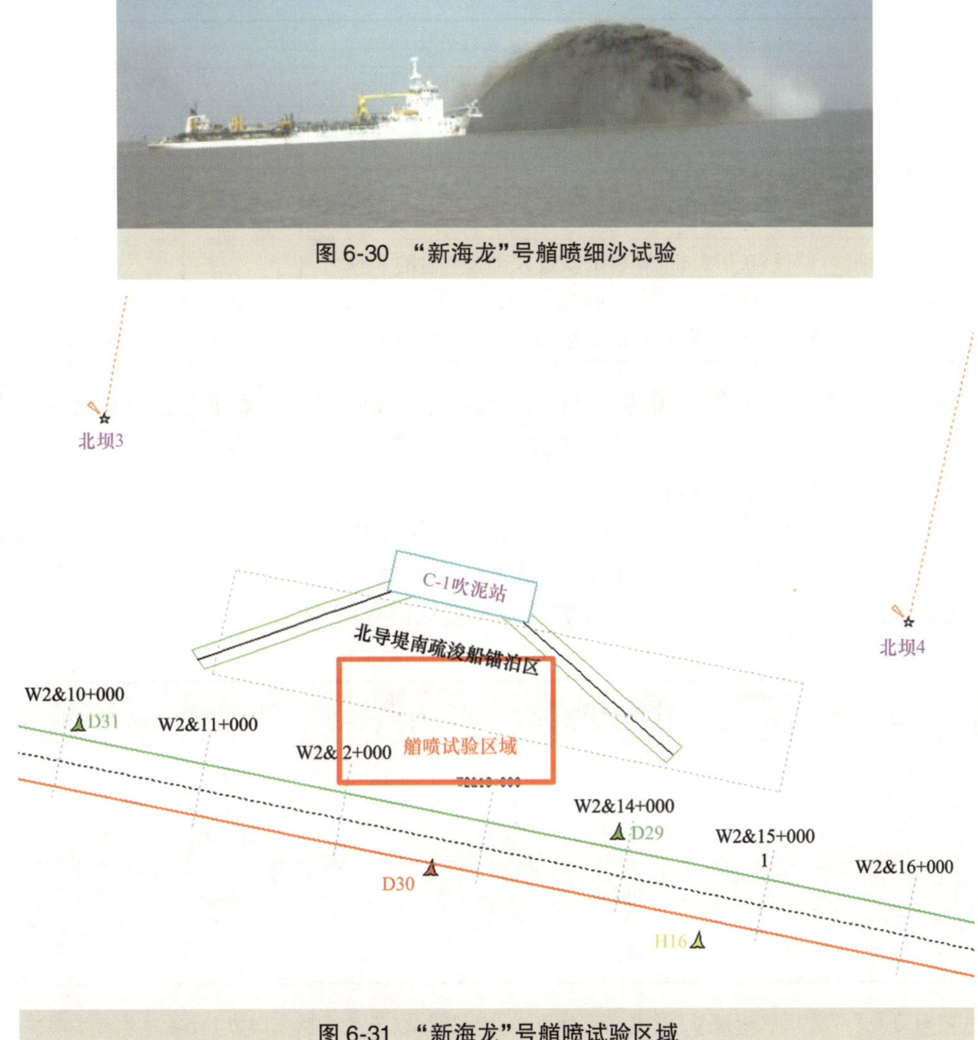

图 6-30　“新海龙”号艏喷细沙试验

图 6-31　“新海龙”号艏喷试验区域

(4)喷距测量方法

①在北导堤处架设全站仪,采用前方交汇法测量喷距。

②在试验区域附近拍摄艏喷全景照片(在与耙吸船艏喷口垂直的直线上拍摄,同一张照片包括耙吸船长度和喷射轨迹),后期采用比例法测量喷距。

(5)实测喷距:按(4)中的喷距测量方法测量喷距并取平均值。

(6)泥样采集:“新海龙”号在取沙装舱过程中,采集 2 份泥样,每份不少于 5 kg。

(7)试验数据:分别试验“新海龙”号在泥泵低低和低高运行模式下艏喷清水和细沙的喷距。

2. 求解 k 值

“新海龙”号艏喷喷距计算参数见表 6-11,艏喷试验沙样颗粒级配见表 6-15。由喷距理论计算模型可知,喷口高度对喷距影响不明显,“新海龙”号喷口高度 h 取满载和空载吃水的平均值 15.7 m。为方便计算,时间微元取 0.1 s。

表 6-15 “新海龙”号艏喷试验沙样颗粒级配表

颗粒组成百分比								
颗粒粒径(mm)	$d>0.5$	$0.25<d\leq 0.5$	$0.1<d\leq 0.25$	$0.075<d\leq 0.1$	$0.05<d\leq 0.075$	$0.01<d\leq 0.05$	$0.005<d\leq 0.01$	$d\leq 0.005$
占总质量的百分数(%)	0	10.35	73.39	4.99	4.05	5.93	0.74	0.55
分类标准	细沙:粒径>0.075 mm 颗粒的质量大于总质量的 85% 中沙:粒径>0.25 mm 颗粒的质量大于总质量的 50% 粗沙:粒径>0.5 mm 颗粒的质量大于总质量的 50%					土壤分类	细沙	

利用“新海龙”号实测数据,根据式(6-13)反算空气阻力系数,采用多组试验测量数据计算多组 k 值,取算术平均值 0.001 1 作为该船试验工况下的空气阻力系数。

3. 模型计算与实测对比分析

以“新海龙”号艏喷喷距作为计算参数(见表 6-11),利用前面计算的空气阻力系数和式(6-13),选取“新海龙”号四组不同的艏喷工况(见表 6-16)对理论计算模型进行验证,并与实测结果比较分析,计算结果见表 6-17,计算结果比较见图 6-32 和图 6-33。

表 6-16 “新海龙”号四组不同的艏喷工况

状态	泥泵运行模式	流速(m/s)
清水	低低	5.0
	低高	6.6
细沙	低低	4.7
	低高	6.3

表 6-17 “新海龙”号喷距理论模型(考虑空气阻力)及理想模型(不考虑空气阻力)计算结果与实测喷距比较

模式	实测(m)	理论模型(m)	偏差(m)	误差	理想模型(m)	偏差(m)	误差	差值(m)
清水低低	99.2	97.1	-2.1	-2.12%	104.7	5.5	5.66%	7.6
清水低高	155.5	152.7	-2.8	-1.8%	173.1	17.6	11.53%	20.4
细沙低低	84.7	89.0	4.3	5.08%	93.9	9.2	10.34%	4.9
细沙低高	146.6	144.7	-1.9	-1.3%	158.9	12.3	8.5%	14.2

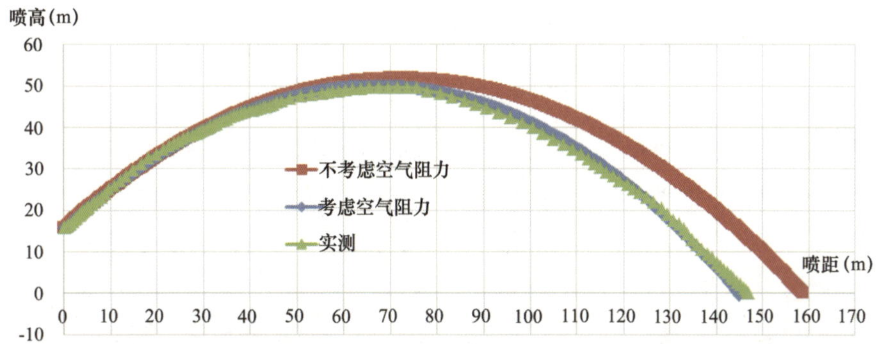

图 6-32　在泥泵低高运行模式下艏喷清水时理想模型、理论模型与实测数据比较

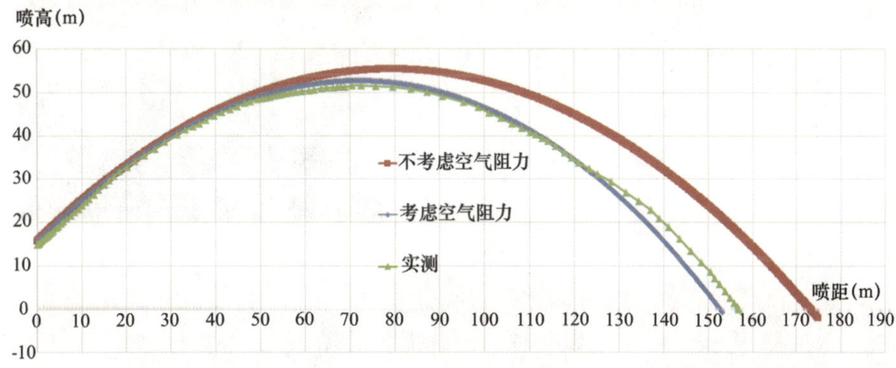

图 6-33　在泥泵低高运行模式下艏喷细沙时理想模型、理论模型与实测数据比较

由表 6-17 和图 6-32、图 6-33 可以看出，与不考虑空气阻力的理想模型相比，空气阻力系数 $k=0.0011$ 时，理论模型计算结果与实测喷距相当接近，理论模型计算结果的精度在泥泵低高运行模式下不超过 2%。艏喷时泥浆落水呈椭圆形，覆盖一定的范围，因此本理论模型计算的喷距完全能满足工程上对喷距计算的要求。

6.2　耙吸船耙头耐磨块高压喷嘴性能研究

高压冲水是耙吸船疏浚施工的关键工艺参数，在疏浚过程中，可通过高压冲水对水下泥浆进行冲刷、疏松、膨胀，达到提高耙吸船疏浚效率的目的。特别是近些年来，随着土壤、海况等越来越复杂，耙头高压冲水的作用变得更加重要。

高压冲水喷嘴的作用是将压力能转化为动能，在一定的冲水压力下，其射流动能越大，喷射能力就越强，冲刷和疏松泥浆的能力也就越大。对于耙吸船高压冲水的性能，国内外专家和学者开展过相关的研究，然而，耙吸船疏浚施工过程中的高压冲水系统仍存在许多争议性的问题需要解决，如喷嘴的出口压力、喷嘴锥度、直管段长度、喷嘴对泥面的喷射角度等。针对上述特性问题进行深入的试验研究，不仅可以掌握高压冲水喷嘴不同锥度和不同直管段长度对射流特性的影响，还可以通过测量不同靶距、不同压力及不同移动速度情况下的破土效果，进一步优化高压冲水喷嘴的结构及功能，提高耙吸船施工效率，降低施工成本。

6.2.1 喷嘴锥度对射流特性的影响

为研究喷嘴锥度对高压冲水射流特性的影响，制作了不同锥度的喷嘴，分别为 13°、18°和 23°。喷嘴内流道示意图如图 6-34(a)所示，加工制作的喷嘴如图 6-34(b)所示。试验时喷嘴压力均采用 1.6 MPa，除锥度不同外，其他条件均相同。试验时在相同位置拍摄照片，对比拍摄照片，可观察出锥度为 13°时水流更加集中，锥角为 23°时喷嘴出水散射较明显。

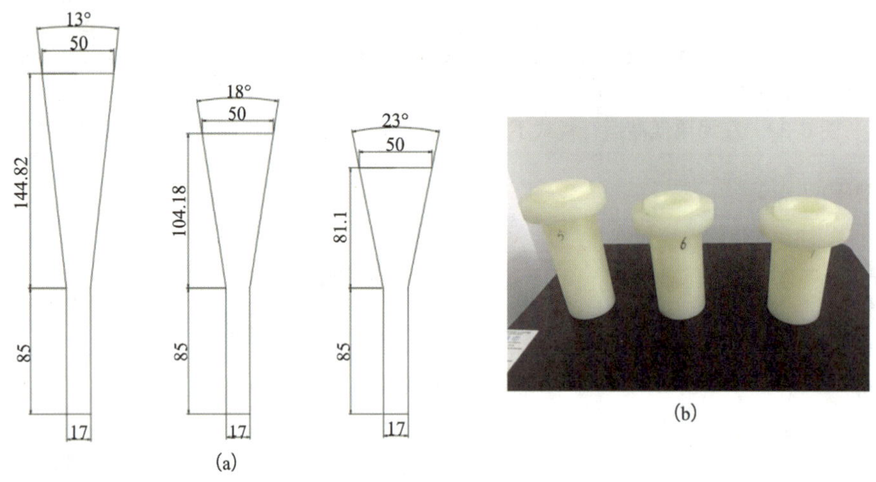

图 6-34 不同锥度的喷嘴

为了更清晰地显示不同锥度喷嘴扩散范围的变化，研究其显著差别，将拍摄照片进行处理后如图 6-35 所示。当喷嘴锥度为 13°时，射流形成的水柱体扩散角 θ_1 为 3.45°，5D(D 为喷嘴内径)射流距离处的扩散宽度 L_1 为 22.4 mm；当喷嘴锥度为 18°时，扩散角 θ_1 为 5.16°，扩散宽度 L_1 为 25.4 mm；当喷嘴锥度为 23°时，扩散角 θ_1 为 7.11°，扩散宽度 L_1 为 28.6 mm。

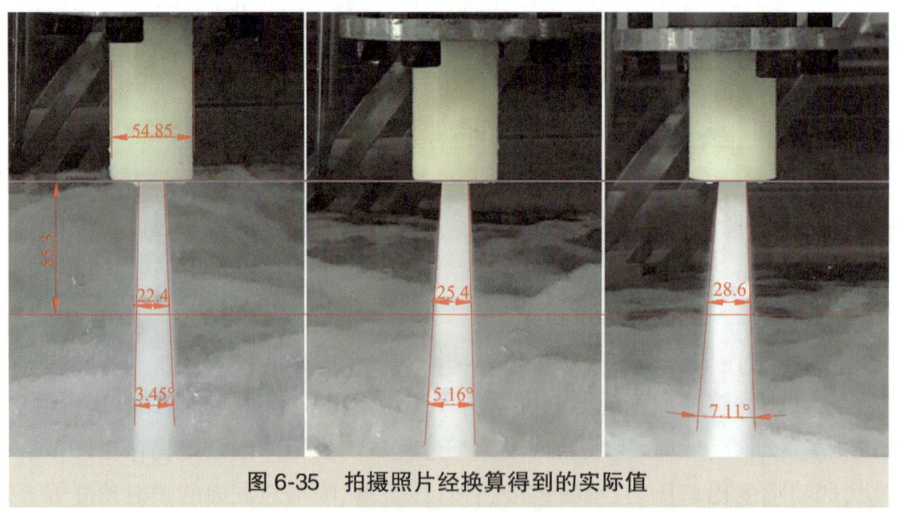

图 6-35 拍摄照片经换算得到的实际值

根据上述试验结果，对不同锥度的喷嘴进行评价，评价结果如表 6-18 所示。评价指标为扩散角和 5D 射流距离处的扩散宽度，评价结果显示，锥度为 13°的喷嘴评价结果为最优，其次为锥度为 18°的喷嘴，再次为锥度为 23°的喷嘴。

表 6-18　不同锥度喷嘴的评价

锥度	扩散角	5D 距离处的扩散宽度	评价结果
13°	3.45°	22.4 mm	最优
18°	5.16°	25.4 mm	其次
23°	7.11°	28.6 mm	再次

6.2.2　喷嘴直管段长度对射流特性的影响

采用上述试验方法，研究喷嘴直管段长度对高压冲水射流特性的影响，对不同直管段长度的喷嘴进行评价，评价结果如表 6-19 所示。

表 6-19　直管段长度喷嘴的评价

直管段长度	扩散角	扩散宽度	评价
13°锥度 1D	5.3°	24.97 mm	良
13°锥度 2D	5°	23.97 mm	良
13°锥度 3D	3.54°	23.62 mm	优
13°锥度 4D	3.55°	23.49 mm	优
13°锥度 5D	3.55°	23.37 mm	优

6.2.3　喷嘴靶向距离对高压冲水破土效果的影响

为确定喷嘴靶向距离（简称靶距）对高压冲水破土效果的影响，采用孔径 17 mm、锥度 13°、直管段长度 4D 的喷嘴进行试验。试验选取喷嘴压力为 1.6 MPa、喷嘴对泥面角度为 90°、航速为 2 kn，靶向距离分别为 L = 20 mm、40 mm、60 mm、80 mm、100 mm、120 mm、140 mm 和 160 mm 等 8 组工况进行试验研究。试验结束，土体被切削后的效果图如图 6-36 所示。不同靶距下高压冲水的破土特性变化如图 6-37 所示，不同靶距下高压冲水的破土面积变化如图 6-38 所示。

图 6-36　土体被切削后的效果图

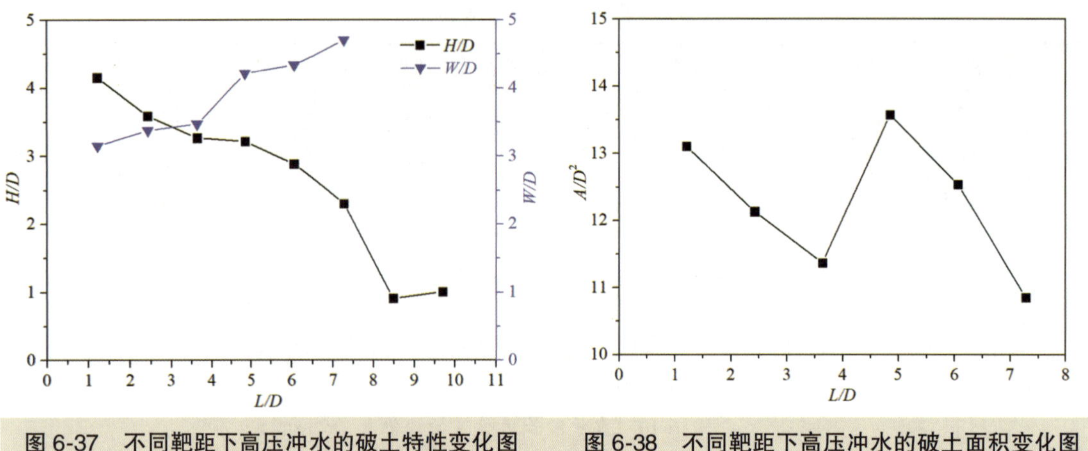

图 6-37　不同靶距下高压冲水的破土特性变化图　　图 6-38　不同靶距下高压冲水的破土面积变化图

6.2.4　喷嘴压力对高压冲水破土效果的影响

为了对比不同喷嘴压力对高压冲水破土效果的影响，选用孔径分别为 17 mm 和 11 mm 的喷嘴进行试验。喷嘴流道示意图如图 6-39 所示。

随着喷嘴出口压力的增大，高压冲水的破土面积逐渐增大。当喷嘴压力为 1.2~1.5 MPa 时，破土面积处于变化相对平缓的阶段；当喷嘴压力小于 1.2 MPa 和大于 1.5 MPa 时，破土面积的变化速率和变化量相对较为显著。不同压力下不同出口直径喷嘴的破土特性如图 6-40~图 6-42 所示。

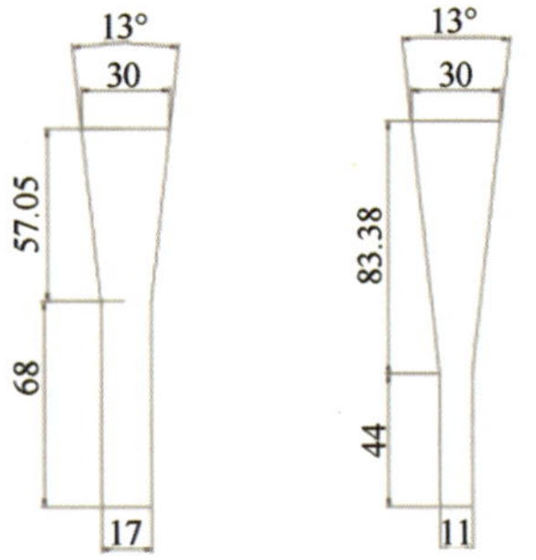

图 6-39　喷嘴流道示意图

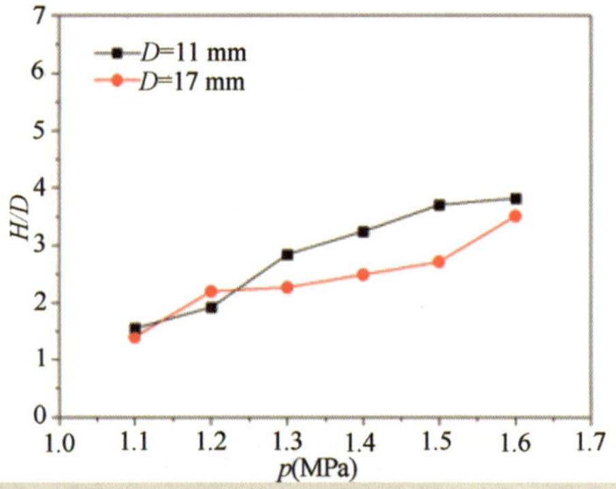

图 6-40　不同压力下不同直径喷嘴的破土特性图(一)

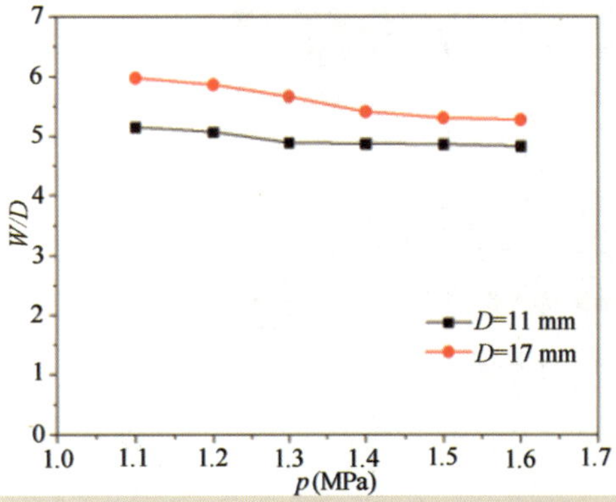

图 6-41　不同压力下不同直径喷嘴的破土特性图(二)

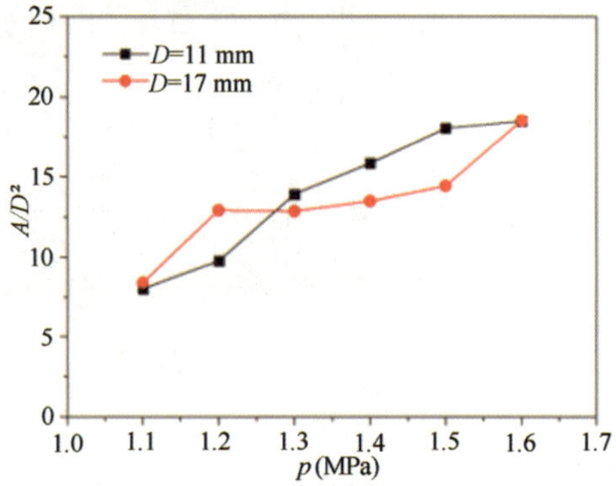

图 6-42　不同压力下不同直径喷嘴的破土特性图(三)

6.2.5　航速对高压冲水破土效果的影响

为了研究航速对高压冲水破土效果的影响，采用孔径 17 mm、锥度 13°、直管段长度 4D 的喷嘴进行试验。试验选取了当喷嘴压力为 1.6 MPa、耙距为 90 mm(5.29D)、喷嘴对泥面角度为 90°时，航速分别为 1 kn、1.5 kn、2 kn、3 kn 及 4 kn 等 5 组工况。

图 6-43 为不同航速下高压冲水的破土特性图，深度和宽度采用相对一致的坐标，便于变化速率和变化量的对比。从图中可以看出，随着航速的增大，高压冲水的破土深度和破土宽度均在逐渐减小，但两者的变化速率存在较为明显的差异，尤其当航速为 2~3 kn 时，相对破土宽度而言，破土深度的变化速率更为明显。

图 6-44 为不同航速下高压冲水的破土面积变化图。由于破土深度和破土宽度均随着航速的增大而逐渐减小，当航速为 1~3 kn 时，破土面积的变化速率和变化量十分明显；当航速为 3~4 kn 时，破土面积的变化速率相对较为平缓，变化量较小。

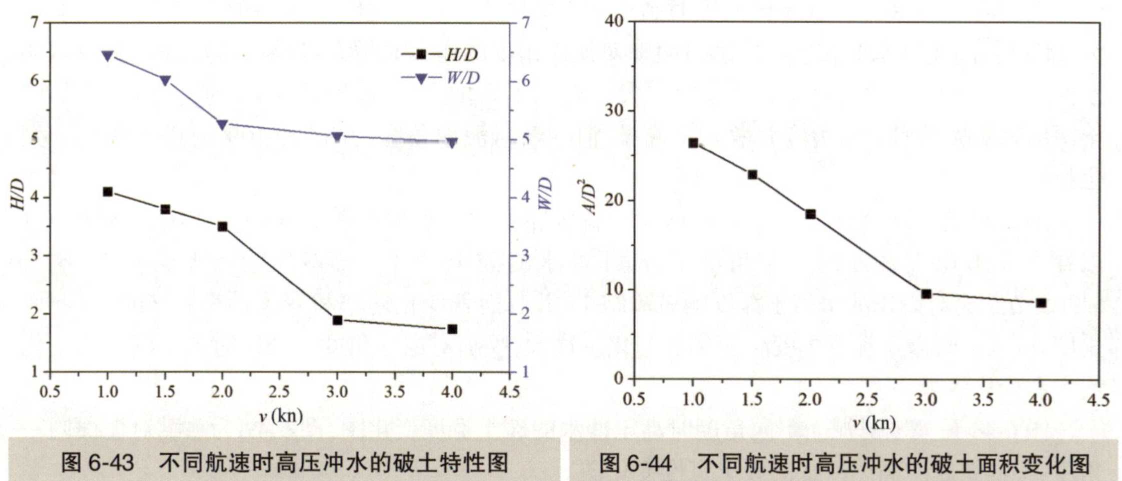

图 6-43　不同航速时高压冲水的破土特性图

图 6-44　不同航速时高压冲水的破土面积变化图

6.2.6　喷嘴对泥面角度对高压冲水破土效果的影响

为了研究喷嘴对泥面角度对高压冲水破土效果的影响，采用孔径为 17 mm、锥度为 13°、直管段长度为 4D 的喷嘴进行试验。试验选取了当喷嘴压力为 1.6 MPa、耙距为 90 mm(5.29D)，航速分别为 2 kn、3 kn 和 4 kn 时，喷嘴对泥面角度分别为 80°、90°和 100°等 3 组工况。图 6-45 为喷嘴对泥面不同角度示意图。

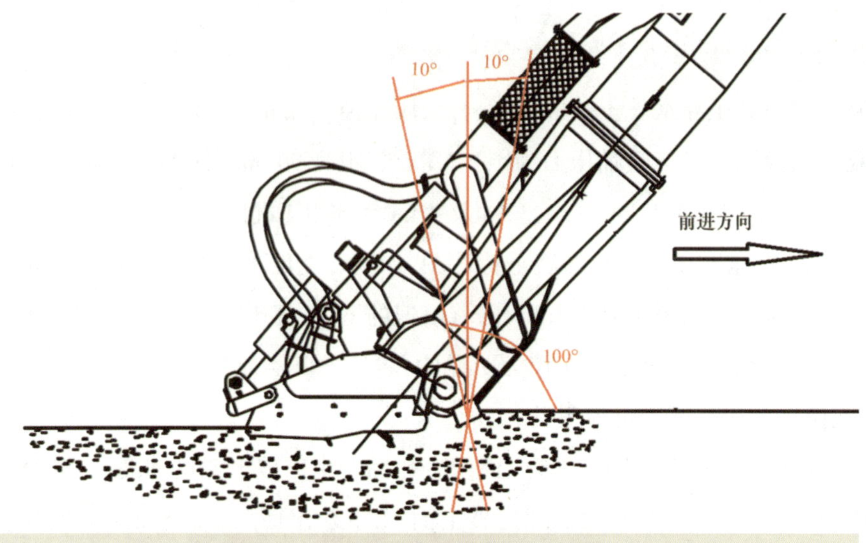

图 6-45 喷嘴对泥面不同角度示意图

图 6-46 为喷嘴对泥面不同角度时高压冲水的破土深度变化图。从图中可以看出，当航速为 2 kn 时，高压冲水的破土深度随着喷嘴对泥面角度的增大而增大；当航速为 3 kn 时，高压冲水的破土深度随着喷嘴对泥面角度的增大而先减小后增大；当航速为 4 kn 时，高压冲水的破土深度随着喷嘴对泥面角度的增大而减小，但喷嘴对泥面角度为 90°和 100°时破土深度的变化量较小。

图 6-47 为喷嘴对泥面三个不同角度时高压冲水的破土深度随航速的变化图。从图中可以看出，在喷嘴对泥面的三个角度下，高压冲水的破土深度均随航速的增大而减小，这与 6.2.5 节航速对高压冲水破土深度的试验结果相同；而就变化速率和变化量来看，喷嘴对泥面角度 $\theta=100°$时破土深度的变化速率和变化量最大，喷嘴对泥面角度 $\theta=80°$时破土深度的变化速率和变化量最小。

图 6-48 为喷嘴对泥面不同角度时高压冲水的破土宽度变化图，图 6-49 为喷嘴对泥面同一角度、不同航速时高压冲水的破土宽度变化图。

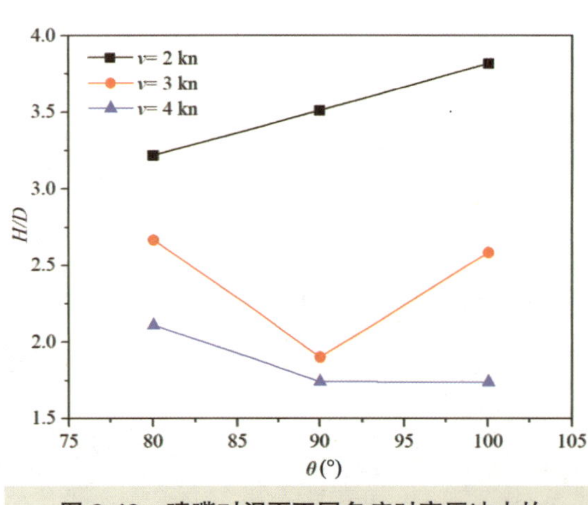

图 6-46 喷嘴对泥面不同角度时高压冲水的破土深度变化图

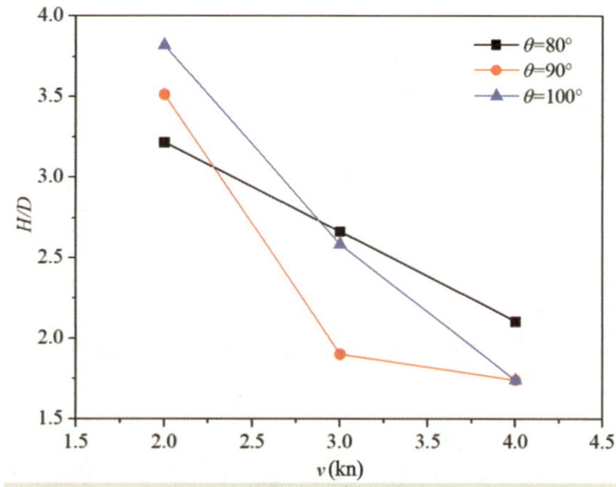

图 6-47 喷嘴对泥面三个不同角度时高压冲水的破土深度随航速的变化图

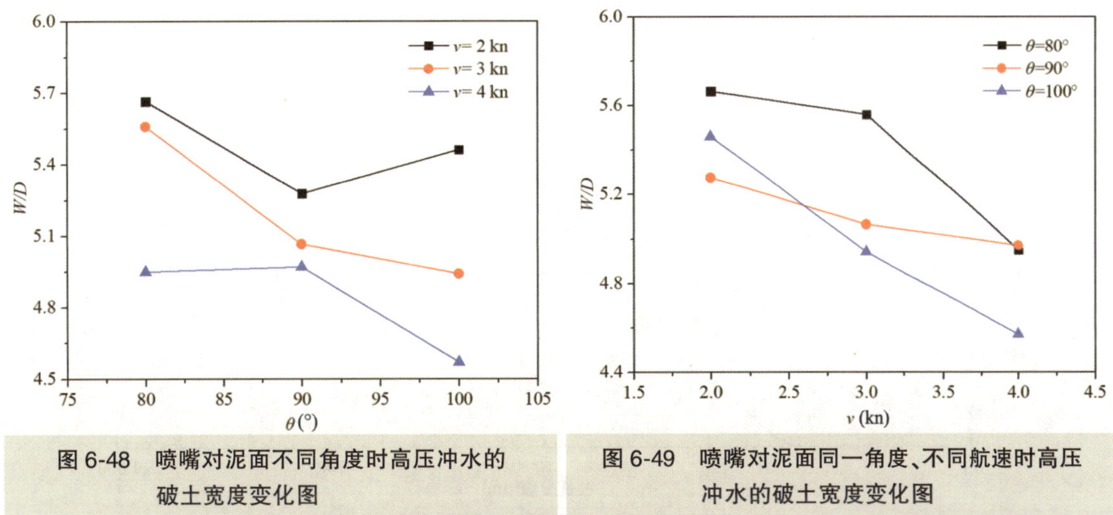

图 6-48　喷嘴对泥面不同角度时高压冲水的破土宽度变化图

图 6-49　喷嘴对泥面同一角度、不同航速时高压冲水的破土宽度变化图

6.3 超高压射流机理研究及耙头研制

6.3.1 引言

随着国内外航道水深逐步加大,耙吸船面对黏土的疏浚工程不断增多,黏土的无侧限抗压强度(UCS)普遍达到 10~20 MPa。面对这样的硬质土壤,耙吸船的破土能力明显不足,挖掘效率较低。针对硬质黏土,DEME 公司对耙吸船加装了 Dracula 系统,结果显示该系统有效地解决了挖掘硬质黏土时的耙头堵塞、破土能力弱等问题,并提高了疏浚产量。目前,公司的耙吸船多采用常规压力的高压冲水来辅助破土,但是针对硬质黏土,耙头采用 0.8/1.6 MPa 的高压冲水后,实船试验结果表明破土的挖掘效率很低。

为提高耙吸船的挖掘效率,公司自主研制了基于超高压射流机理的耙吸船主动挖掘型耙头。本节介绍该耙头及其系统,并根据现场实测疏浚数据进行应用效果验证。

6.3.2 土壤工况分析

1. 连云港港 30 万吨徐圩航道硬质黏土的物理力学性能指标

连云港港 30 万吨徐圩航道黏土粒径为:$D_{10}=1.24\ \mu m$,$D_{50}=6.94\ \mu m$,$D_{90}=38.6\ \mu m$,颗粒级配曲线如图 6-50 所示。

通过直剪试验,测得土体内聚力 $C=21.58$ kPa,内摩擦角 $\phi=27.83°$,土体在 50 kPa、100 kPa、150 kPa 和 200 kPa 的竖向荷载下的剪应力随位移的变化如图 6-51 所示。根据不同竖向荷载下的抗剪强度,绘制抗剪强度与竖向应力的关系图,如图 6-52 所示。

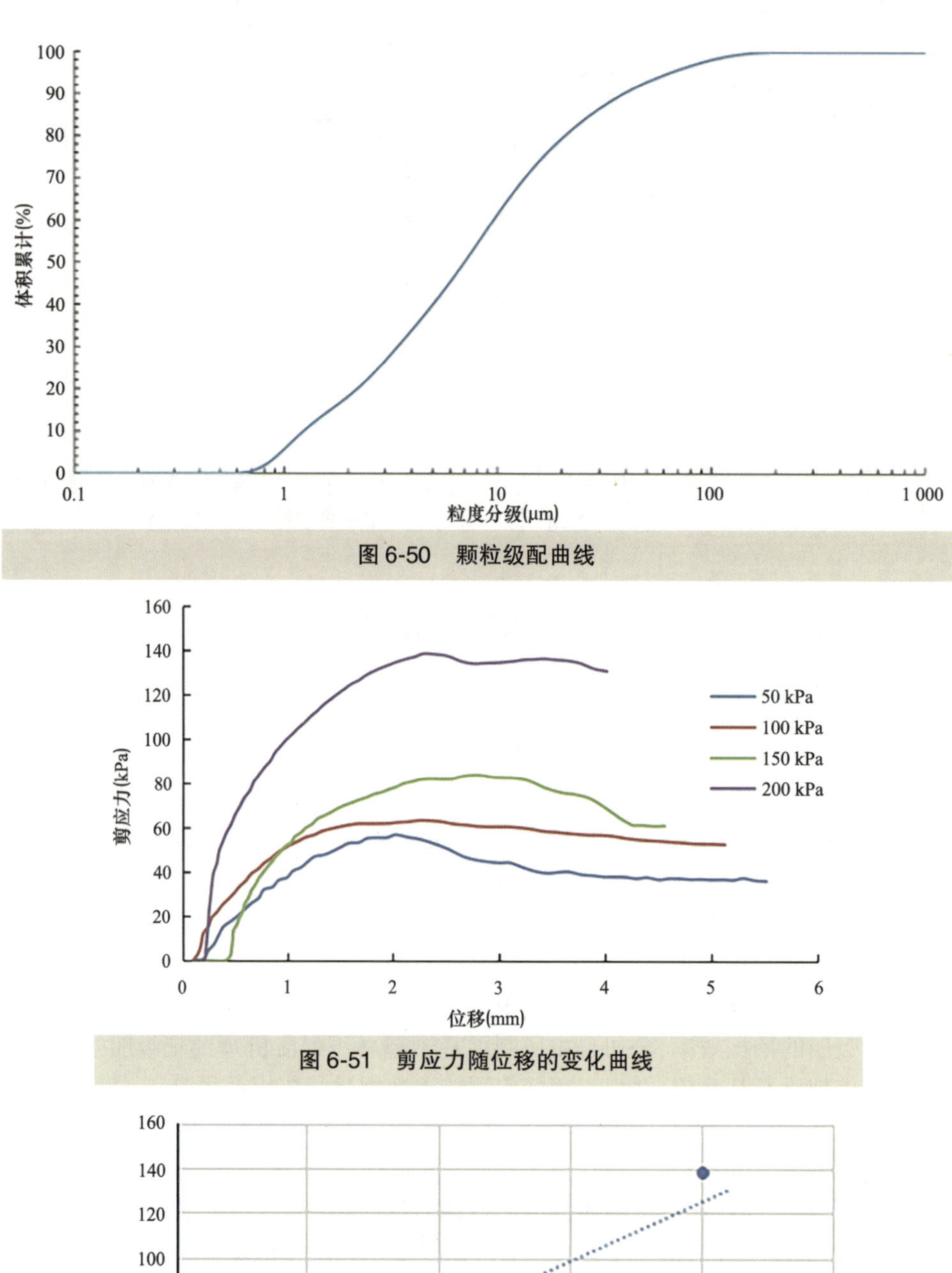

图 6-50　颗粒级配曲线

图 6-51　剪应力随位移的变化曲线

图 6-52　抗剪强度与竖向应力的关系图

2. 长江口 12.5 m 深水航道细粉沙的物理力学性能指标

长江口 12.5 m 深水航道土壤的物理力学性能指标如表 6-20 所示。从表中可以看出长江口土壤内聚力较小，仅在地基土层为淤泥质黏土时出现一些内聚力较大的区域；从内摩擦角来看，长江口土壤内摩擦角也相对较小，仅部分区域的土壤内摩擦角大于 20°。

表 6-20　长江口 12.5 m 深水航道土壤的物理力学性能指标

地基土层名称	天然含水率	天然重度	天然孔隙比	液性指数	塑性指数	内摩擦角	内聚力
	W(%)	Y(kN/m³)	e	I_L	I_P	φ(°)	C(kPa)
灰黄色细粉沙	31.2	18.6	0.875	—	—	33	4
灰黄色淤泥质粉质黏土	42.1	17.9	1.137	1.32	13.7	24	9.5
灰黄色淤泥	59.8	16.5	1.645	1.78	19.8	9.5	9
灰黄-灰色淤泥质黏土	50.4	17	1.423	1.31	20.3	10.5	11

对比分析以上两种土壤的物理力学性能指标数据可知：

(1) 从抗剪强度指标来看，连云港港 30 万吨徐圩航道土壤的抗剪强度高，也就是说土壤的内聚力较大，颗粒之间黏结紧密，不利于耙齿的贯入，同时导致耙齿挖掘阻力增大，增加挖掘难度。

(2) 从粒径指标来看，硬质黏土的中值粒径很小，以粉、黏粒为主，含水率很低，渗透系数很小，致使水流无法快速补充到剪胀区，还会形成负压区，从而导致切削阻力增大。

(3) 从内聚力指标来看，一般耙头在挖掘过程中需借助水流的冲刷作用带走部分泥沙。内聚力较大的黏土在挖掘过程中不易坍塌，且在低速水流作用下不会被冲刷，使得泥泵吸水流的冲刷效果非常小。

6.3.3　超高压耙头系统

1. "新海牛"号高效挖掘黏土耙头系统

"新海牛"号高效挖掘黏土耙头系统主要由供水泵、高压泵站、耙臂管上的高压管路和耙头组成，如图 6-53 所示。该系统（高压冲水压力为 38 Mpa，流量为 96 m³/h）代替了之前的常规挖掘型耙头系统（高压冲水压力为 1.2~1.8 MPa，流量为 4 100~4 500 m³/h）。其中设于辅机舱的两台离心式供水泵，将海水供给至泥舱甲板的高压泵站，供水泵的流量为 140 m³/h，扬程为 45 m，高压泵站组将水压增至 5~38 MPa；高压管路通过伺服架及耙臂管铺设至耙头上的三进三出高压分配阀块，如图 6-54 所示，直至耙头耐磨块、耙齿及格栅防堵喷嘴喷射出水，切割硬质黏土，将大块黏土破碎成小块黏土，提高挖掘效率，同时防止耙头格栅处堵塞。

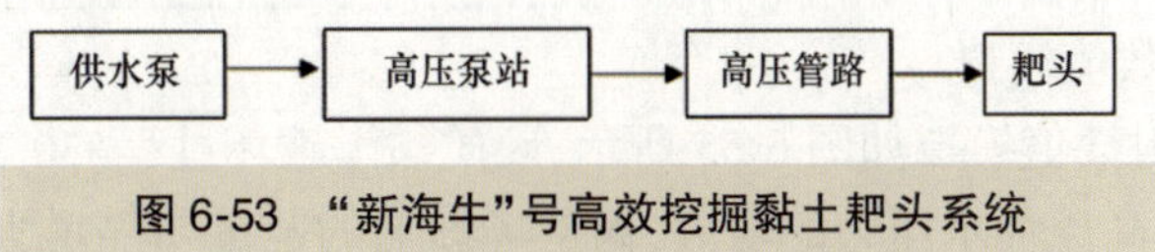

图 6-53　"新海牛"号高效挖掘黏土耙头系统

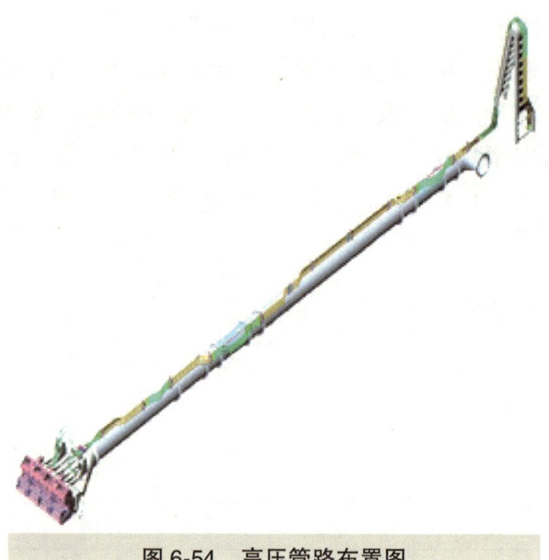

图 6-54　高压管路布置图

2. 高压泵站技术参数

高压泵站由柴油机、联轴器(离合器)、减速箱、传动轴和高压柱塞泵组成。高压柱塞泵持续工作时排出压力最高可达 38 MPa,其主要技术参数如表 6-21 所示。

表 6-21　高压泵站主要技术参数

部件	规格
发动机	康明斯 KTA38-M21 200 HP@1 800 r/min
离合器	WPT SP318 气动离合器
减速箱	单级减速 1.6∶1
传动轴	重载
高压柱塞泵	JEREH1 000 QS(3 柱塞)
气路系统	0.65~0.75 MPa
仪表控制系统	杰瑞标准
电气系统	24 V
高压管汇	103.4 MPa
低压管汇	1.03 MPa
泵最高理论压力	97.5 MPa@0.35 m^3/min
泵最大理论流量	1.56 m^3/min@25.75 MPa

3. 高压冲水喷射数值模拟

不同高压冲水喷射数值模拟如图 6-55 所示,硬质黏土破坏过程(30 MPa)如图 6-56 所示。从图中可以看出,随着高压冲水压力的增大,涡量场影响的范围明显增大,且涡量的幅值也在增大。射流压力超过 30 MPa 后,涡量场中会形成二次涡的现象,涡量场的变化范围先增大后减小,到一定程度后又迅速增大并向下游扩展。

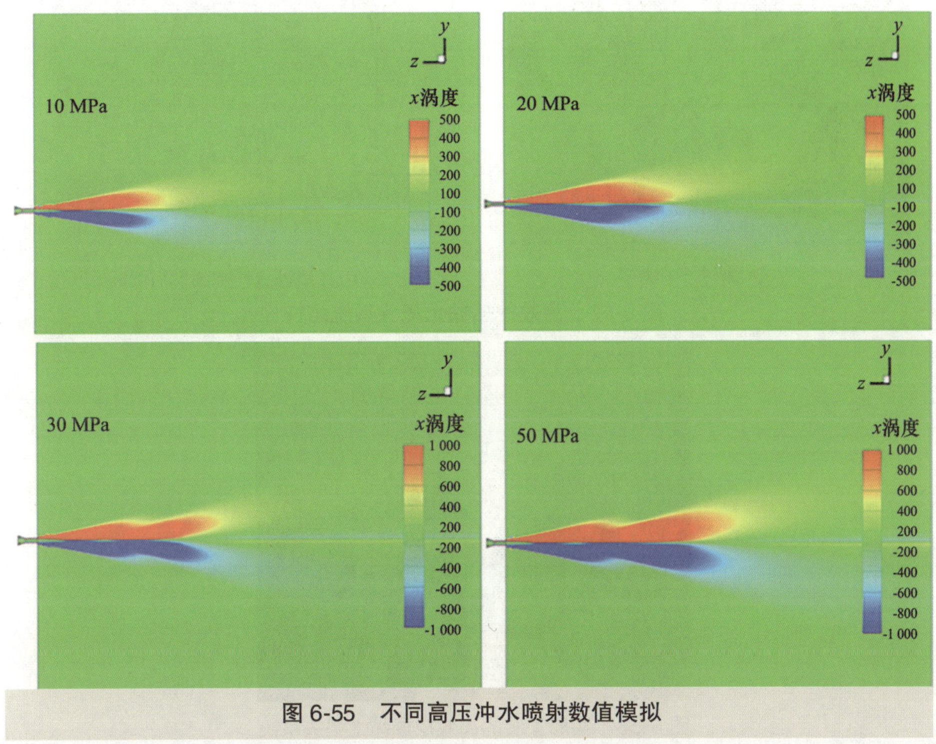

图 6-55　不同高压冲水喷射数值模拟

图 6-56　硬质黏土破坏过程(30 MPa)

4. 高效挖掘黏土耙头系统

高效挖掘黏土耙头系统在耙头固定体上安装三进三出控制阀块,通过控制阀来控制出口流量大小。三根软管总成分别与耙头耐磨块喷头、耙齿喷头、防堵喷头的入口连接。高压冲水耙头喷口的理论出口流速为 212 m/s,而常规挖掘型耙头的理论射流流速为 42 m/s,高流速的高压冲水切削泥土后,提高了耙齿的破土能力和切削效率,从而减轻了对耙头重量的需求,达到辅助切削的目的。高效挖掘黏土耙头系统结构如图 6-57 所示,实船安装的高效挖掘黏土耙头系统如图 6-58 所示。

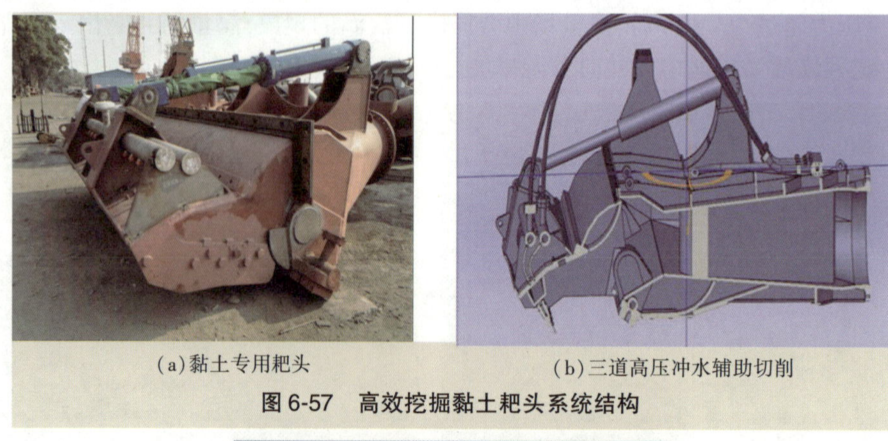

(a)黏土专用耙头　　(b)三道高压冲水辅助切削

图 6-57　高效挖掘黏土耙头系统结构

图 6-58　实船安装的高效挖掘黏土耙头系统

5. 智能化、可视化的控制系统

耙吸船高效挖掘黏土耙头自动控制系统为耙头系统所配备的高压泵站、供水泵以及其他辅助设备提供了一套完整的集信号采集、远程控制、设备报警监测和网络通信为一体的智能化、可视化控制系统，如图 6-59 所示。

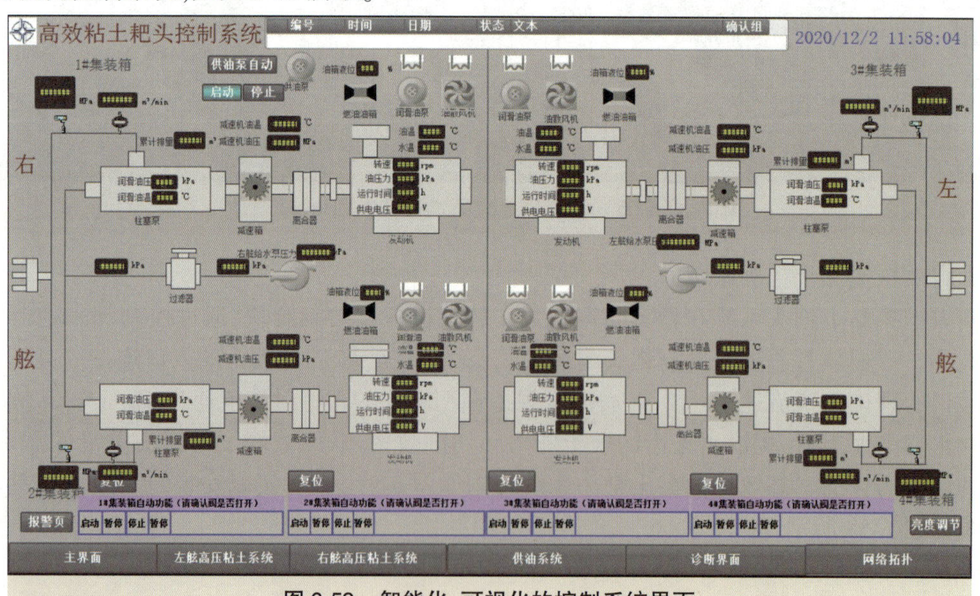

图 6-59　智能化、可视化的控制系统界面

通过采集高压泵站的柴油机、离合器等设备相关的运行、故障等状态信号，操作人员可在驾驶室可视化人机界面(HMI)上远程操作四套动力站中柴油机的启/停、调速、紧停，离合器的合上/脱开，供水泵的启/停，动力站润滑电机、油散电机的启/停等动作，开发了高集成化、模块化、远程化的控制系统。该系统具有一键启动功能，一键启动的条件是：(1)耙臂管下放至吸口且吸口到位；(2)驾驶室实现离合器的远程合上、脱开控制以及状态反馈。合上条件：耙臂管吸口到位，发动机转速小于 1 000 r/min，且水温不低于 45 ℃；脱开条件：发动机转速小于 1 000 r/min，如图 6-60 所示。

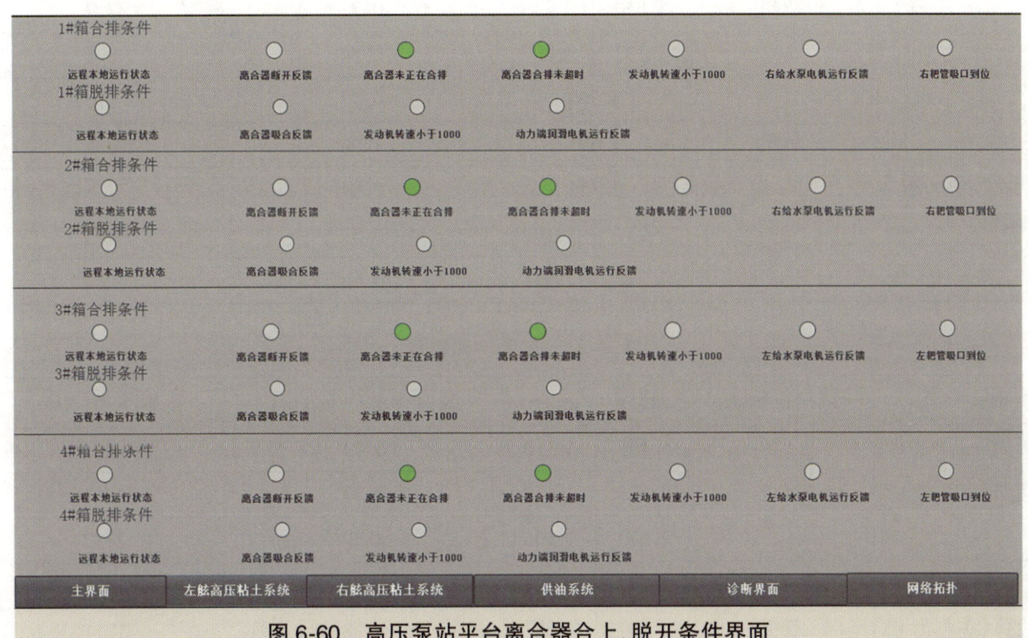

图 6-60　高压泵站平台离合器合上、脱开条件界面

6.3.4　风险辨识及安全管理要求

常规高压冲水系统的最高压力为 1.8 MPa，而高效挖掘黏土耙头系统的工作压力为 38 MPa，这是该系统的风险点。为了保证该系统安全作业，除了设计时充分考虑满足相关规范的要求外，还着重采取以下安全防护措施。(1)启动条件：当耙臂管下放至吸口到位时，才能使用一键启动功能启动此系统。(2)甲板上防护措施：①泵组出口至伺服架处的钢管外部采用 5 mm 不锈钢板进行防护。②软管总成选用防崩链进行安全防护。③耙臂管弯管艏艉处设置“高压危险”警示标记，并设置防护板，防止人员接近。

6.3.5　工程应用分析

1. 清水工况及挖泥工况测试

由表 6-22 和表 6-23 可知，“新海牛”号在耙头三路喷嘴全开状态下，排出压力可达 8.5 MPa，在关闭格栅防堵喷嘴的状态下，排出压力为 22.6 Mpa；在挖泥工况测试中，在耙头两路喷嘴全开状态下(关闭防堵喷嘴)，排出压力为 27.7 Mpa。由于柴油机转速最高可达 1 800 r/min，从测试结果可以看出柴油机柱塞泵排出压力可达 38 MPa 的设计压力要求。图 6-61 所示为测试期间耙头喷嘴射流图，可见喷嘴出口流速较高，出水量较大，船舶尾部较远处的水被搅动。

表 6-22　清水工况测试

耙头状态	柴油机状态	转速(r/min)		瞬时排量(m^3/min)	排出压力(MPa)
三路	单机	1 770		0.84	4.2
		1 790		0.86	4.7
	双机	1 370	1 430	0.65	5.8
		1 630	1 740	0.77	7.7
		1 787	1 807	0.84	8.5
两路(关防堵)	单机	1 500		0.72	7
		1 697		0.8	8.5
		1 754		0.84	9.6
	双机	1 237	1 192	0.57	20.2
		1 244	1 394	0.66	22.6

表 6-23　挖泥工况测试

耙头状态	柴油机状态	转速(r/min)		瞬时排量(m^3/min)	排出压力(MPa)
两路(关防堵)	双机	1 495	1 510	0.72	25
		1 533	1 479	0.73	25.7
		1 672	1 506	0.8	27.7
两路(关耙齿)	双机	1 442	1 587	0.75	10.6
		1 647	1 657	0.78	12.1
		1 691	1 701	0.8	14.2

图 6-61　测试期间耙头喷嘴射流图

2. 同类型船舶施工产量对比

由表 6-24 和表 6-25 可知，在高压泵站排出压力为 10 MPa 以上时，泥浆密度最高可以超过 1.2 t/m^3，在记录的时间段内平均密度可达到 1.15 t/m^3 左右。由表 6-26 可知，从挖掘效率看，在同一项目工程中，“新海马”号的平均挖掘时间为 3.37 h，平均挖掘效率为 1 145 m^3/h；

"新海牛"号的平均挖掘时间为 2.62 h,平均挖掘效率为 1 282 m^3/h。"新海牛"号的平均挖掘效率相比于"新海马"号的平均挖掘效率提高了 12%。

表 6-24　"新海牛"号挖泥测试(左耙头关一路耙齿喷嘴)数据表

序号	左挖深(m)	左真空度	左密度(t/m^3)	左流速(m/s)	左高压泵站					
					发动机转速(r/min)		排出压力(MPa)		瞬时排量(m^3/min)	
					前	后	前	后	前	后
1	15.3	-0.1	1.07	7.65	655	682	0.5	0.5	0	0
2	14.8	-0.1	1.07	6.65	1 442	1 587	10.5	10.6	0.68	0.75
3	14.2	-0.5	1.10	7.69	1 032	978	4.6	4.5	0.49	0.46
4	13.7	-0.4	1.23	8.03	1 029	953	4.5	4.5	0.49	0.46
5	14.7	-0.7	1.15	7.74	1 358	1 290	7.9	7.9	0.65	0.61
6	14.5	-0.3	1.08	8.65	1 361	1 260	8.0	7.9	0.65	0.60
7	15.0	-0.7	1.15	7.73	1 658	1 266	9.9	9.9	0.79	0.60
8	14.8	-0.7	1.07	7.26	1 651	1 631	12.2	12.2	0.79	0.60
9	15.0	-0.8	1.19	4.55	1 647	1 657	12.1	12.1	0.79	0.78
10	15.7	-0.4	1.15	8.06	1 649	1 625	12.2	12.2	0.78	0.78

表 6-25　"新海牛"号挖泥测试(右耙头关一路防堵喷嘴)数据表

序号	右挖深(m)	右真空度	右密度(t/m^3)	右流速(m/s)	右高压泵站					
					发动机转速(r/min)		排出压力(MPa)		瞬时排量(m^3/min)	
					前	后	前	后	前	后
1	15.0	-0.41	1.10	3.05	1 602	1 592	26.9	25.9	0.76	0.76
2	15.1	-0.50	1.14	2.90	1 602	1 596	26.7	26.9	0.75	0.76
3	15.7	-0.20	1.11	3.23	1 601	1 595	26.4	26.4	0.76	0.76
4	15.2	-0.27	1.07	4.36	1 542	1 555	25.0	25.0	0.73	0.85
5	14.9	-0.23	1.11	4.24	1 538	1 563	24.5	24.5	0.74	0.75
6	14.3	-0.57	1.15	3.70	1 548	1 571	25.0	25.0	0.74	0.75
7	14.3	-0.56	1.16	3.80	1 542	1 575	25.2	24.9	0.73	0.75

表 6-26　同类型船舶挖掘效率对比表

"新海马"号			
航次	挖掘时间(h)	船载土方(m^3)	挖掘效率(m^3/h)
1	3.47	3 984	1 149
2	3.07	3 844	1 253
3	3.58	3 734	1 042
4	3.17	3 748	1 184
5	3.40	3 927	1 155

（续表）

“新海马”号			
航次	挖掘时间(h)	船载土方(m^3)	挖掘效率(m^3/h)
6	3.42	3 982	1 165
7	3.47	3 715	1 072
“新海牛”号			
航次	挖掘时间(h)	船载土方(m^3)	挖掘效率(m^3/h)
1	2.78	3 347	1 202
2	2.00	2 797	1 399
3	2.87	3 628	1 266
4	2.43	3 220	1 323
5	2.92	3 520	1 207
6	2.53	3 087	1 219
7	2.83	3 840	1 355

3. 结论

本节详细介绍了连云港港 30 万吨徐圩航道工程硬质黏土与常规土壤的区别及“新海牛”号的高效挖掘硬质黏土耙头系统，通过实船安装测试，结果表明：在高压泵站排出压力为 10 MPa 以上时，该系统依靠高速水流冲刷破碎泥块，降低土壤颗粒间有效应力，有效减少了堵耙问题，提高了耙齿的破土能力和耙吸船的挖掘效率，为连云港港 30 万吨航道疏浚工程提供了基本的技术保障。

同时，创造性地利用国产设备将高压冲水系统应用于疏浚，填补了国内这一技术领域的空白。本项目的研究成果有助于提高耙吸船在特定环境下的生产能力，符合科技创新服务于生产需要的目标，有利于拓展耙吸船的施工范围和施工适应性，这将增强公司的竞争力，创造良好的社会效益和经济效益，具有积极的开拓意义。

6.4 耙吸船耙臂管姿态分析

为了充分发挥耙吸船的疏浚潜能，针对不同土壤的工况条件，除需采用合适的施工工艺及施工参数外，还需重视耙臂管姿态在提高耙吸船挖掘效率方面的重要作用。疏浚作业时，要求下耙臂管对地角度控制在耙头的设计角度范围内，此时耙头耐磨块喷嘴出水后垂直于泥面，冲水效果最佳。下面介绍耙吸船耙臂管姿态及如何保证疏浚作业的高效性。

1. 耙吸船耙臂管系统

（1）上耙臂管长 20.4 m，下耙臂管长 19.6 m（含耙头），总长 40 m，吸口中心距船底板的高度为 2.6 m。空载、10%作业供应品时，吸口中心至船舶吃水线的距离约为 1.5 m。满载、10%作业供应品时，吸口中心至船舶吃水线的距离约为 5.9 m。

（2）为确保耙臂管安全，疏浚作业时，连接十字接头的上下耙臂管夹角（上下耙臂管对地角度差）为±12°（此夹角因设计要求不同而存在差异，一般为 12°~30°，具体范围可参阅耙吸船的说明书）。

(3)耙头活动罩角度调整范围为 0°~50°,油缸柱塞杆最大行程为 1 200 mm。

(4)耐磨块平面处于水平时,耙头中心线与耐磨块平面的夹角按常规设计,一般为 30°(此角度可参阅耙头设计规格书)。

(5)疏浚控制台仪表显示活动罩开启角度为 0°时,活动罩与固定体间的实际夹角为 10°,固定体上的油缸支座与活动罩油缸支座之间的距离约为 660 mm,在此状态下油缸柱塞杆全部缩回油缸内,即柱塞杆行程为 0 mm,如图 6-62(a)所示。

(6)疏浚控制台仪表显示活动罩开启角度为 20°时,活动罩与固定体间的实际夹角为 30°,假设下耙臂管对地角度为 30°,此时,活动罩、耐磨块均处于水平状态,耙齿尖低于耐磨块平面约 166 mm,固定体上的油缸支座与活动罩油缸支座之间的距离约为 1 160 mm,即柱塞杆行程为 500 mm,如图 6-62(b)所示。

(7)疏浚控制台仪表显示活动罩开启最大角度为 50°时,活动罩与固定体间的实际夹角为 60°,固定体上的油缸支座与活动罩油缸支座之间的距离约为 1 850 mm,即油缸柱塞杆行程为 1 150 mm,如图 6-62(c)所示。

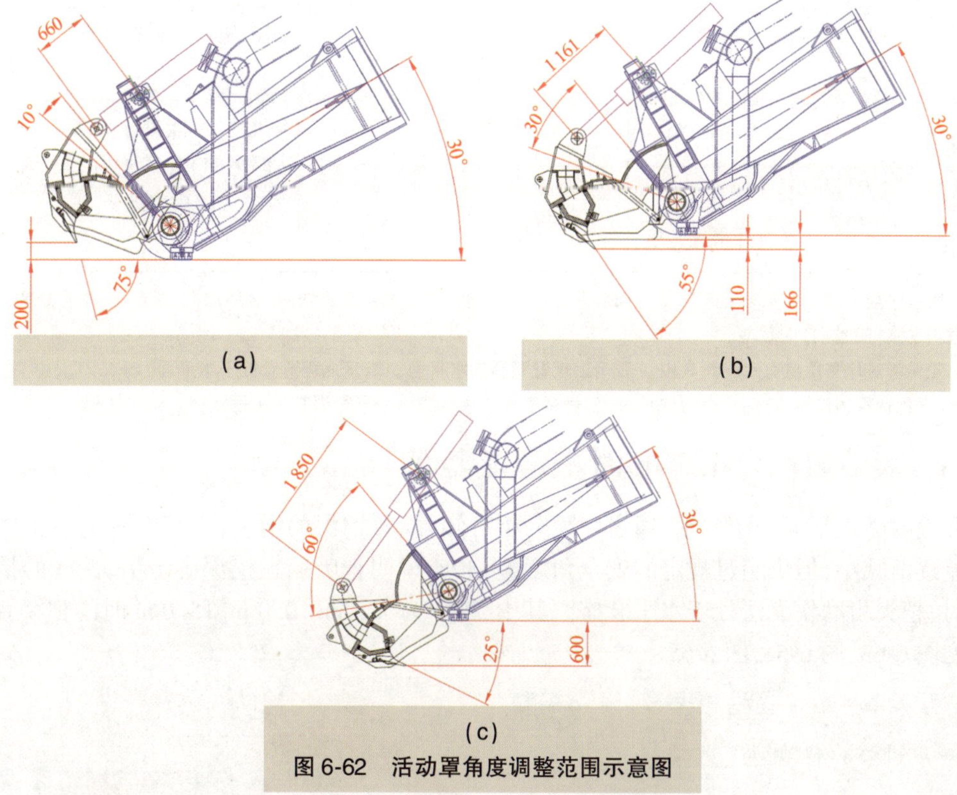

(a)　(b)　(c)

图 6-62　活动罩角度调整范围示意图

2. 耙臂管姿态分析

基于上述耙臂管参数,对“新海马”号的耙臂管(含耙头)进行建模、分析,不同挖泥深度时上、下耙臂管对地角度及两者差值等参数汇总表见表 6-27。

表 6-27　不同挖泥深度时上、下耙臂管对地角度及两者差值等参数汇总表

挖深(m)	耐磨块对地角度(°)	上耙臂管对地角度(°)	下耙臂管对地角度(°)	上、下耙臂管对地角度差(°)	备注
7.5	0	−12	30	−42	上、下耙臂管角度差超过 12°,因此实际施工时,耐磨块不能处于水平状态,前端(船首向)先着地,后端(船尾向)腾空或随后着地
10.0	0	−6	30	−36	
15.0	0	8	30	−22	
18.5	0	18	30	−12	耐磨块处于水平状态
20.0	0	22	30	−8	
22.0	0	30	30	0	耐磨块处于水平状态,且耙臂管成一直线
25.0	0	41	30	10	耐磨块处于水平状态
25.5	0	42	30	12	耐磨块处于水平状态
30.0	169	49(设计最大角度)	41	8	耐磨块不能处于水平状态,后端(船尾向)先着地,前端(船首向)腾空或随后着地
32.0	161	49(设计最大角度)	49	0	

注:1. 耐磨块对地角度为 0°时表示耐磨块与海底泥面平行;小于 90°时表示耐磨块后端(船尾向)先着地;大于 90°时表示耐磨块前端(船首向)先着地。

2. 上耙臂管对地角度值有±之分,其中:−表示上耙臂管高出水平面;+表示上耙臂管低于水平面。

3. 上、下耙臂管角度差值有±之分,其中:−表示耙臂管呈上拱状态;+表示耙臂管呈下垂状态。

6.4.1　挖深小于 18.5 m 时耙臂管姿态

假设耐磨块平面处于水平,通过建模分析可知,随着挖深的增大,上耙臂管与下耙臂管的角度差逐渐减小,但仍超过规定的安全角度差±12°,说明耙吸船在挖深小于 18.5 m 的情况下施工时,耙头耐磨块无法处于水平状态。其中,挖深为 7.5 m、10.0 m、15.0 m 时的耙臂管姿态分别见图 6-63、图 6-64、图 6-65。

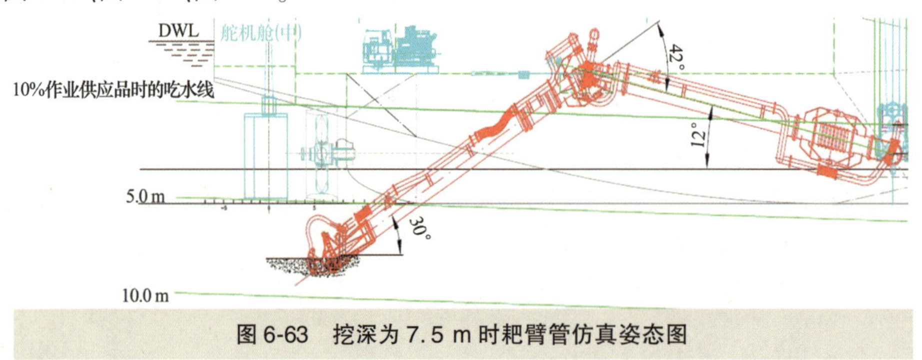

图 6-63　挖深为 7.5 m 时耙臂管仿真姿态图

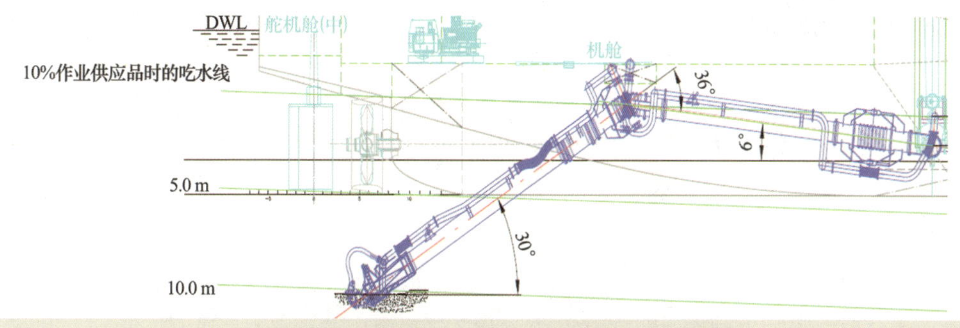

图 6-64　挖深为 10.0 m 时耙臂管仿真姿态图

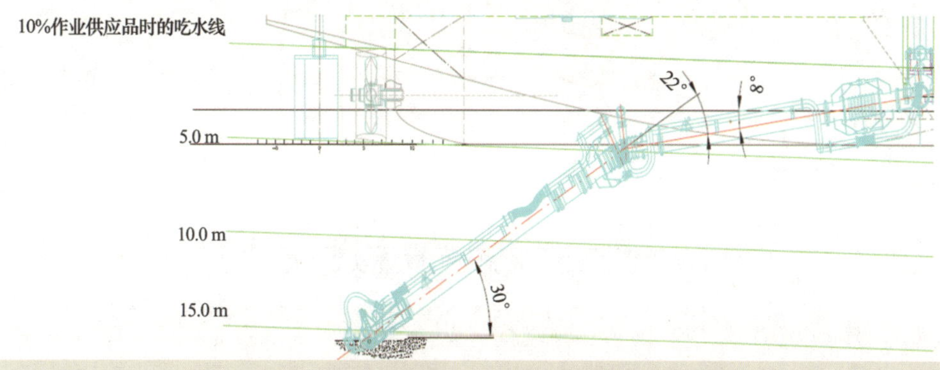

图 6-65　挖深为 15.0 m 时耙臂管仿真姿态图

1. 浅水施工时的耙臂管姿态

根据上述耙吸船耙臂管参数，在挖深小于 18.5 m 时，为确保耙头耐磨块处于水平状态，通过调节耙头、耙中绞车，控制上耙臂管与下耙臂管角度差在 12°以内是无法实现的。

经分析，当挖深小于 18.5 m 时，如控制上、下耙臂管角度差在 12°以内，实际施工时的耙臂管姿态如图 6-66～图 6-69 所示，上、下耙臂管对地角度及两者差值等参数见表 6-28。

表 6-28　挖深小于 18.5 m 时，上、下耙臂管对地角度及两者差值等参数汇总表

挖深（m）	耐磨块对地角度（°）	上耙臂管对地角度（°）	下耙臂管对地角度（°）	上、下耙臂管对地角度差（°）	活动罩角度（°）
7.5	17	1	13	-12	47
10.0	13	5	17	-12	43
15.0	5	13	25	-12	35
18.0	1	17	29	-12	31

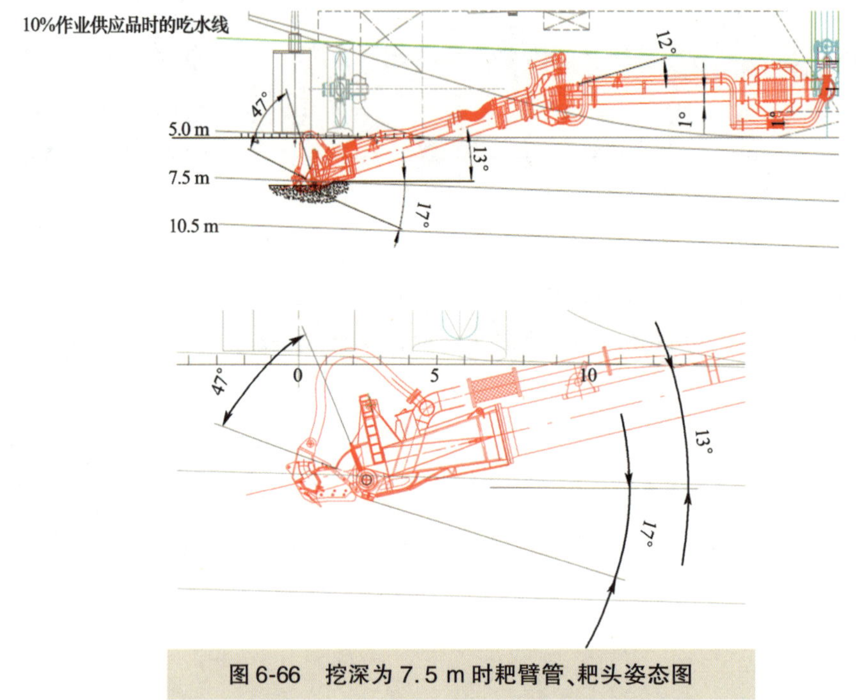

图 6-66　挖深为 7.5 m 时耙臂管、耙头姿态图

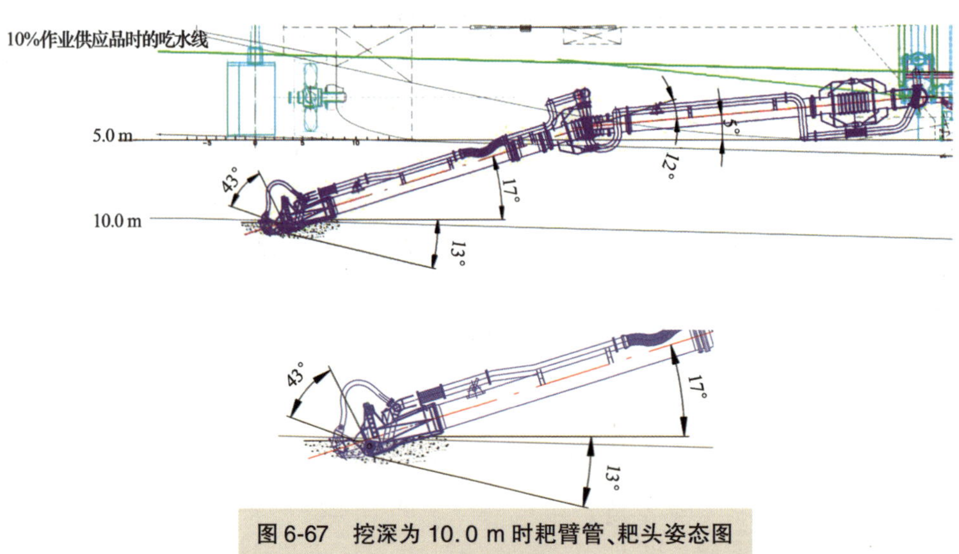

图 6-67　挖深为 10.0 m 时耙臂管、耙头姿态图

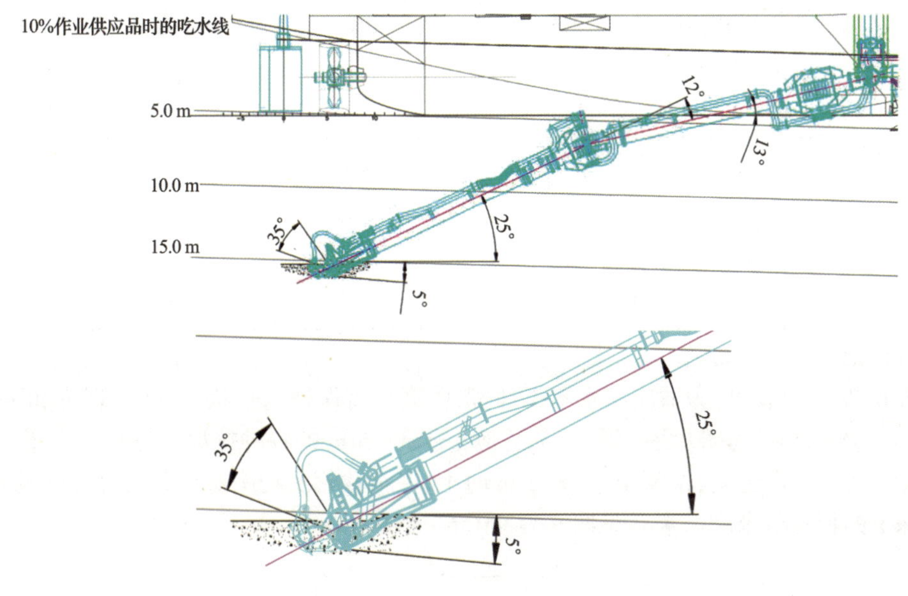

图 6-68　挖深为 15.0 m 时耙臂管、耙头姿态图

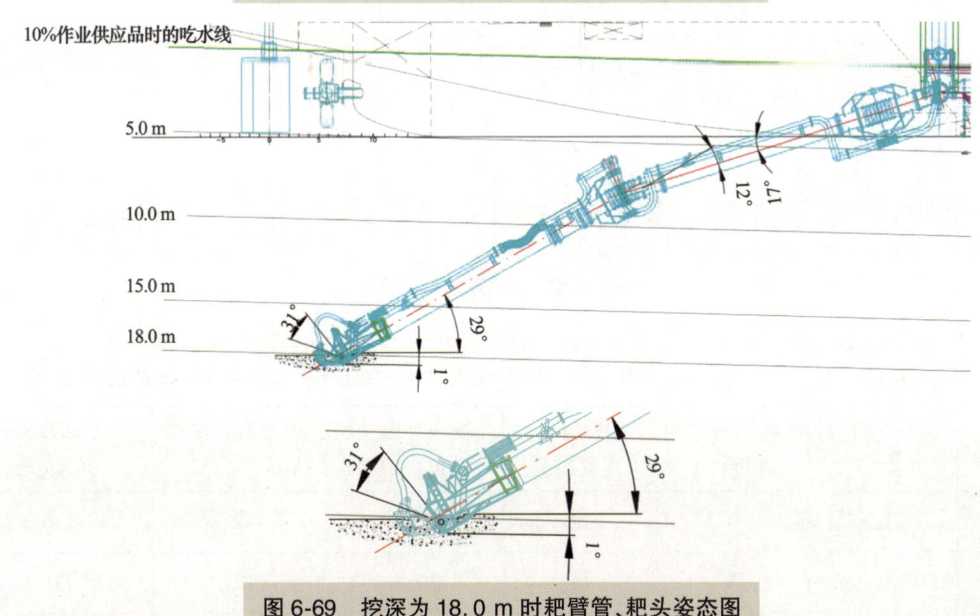

图 6-69　挖深为 18.0 m 时耙臂管、耙头姿态图

由表 6-34 及图 6-66~图 6-69 可以看出，随着挖深的增大，耐磨块对地角度逐渐减小，即耐磨块从前端（船首向）着地，到逐渐接近水平状态；为控制活动罩处于水平状态，活动罩的开启角度也逐渐减小，由 47°减至 31°。为保证耙头高压冲水的最佳破土效果，耙头耐磨块应尽量保持水平状态，但在挖深小于 18.5 m 的情况下施工时，根据以上分析可知，通过操作无法实现。如要求耐磨块处于水平状态，需设计加装一弯管，即在耙头法兰与下耙臂管法兰处加装一弯管。加装弯管后，随着挖深增大，耙头与下耙臂管夹角逐渐减小，具体数据见表 6-29。

表 6-29　挖深小于 18.5 m 时，耙头与下耙臂管夹角等参数汇总表

挖深(m)	耐磨块对地角度(°)	上耙臂管对地角度(°)	耙头对地角度(°)	上、下耙臂管对地角度差(°)	耙头与下耙臂管对接法兰夹角(°)
7.5	0	1	30	-12	17
10.0	0	5	30	-12	13
15.0	0	13	30	-12	5
18.0	0	17	30	-12	1

2. 改善耙头姿态的措施

由表 6-29 可以看出，为适应浅水施工环境，耐磨块需保持水平状态，并在耙头和下耙臂管间加装一个 1°~17°的弯管(浅挖管)。为适应小于 18.5 m 的各种挖深，采用 15°弯管，如图 6-70 所示。加装 15°弯管后，挖深小于 18.5 m 时上、下耙臂管及耙头对地角度等参数见表 6-30，各种挖深下的耙臂管及耙头姿态见图 6-71~图 6-74 所示。

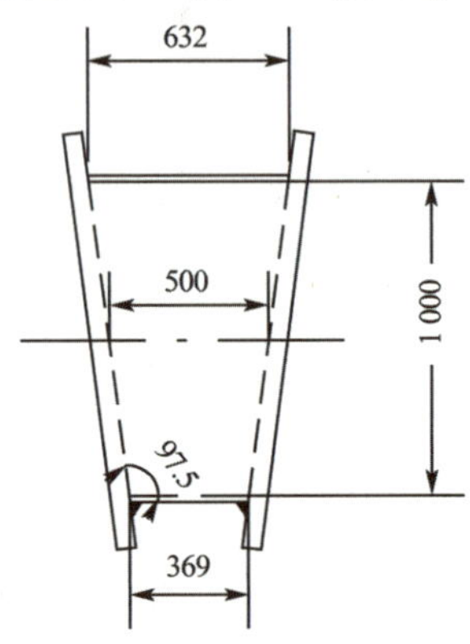

图 6-70　15°弯管示意图

表 6-30　挖深小于 18.5 m、加装 15°弯管时，耙头及上、下耙臂管对地角度等参数汇总表

挖深(m)	耐磨块对地角度(°)	上耙臂管对地角度(°)	下耙臂管对地角度(°)	耙头对地角度(°)	上、下耙臂管对地角度差(°)	活动罩显示角度(°)
7.5	0	0	12	30	-12	30
10.0	0	4	16	30	-12	31
15.0	0	17	15	30	2	31
18.0	0	27	15	30	12	30

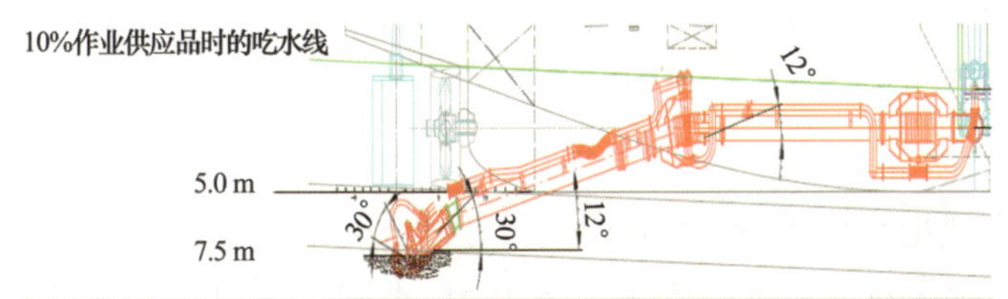

图 6-71　挖深为 7.5 m、加装 15°弯管时耙臂管及耙头姿态图

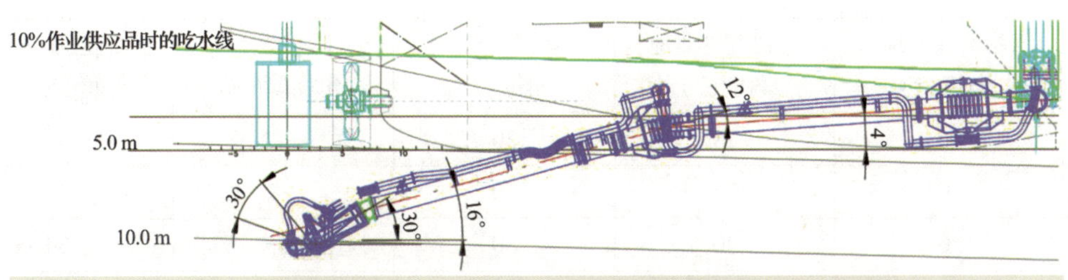

图 6-72　挖深为 10.0 m、加装 15°弯管时耙臂管及耙头姿态图

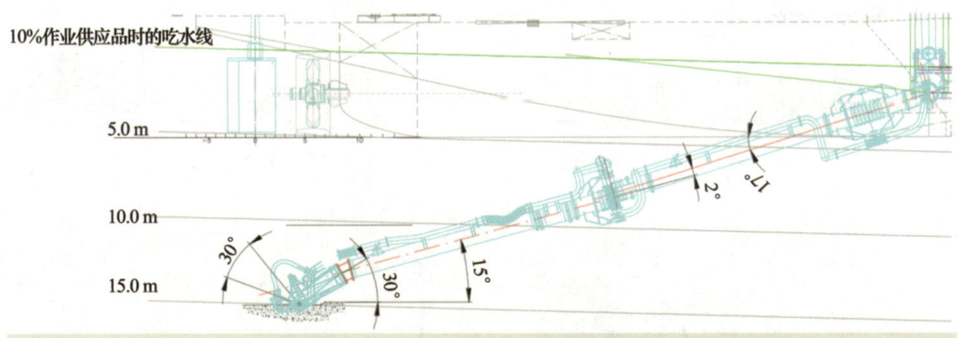

图 6-73　挖深为 15.0 m、加装 15°弯管时耙臂管及耙头姿态图

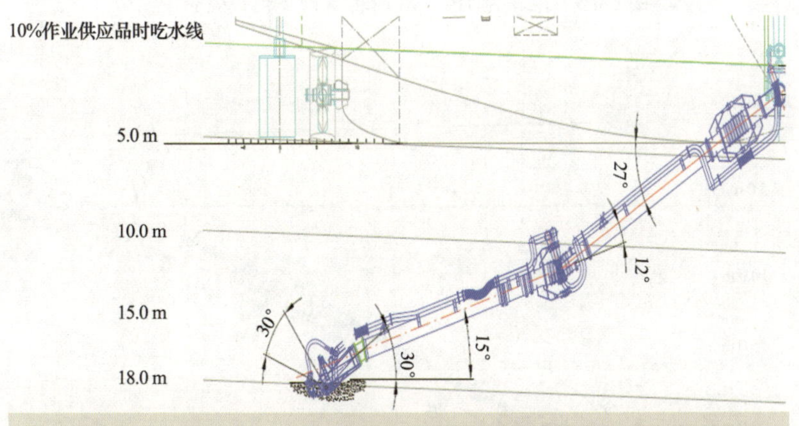

图 6-74　挖深为 18.0 m、加装 15°弯管时耙臂管及耙头姿态图

6.4.2 挖深在 18.5~25.5 m 时耙臂管姿态

挖深在 18.5~25.5 m 时,可通过调节耙头、耙中绞车,将上、下耙臂管角度差控制在安全角度±12°范围内,实现耙头耐磨块、活动罩均处于水平状态,即所谓的最佳耙臂管及耙头姿态。上、下耙臂管及耙头对地角度等参数见表 6-31,不同挖深时耙臂管及耙头都处于最佳姿态,如图 6-75~图 6-78 所示。

表 6-31 挖深在 18.5~25.5 m 时,上、下耙臂管及耙头对地角度等参数汇总表

挖深(m)	耐磨块对地角度(°)	上耙臂管对地角度(°)	下耙臂管对地角度(°)	上、下耙臂管对地角度差(°)	活动罩显示角度(°)
18.5	0	18	30	-12	30
20.0	0	22	30	-8	30
22.0	0	30	30	0	30
25.5	0	42	30	12	30

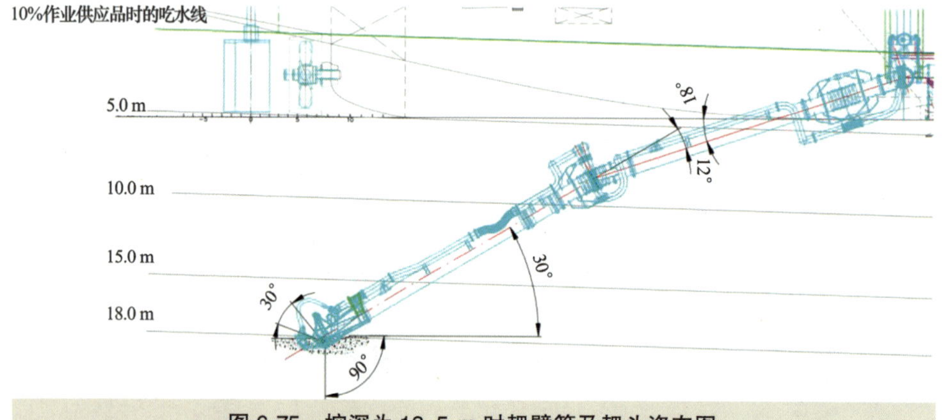

图 6-75 挖深为 18.5 m 时耙臂管及耙头姿态图

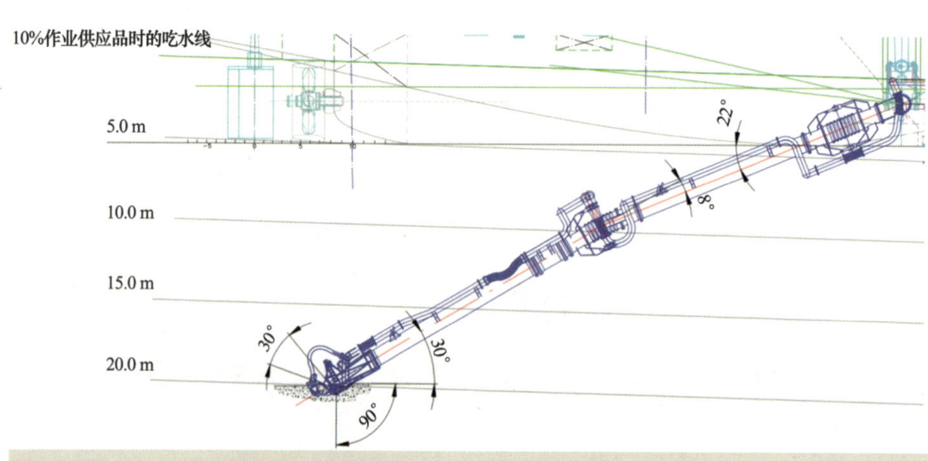

图 6-76 挖深为 20.0 m 时耙臂管及耙头姿态图

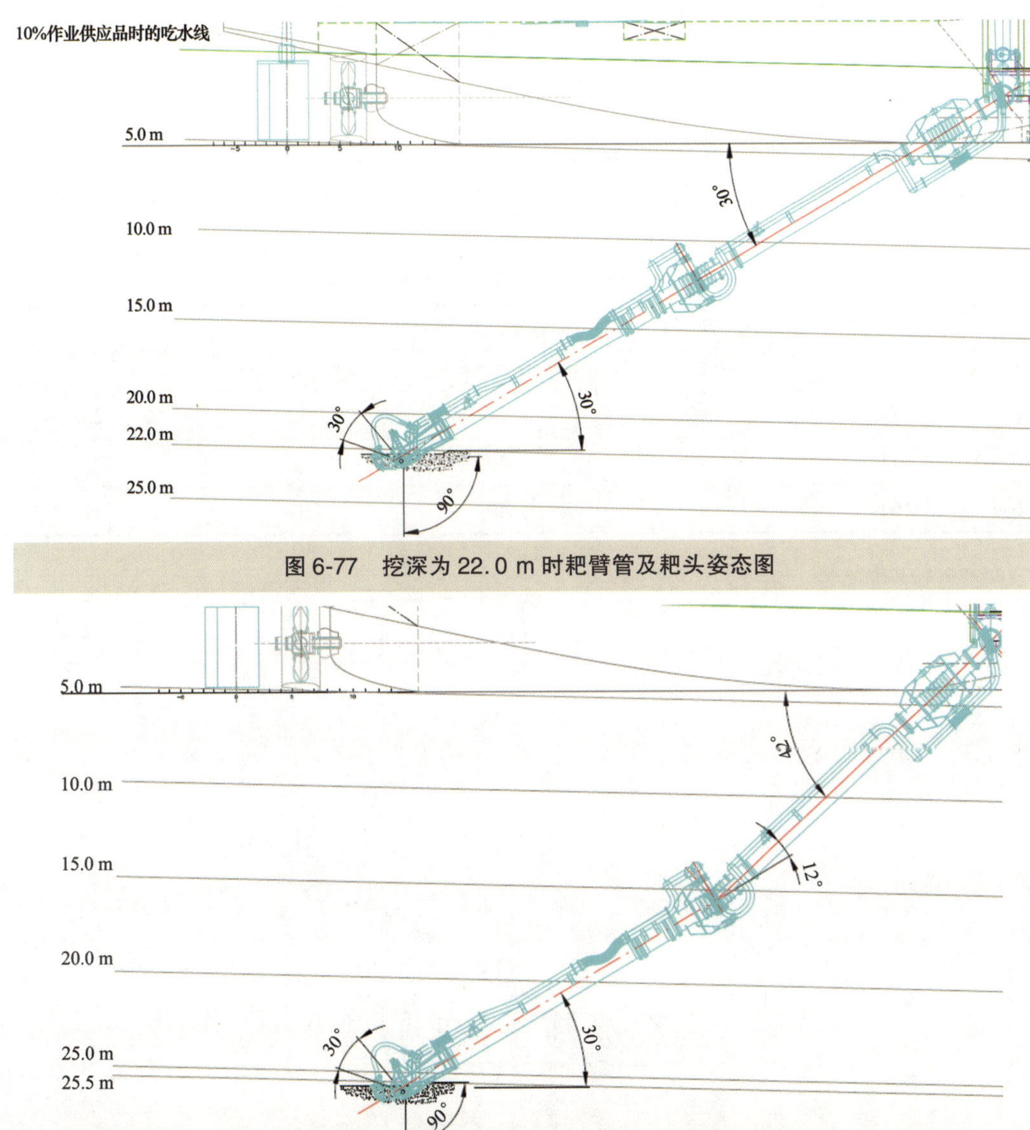

图 6-77　挖深为 22.0 m 时耙臂管及耙头姿态图

图 6-78　挖深为 25.5 m 时耙臂管及耙头姿态图

由表 6-31 及图 6-75～图 6-78 可以看出：

(1)挖深为 18.5 m 时，耙臂管姿态能满足耙头耐磨块处于水平状态。

(2)挖深为 22.0 m 时，耙臂管呈直线状态；挖深在 18.5～22.0 m 时，耙臂管呈上拱状态；挖深在 22.0～25.5 m 时，耙臂管呈下垂状态。

(3)挖深为 25.5 m 时，耙头耐磨块可保持水平状态；挖深超过 25.5 m 时，耙头耐磨块偏离水平状态，后端(船尾向)先着地。

在上述挖深范围内，耙头活动罩均可保持水平状态，其开启角度为 20°，不随挖深的变化而改变。

6.4.3 挖深为 25.5~32.0 m 时耙臂管姿态

当挖深超过 25.5 m 时，随着挖深的增大，下耙臂管对地角度逐渐增大，耙头耐磨块开始偏离水平状态，即耐磨块后端（船尾向）先接触泥面，但活动罩可保持水平状态。

上、下耙臂管及耙头对地角度等参数见表 6-32，不同挖深时的耙臂管及耙头姿态见图 6-79~图 6-81。

表 6-32 挖深在 25.5~32.0 m 时，上、下耙臂管及耙头等对地角度等参数汇总表

挖深（m）	耐磨块对地角度（°）	上耙臂管对地角度（°）	下耙臂管及耙头对地角度（°）	上、下耙臂管对地角度差（°）	活动罩角度（°）
28.0	176	46	34	12	26
30.0	171	49	39	10	21
32.0	161	49	49	0	11

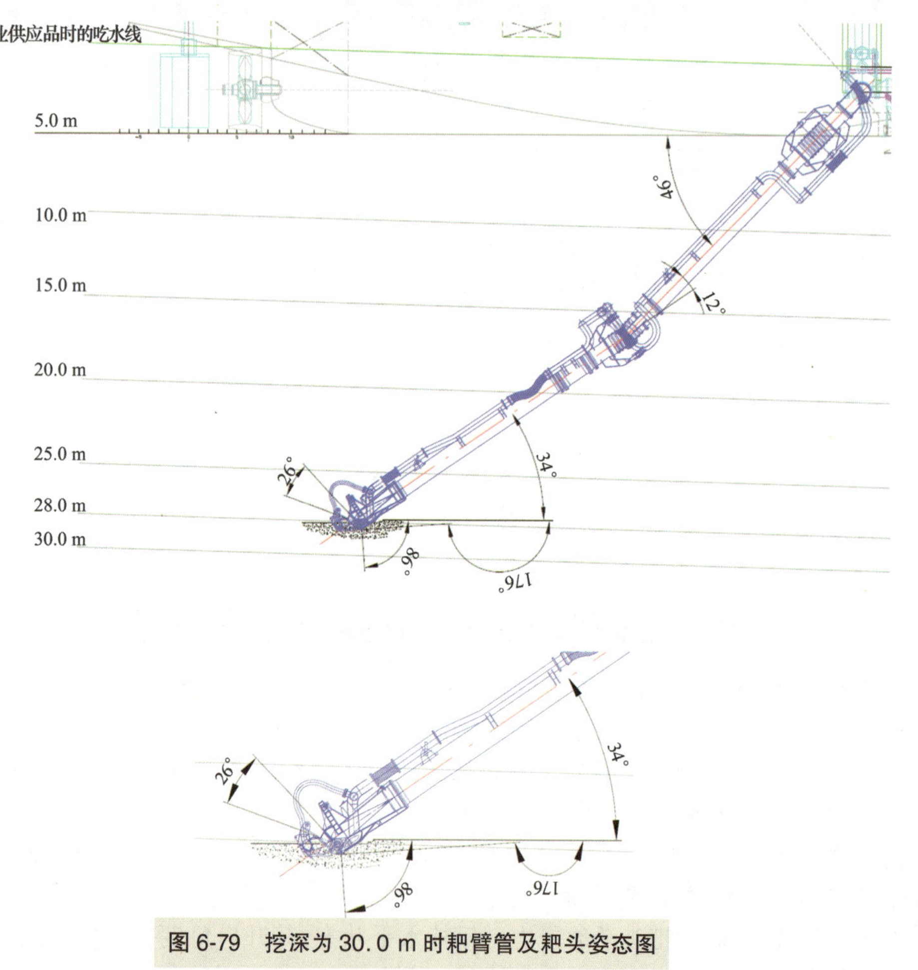

图 6-79 挖深为 30.0 m 时耙臂管及耙头姿态图

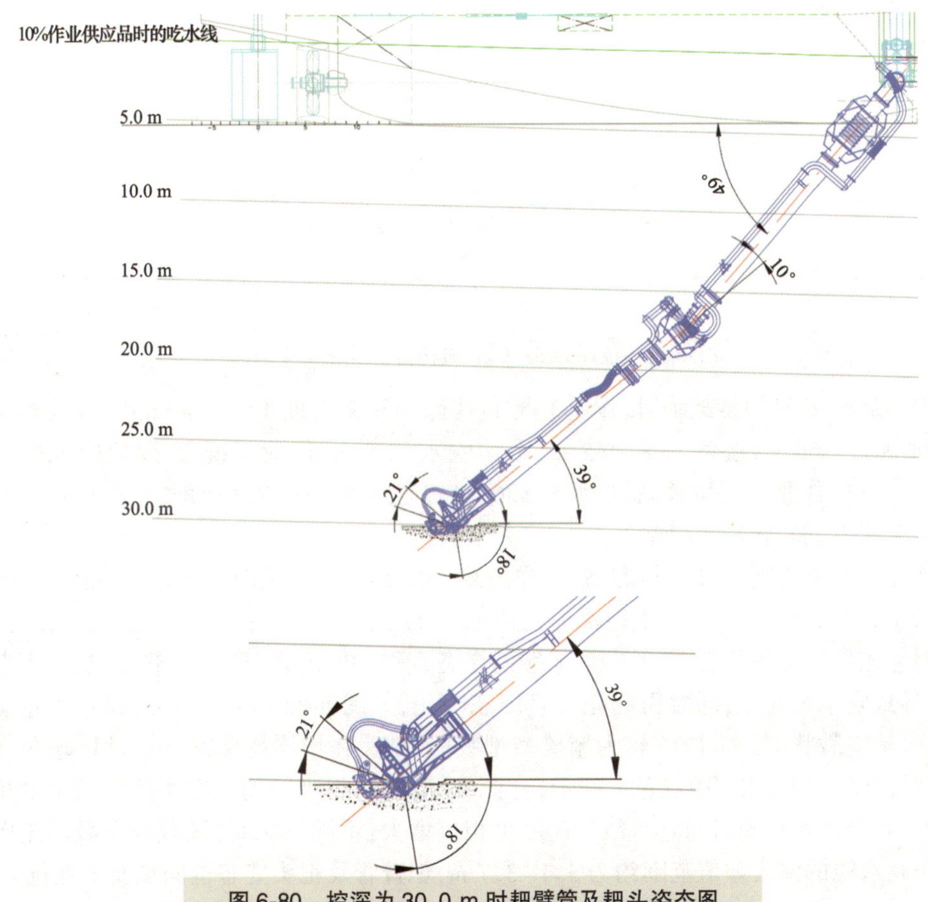

图 6-80　挖深为 30.0 m 时耙臂管及耙头姿态图

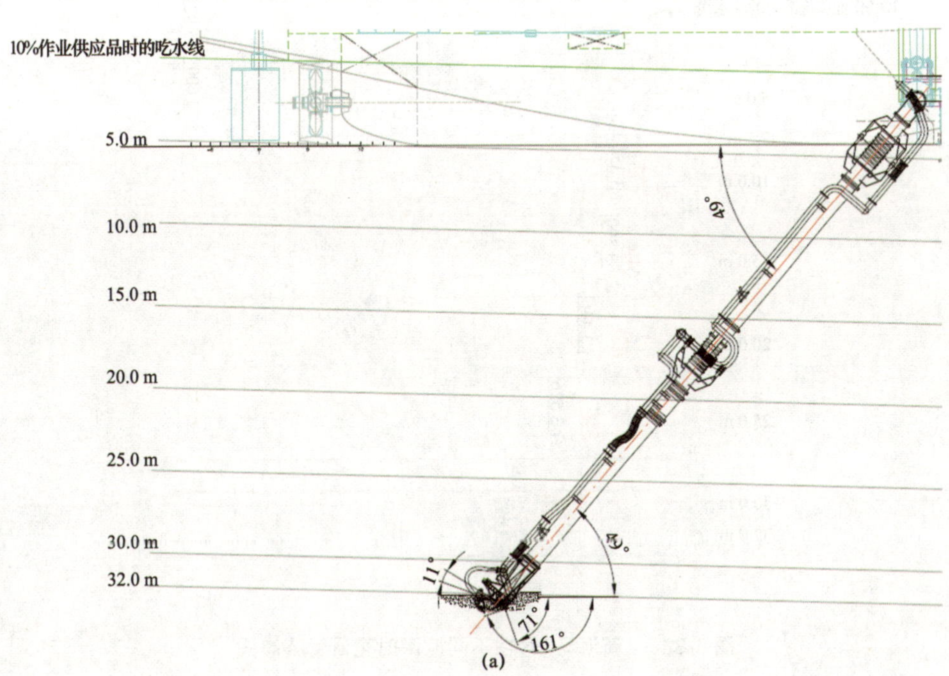

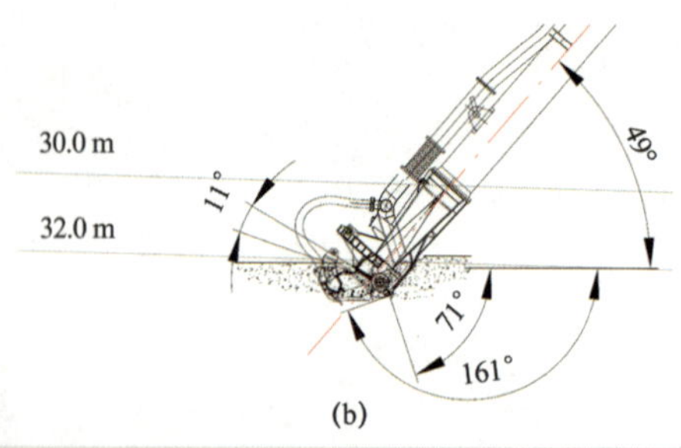

图 6-81　挖深为 32.0 m 时耙臂管及耙头姿态图

根据“新海马”号的装载手册，作业工况 1：泥舱内泥浆密度 1.334 5 t/m^3、100%作业供应品时，艏吃水 8.556 m、艉吃水 8.445 m，平均吃水 8.5 m；作业工况 2：泥舱内泥浆密度为 1.426 t/m^3、10%作业供应品时，艏吃水 8.526 m、艉吃水 8.473 m，平均吃水 8.5 m。可见，在两种作业工况下，艏、艉吃水相差不大。

以作业工况 2 为例，分析“新海马”号在满载、10%作业供应品时的耙臂管及耙头姿态。

吸口中心至满载、10%作业供应品时的吃水线的距离约为 5.921 m，船舶处于正浮状态，而空载时船舶处于艏倾状态，装舱前后船舶的浮态有很大的变化，船舶空载、满载时因载重量的变化，导致吃水也变化，同时引起耙臂管姿态变化，如图 6-82 所示（图中，绿色表示满载状态，灰色表示空载状态。）。因该船为艏楼型耙吸船，耙头在不同挖深时的运动区域位于船尾（0#~25#肋位范围内，如图中红色云线示）。同一挖深时，耙吸船的艉吃水随装载量的增大而增大，同时耙臂管弯管吸口与吃水线的深度也相应增大；不同挖深时，满载与空载时耙臂管弯管吸口与吃水线的深度差值范围约为 3.4~3.7 m，耙臂管及耙头姿态也同步发生变化。

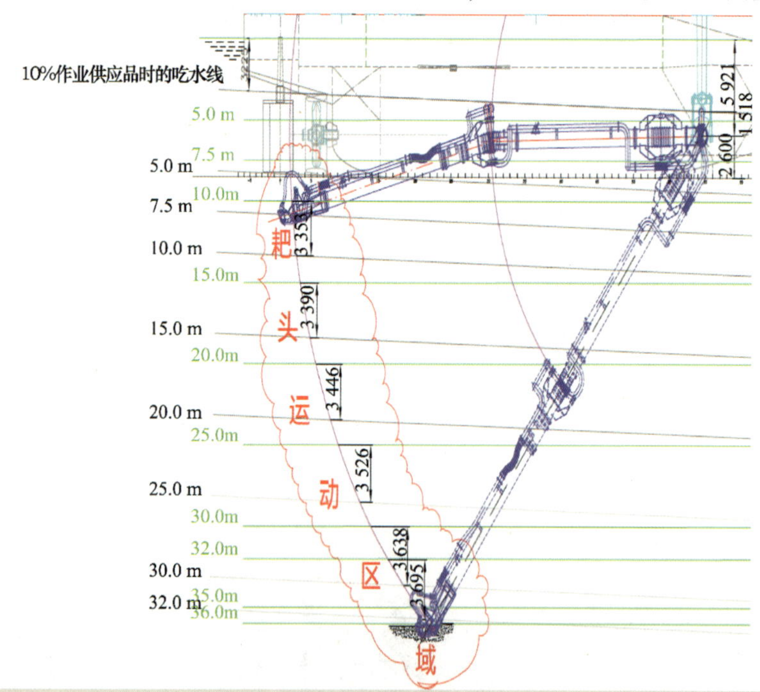

图 6-82　“新海马”号在不同挖深时耙臂管姿态图

综上，分析耙吸船在空载、不同挖深时的耙臂管及耙头姿态。同理，分析耙吸船在满载、不同挖深时的耙臂管及耙头姿态。表 6-33 为满载、不同挖深时上、下耙臂管对地角度等参数汇总表。

表 6-33 满载、不同挖深，上、下耙臂管对地角度等参数汇总表

<table>
<tr><th>挖深(m)</th><th>耐磨块对地角度(°)</th><th>上耙臂管对地角度(°)</th><th>下耙臂管对地角度(°)</th><th>上、下耙臂管对地角度差(°)</th><th>活动罩角度(°)</th><th>备注</th></tr>
<tr><td>10.0</td><td>18</td><td>0</td><td>12</td><td>−12</td><td>47</td><td rowspan="3">浅水作业工况，耙头耐磨块前端(船首向)先接触泥面</td></tr>
<tr><td>15.0</td><td>11</td><td>7</td><td>19</td><td>−12</td><td>41</td></tr>
<tr><td>20.0</td><td>4</td><td>14</td><td>26</td><td>−12</td><td>34</td></tr>
<tr><td>22.0</td><td>0</td><td>18</td><td>30</td><td>−12</td><td>30</td><td rowspan="3">最佳挖深范围，耐磨块与活动罩均可处于水平状态</td></tr>
<tr><td>26.0</td><td>0</td><td>30</td><td>30</td><td>0</td><td>30</td></tr>
<tr><td>29.0</td><td>0</td><td>42</td><td>30</td><td>12</td><td>30</td></tr>
<tr><td>32.0</td><td>173</td><td>44</td><td>37</td><td>7</td><td>23</td><td rowspan="2">耙头耐磨块后端(船尾向)先接触泥面</td></tr>
<tr><td>36.0</td><td>161</td><td>49</td><td>49</td><td>0</td><td>11</td></tr>
</table>

由表 6-29、表 6-31、表 6-32 及表 6-33 可知：对比空载与满载状态，浅水挖深的临界值从 18.5 m 以下变为 22.0 m 以下；最佳挖深范围从 18.5~25.5 m 变为 22.0~29.0 m；最大挖深从 32.0 m 变为 36.0 m。

以“新海马”号挖深分别为 10.0 m、15.0 m 为例，对比分析船舶空载和满载两种状态下，上、下耙臂管及耙头对地角度等参数汇总表，如表 6-34 所示。图 6-83 所示为挖深为 10.0 m 时耙臂管及耙头姿态图[满载(深蓝色)与空载(黑色)对比]，图 6-84 所示为挖深为 15.0 m 时耙臂管及耙头姿态图[满载(浅蓝色)与空载(黑色)对比]。

表 6-34 船舶空载和满载两种状态下，上、下耙臂管及耙头对地角度等参数汇总表

<table>
<tr><th>挖深(m)</th><th>船舶吃水状态</th><th>耐磨块对地角度(°)</th><th>上耙臂管对地角度(°)</th><th>下耙臂管对地角度(°)</th><th>上、下耙臂管对地角度差(°)</th><th>活动罩角度(°)</th></tr>
<tr><td rowspan="2">10.0</td><td>满载</td><td>18</td><td>0</td><td>12</td><td>−12</td><td>47</td></tr>
<tr><td>空载</td><td>13</td><td>5</td><td>17</td><td>−12</td><td>43</td></tr>
<tr><td rowspan="2">15.0</td><td>满载</td><td>11</td><td>7</td><td>19</td><td>−12</td><td>41</td></tr>
<tr><td>空载</td><td>5</td><td>13</td><td>25</td><td>−12</td><td>35</td></tr>
</table>

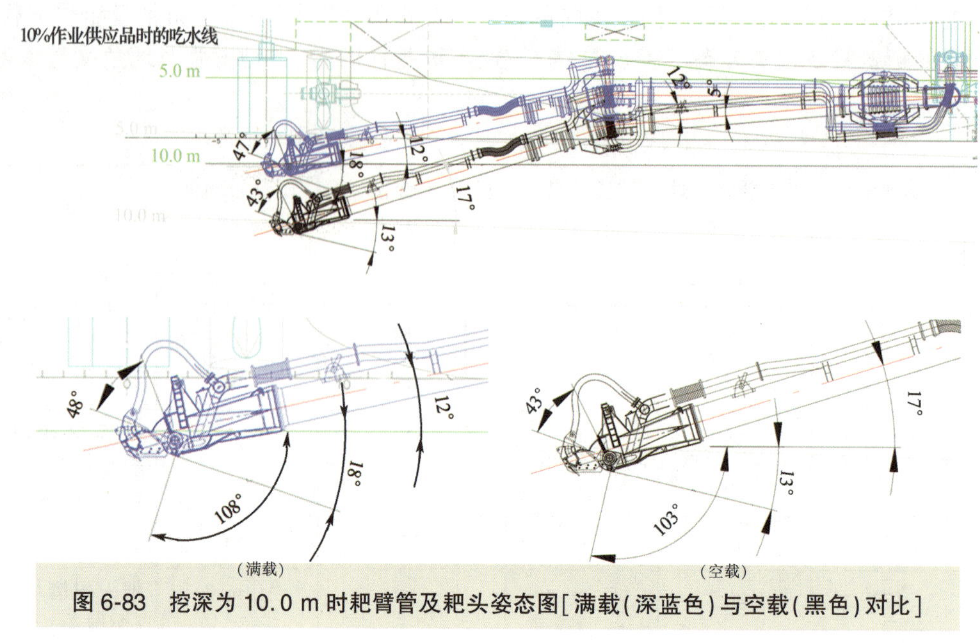

图 6-83　挖深为 10.0 m 时耙臂管及耙头姿态图［满载（深蓝色）与空载（黑色）对比］

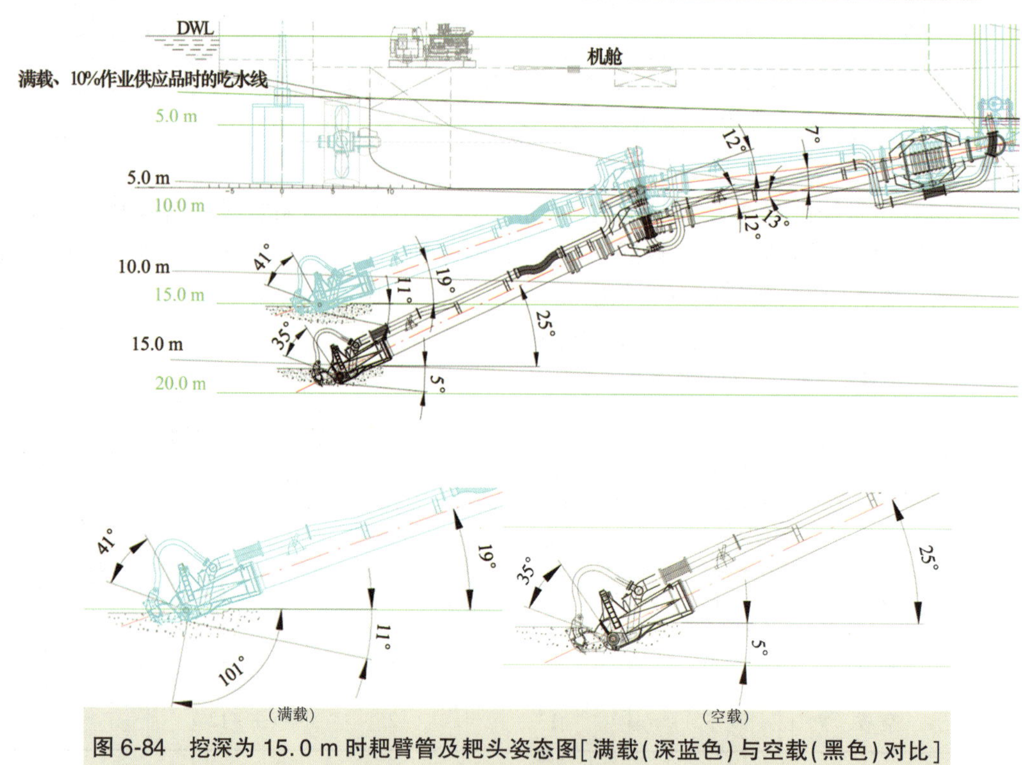

图 6-84　挖深为 15.0 m 时耙臂管及耙头姿态图［满载（深蓝色）与空载（黑色）对比］

由表 6-34 及图 6-83、图 6-84 可知，船舶在定深施工特别是浅水施工时，满载时的耙臂管及耙头姿态比空载时更不利于发挥高压冲水的破土效果。

6.4.4　结论

（1）以小于 18.5 m 的挖深（浅水）施工时，耙臂管呈上拱状态；耙头耐磨块前端（船首向）

先接触泥面,若要保持耐磨块处于水平状态,需加装一根浅挖管;活动罩可保持水平状态,但开启角度随挖深的增大而减小。

(2)以 18.5~25.5 m 的挖深施工时,随着挖深的增大,耙臂管先呈上拱状态,然后呈直线状态,最后呈下垂状态;耐磨块与活动罩均可保持水平状态,且活动罩的角度不随挖深的变化而变化。

(3)以 25.5~32.0 m 的挖深施工时,随着挖深的增大,耙臂管先呈下垂状态,然后呈直线状态;耐磨块后端(船尾向)先接触泥面;上、下耙臂管的对地角度增大;活动罩可保持水平状态,但活动罩的开启角度逐渐减小直至 0°。

(4)满载、10%作业供应品时的耙臂管及耙头姿态总体上与空载、10%作业供应品时的变化趋势一致,只不过浅水挖深的临界值从 18.5 m 以下变为 22.0 m 以下,最佳挖深范围从 18.5~25.5 m 变为 22.0~29.0 m,最大挖深从 32.0 m 变为 36.0 m,但浅水施工时高压冲水的效果较差。

参考文献

[1] Matousek, Vaclav. Flow Mechanism of Sand-Water Mixtures in Pipelines [M]. Delft: Delft University Press, 1997.

[2] R. Durand. The Hydraulic Transportation of Coal and Other Materials in Pipes [M]. London: Collage of National Coal Board, 1952.

[3] 王绍周等. 粒状物料的浆体管道输送[M]. 北京:海洋出版社,1998.

[4] 钱宁,万兆惠. 泥沙运动力学[M]. 北京:科学出版社,1983.

[5] 戴继岚,钱宁. 粒径分布和细颗粒含量对两相管流水力特性的影响[D]. 北京:清华大学水利工程学院,1980.

[6] 李铭志,何炎平,诸葛玮,等. 泥沙管道输送关键流速及其计算方法比较[J]. 人民黄河,2014,36(9):16-19.

[7] 中华人民共和国交通运输部. 疏浚与吹填工程设计规范[S],2012.

[8] 焦鹏,郑金龙,凌杰,等. 基于 3D 的疏浚轨迹显示系统工程应用[J]. 水运工程,2021,585(8):151-156.